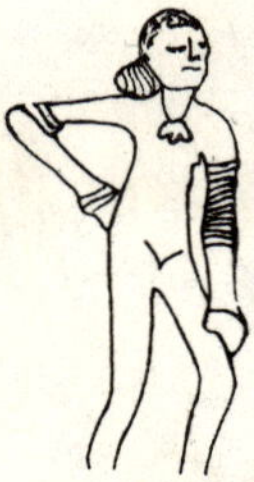

प्राचीन भारत
में
भौतिक प्रगति
एवं
सामाजिक संरचनाएँ

राजकमल प्रकाशन
नयी दिल्ली पटना इलाहाबाद कोलकाता

प्राचीन भारत में भौतिक प्रगति एवं सामाजिक संरचनाएँ

रामशरण शर्मा

अनु. : प्रो. पूरनचंद पंत

ISBN : 978-81-7178-084-6

मूल्य : ₹750

पहला संस्करण : 1990
नौवाँ संस्करण : 2018

प्रकाशक : राजकमल प्रकाशन प्रा. लि.
1-बी, नेताजी सुभाष मार्ग, दरियागंज
नई दिल्ली-110 002

शाखाएँ : अशोक राजपथ, साइंस कॉलेज के सामने, पटना-800 006
पहली मंजिल, दरबारी बिल्डिंग, महात्मा गांधी मार्ग, इलाहाबाद-211 001
36 ए, शेक्सपियर सरणी, कोलकाता-700 017

वेबसाइट : www.rajkamalprakashan.com
ई-मेल : info@rajkamalprakashan.com

कलापक्ष : नरेन्द्र श्रीवास्तव

मुद्रक : बी.के. ऑफसेट
नवीन शाहदरा, दिल्ली-110 032

PRACHEEN BHARAT MEIN BHAUTIK PRAGATI
EVAM SAMAJIK SANRACHNAYEN
by Prof. R.S. Sharma

प्रकाशकीय

समाज, संस्कृति, इतिहास, दर्शन और राजनीतिशास्त्र के प्रख्यात विद्वानों की कलम से लिखी गई पुस्तकों से हिंदी जगत को समृद्ध करने और एक ऐतिहासिक आवश्यकता की पूर्ति करने के लिए **राजकमल** ने जो विस्तृत योजना बनाई है, यह पुस्तक उसी की एक महत्वपूर्ण कड़ी है।

यह एक तथ्य है कि हिंदी में सामाजिक विज्ञान विषयक स्तरीय पाठ्य-पुस्तकों तथा संदर्भग्रंथों का अभाव है। यों इस अभाव को दूर करने के प्रयास भी हुए हैं, पर बहुत आगे वे नहीं बढ़ पाए। लेकिन अब, जबकि प्रायः सभी हिंदीभाषी राज्यों में हिंदी को उच्च शिक्षा का माध्यम स्वीकार कर लिया गया है, यह और जरूरी है कि हिंदी में ऐसी पुस्तकें उपलब्ध कराई जाएँ। इससे हिंदी की उपयोगी भूमिका में तो व्यापकता आएगी ही, उच्चाध्ययन और शोध के क्षेत्र में आनेवाली व्यावहारिक कठिनाइयाँ भी दूर होंगी।

उल्लेखनीय है कि इस योजना के अंतर्गत प्रकाशित की जा रही प्रायः सभी पुस्तकें अनूदित हैं, लेकिन ये अनुवाद मूल कृति के विषय और संबंधित भाषाओं पर गहरी पकड़ रखनेवाले विद्वान लेखकों द्वारा ही किए गए हैं। इसलिए विषयगत गंभीरता के बावजूद प्रत्येक अनुवाद सहज ग्राह्य है और प्रेरक भी, क्योंकि स्तरीय पुस्तकों के अच्छे अनुवाद संबद्ध विषय में अक्सर ही मूल लेखन की जमीन तैयार करते हैं।

राजकमल की यह प्रकाशन-योजना भारतीय इतिहास के विविध कालखंडों और पक्षों से जुड़ी पुस्तकों से आरंभ हुई है। योजना के पहले चरण में प्रो. राधाकुमुद मुखर्जी, प्रो. दामोदर धर्मानंद कोसंबी, प्रो. रोमिला थापर, प्रो. रामशरण शर्मा सरीखे इतिहासकारों के इतिहास-ग्रंथ और प्रो. इरफान हबीब द्वारा संपादित वार्षिकी *मध्यकालीन भारत* के तीन अंक एक साथ प्रकाशित किए जा रहे हैं। इनमें कुछ ग्रंथ एकदम नए हैं, और जो नए नहीं हैं उन्हें भी पूर्णतया संशोधित-परिवर्धित किया गया है।

प्रो. रामशरण शर्मा ने अपनी इस पुस्तक में वैदिक और वैदिकोत्तर काल के भौतिक जीवन के विविध रूपों और समाज की विभिन्न अवस्थाओं के आपसी संबंधों के स्वरूप का अध्ययन द्वंद्वात्मक भौतिकवादी दृष्टि से किया है। वैज्ञानिक दृष्टि से इतिहास-लेखन का यह ग्रंथ सर्वोत्तम उदाहरण है और भारतीय इतिहास में दिलचस्पी रखनेवाले हर व्यक्ति के लिए अपरिहार्य भी।

प्रस्तावना

प्रस्तुत पुस्तक पहले अंग्रेजी में निकली थी पर हिंदी का कुछ अंश अलग ढंग से लिखा गया है। इस अध्ययन में उन सिद्धांतों का सर्वेक्षण किया गया है जो बतलाते हैं कि समाज का स्वरूप कैसे बदलता रहा है। यह दिखलाया गया है कि प्राचीन काल में उत्पादन प्रणाली के विकास तथा पर्यावरणगत कारणों से विभिन्न प्रकार के समाज खड़े होते हैं। कई प्रश्नों के उत्तर देने की चेष्टा की गई है। वैदिक युग के प्रारंभ में पशुपालन किस अंश तक प्रचलित था, और कबीलाई संगठन तथा लूटपाट के जीवन से इसका कैसा संबंध था? उत्तर वैदिक काल में खेती के फैलने पर भी राज्य और वर्णविभाजित समाज पूरी तरह से उभर कर क्यों नहीं आए? उत्तर भारत में युद्ध चलाने और पैदावार बढ़ाने में लोहे के प्रयोग की क्या भूमिका रही? बौद्ध धर्म का जन्म छठी शताब्दी ई. पू. में क्यों हुआ और ऐसा असनातन धर्म सर्वप्रथम मध्य गंगा के मैदानी इलाकों में क्यों पनपा? *रामायण* और *महाभारत* में कितने प्रकार की सामाजिक संरचनाएँ दिखलाई पड़ती हैं? इन प्रश्नों का उत्तर ढूँढ़ने के लिए वैदिक साहित्य, महाकाव्यों तथा पालि पोथियों के साक्ष्यों का परीक्षण नृतत्व, पुरातत्त्व और प्राचीन सामाजिक रीतियों के अवशेष को ध्यान में रख कर किया गया है।

हिंदी संस्करण तैयार करने में मुझे प्रोफेसर पूरनचंद पंत की बहुमूल्य सहायता मिली है जिसके लिए मैं उनका आभार मानता हूँ। श्री मोहन गुप्त ने प्रेस कॉपी तैयार की है और प्रोफेसर जगदीश नारायण तिवारी ने मुझे हिंदी संस्करण प्रस्तुत करने की प्रेरणा दी; मैं दोनों को धन्यवाद देता हूँ।

रामशरण शर्मा

वेस्ट बोरिंग कैनाल रोड,

पटना

30 नवंबर, 1989

अंग्रेजी संस्करण की प्रस्तावना

इस विषय के अध्ययन में पहली बार मैं सातवें दशक के उत्तरार्ध में लगा था। लेकिन अधिकांश कार्य आठवें दशक में ही संपन्न हुआ। इसके कुछ हिस्से, जिन्हें मैंने अब दोबारा लिखा है, पत्रिकाओं में प्रकाशित हुए थे। इस पुस्तक में लगभग 1500 ई. पू. से लगभग 300 ई. पू. तक के काल का विवेचन है। इसमें उत्तरी भारत के भौतिक जीवन की मुख्य धाराओं को स्पष्ट करने और सामाजिक प्रक्रियाओं के साथ उनका संबंध स्थापित करने की कोशिश की गई है। इस उद्देश्य के लिए उपलब्ध सामग्री का परीक्षण भौतिक अवशेषों और जनजातीय शोधों के आधार पर किया गया है।

यह पुस्तक लिखने में मुझे कई लोगों और स्रोतों से सहायता प्राप्त हुई है और यथास्थान मैंने उनके प्रति अपनी कृतज्ञता प्रकट की है। लेकिन आवश्यक शोध हेतु यथेष्ट समय दे सकूँ, इसकी सुविधा जुटाने के लिए मैं जवाहरलाल नेहरू मेमोरियल फंड के न्यासियों का आभारी हूँ। डॉ. कृष्णमोहन श्रीमाली ने अनुक्रमणिका तैयार की है, डॉ. मोहनचंद व डॉ. वर्धमान कुमार जैन ने संदर्भग्रंथ-सूची तैयार की है, और कुमारी अरुंधती व शिवदत्त ने मानचित्रों के लिए सामग्री एकत्र की है; बचीराम, जस्सूराम व ए. जे. रूपराय ने मानचित्र बनाए हैं, और डिप्टी कोहली ने परिशिष्ट तैयार करने में मेरी मदद की है। ये सब लोग मेरे हार्दिक धन्यवाद के पात्र हैं। मैं प्रो. द्विजेंद्रनारायण झा तथा प्रो. रामलखन शुक्ल का भी आभारी हूँ, और अंततः अपनी पत्नी मलिना के प्रति भी आभार प्रकट करता हूँ।

रामशरण शर्मा

इतिहास विभाग,
दिल्ली विश्वविद्यालय,
दिल्ली-110 007.
3 नवंबर, 1982

अनुक्रम

भूमिका

इतिहास की धाराओं को समझने के लिए कई प्रकार के सिद्धांत निकाले गए हैं। समाजशास्त्री इनका प्रतिपादन अपने सामाजिक परिवेश, बौद्धिक विरासत और व्यक्तिगत अनुभव के आधार पर करते हैं। वास्तविक मतभेद इस विषय को लेकर होता है कि कौन-सी ऐसी प्रमुख शक्ति है जो इतिहास को दिशा प्रदान करती है। यह अध्ययन प्रस्तुत करने में लेखक का मानना है कि प्रारंभ ही से मनुष्य दो प्रकार के संघर्षों में लगा हुआ है। मनुष्य का एक संघर्ष प्रकृति के द्वारा उत्पन्न अवरोधों को हटाने के लिए होता है। समय-समय पर उन्हें हटाकर प्रकृति के साथ वह अपना सामंजस्य स्थापित करता है। प्रकृति के साथ मानव जाति का सतत संघर्ष आज तक जारी है। मनुष्य का दूसरा संघर्ष मनुष्य से ही होता है। जब कुछ लोग जीवन-यापन के अधिक साधनों और सुविधाओं पर अपना अधिकार जमा लेते हैं तो इसके कारण मानव-जाति के विभिन्न समूहों में संघर्ष आरंभ होता है। यह संघर्ष भी अभी तक चलता आ रहा है और इसे वर्ग-संघर्ष कहते हैं। इस अध्ययन में यह मानकर आगे बढ़ा गया है कि उत्पादनप्रणाली में अतिरिक्त उपज़ के सिद्धांत का अधिकाधिक महत्त्व है क्योंकि इसी के कारण वर्ग की संरचना होती है और इस सारी प्रक्रिया के कारण इतिहास का रूप बनता जा रहा है। ऐसे इतिहास की धारा की व्याख्या के लिए तरह-तरह के सिद्धांत हैं। लेकिन उन सिद्धांतों में लेखक की दृष्टि में अभी तक उत्पादन प्रणाली के सिद्धांत से ही इतिहास के विकास-क्रम की व्याख्या सबसे अच्छी हो ...ती है। बहुत-से लोगों ने यह दर्शाने की चेष्टा की है कि वर्ग-संघर्ष और अतिरिक्त उपज की कोई ...क भूमिका नहीं है। उसके स्थान पर उन्होंने नई-नई अवधारणाओं को आगे बढ़ाया है। कहा जाता है कि पद, विशिष्ट वर्ग, श्रेणीबद्ध समूह, नातेदारी, रिश्तेदारी, जातिप्रथा इत्यादि के कारण इतिहास का रूप बदलता है। अतिरिक्त उपज के सिद्धांत को यह कहकर नकारा जाता है कि लोग अपने खाने-पीने के अलावा अधिक पैदावार अपनी इच्छा से नहीं करते बल्कि उन्हें ऐसा करने को मजबूर किया जाता है या अधिक-से-अधिक लोगों को किसी काम के लिए जुटाया जाता है। जीवन-यापन के अतिरिक्त अधिक पैदा करने के लिए कई प्रकार की प्रेरणाएँ हो सकती हैं और इनमें समाज के स्वरूप के अनुसार अंतर भी हो सकता है। किंतु सभी विचारशील शोधकर्ता यह स्वीकार करते हैं कि जब तक जीवन-यापन के अतिरिक्त उपज उपलब्ध नहीं हो तब तक पूर्णकालिक प्रशासक, पेशेवर सिपाही और पुरोहित, कारीगर और इसी प्रकार के दूसरे विशेषज्ञ जो अपना भोजन अपने हाथ से पैदा नहीं करते, समाज में नहीं रह सकते हैं। यदि यह कहा जाए कि लोगों को अधिक पैदा करने के लिए बाध्य किया जाता था तो इसका अर्थ होगा कि कोई ऐसी संगठित सत्ता थी जो यह काम करवाती थी। यह सत्ता या तो राज्य के रूप में थी या प्राक्‌राज्य के रूप में, जिसका प्रतीक कोई

शक्तिशाली सरदार था। लेकिन इससे अतिरिक्त उपज की अवधारणा का खंडन नहीं होता। जैसे-जैसे उत्पादन बढ़ा, वैसे-वैसे जनजातीय समाज का स्वरूप बदलता गया। पशुचारी कबिलाई समाज में, जिसमें अनाज का उत्पादन बहुत कम था, स्वेच्छा से कबीले आपस में एक-दूसरे के साथ लेन-देन करते थे और अपने सरदार को भी कुछ भेंट और उपहार देते थे। वह इसलिए कि सरदार उनका नेतृत्व करता था, कबीले में अमन-कानून कायम रखता था और कबीले की देखभाल के लिए और भी कई काम करता था। जब कबीले अनाज पैदा करने लगे तो सरदार को जो उपहार स्वेच्छा से दिया जाता था और जिसके बदले में सरदार अपने नातेदारों को समय-समय पर खिलाता-पिलाता था, वह अब साधारण कबीलों से जबरदस्ती वसूल किया जाने लगा और बदले में कबीलाई सरदारों ने अपने भाई-बंधों को खिलाना-पिलाना भी घटा दिया। भेंट वसूल करने के और भी कई तरीके अपनाए गए होंगे। सरदार यह कहकर भी भेंट माँगता होगा कि वह पुराने कुल का है। पुरोहित भी इस बात पर जोर देते थे कि सरदार को कर मिलना चाहिए। लोगों से इस प्रकार उनकी उपज का हिस्सा वसूल करने का जो भी तरीका अपनाया गया हो, एक बात स्पष्ट है कि वह तरीके तभी कारगर हो सकते हैं जब उत्पादकों में कर देने की क्षमता हो।

अतिरिक्त उपज के कारण ही प्रमुखतः वर्ग की संरचना होती है और इसके द्वारा बिल्कुल नए प्रकार की सत्ता बनती है जिसे राज्य की संज्ञा दी जाती है। कुछ लोगों का यह कहना है कि कला, शासन या इस प्रकार के और क्षेत्रों में विकास के लिए फुरसत का समय रहना जरूरी नहीं है क्योंकि शिकारियों और फलफूल इकट्ठा करनेवाले लोगों के पास काफी फुरसत रहती है और फिर भी वे काहिल की तरह बैठे रहते हैं। किंतु इस प्रकार की दलील में कोई दम नहीं है। ऐसा भी होता है कि बहुत दिनों तक शिकारी शिकार के पीछे लगे रहते हैं। फिर जब वह किसी तरह से अपनी भूख मिटाने में सफल होते हैं तो अपने भोजन संग्रहकारी समाज के स्वरूप के कारण उनके पास कुछ करने को अधिक नहीं होता। इसलिए जो लोग प्रबंधक का काम करते हैं, जिसका सीधा संबंध पेट भरने से नहीं होता, उनके लिए आवश्यक है कि उनको भोजन प्राप्त करने की चिंता से मुक्ति हो। इसमें संदेह नहीं कि वर्ग-आधारित समाज में आलसियों की भी कमी नहीं है। किंतु इसका यह अर्थ नहीं कि जिन लोगों को अपनी रोटी अपने हाथ से नहीं कमानी पड़ती है, वे सब के सब कलाकार, चित्रकार, पुरोहित या प्रशासक होते हैं। दूसरी ओर शिकारी और भोजन इकट्ठा करनेवाले लोग नृत्य और चित्रकारी के लिए प्रसिद्ध हैं और इन कलाओं का संबंध प्रधानतः युद्ध और आखेट से होता है। इससे यह भी पता चलता है कि आदिम अवस्था में भी मनुष्य अपने अवकाश का उपयोग करता था। अतएव आदिम जातियों की अवकाश की अवधारणा के आधार पर अतिरिक्त उपज के सिद्धांत को त्यागा नहीं जा सकता। जो लोग इतिहास की भौतिकवादी व्याख्या करते हैं, वे बिना वर्ग की अवधारणा के नहीं चल सकते। इस धारणा के अनुसार, कुछ जनसमूह उत्पादन के साधन अपने हाथ में रखते हैं और अधिकांश लोगों को उनसे वंचित रखते हैं। सामाजिक विकास के प्रारंभिक चरण में जनसाधारण को उत्पादन के फल से वंचित किया जाता है जिसके द्वारा वर्ग की संरचना की भूमिका तैयार होती है।

प्रारंभ में बड़े पैमाने पर अतिरिक्त उपज का असमान वितरण होता है जिससे बहुत-सी विषमताएँ पैदा होती हैं। यदि इन विषमताओं को हटाने के उपाय नहीं किए जाते हैं तो अंततः कुछ लोग जीवन-यापन के मूल साधनों पर अपना असमान आधिपत्य स्थापित कर लेते हैं। जो लोग बहुत दिनों तक उत्पादन के फलों का अधिकांश भाग भोगते और इकट्ठा करते हैं, वे समाज की सत्ता भी अपने हाथ में ले लेते हैं और धीरे-धीरे शासक वर्ग के सदस्य के रूप में आगे आते हैं। अतिरिक्त उपज का हिस्सा जमा करने के कारण वे अपनी सत्ता उपज के साधनों पर भी जमा लेते हैं। अतः वर्ग की संरचना को समझने के लिए यह आवश्यक हो जाता है कि हम उस प्रक्रिया को समझें जिसके द्वारा धीरे-धीरे लोगों का अधिकार उत्पादन के साधनों पर होता है ताकि उन्हें अतिरिक्त उपज निरंतर मिलती रहे। अतिरिक्त उपज के वितरण में विषमता की वृद्धि से वर्ग-संरचना की प्रक्रिया तेज होती है और जीवन-यापन के मूलभूत साधनों का असमान अधिकार इस प्रक्रिया को पक्का करता है। पूँजीवादी समाज के पहले और जितने भी समाज हुए, उनमें उत्पादन के मूल और उत्पादन के फल के स्वामित्व के बीच स्पष्ट रूप से अंतर नहीं किया जा सकता है। जो लोग फल भोगते हैं वे फल देनेवाले साधनों पर भी थोड़ा अधिकार प्राप्त कर लेते हैं। प्राचीन भारत में योद्धा और पुरोहित सुविधाओं का दावा करते हैं जिससे उनको जनसाधारण की तुलना में समाज में अधिक हिस्सा मिले और साथ-ही-साथ वे श्रम-शक्ति पर भी अपना सामान्य अधिकार जतलाते हैं। इस श्रम-शक्ति का प्रतीक शूद्रों के समूहों को माना जाता है। योद्धा कर का दावा करते थे और पुरोहित दान का दावा करते थे और यह सब वैश्यों से वसूल किया जाता था। इस प्रकार योद्धाओं और पुरोहितों का एक प्रकार का उच्च वर्ग बनता था,जो क्षत्रिय और ब्राह्मण के नाम से जाने जाते थे। इतिहास की दृष्टि से इस प्रकार का उच्च वर्ग कोई स्थायी समूह नहीं बल्कि एक सामाजार्थिक समूह होता है जिसके कुछ मूलभूत हित होते हैं और जो उसी प्रकार के दूसरे संगठन या समूह का विरोध करता है क्योंकि इन दोनों संगठनों के हित परस्पर-विरोधी होते हैं। यह ठीक है कि विरोधों को हटाकर जब-तब उन्हें एक करने की चेष्टा की जाती है किंतु भीतर-भीतर यह विरोधाभास बना रहता है। भारत के प्राचीन ग्रंथों में वर्ग-विरोध और वर्ग-संघर्ष उभरकर कभी नहीं आता है किंतु इसका अर्थ यह नहीं है कि भारत में या और बहुत-से प्राचीन समाजों में वर्ग का अस्तित्व नहीं था।

जहाँ एक ओर समाज के विकास में भौतिक शक्तियों की भूमिका पर बल दिया जाता है वहाँ दूसरी ओर कुछ लोग बौद्धिक शक्तियों के प्रभुत्व पर अधिक जोर देते हैं। बुद्धिजीवियों के लिए यह प्रसन्नता का विषय है और हमें बुद्धिजीवियों की भूमिका की अवमानना नहीं करनी चाहिए, किंतु हम सभी अपने अनुभव से कह सकते हैं कि भारत में अधिकांश प्रतिभाशाली व्यक्तियों को अपनी बौद्धिक संभावनाओं को विकसित करने का अवसर नहीं मिलता है। यदि हम इस बात की छानबीन करें तो पता चलेगा कि प्रतिभा समुचित सामाजिक और आर्थिक स्थितियों में फलती-फूलती है। अतएव समाज पर उन स्थितियों का वास्तविक प्रभुत्व होता है। शासक वर्ग के कुछ मूल्य जन-साधारण के दिमाग में इसलिए बैठ जाते हैं क्योंकि उसके लिए सामाजिक और आर्थिक परिस्थिति बनी रहती है।

कुछ समाजशास्त्री निर्णय-प्रक्रिया को सबसे अधिक महत्त्व देते हैं और उसमें मेधा-शक्ति की प्रधानता मानते हैं किंतु वे भूल जाते हैं कि वर्ग-विभाजित समाज में ऐसे बुद्धिजीवी ऊपर उभरकर आते हैं जो शासक वर्गों के साधन और सुविधाओं के समर्थक होते हैं। बुद्धि के सिद्धांत पर जो लोग जोर देते हैं, उनका यह मानना है कि विचारधारा को उत्पादन प्रणाली का अभिन्न अंग होना चाहिए। विचारधारा संगठित विचारों, मूल्यों और धारणाओं से बनती है और इस तरह के सारे मूल्यों को समाज के ऐसे लोग जन्म देते हैं जो अधिकांश लोगों को उत्पादन के साधन और फल से वंचित रखते हैं और बराबर उनके साथ संघर्ष और सामंजस्य की प्रक्रिया में लगे रहते हैं। उत्पीड़ित वर्गों के पास भी विचारों का अभाव नहीं होता है परंतु ये प्राचीन ग्रंथों में शायद ही उभरकर आते हैं। यह ठीक है कि जनजातीय समाज में भी कुछ अपने मूल्य और विश्वास होते हैं किंतु उन्हें आजकल के नृतत्वशास्त्री ही खोज सकते हैं। प्राचीन काल के जिन समाजों में लोग साक्षर नहीं थे, उनके विचारों का पता लगाना कठिन होता है। इसमें संदेह नहीं कि विशेष प्रकार के समाज में खास समय पर विचारधारा का प्रभाव बहुत अधिक हो सकता है। जिन लोगों का यह कहना है कि समाज के इतिहास की व्याख्या भौतिक दृष्टि से हो सकती है, वे भी इस बात को मानते हैं (और यह बात आज से 50 वर्ष पहले भी कही गई थी) कि विचारधारा अगर अधिक दिनों तक प्रभावशाली बनी रहती है तो वह उतनी ही शक्तिशाली बन जाती है जितना कि कोई भौतिक कारक शक्तिशाली होता है। किंतु विचारधारा ही को यदि उत्पादन प्रणाली मान लिया जाए और उसको इतिहास में स्वतंत्र कारक के रूप में देखा जाए तो यह हमारी समझदारी के लिए घातक होगा। वास्तव में देखने की चीज यह है कि भौतिक शक्तियों के कारण विचारधारा का कैसे निर्माण होता है और फिर विचारधारा के कारण भौतिक परिस्थितियों में कैसे परिवर्तन होता है। यदि हम दोनों के बीच के अंतर्द्वन्द्व और अन्योन्याश्रित संबंध को ठीक से समझने की चेष्टा करेंगे तो बहुत-सी बातें स्पष्ट हो जाएँगी

वास्तव में विचारधारा उस ढाँचे का हिस्सा है जो उत्पादन प्रणाली के ऊपरी आधार पर खड़ा किया जाता है। मार्क्सवादियों के बीच आधार और ढाँचे की परिकल्पना इमारत बनाने की प्रक्रिया से ली गई है किंतु मार्क्सवादी अध्ययन में उनका विशेष महत्त्व हो गया है। इस मार्क्सवादी दृष्टि में आधार का अर्थ एक प्रकार से उत्पादन प्रणाली होता है। इस प्रणाली में केवल तकनीकी शक्तियाँ ही नहीं आती हैं बल्कि जमीन, चरागाह, फैक्ट्री जैसे सारे साधन भी आते हैं। साथ-ही-साथ उत्पादन प्रणाली में श्रम-शक्ति का भी स्थान होता है। श्रम-शक्ति उपलब्ध हो, इसके लिए आवश्यक है कि लोग बराबर पैदा होते रहें। अतः विवाह की संस्था का भी इसमें कुछ स्थान होता है। इन सब चीजों को मिलाकर सामाजिक आधार पर ढाँचा बनाने का अर्थ यह होता है कि उत्पादन प्रणाली को कायम रखने के लिए या समयानुसार उसमें जहाँ-तहाँ परिवर्तन करने के लिए सामाजिक तथा राजनीतिक प्रबंध किए जाएँ। ये प्रबंध ढाँचे अथवा सुपर स्ट्रक्चर के अंतर्गत आते हैं। उसी तरह से कलात्मक, साहित्यिक, अनुष्ठान-संबंधी, दार्शनिक और ऐसे ही अन्य क्रियाकलाप अंततः आधार (बेस) के फल माने जाते हैं। यह दूसरी बात है कि समय बीतने के साथ-साथ वे आधार को चौड़ा कर दें या

संकुचित कर दें या उसके स्थान पर दूसरा आधार उपस्थित कर दें। यदि आधार और ढाँचे के बीच में हम यह अंतर मानकर चलें तो इतिहास की अधिकांश बातों की व्याख्या हो सकती है परंतु यह भी ठीक है कि इतिहास की सारी गुत्थियाँ इस सिद्धांत को अपनाने से नहीं सुलझ सकती हैं। उदाहरणार्थ भाषा के विकास की व्याख्या हम भौतिकवादी परिवेश में कर सकते हैं, किंतु भाषा का उदय कैसे हुआ है यह गुत्थी अभी तक नहीं सुलझ पाई है। इसलिए हमारे सामने बहुत-सी ऐसी समस्याएँ हैं जो आधार और ढाँचे के सिद्धांत को अपनाने से नहीं सुलझ सकती हैं। इन्हें अंग्रेजी में एक्स्ट्रा सुपरस्ट्रक्चरल समस्याओं की संज्ञा दी गई है। लेकिन इन सीमाओं के बावजूद आधार-ढाँचे का सिद्धांत आज भी लाभदायक है और इससे इतिहास की प्रमुख धाराओं को समझने में सुगमता रहती है। निस्संदेह आधार का अध्ययन ढाँचे के अध्ययन से अधिक महत्त्व का है और विश्लेषण करने तथा सहसंबंध स्थापित करने के लिए ही दोनों को एक-दूसरे से अलग करके देखना लाभकारी होता है। साथ ही यह ध्यान रखना चाहिए कि दोनों के बीच में जो क्रिया-प्रतिक्रिया चलती रहती है उसका अध्ययन करने से मानव समाज के विकास और संचालन को समझने की अच्छी दृष्टि मिलती है।

यहाँ एक बात कह देना उचित होगा कि एक ओर तो आधार और ढाँचे के बीच संघर्ष चलता रहता है और दूसरी ओर ढाँचे के अंदर भी संघर्ष चलता है। यदि ढाँचे को हम उत्पादन प्रणाली की दृष्टि से देखते हैं तो उत्पादन प्रणाली में एक ओर तो उत्पादन की तकनीकी और अन्य शक्तियाँ होती हैं और दूसरी ओर उत्पादन के संबंध होते हैं। जब मनुष्य भोजन-संग्रह का काम छोड़कर भोजन पैदा करने लगता है तो ऐसे समाज में पैदा करनेवाले और पैदावार को इस्तेमाल करनेवाले आपस में एक-दूसरे के साथ तरह-तरह के संबंध कायम करते हैं और उत्पादन प्रणाली को चालू रखते हैं। यह ठीक है कि उत्पादन-संबंधों को उत्पादन-शक्तियों से आसानी से अलग करके नहीं देखा जा सकता है, किंतु ऐतिहासिक शोध के कई क्षेत्रों में ऐसा करने से लोगों की समझदारी बढ़ी है। यदि दोनों के बीच हम कोई अंतर नहीं करें तो फिर विश्लेषण करने को बहुत कुछ नहीं रह जाएगा। यह कहा जाता है कि पूँजीवादी समाज को ध्यान में रखते हुए उत्पादन-शक्ति और उत्पादन-संबंध के आपसी रिश्ते को समझना ज्यादा अच्छा होता है। यह कहा जाता है कि प्राचीन सभ्यताओं में राजनीतिक सत्ता का महत्त्व इसलिए अधिक था कि न तो उत्पादन के साधनों में और न ही संपत्ति के अधिकार में अधिक प्रगति हुई थी। लेकिन इस तरह की व्याख्या देनेवाले लोग यह भूल जाते हैं कि जनजातीय सरदार की सत्ता तभी कायम होती है जब उत्पादन के साधनों में प्रगति होती है, श्रम का विभाजन होता है और सरदार को उसके भाई-बंद उसके हिस्से से अधिक साधन देते हैं। यह करीब-करीब सभी प्राचीन समाजों में पाया जाता है। प्राचीन समाज में साधनों का आबंटन उनके संग्रह पर निर्भर करता है और उनका संग्रह उत्पादन से निर्धारित होता है। यह दूसरी बात है कि संग्रह करने में कभी-कभी जोर-जबरदस्ती और धार्मिक अनुष्ठानों का भी सहारा लिया जाता है। वास्तविक सत्ता (आथॉरिटी) का जन्म इसी स्थिति में होता है। एक बार जब सत्ता जन्म लेती है तो यह अपने को सुसंगठित और कायम रखने की चेष्टा करती है और यह उद्देश्य उसी प्रणाली को सुरक्षित और शक्तिशाली बनाने

से पूरा होता है जो प्रणाली सत्ता को जन्म देती है। प्राचीन सभ्यता को सतही रूप से देखने से लगेगा कि आबंटन की सारी शक्ति राज्य के हाथ में है। किंतु यह समझना जरूरी है कि राज्य को यह अधिकार कैसे मिलता है। मिस्र, बेबीलोन, रोम और भारत के प्राचीन विधिग्रंथ उच्च वर्ग के लोगों को सुविधाएँ प्रदान करते हैं। इस प्रथा के कारण आबंटन करनेवाली सत्ता की शक्ति सीमित हो जाती है। यह भी महत्त्व का विषय है कि प्राचीन सभ्यताओं में जो पैदा करनेवाले किसान, दास, कारीगर इत्यादि हैं उनका अंतर्द्वंद्व सुविधाभोगी वर्गों के साथ चलता रहता है और इसी सुविधाभोगी वर्ग में सत्ताधारी आते हैं। इस संदर्भ में उत्पादन की शक्तियों और उनके द्वारा पैदा किए गए सामाजिक संबंधों के बीच जो क्रिया-प्रतिक्रिया चलती रहती है उसका समझना आवश्यक हो जाता है।

जब हम प्राचीन समाज को समझने के लिए ऐतिहासिक भौतिकवाद का सहारा लेते हैं तो उसमें हमें सामाजिक नतत्वशास्त्री के निष्कर्षों से कुछ लाभ हो सकता है। कुछ मार्क्सवादी नृतत्व शास्त्रियों ने यह बतलाने की चेष्टा की है कि नाते और रिश्ते पर आधारित सामाजिक इकाइयाँ कैसे बनती हैं। इसमें संदेह नहीं कि प्रारंभ में जीवन-यापन के साधन जुटाने के प्रयास में अलग-थलग रहनेवाले शिकारी या पशुपालक या कृषक सामूहिक रूप से मिलकर बड़े-बड़े परिवारों से बड़ी जनजाति बनाते हैं। ऐसे समाजशास्त्रियों के सिद्धांतों की हमें ठीक से जाँच करनी चाहिए।

कुछ समाजशास्त्री राज्य की संरचना और शहरी जीवन के उदय इत्यादि के अध्ययन में निहित कठिनाइयों पर जोर डालते हैं। बहुत दिनों से विवाद चल रहा है कि समाज का विकास एक ही कारण से होता है या इसके बहुत से कारण हैं। इसी प्रकार, यदि एक ही कारण है तो यह कौन-सा कारण है। यदि बहुत-से कारण हैं तो वे कौन-कौन-से कारण हैं। किंतु इस पुस्तक में प्राचीन भारतीय समाज का स्वरूप समझने के लिए उत्पादन-प्रणाली की महत्ता पर जोर दिया गया है। यदि हम बिना जाने-बूझे बहुत-से कारणों की अलग-अलग व्याख्या करें और उनके पारस्परिक संबंधों को स्पष्ट न कर पाएँ तो उससे हमारी समझदारी नहीं बढ़ पाएगी। उनके पारस्परिक संबंधों को समझने के लिए उत्पादन-प्रणाली का महत्त्व बहुत बड़ा होता है। यह सभी जानते हैं कि इतिहास-निर्माण की सीमाएँ होती हैं और जैसे-जैसे इतिहास की सामग्री बदलती है, सामग्रियों को एकत्र करने और समझने के तरीके बदलते हैं, सिद्धांत बदलते हैं और इतिहासकार का सामाजिक और बौद्धिक परिवेश बदलता है, उसी तरह इतिहास के निर्माण का स्वरूप भी बदलता है। किंतु हम लोगों ने प्राचीन समाज को समझने के लिए जिस दृष्टि और तरीके को अपनाया है उससे हमारा इतिहास-निर्माण औरों की अपेक्षा अधिक स्वीकारा जाता है।

इस अध्ययन में समाज के विकास के सिद्धांत को दृष्टि में रखा गया है और इस विकास का आधार मार्क्स, एंगेल्स और मार्गेन के निष्कर्षों पर कायम किया गया है जिन्हें बाद में कोर्डन चाइल्ड और दूसरे शोधकर्ताओं ने पुरातत्व, नृतत्वशास्त्र और समाजशास्त्र की भौतिकवादी दृष्टि से व्याख्या करके सुसंस्कृत किया है। उनके सामूहिक कार्य के आधार पर विकास के कुछ चरण स्पष्ट रूप से दिखाई पड़ते हैं और कुछ प्रक्रियाएँ भी देखने को मिलती हैं। मानव की कहानी पाषाणयुग से आरंभ होती है

जबकि शिकारी और भोजन संग्रह करनेवाले लोग पाए जाते हैं जो जीवन-यापन के लिए एक साथ मिलकर नातेदारी-रिश्तेदारी कायम करते हैं। ऐसे लोगों को किसी इलाके से लगाव नहीं रहता। जब-तब वे शिकार करने के लिए अथवा अन्य प्रकार से भोजन संग्रह करने के लिए कुछ इलाकों से अपना संबंध कायम करते हैं। ये लोग भोजन इकट्ठा करने में लगे रहते हैं तो विवाह और रिश्तेदारी के द्वारा स्थायी समूह कायम करते हैं और किसी वास्तविक अथवा काल्पनिक पूर्वज से अपना संबंध स्थापित करते हैं। वे अपनी भाषा का विकास भी करते हैं और विभिन्न कबीलों के लोग कभी-कभी एक सामान्य भाषा भी बोलते हैं। इन बड़े-बड़े समूहों को जनजाति कहते हैं, जिन्हें छोटे कबीलों में बाँटा जाता है और छोटे कबीलों को परिवारों में बाँटते हैं। समाज के विकास में कबीलाई चरण तब आता है जब लोग पेड़-पौधे उगाते हैं और जानवरों का पालन करते हैं। यह अवस्था नवपाषाण युग में आई। जब अनाज पैदा होने लगा तो कबीलों के सदस्यों की संख्या बढ़ने लगी। यह संख्या युद्धों के कारण भी बढ़ी, जिनके फलस्वरूप विजित कबीलों को विवाह अथवा दीक्षा-संस्कार के द्वारा विजेता कबीले में मिला लिया गया। कबीलाई समाज अनुष्ठान और पारस्परिक आदान-प्रदान के आधार पर चलता था और इसी के द्वारा समुचित वितरण होता था। कबीलों के सदस्यों के बीच समुचित वितरण होने से असमानता घटती थी, क्योंकि कबीलाई सरदार अपने बढ़ते हुए धन का बहुत-सा हिस्सा भाई-बंदों को खिला-पिलाकर बाँट देता था। अधिकांश कबीलाई समाजों में जमीन पर कबीले का सामूहिक रूप से अधिकार होता था और जमीन पर सामूहिक रूप से खेती करने की आवश्यकता के कारण ही कबीलाई समूह कायम होते थे। किंतु भारतवर्ष में पशुपालन की आवश्यकता के कारण भी लोग एक-दूसरे के साथ मिलकर गोत्र बनाते थे। गोत्र शब्द का अर्थ है ऐसी जगह जहाँ सब लोग मिलकर गाय रखें। कबीलाई समाज में विकास के कई चरण पाए जाते हैं लेकिन हर कबीलाई समाज में ऐसे चरण नहीं मिलते हैं। हम ऐसे कबीलों को जानते हैं जिनका कोई सरदार नहीं होता था और ऐसे छोटे कबीले और कुलों का भी जिक्र है जिनमें वरिष्ठ और कनिष्ठ (जूनियर और सीनियर) वंशजों में अर्थात बड़भइयों और छुटभइयों में कोई अंतर नहीं था। कुछ कबीलाई समाजों में ऐसी वितरणप्रथा थी जिसके अनुसार बड़भइयों को अधिक हिस्से मिलते थे; और ऐसे भी समाज थे जिनमें बड़भइयों और छुटभइयों को एक ही समान हिस्से मिलते थे। प्राचीन समाज को समझने के लिए इन सब चीजों की जानकारी आवश्यक है और नृतत्वशास्त्री इन बातों की गहराई में जाते हैं।

ऐसी प्रथा जिसमें कबीला सरदार के अधीन रहता था और कभी-कभी सरदार की सहायता कबीले के प्रमुख लोग करते थे, बहुत देशों में पाई जाती है। कबीले का आदमी अपनी योग्यता के आधार पर सरदार चुना जाता था। चूँकि सरदार बनने से उसे कुछ सुविधाएँ मिलती थीं, इसलिए उसकी चेष्टा होती थी कि अपने पद को वंशानुगत बनाए। परिणामतः बाद में लोग सरदारी का दावा केवल अपनी योग्यता के ही आधार पर नहीं करते थे बल्कि पुराने वंश के वंशज होने के कारण भी करते थे। सामाजिक विकास के प्रारंभिक चरण में अधिक उम्र और वरीयता को तरजीह दी जाती थी क्योंकि इसके कारण जो लोग चुने जाते थे, वे उत्पादन, वितरण और युद्ध-संचालन में निपुण और

अनुभवी होते थे। लेकिन अंततः सरदार का पद पुश्तैनी बन गया और सरदारी परिवार का कम उम्रवाला सदस्य भी सरदार पद पर बैठ सकता था जबकि उसके दायादवाले परिवार के अधिक उम्रवाले सदस्य भी सरदारी से वंचित हो जाते थे। सरदारों को उनके भाई-बंद बराबर उपहार देते थे और बदले में सरदार उन्हें भोज में या दूसरे अवसरों पर खिलाते-पिलाते और उपहार देते थे। जब सरदार अपने भाई-बंदों से बराबर उपहार पाने लगे और बदले में उपहार देना कम करने लगे, जब लूट के माल में सरदार का हिस्सा बहुत बढ़ गया और उसके भाई-बंदों का हिस्सा बिल्कुल घट गया तो बड़े-बड़े और प्रभुत्ववाले सरदारों के उदय का मार्ग प्रशस्त हुआ। सत्ता के इस ढाँचे के विकास को 'सरदार तंत्र' कहा जाता है। बड़े सरदार के लाग-भाग में बहुत-से लोग इकट्ठे हो गए जो कबीलाई कृषक और पशुपालक की कमाई पर जीते थे। कृषि का विकास होने से प्रादेशिक भावना मजबूत हुई और जमकर एक जगह रहने की आदत बढ़ी। अनुष्ठानों ने बृहत रूप ले लिया और यद्यपि कुछ सरदार पुरोहित का कार्य भी करते थे पर धीरे-धीरे अनुष्ठानों और विधि-विधानों पर एक विशेष वर्ग का एकाधिकार हो गया। इस विशेष वर्ग के लोग पुरोहित कहलाए। समाज के बिल्कुल कबीलाई चरण में एक प्रकार का समतावादी स्वभाव पाया जाता है, जिसमें अब बहुत कमी आने लगी और संपत्ति-अधिकार के आधार पर सामाजिक-विभेद दृष्टिगोचर होने लगा। सामाजिक विकास में ऐसे चरण को प्राक्-वर्ग और प्राक्-राज्यवाला चरण कहा जा सकता है। इस चरण में कबीले के सदस्यों के बीच लूट के माल और उत्पादन के फलों का असमान वितरण उभरकर सामने आया। इससे समाज में विभेदीकरण का प्रारंभ हुआ। सच कहा जाए तो 'सरदार-तंत्र' की अवधारणा से उन परिणामों का बोध नहीं होता है जो खेती के आरंभ और बड़े सरदारों का प्रभुत्व कायम होने के कारण सामने आए।

प्राचीन समाज के विकास में अंतिम चरण तब आता है जब वर्ग और राज्य का प्रादुर्भाव होता है। जब खेती और तरह-तरह की दस्तकारियों के कारण भोजन पैदा करने के तरीके बड़े पैमाने पर फैलते हैं तब किसान केवल अपना पेट भरने के लिए ही पैदा नहीं करते हैं बल्कि वे इतना अधिक पैदा करते हैं जिससे पुरोहित, प्रशासक, पेशेवर सिपाही के साथ-साथ शासक के प्रतिष्ठान में रहनेवाले सारे लोगों—कारीगरों, व्यापारियों इत्यादि का भी भरण-पोषण हो सके। प्राचीन काल की अनेक सभ्यताओं में राज्य और शहरी जीवन का उदय एक साथ होता है। प्रारंभ में उत्पादन के फल के आबंटन में जो घोर असमानता होती है और जिसके कारण भाई-बंदों और सरदार के समर्थकों में संघर्ष होता है, उसके फलस्वरूप ही राज्य का जन्म होता है। बाद में इसे वे लोग मजबूत करते और इस पर अपना प्रभुत्व जमाते हैं जो जमीन, श्रम और जीवन-यापन के मूल साधनों का बड़ा भाग प्राप्त करते हैं। वास्तव में, उत्पादन के असमान वितरण की प्रणाली चलते-चलते ऐसी स्थिति पैदा कर देती है जिसके कारण जीविकोपार्जन के साधनों का भी असमान रूप से बँटवारा हो जाता है।

वैदिक और उत्तर-वैदिक काल के संदर्भ में हमने यह चेष्टा की है कि उत्पादन-तकनीक की प्रगति के स्वरूप और परिणामों का विश्लेषण किया जाए और साथ-ही-साथ उनके सामाजिक और यदा-कदा धार्मिक तथा आनुष्ठानिक अभिप्रायों की जाँच की जाए। पुरातत्व से पता चलता है कि

प्राचीन काल में धातु-विज्ञान और इससे संबंधित तकनीकों को फैलने में और सामाजिक महत्त्व के परिणाम पैदा करने में सदियों लगे और इसमें संदेह नहीं कि लंबे अर्से के बाद सामाजिक संगठन पर उनका स्थायी प्रभाव पड़ा। उत्पादन की पद्धति में जो परिवर्तन हुए उन्हें इस पुस्तक में उजागर करने की चेष्टा की गई है और यह भी दर्शाने का प्रयत्न किया गया है कि कबीलाई और प्राचीन समाज में विकास के जो विभिन्न चरण पाए जाते हैं उनसे इनका किस प्रकार का संबंध है। इस शोध-कार्य में प्राचीन ग्रंथों में पाए गए भिन्न प्रकार के उद्धरणों से सहायता ली गई। इस पद्धति पर चलने से मनमाने सामान्यीकरण प्रस्तुत करने का भय रहता है। परंतु हम लोगों ने सांस्कृतिक महत्त्व के जो शब्द हैं उन्हें गिनने की भी चेष्टा की है। समाज में पशुचारी, कबीलाई और वर्ग-संबंधी पहलुओं का पता लगाने के लिए जहाँ तक संभव हो सका है, ऐसे पद इकट्ठे किए गए हैं जिनसे इन आयामों पर प्रकाश पड़ सके। परंतु ऐसा संभव नहीं हो सकता कि जहाँ-जहाँ ये पद आते हैं उन सारे संदर्भों का परीक्षण किया जाए। इस अध्ययन में साहित्यिक अवतरणों का संबंध पुरातात्त्विक अवशेषों के साथ जोड़ने का प्रयास किया गया। साहित्य में खेती, धातु-कर्म जिसमें लोहे का कार्य भी शामिल है और बर्तन बनाने और दूसरे-दूसरे प्रकार की दस्तकारियों के विषय में जो उल्लेख आते हैं उनका संकलन बहुत अंश तक किया गया है। अभी तक पुरातात्त्विक और भाषा-वैज्ञानिक परिवेश में इन उल्लेखों के द्वारा तिथियाँ निश्चित की जाती हैं, प्राचीनता प्रमाणित की जाती है और संस्कृति के प्रसार या स्थानीयता को सिद्ध किया जाता है। सामाजिक और आर्थिक प्रक्रियाओं के अध्ययन के लिए इनका जो महत्त्व है उस पर शायद ही ध्यान दिया जाता है। इस पुस्तक में उत्तर-वैदिक काल के ग्रंथों के साक्ष्य की जाँच पुरातत्त्व के उस चरण से की गई है जिसमें लोहे के साथ-साथ चित्रित धूसर मृद्भांड मिलते हैं; दोनों का एक ही काल निर्धारित किया गया है और दोनों एक ही इलाके में पाए जाते हैं। उसी प्रकार काल और स्थान को ध्यान में रखते हुए प्राचीन पालि ग्रंथों का अध्ययन मध्य गंगा के मैदान में मिलनेवाले उत्तरी काले ओपदार मृद्भांड के पुरातात्त्विक पहलू के परिवेश में किया गया है। भौतिक संस्कृति के विषय में जो कुछ भी बतलाया गया है उसका अधिक भाग पुरातात्त्विक साक्ष्यों पर आधारित है यद्यपि हमने साहित्यिक उल्लेखों का भी काफी सहारा लिया है। प्राचीन ग्रंथों के अध्ययन के आधार पर मुख्यतः सामाजिक नक्शे तैयार किए गए हैं, किंतु यह भी चेष्टा की गई है कि इनकी संपुष्टि और विस्तार पुरातात्त्विक और कुछ नृतत्त्वशास्त्रीय निष्कर्षों के द्वारा हो। हमने न तो आर्यों की पुरातात्त्विक पहचान स्थापित करने की चेष्टा की है और न विभिन्न कबीलों और कुलों को तरह-तरह के प्राचीन अवशेषों के साथ, विशेषकर मृद्भांड के साथ, मिलाने के चेष्टा की है। हमारा प्रमुख उद्देश्य यह रहा है कि भौतिक संस्कृति और सामाजिक विकास के बीच किस प्रकार के संबंध हैं इसकी जाँच की जाए। उत्तर-वैदिक ग्रंथ और चित्रित धूसर मृद्भांड सहित लोहेवाले पुरातव का समय लगभग पाँच सौ वर्ष होता है और चूँकि खुदाई में मिले स्तरों का साहित्य में मिलनेवाले स्तरों से मेल नहीं खाता है, हम इस लंबे काल में विकास की प्रक्रियाओं को प्रकाश में नहीं ला पाए हैं। संभव है कि लोहे के जो औजार गंगा के उत्तरी मैदान में चित्रित धूसर मृद्भांड काल के अंत में चालू थे वे मध्य

गंगा के मैदानी इलाकों में उत्तरी काले ओपदार मृद्भांड काल के आरंभ में प्रयोग में आने लगे हों।

ऋग्वेद के युग में पाई जानेवाली सामाजिक संरचना का अध्ययन अभी तक प्राप्त पुरातात्त्विक सामग्री के द्वारा आगे नहीं बढ़ाया जा सकता है। पुरातत्त्व के सहारे उत्तर वैदिक काल में हुए सामाजिक और आर्थिक विकास को समझने में सहायता मिलती है, किंतु खोदकर निकाली हुई सामग्री के विषय में पर्याप्त सांख्यिकी और तकनीकी सूचना का अभाव है जिससे इसका सार्थक उपयोग नहीं हो सकता है। प्राचीन संसार की सभ्यताओं में लोहे की जो भूमिका रही है उसका विवरण कई तकनीकी शोध प्रकाशनों में पाया जाता है। किंतु भारत के परिवेश में इस बात की छानबीन जरूरी है कि लोहे के औजार किस प्रकार की कच्ची धातु से बने हैं और वह धातु किस खान में पाई जाती है। यह जानना भी जरूरी है कि लोहे के औजार में कार्बन की मात्रा कैसे बढ़ती है और इन औजारों में किस दर पर जंग लगता और उसका ह्रास होता है। काल, स्थान और प्रकार्य की दृष्टि से अभी तक लोहे की कोई विस्तृत सूची तैयार नहीं हुई है। स्पष्ट है कि इस प्रकार की सारी जानकारी के अभाव के कारण हमारे निष्कर्ष पक्के नहीं हो सकते हैं।

जिस पुरातत्त्व का संबंध उत्तरी काले ओपदार मृद्भांड से है और जिसके आधार पर हमने बहुत बड़ा महल बनाया है उसकी कई सीमाएँ हैं। यद्यपि मुझे इस मृद्भांड से संबंध रखनेवाले स्थलों की व्यक्तिगत जानकारी है, विशेषकर उन स्थलों की जो इलाहाबाद और भागलपुर के बीच रेल-मार्ग के दोनों ओर पाए जाते हैं, किंतु इन स्थलों का क्रमबद्ध सर्वेक्षण नहीं हुआ है; जहाँ-तहाँ थोड़ा-बहुत पता ही लगाया गया है। इस बात की चेष्टा की गई है कि भारत में सभ्यता के जन्म के समय को, जहाँ तक हो सके, पीछे धकेला जाए और साथ-ही-साथ सभ्य भारत की सीमाओं का भी विस्तार किया जाए। इस उद्देश्य से हड़प्पा सभ्यता से संबंधित स्थलों का क्रमबद्ध सर्वेक्षण हुआ है। उसी प्रकार आर्यों की खोज में लगे रहने के कारण पुरातत्त्ववेत्ताओं ने चित्रित धूसर मृद्भांड स्थलों का सर्वेक्षण किया है। किंतु इस प्रकार का ध्यान अभी तक उ. का. ओ. मृ. स्थलों के सर्वेक्षण पर नहीं दिया गया है। पालि ग्रंथों और चीनी विवरणों में जिन नगरों की चर्चा है वे लंबवत् खोदे गए हैं, किंतु ऐतिहासिक काल में हमने देहाती स्थलों के पुरातत्व का विकास नहीं किया है। चूँकि उ. का. ओ. मृ. शहरी स्थल के चारों ओर फैले हुए इलाकों का सिलसिलेवार सर्वेक्षण नहीं किया गया है, इसलिए हम किसी शहर और उसके पृष्ठ प्रदेश का संबंध आसानी से स्थापित नहीं कर सकते हैं। यह भी बतलाना कठिन है कि बुद्ध के युग में मध्य गंगा के मैदानी इलाकों में किस पैमाने पर बस्तियाँ कायम हुईं और उनकी आबादी क्या थी।

हमने साहित्यिक और पुरातात्त्विक साक्ष्यों को बढ़ाने और समझने के लिए नृतत्त्वशास्त्र के कुछ संबद्ध निष्कर्षों का सहारा लिया है और साथ-ही-साथ जलवायु और पर्यावरण-संबंधी कारकों को भी महत्त्व दिया है। सतलुज और यमुना के बीच और उत्तरी गंगा के मैदानों में जो खुश्क आबोहवा पाई जाती है उसकी तुलना हमने मध्य गंगा के मैदानी भागों में पाई जानेवाली नम और बरसाती आबोहवा से की है। मिट्टी और पेड़-पौधों को भी ध्यान में रखा गया है। जलवायु और पर्यावरण में इस तरह का

अंतर होने के कारण भौतिक अवशेषों का संरक्षण प्रभावित होता है जिसमें धातु के औजार भी आते हैं। चित्रित धूसर मृद्‌भांड स्थल प्रमुखतः खुश्क और हवादार इलाके में पाए जाते हैं। इसलिए वे सतह पर पाए जाते हैं और उन्हें पहचानना और उनका संरक्षण करना सुगम है। परंतु मध्य गंगा के मैदानी भागों में जो उ. मा. ओ. मृ. स्थल पाए जाते हैं उन पर सदियों तक मिट्टी जमती रही है और प्रचुर मात्रा में पेड़-पौधे उगते रहे हैं, इसलिए उ. का. ओ. मृ. के टुकड़ सतह पर बराबर नहीं पाए जाते हैं जबतक कि वर्षा अथवा नदियों के कटाव पर खेती के कारण वे ऊपर न आ जाएँ। जलवायु को ध्यान में रखने से हम यह समझ पाते हैं कि मध्य गंगा के प्रदेशों में प्राचीन काल में बड़े पैमाने पर जंगल की सफाई और बस्तियों के बनने में लोहे के तकनीक की क्या प्रासंगिकता है।

रामशरण शर्मा

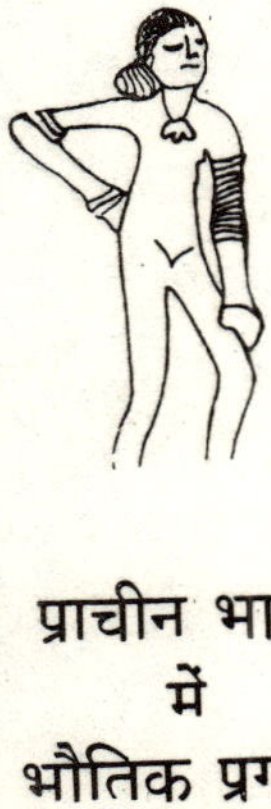

प्राचीन भारत
में
भौतिक प्रगति
एवं
सामाजिक संरचनाएँ

अध्याय एक

प्राचीन भारत में सामाजिक संरचनाओं की समस्याएं

पिछले कुछ वर्षों में इतिहासकारों के मध्य 'परिकल्पना नहीं तो इतिहास नहीं' की स्वागत योग्य जागरूकता पनपी है । इतिहास लेखन की पृष्ठभूमि की मान्यताओं का मूल्यांकन करने के लिए जो विद्वद् गोष्ठियां हुई हैं, उनमें भारतीय इतिहास के अध्ययन में उपनिवेशवादी, अर्धराष्ट्रीयतावादी, अतिराष्ट्रीयतावादी तथा रूढ़िवादी दृष्टिकोणों के विरुद्ध स्वस्थ, किंतु अब भी कमजोर, प्रतिक्रिया व्यक्त की गई है । परंतु परिकल्पनाओं और प्रतिरूपों (माडलों) की खोज हममें से कुछ को समाजशास्त्रीय फंदे में ले गई है, तथा दूसरे लोगों के लिए भी इसमें गिर जाने का वास्तविक भय है । भारत में पचासवें दशक तक समाजशास्त्र, राजनीतिशास्त्र, अर्थशास्त्र, भाषाशास्त्र आदि के अध्ययन में भी ऐतिहासिक विधि और दृष्टिकोण अपनाया जाता था । अर्थशास्त्र में वृद्धि की अवधारणाएं तथा समाजशास्त्र में आधुनिकीकरण और औद्योगीकरण की अवधारणाएं एक बड़ी सीमा तक इतिहास की ऋणी हैं, लेकिन इतिहास में अन्य सामाजिक विज्ञानों के प्रतिरूपों को लागू किए जाने का भी आग्रह है । हमारे पास अनेक प्रतिरूप हैं । हमें यह निर्णय करना है कि इनमें से कौन-से ठीक प्रकार के हैं और किनका उपयोग विश्लेषण के उपकरणों के रूप में किया जा सकता है । संबंधित विषयों से अंतर्दृष्टि सदा स्वागत योग्य है, परंतु इतिहास को बहुविषयक दिखावे के हंगामे में नहीं खो जाने दिया जाना चाहिए । सामाजिक इतिहास का अर्थ 'समाजशास्त्र का पीछे की ओर प्रक्षेपण' नहीं है, और न ही आर्थिक इतिहास का आशय 'पूर्वकालिक' प्रभाव से आर्थिक सिद्धांत का विनियोग है । काल और स्थान से परे समाजशास्त्रीय साधारणीकरण के जरिए जो लोग भारतीय समाज के अपरिवर्तनीय स्वभाव को सिद्ध करने का जानबूझकर प्रयास करते हैं, वे इतिहासकारों के लिए वास्तव में भय उत्पन्न करते हैं ।

भारत में अतीत को समझने तथा उसकी व्याख्या करने के लिए हम स्वाभाविक रूप से प्रतिरूपों (माडलों) और वर्गीकरणों का आश्रय लेते हैं, परंतु अन्य प्रकार के बाज़ार की तरह सामाजिक विज्ञानों में बौद्धिक बाज़ार भी 'पाश्चात्य' वस्तुओं से

भरा पड़ा है, और हमारे पास इस विषय में बहुत कम विकल्प हैं। नातेदारी, जातिप्रथा, अनुष्ठान, भाषा, सामाजिक प्रथा आदि, और अधिरचना की समस्याओं के प्रति कुछ सामाजिक मानवशास्त्रियों के मोह ने अनेक मतों को जन्म दिया है। इनमें से कुछ समाज के संगठन, बनावट तथा कार्यों की व्याख्या कर सकते हैं। परंतु इतिहासकार के लिए अत्यधिक महत्त्वपूर्ण बात है, एक सामाजिक संरचना से दूसरी संरचना में परिवर्तन। इस आधारभूत समस्या के समाधान में इनमें से अधिकांश मत असफल हो जाते हैं। इनमें से अनेक प्रारूप स्थिर समाजों के लिए उपयोगी हो सकते हैं, किंतु सामाजिक प्रक्रियाओं के अध्ययन के लिए ये अपनी उपयोगिता खो देते हैं। उदाहरणस्वरूप, 'जजमानी' व्यवस्था सामंतवादी काल के सामाजिक और आर्थिक संबंधों की व्याख्या कर सकती है, लेकिन सामंतीय व्यवस्था वाले कालों के पहले की व्याख्या इनके जरिए नहीं की जा सकती। कौटिल्य के *अर्थशास्त्र* की चाहे जो भी तिथि हो, संपूर्ण ग्रंथ में 'जजमानी' व्यवस्था पर कुछ भी नहीं है। सामाजिक परिवर्तनों की व्याख्या के निमित्त परिकल्पनाओं में से वे, जो संस्कृतीकरण और महान् तथा लघु परंपरा के निमित्त हैं, केवल बाहय सांस्कृतिक मुलम्मे को छू भर देती हैं। इनसे सामाजिक-आर्थिक संरचनाओं के अध्ययन में कोई अंतर नहीं पड़ता। 'अभिजन' के सिद्धांत (इलीटिस्ट थ्योरी) को बहुत महत्त्व दिया जाता रहा है। उत्पादन की व्यवस्था में उनके स्थान पर ध्यान दिए बिना ही 'अभिजनों' (श्रेष्ठजन या इलीट का शाब्दिक अर्थ—चुना हुआ भाग, सर्वोत्कृष्ट) को सभी सामाजिक परिवर्तनों के पीछे प्रमुख प्रेरक शक्ति के रूप में देखा जाता रहा है। परंतु वर्ग विभाजित समाजों में अधिकांश विद्वत्मंडली तथा बुद्धिजीवी वर्ग शासक वर्ग के अधीनस्थ सहयोगियों के रूप में है; इस सरल ऐतिहासिक सत्य को अनदेखा नहीं किया जा सकता। परंपरा और आधुनिकता के सिद्धांत का उपयोग समाज के संपूर्ण इतिहास को ढकने के लिए किया जाता है। इस इतिहास को 'सरल' तथा 'जटिल' समाजों द्वारा घेरने का भी प्रयास किया जाता है। परंतु वास्तविकता यह है कि मानव समाज अनेक शताब्दियों के दौरान उत्पादन की चार अथवा अधिक विभिन्न विधियों/स्थितियों से गुजरा है।

पिछले सौ वर्षों में हुई ऐतिहासिक ज्ञान की प्रगति ने कुछ सीमा तक ऐतिहासिक भौतिकवाद द्वारा प्रदत्त सामाजिक संरचनाओं के प्रतिरूप को परिवर्तित कर दिया है। इस संदर्भ में हमें गोर्डन चाइल्ड का अत्यधिक ऋणी होना चाहिए, जिन्होंने ताम्रयुग की सामाजिक संरचनाओं के संबंध में महत्त्वपूर्ण अंतर्दृष्टि प्रदान की है। परंतु ताम्रयुगीन समाजों तथा लौहयुगीन समाजों के अंतरों पर अभी बहुत कुछ किया जाना है, विशेष रूप से उत्पादन की एशियायी पद्धति पर। इनकी समीक्षा में डी. डी. कोसंबी तथा कुछ अन्य भारतीय इतिहासकारों ने अमूल्य योगदान किया है। ऐतिहासिक भौतिकवाद के आधारभूत सिद्धांतों की दृष्टि से

स्रोतों का गहन अध्ययन नवीन और संक्रमणशील समाजों की खोज की उत्प्रेरक संभावनाओं को प्रकाश में ला सकता है। जनजाति/लोक-कृषक-औद्योगिक समाज का समाजशास्त्रीय प्रतिरूप ऐतिहासिक भौतिकवाद द्वारा प्रदत्त प्रतिरूप का एक विकल्प समझा जाता है, परंतु इसकी अनेक सीमाएं हैं। यह कहा जाता है कि आदिम समाज में, नातेदारी नियंत्रक शक्ति है, इसको लोक/जनजाति समाज भी कहा जाता है, लेकिन इसमें शक है कि यह उत्पादन की व्यवस्था और संबंधों से अधिक शक्तिशाली है। कृषक-अवस्था का विचार इस अर्थ में महत्त्वपूर्ण है कि हम पुरोहितों तथा योद्धाओं द्वारा शासित कर तथा धर्म-शुल्क देने वाले कृषक समाज के विषय में सोच सकते हैं, किंतु कृषक-काल अनिवार्यतः सामंतीकाल के अनुरूप नहीं है। यदि समस्या उत्पादन की पद्धति तथा संबंधों को जोड़ने तथा उनकी विशेषता बताने की है, तो 'सामंती' और 'कृषक' समाज एक ही अर्थ के द्योतक नहीं हैं। एक बड़ी सीमा तक कृषक ही अधिसंख्यक जनता हैं, लेकिन, क्योंकि वे शासक वर्ग में नहीं आते, इसलिए प्रमुख संस्कृति और विचारधारा कृषकों की नहीं होगी। औद्योगिक समाज के अंतर्गत वर्गहीन तथा वर्ग पर आधारित दोनों ही समाज हो सकते हैं। 'औद्योगिक' की अवधारणा सामाजिक संरचना के संदर्भ से अधिक प्रौद्योगिक परिवर्तन के संदर्भ का अर्थ देती है, तथा पूंजीवादी, गैरपूंजीवादी तथा समाजवादी समाजों पर लागू की जा सकती है।

इनमें से कुछ समस्याओं पर हम विस्तार से विचार कर सकते हैं। हम पहले कृषक समाज के विचार की विवेचना करें। यहां कृषक को अपने उत्पादन में से अपनी एक सौ एक आवश्यकताओं की पूर्ति करते तथा कर और धर्म-शुल्क देते दिखाया जाता है। यदि पूर्व पूंजीवादी समाज में सामाजिक संरचना के मुख्य समर्थक के रूप में कृषक परिवार की उत्पादन इकाई की महत्त्वपूर्ण भूमिका पर बल देने का विचार है, तो 'कृषक समाज' पद का प्रयोग उपयोगी सिद्ध हो सकता है। परंतु, यदि उत्पादन तथा उपभोग के व्यवस्थापकों के लिए दिए जाने वाले अधिशेष के स्वरूप को महत्त्व देने का विचार है, तो इस शब्द का अपरिवर्तनशील अर्थ हमें अधिक जानकारी नहीं प्रदान कर सकता, क्योंकि अधिशेष की मात्रा तथा विधि और उसके वितरण के तरीके बदलते रहते हैं। अतः कृषक समाज की अवधारणा विभिन्न प्रकार की संरचनाओं के लिए अनेक प्रयोजन वाले शब्द का कार्य कर सकती है, जिसमें कृषक कर, धर्म-शुल्क, उपहार, भेंटें आदि देते हैं। परंतु भुगतान के ये प्रकार तथा उनके निर्धारण और इकट्ठा करने की व्यवस्था परिवर्तित होती रहती है, इस कारण यह शब्द उस मत के भार को वहन करने में समर्थ न हो सकेगा जिसके अंतर्गत वर्ग संबंधों के परिवर्तनशील स्वरूप पर बल दिया जाता है।

इसके अतिरिक्त, कृषकों को मिलाकर हमेशा सजातीय समूह नहीं बनता है। जब जनजातीय लोग कृषि को पूर्ण रूप में अपना लेते हैं तथा इसे अपने जीवनयापन

के प्रमुख साधन के रूप में स्वीकारते हैं, तब प्रारंभ में उनके नातेदारी के बंधन दृढ़ हो जाते हैं और भूमि की व्यवस्था में जनजातीय विशेषताएं बनी रहती हैं। उन्हें कर तथा धर्म-शुल्क देने पड़ सकते हैं, तथापि उन्हें जनजातीय कृषक वर्ग की संज्ञा दी जा सकती है। हमें स्वतंत्र कृषक वर्ग तथा परतंत्र कृषक वर्ग के मध्य भी अंतर करना है। ये दोनों एक समाज में साथ साथ विद्यमान हो सकते हैं, किंतु वह समाज, जिसमें स्वतंत्र कृषक वर्ग अधिक है, उस समाज से निश्चय ही भिन्न होगा जिसमें परतंत्र कृषक अधिक हैं। परतंत्र कृषक वर्ग एक सामंतीय समाज की विशेषता है। बाजार के नियमों से नियंत्रित कृषक वर्ग उपनिवेशवादी / पूंजीवादी समाज में होता हैं। इस संदर्भ में यह भी महत्त्वपूर्ण है कि एक बड़ा स्वतंत्र कृषक वर्ग बहुधा एक पूर्व सामंतीय समाज अथवा पूंजीवादी समाज में होता है।

यद्यपि अनेक पूर्व-पूंजीवादी समाजों के विभिन्न अनुत्पादक तबकों के जीवन-यापन के लिए अधिशेष का प्रमुख स्रोत कृषक वर्ग हो सकता है, लेकिन यह सोचना उचित नहीं होगा कि एक सजातीय कृषक वर्ग इतिहास के मार्ग का संचालन व निर्माण करता था। कृषक विभिन्न स्तरों में विभाजित थे तथा संपन्न कृषक अपने निर्धन भाइयों की अपेक्षा निश्चय ही अधिक महत्त्वपूर्ण थे। बुद्ध के काल में भी हमें संपन्न भूस्वामी किसानों के प्रमाण मिलते हैं, जिन्हें 'कस्सक गहपति' कहा जाता था। कुछ 'गहपतियों' ने बड़ी संख्या में दासों तथा कृषि-मजदूरों को सेवा में रखा था; अन्य मुख्यतः अपने परिवार के श्रम की सहायता से तथा कुछ सीमा तक कुछ दासों और किराए के श्रमिकों की सहायता से कृषि कार्य करते थे। बुद्ध के साधारण अनुयायियों में संभवतः कृषकों की संख्या बहुत अधिक थी। उन्हीं के हित को ध्यान में रखकर बौद्ध धर्म ने कभी भी दास प्रथा की समाप्ति का विचार नहीं किया। कौटिल्य ने बटाईदारों का उल्लेख किया है जिनका समृद्ध कृषकों द्वारा स्पष्टतः शोषण किया जाता था। कालांतर में 'महत्तर' कहे जाने वाले संपन्न किसान क्षेत्रीय जमींदार बन गए, जो सामान्य कृषकों के द्वारा दिए गए लगान तथा उनकी सेवा पर ही जीवित रहते थे। दूसरे शब्दों में किसानों के स्तरीकरण की समस्या धर्म, सामाजिक संगठनों, आदि के परिवर्तनों से जुड़ी हुई है। साथ ही, भूमि से भावनात्मक लगाव, उर्वरता से संबद्ध देवत्व की पूजा, क्षेत्रीय देशभक्ति तथा कुछ सीमा तक रूढ़िवादिता, जैसी कुछ सामान्य विशेषताएं संभवतः किसानों के सभी वर्गों में विद्यमान थीं। मेलों, त्योहारों, मनोरंजन आदि से लगाव और सुरक्षा की आवश्यकता उन्हें पुरोहितों तथा राजाओं के समीप ला सकती थी, जिससे संबद्धता का भ्रम उत्पन्न होता है। राजाओं द्वारा याज्ञिक भोजों के अवसर पर पुनर्निवेशन वाले वितरण न केवल सामूहिकता के विचार को प्रोत्साहन देते हैं, वरन करों की कठिनाइयों को भी कम कर देते हैं।

कुछ इतिहासकार दास-समाज के अस्तित्व में आने का कारण विजय को मानते हैं; रोमन इतिहास से उदाहरण प्रस्तुत किए जाते हैं।[1] परंतु स्वयं विजय का

मुख्य कारण ऐसी आंतरिक गत्यात्मकता है, जिसके अंतर्गत मुख्यत: शासक वर्ग की श्रम शक्ति तथा उपनिवेशों के लिए भूमि प्राप्त करने की अत्यधिक आवश्यकता निहित है। पूंजीवाद से पूर्व कालों के समाज में शक्ति का इस प्रकार का उपयोग एक ऐसा इतर आर्थिक तरीका माना जा सकता है जिसके द्वारा वर्ग-आधारित अथवा दास-आधारित समाज को सुरक्षित व बरकरार रखा जा सकता है। इस प्रकार के उदाहरण यूनान और रोम में तथा यदाकदा भारत में भी संभवत: प्राप्त होते हैं।

काफी बड़ी संख्या में सिद्धांतकार बार बार हैसियत (पद) की समस्या उठाते हैं। यह समस्या अनेक समाजशास्त्रियों के मध्य बहुत लोकप्रिय है। समाज की संरचना और उसकी गतिशीलता की व्याख्या करने में वे लोग, जो वर्ग की घिसी-पिटी अवधारणा से निराश हो चुके हैं, पद (स्टेटस) के उपयोग को अधिक उचित मानते हैं। यह तर्क दिया जाता है कि ब्राह्मण, क्षत्रिय, वैश्य और शूद्र पद (स्टेटस) हैं, वर्ग नहीं। वर्ण को 'आर्डर', 'एस्टेट' आदि रूपों में भी अनूदित किया जाता है जिसके परिणामस्वरूप वर्ग के रूप में इसकी पहचान अस्पष्ट हो जाती है, और यह भी कहा जाता है कि प्रत्येक उदाहरण में वर्ण की आर्थिक स्थिति उसके सामाजिक और आनुष्ठानिक हैसियत (पद) के सदृश नहीं होती। स्पष्टत: यह मत एक सीमा तक ठीक प्रतीत होता है। परंतु मुख्य प्रश्न वर्ण तथा उसके आर्थिक व्यक्तित्व के मध्य अनुकूलता के स्वरूप को खोजने का नहीं है, यद्यपि उपनिवेशवाद के पहले के समय में बहुधा दो उच्च वर्णों के आर्थिक कार्य और उनकी स्थिति, उनकी सामाजिक और आनुष्ठानिक स्थिति के लगभग अनुरूप दृष्टिगोचर होंगे। दो निम्न वर्णों के संदर्भ में भी लगभग यही स्थिति थी। इसके बावजूद यह जानना अधिक लाभदायक होगा कि उत्पादन की संपूर्ण व्यवस्था में तथा अधिशेष की भागीदारी में विभिन्न 'पदों' (हैसियतवाले लोगों) की भूमिका का स्वरूप क्या था। समस्या यह जान लेने की नहीं है कि कौन समृद्ध था और कौन निर्धन, वरन् समस्या समाज को चलाने वाली उत्पादन पद्धति में एक वर्ण के सदस्यों की भूमिका के मूल्यांकन की है।

प्राचीन लोग समाज में अपनी भूमिका के संबंध में जो कुछ सोचते थे, कुछ विद्वान सामाजिक संगठनों के इतिहास का निर्माण उसी के आधार पर करना चाहते हैं। वे तर्क देते हैं कि हमें प्राचीन लोगों के आचरण को उसी प्रकार देखना चाहिए जिस प्रकार वे स्वयं उसे देखते थे। परंतु यदि हम निश्चित रूप से यह स्वीकार करते हैं कि इतिहास का विकासवादी मत उचित है, अब जिसका मानवशास्त्रीय अध्ययन प्रबल समर्थन करते हैं, और यदि हम यह सोचते हैं कि अतीत के सार्थक मूल्यांकन के लिए काल और देश के रूप में एक तुलनात्मक मापदंड आवश्यक है, तो अतीत के अध्ययन में एक संगत वैज्ञानिक विधि तथा एक वस्तुनिष्ठ दृष्टिकोण का अनुसरण करना आवश्यक है। जहां एक ओर अपनी लिखित सामग्री में व्याप्त

विभिन्न प्रकार के पक्षपातों को जान लेना आवश्यक है, वहीं उनके द्वारा प्रकाशित भौतिक संस्कृति के स्वरूप तथा उत्खननों व सर्वेक्षणों द्वारा प्रकाश में लाई गई प्राचीन संस्कृतियों के भौतिक अवशेषों का परीक्षण करना और भी अधिक आवश्यक है।

मानवशास्त्रीय दृष्टिकोण वाले कुछ इतिहासकार यह मानते हैं कि प्राचीन काल में नातेदारी के विचार ने महत्त्वपूर्ण भूमिका निभाई थी।[2] यद्यपि अपनी विवेचना के एक बड़े भाग में उन्होंने भोजन उत्पादन के प्रारंभ में परिणाम के रूप में वंश परंपरा तथा मानवशक्ति की प्राप्ति की आवश्यकता पर बल नहीं दिया है, तथापि इस दृष्टिकोण ने कुछ उत्पत्ति विषयक मिथकों की व्याख्या करने में तथा विभिन्न प्रकार की वैवाहिक प्रथाओं, उत्तराधिकार आदि के स्वरूप को समझने में विद्वानों की सहायता की है। अब यह विचार कुछ उन प्राचीन तथा मध्यकालीन वंशगत राज्यों पर लागू किया जा रहा है, जिन्हें खंड अथवा नातेदारी पर आधारित राज्य कहा जाता है। जनजातीय राज्य के अफ्रीकी प्रारूप को दक्षिण भारत के कुछ पूर्व-मध्यकालीन राज्यों पर लागू करने के प्रयास भी किए जा रहे हैं, यद्यपि ये प्रयास सफल नहीं हुए हैं। गोकि नातेदारी के विचार सामाजिक आचरण के कुछ क्षेत्रों को संचालित व अनुकूलित कर सकते थे, जैसा कि आज भी भारतीय गांवों में करते हैं लेकिन इनको नातेदारी पर आधारित समाज कहना अनुचित होगा। इसमें कोई संदेह नहीं है कि विकास के क्रम में नातेदारी पर आधारित अथवा जनजातीय समाज का स्थान राज्य-आधारित तथा वर्ग-आधारित समाज ने ले लिया था। इस प्रक्रिया में काल और देश द्वारा निर्धारित कुछ ऐतिहासिक घटनाओं को पहचान सकना संभव तो है, लेकिन एक प्रकार के समाज के दूसरे प्रकार के समाज में परिवर्तन के निश्चित बिंदुओं को समझना कठिन है। पूर्ववर्ती समाजों के सशक्त अवशेष परवर्ती समाजों में सदा देखे जा सकते हैं, और इस तथ्य के लिए अनेक शब्दों, जैसे 'सांतत्यक' (कटीन्यूअम), 'परस्पर-व्याप्ति' (ओवरलैप), 'अंतः-पाशन' (इंटरलॉकिंग) आदि का उपयोग किया गया है किंतु परिवर्तन, भिन्नता, बिलगाव तथा विच्छिन्नता का अध्ययन संभवतः अधिक महत्त्वपूर्ण है। अविच्छिन्न विकास के विषय में सोचना कठिन है। जब भी साक्ष्य से यह पता चलता है कि एक ही काल तथा एक ही क्षेत्र में एक प्रकार से अधिक समाज विद्यमान हैं, इतिहास के विद्यार्थी के लिए जरूरी हो जाता है कि वह उस मुख्य तत्व पर विशेष रूप से जोर दे जो विकासमान सामाजिक संरचना से पतनोन्मुख संरचना का अंतर स्पष्ट करता हो।

यदि संक्रमण के किसी एक दौर के दो तत्व समान रूप से संतुलन की स्थिति में हैं, तो इस स्थिति को भी स्वीकार करना पड़ेगा। कुछ लोग इसे द्वैत चरण कहना चाहेंगे; अन्य इसे विरोधी तत्वों से पूर्ण प्रतिसंतुलन की स्थिति कह सकते हैं। परंतु, चाहे कुछ भी हो, इतिहासकार और मानवशास्त्री इस प्रकार के ऐतिहासिक चरण

के अस्तित्व को स्वीकार करते हैं। जबकि कुछ मानवशास्त्री मार्गन के 'एंसिएंट सोसाइटी' नामक ग्रंथ में उल्लिखित उसकी युगांतकारी खोजों को नष्ट करने की अपनी भ्रामक उपलब्धि से प्रसन्न होते हैं, पिछले कुछ वर्षों में सुधारवादी मानवशास्त्रियों ने मार्गन के विचारों तथा पद्धतियों में एक बार फिर अत्यधिक रुचि लेना प्रारंभ कर दिया है। मानवशास्त्रियों द्वारा आजकल प्रयुक्त अधिक परिष्कृत पद्धतियों को अपनाकर इनमें से अनेक ने मार्गन की मूल खोजों की न केवल पुष्टि की है वरन् उन्हें आगे भी बढ़ाया है। मार्गन तथा एंगिल्स के निष्कर्षों के पुनर्परीक्षण की प्रक्रिया में कुछ मार्क्सवादी मानवशास्त्रियों ने इन दो 'विचारक-विद्वानों' द्वारा खोजी गई विकास के इतिहास की प्रारंभिक अवस्थाओं में अब मूलभूत परिवर्तन किए हैं। नई खोजों का प्रारंभ दल के आविर्भाव से होता है, जो आखेट अथवा इसी प्रकार की भोजन इकट्ठा करने की आदिम क्रियाओं के निमित्त मनुष्यों के समूह अथवा गिरोह का द्योतक है। परंतु अनिवार्य रूप से यह नातेदारी के बंधनों से बंधा नहीं है। द्वितीय अवस्था में हम जनजाति पर आते हैं। इसका अर्थ चाहे जो कुछ भी हो, हमारे लिए इसमें नातेदारी का तत्व बहुत अधिक महत्त्वपूर्ण है। 'जनजाति' के विकास की एक महत्त्वपूर्ण अवस्था जनजातीय प्रमुखता है, और अंत में हम राज्य तथा वर्ग पर आधारित समाज पर पहुंचते हैं।

मार्क्सवादी मानवशास्त्री जनजातीय समाज में नातेदारी के सापेक्षिक महत्त्व तथा उत्पादन की पद्धति पर एकमत नहीं हैं। कुछ विद्वान नातेदारी को जनजातीय समाज में संबंधों को व्यवस्थित करने वाला एक निर्धारक तत्व मानते हैं। उनके मत में उत्पादन, वितरण और युद्ध सहित सभी कार्यकलाप नातेदारी के संबंधों द्वारा गढ़े जाते हैं।[3] परंतु यह मत अन्य विद्वानों को स्वीकार्य नहीं है। जैसा पहले कहा जा चुका है, नातेदारी से पूर्व की अवस्था में अलग अलग तरीके से भोजन इकट्ठा करने के लिए नातेदारी के संबंधों से न बंधे हुए लोगों का दल एक समूह के रूप में संगठित हो सकता है। उल्लेखनीय बात यह है कि एक पूर्ण जनजातीय समाज भौतिक अस्तित्व की कुछ मूल परिस्थितियों से अनिवार्य रूप से जुड़ा होता है, और जिस क्षण ये अव्यवस्थित होती हैं, जनजातीय समाज विशृंखलित होने लगता है, यद्यपि यह स्वयं को संभाल सकता है, सुधार सकता है और पुनर्व्यवस्थित कर सकता है, तथा इस प्रकार एक नवीन जनजातीय जीवन प्राप्त कर सकता है। लेकिन एक पुनर्व्यवस्थित जनजातीय समुदाय के कुछ जनजातीय तत्व समाप्त हो सकते हैं, तथा यह प्रक्रिया उसे अंततः पतन की ओर ले जा सकती है और अंततोगत्वा वह विघटित हो सकता है। यही सादृश्य (उदाहरण) जाति-व्यवस्था पर भी लागू हो सकता है। जाति-व्यवस्था के 'ओज' तथा 'दृढ़ता' ने कुछ पाश्चात्य तथा भारतीय समाजशास्त्रियों की अत्यधिक प्रशंसा अर्जित की है। परंतु ये विद्वान नवीन प्रकार की अर्थव्यवस्था के प्रभाव के अंतर्गत प्राचीन व्यवस्था के विघटन की प्रक्रिया को अनदेखा करते हैं, तथा जाति-व्यवस्था की निरंतरता प्रदर्शित करके संतोष का

अनुभव करते हैं।

जातिव्यवस्था का निर्माण और विकास, शुद्धता तथा अशुद्धता के विचारों के परिणाम माने जाते हैं। यह प्राचीन मत है, जिसे उन लोगों के विचारों के अनुरूप परिवर्तित किया गया है, जो जातिप्रथा तथा अस्पृश्यता की बाह्य अभिव्यक्तियों के वशीभूत हो जाते हैं। परंतु काल, देश तथा सामाजिक परिस्थितियों के विचारों पर आधारित केवल ऐतिहासिक दृष्टिकोण ही बाह्य अभिव्यक्तियों के कारणों तथा स्वरूप को स्पष्ट कर सकता है। यह स्पष्ट है कि वैदिक काल में अनेक शिल्प (मुख्यतः चमड़े से संबद्ध), किसी अशुद्धता के कारण लांछित नहीं किए जाते थे। यह वह काल था, जब समाज जनजातीय तथा पशुचारी अवस्था से पूरी तरह ऊपर नहीं उठा था और पूर्णतया वर्ग-आधारित नहीं बना था। अनेक शोधकर्ताओं द्वारा जातिप्रथा और अस्पृश्यता की उत्पत्ति में सामाजिक-आर्थिक तत्व की भूमिका का अच्छा मूल्यांकन किया गया है।[4] यद्यपि अस्पृश्यता के कुछ चिह्न हमें गुप्त-पूर्व काल में भी दिखाई देते हैं, लेकिन केवल आरंभिक मध्यकाल में ही अस्पृश्यता एक महत्त्वपूर्ण सामाजिक तथ्य के रूप में हमारा ध्यान आकर्षित करती है।[5]

जनजातीय समाजों में मृत्यु तथा रजोधर्म जैसी बातों से संबद्ध अशुद्धता के विचार अस्पृश्यता की उत्पत्ति की परिस्थितियों का निर्माण करने के लिए पर्याप्त नहीं थे। जब शारीरिक श्रम धार्मिक/बौद्धिक तथा प्रशासनिक कार्य से पूर्णतया अलग कर दिया गया और उत्पादन के प्रमुख स्रोत भूमि से बड़ी संख्या में लोगों को वंचित कर दिया गया, तभी उच्च वर्गों के लोग, मुख्यतः प्रथम दो के सदस्य, अनेक शोषणकारी विशेषाधिकार प्राप्त कर सके। मूल उत्पादकों का एक बड़ा हिस्सा, मुख्यतः दस्तकार तथा कृषि मजदूरों से एक सुरक्षित दूरी बनाकर उच्च वर्ण अपनी शक्ति तथा पद को स्थायी बनाए रखना चाहते थे। यह किस प्रकार सरलता से किया जा सकता था? इसको चिरस्थायी बनाना संभव था शुद्धता और अशुद्धता के अनुष्ठानों को बनाकर और परिष्कृत कर तथा अवरोधों व पदानुक्रम की व्यवस्था का निर्माण कर, जिससे कि मध्यवर्ती क्षेत्र के लोगों को शुद्धता/अशुद्धता की विभिन्न श्रेणियों में रखा जा सके। कुछ भारती विद्या के विद्वान भारतीय इतिहास के पथ के निर्माण में धर्म की भूमिका को रेखांकित करते हैं, और इस बात पर बल देते हैं कि इसने देश की आर्थिक प्रगति को पीछे ढकेल दिया। यह खेल एक शताब्दी से भी अधिक से चल रहा है, और निरंतर प्रचार के परिणामस्वरूप धर्म, भारतीय अध्ययनों से इतना अधिक जुड़ गया है कि ऐतिहासिक शोध को इससे अलग करना एकदम कठिन है। धार्मिक तत्व को प्राच्यविदों और संस्कृत के विद्वानों से जो सम्मान प्राप्त हुआ है, उसे कुछ समाजशास्त्रियों के आधुनिक लेखन ने और सुदृढ़ बनाया है। जबकि पूर्व उल्लिखित विद्वानों के अध्ययन का आधार प्राचीन ग्रंथ थे, जिनमें से अधिकांश की रचना पुरोहितों ने की थी, बाद में उल्लिखित श्रेणी के विद्वानों के अध्ययन का आधार क्षेत्र-कार्य है। कुछ संस्कृत के

विद्वान इन समाजशास्त्रियों के निष्कर्षों से आकर्षित हुए हैं और उन्होंने प्राचीन ग्रंथों के अध्ययन में उनको लागू करने का प्रयास भी किया है।

विद्वानों ने अध्ययन के विभिन्न दृष्टिकोण सुझाए हैं। उदाहरणार्थ, वे तर्क करते हैं कि 'धर्म', 'अर्थ', 'काम', तथा 'मोक्ष' के चार पुरुषार्थ भारत में मनुष्य के क्रियाकलापों को संचालित करते थे। इस बात का कोई प्रमाण नहीं है कि एक अवधारणा के रूप में 'त्रिवर्ग' अथवा 'चतुर्वर्ग' वैदिक काल में ज्ञात थे, जबकि यह काल लगभग एक सहस्र वर्ष तक चलता रहा। वैदिकोत्तर काल में भी 'त्रिवर्ग' की कल्पना पहले की गई, और 'मोक्ष', जो विच्छेद अथवा दास की मुक्ति के अर्थ में प्रयुक्त होता था, इसमें बाद में जोड़ा गया। संपूर्ण 'चतुर्वर्ग' का आदर्श मौर्योत्तर काल तथा गुप्त काल से पहले प्रचलित नहीं हुआ। जो विद्वान यह दिखाना चाहते हैं कि प्राचीन भारतीय जीवन इन चार आदर्शों और मूल्यों से संचालित था, उन्हें यह भी सिद्ध करना पड़ेगा कि सामान्य जन इन उद्देश्यों से परिचित था। आज भी भारतीय सांस्कृतिक परंपरा के ज्ञान पर गर्व करने वाले बौद्धिक वर्ग के बहुत कम ऐसे सदस्य हैं जो 'चतुर्वर्ग' के आदर्श से परिचित हैं। प्राचीन भारत में तो इनकी संख्या और कम रही होगी। प्रसंगवश, इस आदर्श में 'अर्थ' शब्द के उपयोग तथा चार लक्ष्यों की सूची में इसके सापेक्षिक महत्त्व का मूल्यांकन जरूरी है। अनेक पोथियों में बार-बार कहा गया है कि 'धर्म' तथा अन्य अवयवों का मूल 'अर्थ' है। चाहे जो हो, प्राचीन भारत में प्रभुत्व वाले वर्ग के पास विचारधाराओं का अभाव नहीं था, परंतु 'चतुर्वर्ग' को सभी लोगों का सामान्य आदर्श बनाना और इसे प्राचीन काल के सभी विकासों की प्रेरक शक्ति मानना अनुचित होगा। इसके विपरीत एक ओर चार वर्णों/आश्रमों तथा दूसरी ओर चार पुरुषार्थों के मध्य संबंध खोजना फलदायक हो सकता है। इसके बावजूद धर्मशास्त्रों में वर्णित 'धर्म' से प्रारंभ होने वाले चार पुरुषार्थों का पदानुक्रम, वर्णों में विभाजित समाज के लिए एक तर्कसंगत आदर्श था।

प्रारंभिक भारत की सामाजिक संरचनाओं का कोई भी विचारशील विद्यार्थी धार्मिक विचारधारा तथा क्रियाओं की उपेक्षा नहीं कर सकता। परंतु भौतिक जीवन के परिवर्तनों से अलग करके इनका अध्ययन नहीं किया जा सकता। वास्तव में वैदिक तथा वैदिकोत्तर अनुष्ठान सामाजिक तथा आर्थिक दोनों ही प्रकार के विकासों के आवश्यक मार्गदर्शक हैं। दुर्भाग्यवश कुछ विद्वान, जो प्राचीन भारतीय सांस्कृतिक धरोहर की व्याख्या के लिए चार पुरुषार्थों के आदर्श को आवश्यक साधन मानते हैं, अनुष्ठानों को अर्थहीन प्रतीक मानकर उनकी उपेक्षा करते हैं। परंतु मिथकों और अनुष्ठानों के उद्भव और विकास का संबंध वास्तविकता से है। यहां तक कि जंगली पौधों और वनस्पतियों का विकास भी कुछ नियमों द्वारा नियंत्रित होता है। अतः मिथक और अनुष्ठान रिक्तता अथवा बंजर भूमि में उत्पन्न नहीं होते हैं। इनकी उत्पत्ति किन्हीं भौतिक तथा सामाजिक

पर्यावरणों के कारण हुई है, जिन्हें ये सहायता प्रदान करते हैं और स्थिर बनाते हैं। पर्यावरण में परिवर्तन के साथ इनकी प्रासंगिकता समाप्त हो सकती है और ये खोखली औपचारिकताएं मात्र बन सकते हैं। ये तब तक अपना महत्त्व बनाए रखते हैं जब तक मूल परिस्थिति बनी रहती है। वे लोग भी, जो इनके ऐतिहासिक महत्त्व पर संदेह करते हैं, अनेक मिथकों और अनुष्ठानों को उर्वरता के प्रतीकों के रूप में स्वीकार करते हैं। परंतु उर्वरता उत्पादन और पुनरुत्पादन का प्रतिनिधित्व करती है, जिसके अभाव में मानव समाज नहीं चल सकता।

ऐसा प्रतीत होता है कि वर्ग तथा उत्पादन प्रणाली की अवधारणाओं द्वारा विकसित इतिहास की भौतिकवादी व्याख्या के अनुकल्पों (सब्स्टीच्यूट्स) की खोज ने अनेक विकल्पों को जन्म दिया है, मसलन श्रेणी, नातेदारी, कृषक समाज, शुद्धता/अशुद्धता, धर्म, 'चतुर्वर्ग' आदर्श, आदि की अवधारणाएं। प्राचीन भारतीय समाज के संदर्भ में इनमें से प्रत्येक की गवेषणा ने नवीन धरातलों का निर्माण किया है, तथा ऐसे प्रश्नों को उभारा है जिनके लिए ऐतिहासिक व्याख्या की आवश्यकता है। परंतु इनमें से कोई भी प्रतिपादन प्रभावशाली विकल्प नहीं प्रतीत होता। ये सामाजिक संस्थाओं के बाह्य आयामों के विकास की व्याख्या तो कर सकते हैं, परंतु ये आंतरिक अथवा आधारभूत सामाजिक संगठन के परिवर्तनों की युक्तियुक्त व्याख्या नहीं कर पाते। इसकी चाहे जो भी कमियां हों, पिछले कुछ वर्षों के परिष्करण के बाद मार्क्सवादी मत ऐतिहासिक घटनाओं की व्याख्या एवं विश्लेषण के लिए सर्वाधिक संतोषप्रद तथा प्रभावशाली उपकरण बना हुआ है। यों कोई भी व्याख्या स्वयं में पूर्ण नहीं होती।

इतिहास की भौतिकवादी व्याख्या में उत्पादनप्रणाली का मुख्य स्थान होता है। इसकी प्रक्रिया की व्याख्या करने में संरचना और अधिरचना के मध्य अंतर किया जाना ठीक ही है। सामाजिक इकाइयां, धर्म, विचारधारा, कला और साहित्य, राज्यतंत्र आदि अधिरचना के क्षेत्र में रखे जाते हैं। इस विभेदीकरण पर कभी-कभी उन लोगों द्वारा शंका व्यक्त की जाती है जो वैचारिक उपकरण को उत्पादनप्रणाली के अंतर्गत रखते हैं। विचारधारा के आधिपत्य पर बल को 'अभिजात-वर्ग' के मत की ही एक शाखा माना जा सकता है, क्योंकि इसमें उन बौद्धिक वर्ग के लोगों की भूमिका पर बल निहित है जो अधिकतर वर्ग-समाजों में व्यवस्था के अविभाज्य अंग होते हैं। संभव है कि कुछ मार्क्सवादी यह चाहते हैं कि बौद्धिक वर्ग के लोग श्रमजीवी लोगों के निकट सहयोग से अपनी पूर्ण और प्रभावशाली भूमिका का निर्वाह करें। परंतु इस उद्देश्य की पूर्ति आवश्यक रूप से विचारधारा को उत्पादनप्रणाली का अभिन्न अंग बनाकर नहीं होती। भारत के संदर्भ में यदि हम इस स्थिति को स्वीकार करें तो हमें इतिहास की दिशा के निर्माण में धर्म की प्रमुखता को भी स्वीकार करना होगा। परंतु मार्क्सवादी दृष्टिकोण से जो कुछ भी थोड़ाबहुत कार्य अब तक इस दिशा में हुआ है, उससे प्रकट होता है कि धर्म

मौजूदा उत्पादनप्रणाली के कारण शासक वर्ग के हितों के लिए ही उपयोगी था। अतः पहले उत्पादन प्रणाली के स्वरूप को जान लेना आवश्यक है, उसके बाद परिणामी-विचारधारा को जानना। जो लोग इस दृष्टि से अन्वेषण करते हैं, उन्हें यांत्रिक भौतिकवादी कहा जाता है, परंतु इस मशीनी युग में बौद्धिक वर्ग के लोगों की भूमिका को अनावश्यक महत्त्व देने से यांत्रिक कहलाना अधिक अच्छा है। यह सत्य है कि यदि शताब्दियों तक समान भौतिक स्थिति चलती रहे, तो धार्मिक सामग्री भौतिकवादी शक्ति का स्वरूप प्राप्त कर लेती है तथा तब भी लोगों के मस्तिष्क पर अपना प्रभाव जमाए रहती है, जबकि उनको उत्पन्न करने वाली और कायम रखने वाली परिस्थितियां समाप्त हो चुकी होती हैं। किंतु, जिस प्रकार एक जड़हीन वृक्ष अपनी हरी पत्तियों को सदा कायम नहीं रख सकता, उसी प्रकार भौतिकवादी ढांचे के अभाव में धार्मिक दिखावा भी लंबे समय तक नहीं चल सकता।

विचारधारा को उत्पादनप्रणाली का अंग बनाने का उद्देश्य दकियानूसी तथा तर्कहीन विचारों के प्रभाव के विरुद्ध संघर्ष को शक्ति प्रदान करना हो सकता है, परंतु जब तक इस प्रकार के विचारों के आधार पर प्रहार नहीं किया जाता और उन्हें तोड़ा नहीं जाता, तब तक यह प्रक्रिया चलती रहेगी। जबकि संरचना और अधिरचना के मध्य पारस्परिक क्रिया के अध्ययन को नकारा नहीं जा सकता, दोनों के घालमेल की क्रिया समाज की आंतरिक संरचना के वास्तविक स्वभाव के विश्लेषण में व्यवधान उपस्थित करेगी, और परिणामस्वरूप प्राचीन समाजों की हमारी जानकारी को धुंधला करेगी। इस प्रकार का घालमेल उन लोगों के मस्तिष्क को मुख्यतः भ्रमित कर सकता है, जो वर्तमान समाजों का अध्ययन करेंगे, तथा यह सामाजिक अन्याय के विरुद्ध उनके संघर्ष की दिशा को प्रभावित करेगा।

पिछले बीस वर्षों या उससे अधिक में अधिवास-भूगोल के संदर्भ में प्रतिपादित मुख्य क्षेत्र तथा चारों ओर के क्षेत्र अथवा केंद्र और उसके चतुर्दिक भाग का विचार ऐसे कुछ विद्वानों द्वारा प्रयोग किया जा रहा है जो प्राचीन सांस्कृतिक प्रतिमानों के अध्ययन के लिए पुरातात्विक तथा अन्य प्रकारों के साक्ष्य का उपयोग करना चाहते हैं। इसमें कोई संदेह नहीं कि यातायात की अनेक सुविधाओं से युक्त अत्यधिक औद्योगीकृत समाज के संदर्भ में इस विचार का जन्म हुआ तथा यह चारों ओर स्थित छोटे नगरों की अपेक्षा महानगरों के प्रभुत्व पर अधिक जोर देता है। केवल इसी प्रकार के समाज में हम बड़ी मात्रा में निरंतर व्यापारिक अनुबंधों को सोच सकते हैं। वैदिक काल में अथवा बुद्ध के काल में निरंतर व्यापारिक यातायात की कल्पना करना कठिन है; इसका हम अपने अध्ययन में आगे विश्लेषण करेंगे। तथापि, चि. धू. मृ. अथवा उ. का. ओ. मृ. से संबद्ध भौतिक संस्कृति के तत्वों का व्यापार, विजय अथवा मिशनरी गतिविधियों के माध्यम से अपने केंद्र से चारों ओर के क्षेत्रों में प्रसार के विचार पर शोध किया जा सकता है। कम विकसित क्षेत्रों से अधिक

विकसित क्षेत्रों में पुनर्निवेशन की भी संभावना है।

प्राचीन भारत के संदर्भ में केंद्रीय क्षेत्रों का विचार पहली बार प्रभावशाली ढंग से सुब्बाराव ने अपने ग्रंथ *पर्सनैलिटी ऑफ इंडिया* में व्यक्त किया था। परंतु केवल भौगोलिक स्थिति अथवा संसाधनों की उपलब्धि के आधार पर ही किसी क्षेत्र को केंद्रीय महत्त्व का नहीं कहा जा सकता। मानव समाज के विकास की विभिन्न अवस्थाओं में लोगों को उपलब्ध प्रौद्योगिकीय ज्ञान पर भी बहुत कुछ निर्भर करता है। यह स्पष्ट है कि उपजाऊ क्षेत्रों में प्रमुख होने तथा दक्षिण बिहार में लौह सहित समृद्ध खनिज संसाधनों की समीपता के बावजूद गंगा का मध्य तटवर्ती क्षेत्र पहली सहस्राब्दि ई. पू. के मध्य में ही ऐतिहासिक महत्त्व का बन सका, जब यहां पर लौह प्रौद्योगिकी का अधिक उपयोग और बेहतर ज्ञान होने लगा था और रोपाई की विधि से धान की खेती होने लगी थी। अतः उन विभिन्न तत्वों की व्याख्या अधिक अर्थपूर्ण है जो एक क्षेत्र की उत्पादन-व्यवस्था का निर्माण करते हैं, और उसे एक इकाई के रूप में विकसित होने में सहायता देते हैं। यदि हम समाज के प्रभावशाली अंगों के नेतृत्व के अधीन इस प्रकार की उत्पादन इकाइयों के स्थानिक विस्तार की प्रक्रियाओं का भी पता लगाएं तो अध्ययन में सहायता मिलेगी। कौटिल्य के 'जनपदनिवेश' अथवा 'सुन्यनिवेश' इन प्रक्रियाओं के व्यावहारिक चित्र प्रस्तुत करते हैं। जब उत्पादन की विकसित क्षेत्रीय इकाइयां कम विकसित इकाइयों के संपर्क में आती हैं तो ग्रहणशीलता का अनुकूल वातावरण होने पर ये न केवल अपनी उन्नत दक्षता व ज्ञान देती हैं, वरन् अपने पड़ोसियों से नए तत्व भी प्राप्त करती हैं; वे उन्हें परिष्कृत करती हैं और अपनी उत्पादन-व्यवस्था में सम्मिलित कर लेती हैं। यह ऐसी द्विमार्गी प्रक्रिया है, जिसमें विकसित उत्पादन क्षेत्र प्रमुख दाता हो सकता है। किंतु इसके प्रमुख वर्गों में ऐसे लोग होते हैं जो उत्पादन-क्षेत्र के स्थानिक विस्तार के द्वारा उपलब्ध करों और उपहारों का उपभोग करते हैं।

प्राचीन भारत के संदर्भ में छोटे नगर, बड़े नगरों के उपग्रह नहीं थे। संभवतः, इन नगरों के उच्च वर्ग, अल्प मूल्य मनकों, विशिष्ट मृद्भांडों, मूल्यवान कपड़ों और मसालों, कुछ अन्य विलास-सामग्रियों तथा प्रतिष्ठा की वस्तुओं के पारस्परिक सौदों में व्यस्त थे। इसके बावजूद अधिकांश नगरनिवासियों का इन वस्तुओं से कुछ लेना-देना नहीं था। अधिकांश नगरवासी कृषक नहीं थे। अतः नगरों के ग्रामीण आधार को ढूंढ़ना अधिक उपयोगी हो सकता है। यहां पुरातात्विक पद्धति लाभदायक हो सकती है। यदि एक नगर के उत्खनन से और समीपवर्ती स्थल के उत्खनन अथवा सर्वेक्षण से समान मृद्भांड प्रकार (उ. का. ओ. मृ. और संबद्ध मृद्भांड) प्राप्त होते हैं, तो नगरों और निकटवर्ती गांवों के मध्य एक प्रकार के संबंध को स्थापित करना संभव हो सकता है। दुर्भाग्यवश इस प्रकार का प्रयास अभी तक नहीं किया गया है। अधिवास-भूगोल से प्राप्त अंतर्दृष्टि प्राचीन भारतीय संदर्भ में

लाभदायक सिद्ध हो सकती है, परंतु यह तथ्य ध्यान में रखा जाना चाहिए कि इनमें से कुछ अंतर्दृष्टियां अत्यधिक औद्योगीकृत समुदायों के संदर्भ में अधिक प्रासंगिक हैं।

यह हर्ष का विषय है कि प्राचीन भारतीय इतिहास में मनोविश्लेषणात्मक दृष्टिकोण के प्रयोग की संभावना बहुत कम है, क्योंकि महान् व्यक्तियों के बाल्यकाल के आधिकारिक विवरण हमारे पास नहीं हैं। किंतु मुझे इस बात पर कुछ संदेह है कि इससे उन विद्वानों का उत्साह भंग नहीं होगा, जो उपलब्ध अनुश्रुतियों की व्याख्या का प्रयास कर सकते हैं। कुछ भी हो, अध्ययन के क्षेत्र में प्रचलित विभिन्न प्रतिरूपों (माडलों) की जानकारी की ही आवश्यकता नहीं है, आवश्यकता उनके सावधानीपूर्वक परीक्षण की भी है, अन्यथा हम बिचौलिया और भावानुवादक मात्र रह जाएंगे। मैं पुराणपंथी के रूप में धिक्कारा जाना पसंद करूंगा, बनिस्पत इसके कि व्याख्यात्मक वैधानिकता तथा सामाजिक प्रासंगिकता का मूल्यांकन किए बिना मैं आधुनिकतम विचारों को स्वीकार करूं। नए विचारों की अभिव्यक्ति के लिए नई शब्दावली की आवश्यकता है, परंतु सूक्ति व्यापार से ऐतिहासिक ज्ञान में वृद्धि का भ्रम नहीं पालना चाहिए।

इस अध्ययन में हमारे पास कोई ऐसा नवीन दृष्टिकोण नहीं है, जिसकी पाठकों से सिफारिश की जा सके। हमने अपनी अध्ययनपद्धति को उस पद्धति पर आधारित किया है, जिसे आमतौर पर ऐतिहासिक भौतिकवाद कहा जाता है। यदि साधारण शब्दावली में कहा जाए तो इसका अर्थ है 'उत्पादन नहीं तो इतिहास नहीं'। इस आधार पर प्राचीन भारतीय इतिहास के अंतर्गत कुछ बातें आती हैं : (i) श्रम प्रक्रिया तथा श्रमिकों का अध्ययन; (ii) कच्चे माल अथवा प्राकृतिक संसाधन, जिसको लेकर वे कार्य करते थे; तथा (iii) उनके प्रयोग में आने वाले उपकरणों का अध्ययन। इस अध्ययन के अंतर्गत कुछ अन्य बातें भी आती हैं : (अ) कच्चे माल व अन्य संसाधनों के प्रयोजन, उपयोग तथा आबंटन का अध्ययन; (ब) अधिशेष श्रम (सरप्लस लेबर) तथा अधिशेष उत्पाद् (सरप्लस प्राडक्ट) के विनियोग और वितरण का अध्ययन; और (स) अंततः स्वयं प्रमुख उत्पादकों की विभिन्न श्रेणियों के मध्य स्थापित संबंधों का स्वरूप, और फिर एक ओर प्रमुख उत्पादक और दूसरी ओर उत्पादों के उपयोगकर्ता, व्यवस्थापक, प्रबंधक तथा वितरणकर्ताओं के मध्य संबंधों के स्वरूप का अध्ययन। भारत में प्राचीनतम लिखित ग्रंथों से संसाधनों के आबंटन और स्वामित्व के विषय में स्पष्ट तथा उपयुक्त सूचनाएं नहीं प्राप्त की जा सकतीं। अतः अधिशेष की उपलब्धि तथा उसके वितरण के अभाव को नियंत्रित करने वाले कारणों पर विचार करना और अधिक महत्त्वपूर्ण है। यद्यपि अधिशेष के मत पर आधारित गोर्डन चाइल्ड के सामाजिक विकास के अध्ययन की आलोचना की गई है, आलोचक यह अनुभव करते हैं कि उत्पादन में वृद्धि, तथा अधिशेष की पहचान व उपयोग के लिए, संस्थागत व्यवस्थाओं के अनुभवजन्य

अध्ययन की आवश्यकता है।[6] 'आर्थिक मानवशास्त्र के अध्ययन में उत्पादन-विधियों तथा पर्यावरण के उपयोग में दक्षता व आबंटन की कार्यप्रणाली के सापेक्षिक महत्त्व' को पोलनयि शाखा भी स्वीकार करती है।[7]

भारत के मध्यकालीन तथा आधुनिककालीन इतिहास के संदर्भ में ऐतिहासिक भौतिकवाद की संभावनाओं का अधिक परीक्षण नहीं हुआ है; आदिकालीन भारतीय इतिहास में तो ये और भी कम हुआ है। उत्पादन की प्रक्रिया में परिवार तथा मुख्यतः स्त्रियों की क्या भूमिका थी ? श्रमिक लोगों तथा सुविधाभोगी वर्गों के मध्य श्रम-विभाजन की समस्या भी खोज का विषय है। श्रमिक लोगों के मध्य हमें विशेषीकरण की प्रक्रिया पर भी विचार करना होगा। स्वतंत्र अथवा परतंत्र वैश्य/कृषक, शुद्र/दास, वेतनभोगी श्रमिक, बटाईदार, कृषिदास, दस्तकार तथा छूत और अछूत आदि विविध कार्यों में संलग्न लोगों के सम्यक व विस्तृत व्याख्यात्मक इतिहास की हमें आवश्यकता है। उनकी संख्या, उन पर पड़ने वाली विपत्तियां और बीमारियां, तथा वे कैसे रहते और मरते थे—हमें यह सब जानना चाहिए। इसके अतिरिक्त हमें यह भी जानने की आवश्यकता है कि प्रमुख उत्पादक किस प्रकार जीवित रह पाते थे और उनकी संख्या में कैसे वृद्धि होती थी।

कच्चे माल एवं प्राकृतिक संसाधन पर लोग कार्य करते थे, इनके अध्ययन के अंतर्गत जलवायु संबंधी स्थितियों का क्षेत्रीय इतिहास भी आता है। इसमें मिट्टी, वर्षा, वनस्पति का अध्ययन; सिंधु, गंगा व अन्य नदियों व उनकी सहायक नदियों सहित नदी मार्गों में परिवर्तन, जो आर्थिक व प्रशासनिक सीमाओं तथा सांस्कृतिक और भाषायी सीमाओं का निर्माण करती हैं; बाढ़, सूखा व अकाल की घटनाएं; और सर्वोपरि खदानों व धातुओं का इतिहास सम्मिलित है। एक संस्कृत की कहावत हमसे कहती है कि महापुरुषों की उत्पत्ति के विषय में चिंतित न हों। अतः कुछ समय के लिए हम प्राचीन भारत के महापुरुषों को भूल सकते हैं और उन वस्तुओं पर अपना ध्यान केंद्रित कर सकते हैं जिन्होंने उन्हें महान बनाया। टिन, तांबा और मुख्यतः लोहे के स्रोत तथा उनकी उपलब्धता के परीक्षण की भी हमें आवश्यकता है। प्रकृति के विरुद्ध मानव के निरंतर संघर्ष में तथा मनुष्य के विरुद्ध मनुष्य के संघर्ष में धातु के उपकरणों के बढ़ते हुए उपयोग की महत्त्वपूर्ण भूमिका थी। यह महत्त्वपूर्ण है कि भारत के बड़े भाग में कोई समुचित ताम्रयुग नहीं था, यद्यपि कुछ भागों में ताम्रयुग के प्रमाण विद्यमान हैं। देश के अनेक भागों में नवाश्म अवस्था तथा लौह काल के मध्य की स्थितियां विद्यमान नहीं हैं।

उपकरणों और कौशल, तथा औजारों और हथियारों के इतिहास का अध्ययन दो विरोधी दृष्टिकोणों द्वारा विकृत हुआ है। आर्यवादी तथा अतिराष्ट्रीयतावादी सोचते हैं कि कुछ आधुनिकतम आविष्कारों सहित विश्व सभ्यता के इतिहास में जो कुछ भी महान और श्रेष्ठ है, उस सबकी उत्पत्ति प्राचीन भारत में हुई थी। दूसरी ओर विस्तारवादियों का विचार है कि तांबा बनाने की तकनीक, आग में पकाई गई

ईंटें, चित्रित धूसर मृद्भांड, इस्पात, धातु निर्मित सिक्के, यहां तक कि पाषाण उपकरण, लेखन कला तथा नागरिक जीवन भी भारत में बाहर से आए। यदि यह मान लिया जाए कि पूर्वी और दक्षिणी भारत में दक्षिण-पूर्वी एशिया से भौतिक संस्कृति के तत्वों को प्राप्त किया गया और उत्तरी और पश्चिमी भारत में पश्चिमी एशिया से, तो एक सांस्कृतिक इकाई के रूप में भारत का अस्तित्व समाप्त ही मानना होगा। जहां तक अपने देश में हुए विकास का प्रश्न है ये सब अमान्य माने जाएंगे। यह एक उपनिवेशवादी दृष्टिकोण है, जो हमारे प्राचीन इतिहास पर लागू किया गया है। समानताएं सदा अनुकरण सूचक नहीं होतीं। दूसरे स्थान से सांस्कृतिक प्रतिमान लेने के लिए स्वीकृति व अंगीकरण का अनुकूल वातावरण आवश्यक है, और अत्यधिक अनुकूल पर्यावरण की स्थितियां सदा अपने ही देश में उपकरणों, औजारों एवं प्रौद्योगिक ज्ञान की उत्पत्ति की संभावनाओं का द्वार खोलती हैं।

हमें खान तथा धातु प्रौद्योगिकी और मुख्यतः लौह प्रौद्योगिकी के इतिहास पर अधिकाधिक कार्य करने की आवश्यकता है। एक बड़ी सीमा तक अब यह स्वीकार किया जाता है कि दस्तकारी, जंगल साफ करने और कृषि के लिए लोहे के उपयोग के अभाव में मध्य गंगा अथवा निम्न गंगा के तटवर्ती भागों जैसे अधिक वनस्पति वाले क्षेत्रों में अधिक बड़ी संख्या में बस्तियां नहीं बनी होंगी। यों तो नदी तटों पर अथवा नदियों के संगमों पर कुछ ताम्र पाषाण कालीन बस्तियां विद्यमान थीं, किंतु 600 ई. पू. से पहले की कोसल, विदेह और वैशाली के राजवंशों की पुराणों में दी गई सूचियों पर हमें संदेह होता है। प्रारंभिक पालि ग्रंथों में उपलब्ध स्थानों के नामों के परीक्षण द्वारा जंगल साफ करने तथा कृषि की प्रक्रियाओं पर प्रकाश डाला जा सकता है। चौथी शताब्दी ई. पू. में यूनानी लेखक भारतीय इस्पात का उल्लेख करते हैं, परंतु अब तक जो रासायनिक परीक्षण किए गए हैं, वे द्वितीय शताब्दी ई. पू. से पहले इस्पात के भारत में विद्यमान होने का समर्थन नहीं करते। कृषि में प्रयुक्त उपकरणों एवं औजारों के इतिहास पर ध्यान दिया जाना चाहिए, मुख्यतः लोहे के बने हल के फाल पर, जिसने मानव समाज को जीवन-यापन के सुनिश्चित साधन प्रदान किए, तथा परिणामस्वरूप स्थिर जीवन, सामाजिक संगठन और राज्य संरचना अस्तित्व में आए। इसके अतिरिक्त हमें जल आपूर्ति की व्यवस्था के विषय में भी और अधिक जानकारी होनी चाहिए, उदाहरणार्थ, विभिन्न प्रकार के कूप, तालाब, नहर, जल-उत्थापक, 'अरहट्ट' (फारसी जलचक्र) आदि के विषय में। श्रमिकों के निरंतर साथी पशु प्राचीन कालों में न केवल दुग्ध की बनी सामग्री तथा मांसाहार प्रदान करते थे, वरन् ये शक्ति के मूल स्रोत भी थे, और इस प्रकार ये उत्पादन के महत्त्वपूर्ण साधनों का कार्य करते थे। गाय-बैलों पर आधारित अर्थव्यवस्था तथा पशु चारण का इतिहास भी महत्त्वपूर्ण है, यद्यपि भैंस, ऊंट, घोड़े और हाथी के इतिहास को भी नकारा नहीं जा

सकता। कृषि-प्रौद्योगिकी के इतिहास के अंतर्गत जौ, गेहूं, चावल, दालों, ज्वार आदि अनाजों की कृषि, खेती करने के विभिन्न प्रकार, खेतों का आकार और उनकी स्थिति, फसलों का क्रम-चक्र और मौसम व वर्षा का अध्ययन भी आता है।

प्रारंभिक भारत में उत्पादन विधि के किसी भी अध्ययन में भूमि, चरागाह, वृक्ष, जंगल, झील, खान इत्यादि के प्रयोग, आधिपत्य तथा स्वामित्व पर अन्वेषण किया जाना चाहिए, क्योंकि इसमें सभी प्रकार के सामाजिक विकास को समझने की कुंजी निहित है। जब से अंग्रेजों ने बंगाल, बिहार और उड़ीसा में दीवानी अधिकार प्राप्त कर लिए, तब से मुख्यतः कानूनी दृष्टिकोण से एक विवाद उत्पन्न हो गया है कि अंग्रेजों के आगमन के पूर्व के भारत में भूमि अधिकारों का क्या स्वभाव था। विभिन्न कालों में, देश के विभिन्न क्षेत्रों के भिन्न-भिन्न समुदायों की विभिन्न शाखाओं अथवा परंपराओं पर अधिक विचार नहीं किया गया। भूमि संबंधी अधिकारों में परिवर्तन, दाय-विधि में परिवर्तनों से संबद्ध है। ज्येष्ठाधिकार, ज्येष्ठतम पुत्र को विशिष्ट भाग, सभी वैध पुत्रों को समान भाग, दत्तक पुत्रों के भिन्न-भिन्न भाग, नियोग तथा विभिन्न जातियों की पत्नियों से उत्पन्न पुत्रों के भाग तथा स्त्री धन (एक स्त्री की विशिष्ट प्रकार की चल संपत्ति) के क्षेत्र-विस्तार से संबंधित धर्मशास्त्रीय कानून एक भूमि संपन्न समाज में परिवार के स्वभाव तथा सांपत्तिक-संबंधों के द्योतक हैं। गुप्त तथा गुप्तोत्तर कालों में अधिकतर उच्च वर्गों के लिए निर्मित स्मृति-कानून 'सती' एवं पुत्रियों के बालविवाह की अनुशंसा करते हैं। दूसरी ओर निम्न वर्गों के लिए नियत 'नियोग' तथा विधवा-विवाह की ये भर्त्सना करते हैं। तत्कालीन प्रमुख विचारधारा न केवल स्त्री और शूद्र को एक ही श्रेणी में रखने का अधिकाधिक प्रयास करती है, वरन् स्त्री को संपत्ति की श्रेणी में भी रखती है। पूर्व-माध्यमिक कालों में इन पारिवारिक नियमों व भूमि पर व्यक्तिगत अधिकारों की वृद्धि के मध्य क्या कोई संबंध है? पांचवीं-छठी शताब्दी के भूमि के विभाजन के स्मृति-कानूनों के क्या सामाजिक आशय हो सकते थे? दानपत्रों से ज्ञात संपत्ति के विभाजन तथा धर्मशास्त्रों से उपलब्ध दाय संबंधी कानूनों के मध्य पारस्परिक क्रिया का अध्ययन संस्थाओं के इतिहासकार के लिए अर्थपूर्ण सिद्ध हो सकता है।

यद्यपि गुप्त तथा गुप्तोत्तर कालों में हमें भूमि व्यवस्था में परिवर्तन के स्पष्ट चिह्न दिखाई देते हैं, तथापि सामंतवादी अवस्था के प्रौद्योगिक आधार का अन्वेषण करना अब भी शेष है। जैसा कि दान अभिलेखों तथा *वृहत्संहिता, अग्निपुराण, उक्तिव्यक्तिप्रकरण, वृक्ष आयुर्वेद,* और मुख्य रूप से *कृषि-पराशर* से स्पष्ट होता है कृषि का चतुर्दिक क्षेत्रों में निस्संदेह विस्तार हुआ था। इन सभी में फसलों, जलवायु, वृष्टि, उर्वरक, उपकरणों आदि की विकसित जानकारी निहित है। पूर्व-माध्यमिक काल में फारसी जल-चक्र ('अरहट्ट') के उत्तरी भारत में प्रयोग का स्पष्ट साक्ष्य भी उपलब्ध है। इसके साथ-साथ लोहे की बनी वस्तुओं की

आपूर्ति इतनी अधिक सामान्य हो गई थी कि लोहे का अनुपयोगी तथा अक्रियात्मक प्रयोग भी संभव हो गया था, यथा—चौथी शताब्दी का महरौली स्तंभ तथा बारहवीं शताब्दी का धार स्तंभ । उत्पादन-वृद्धि के अभाव में इस काल में संपूर्ण देश में बड़ी संख्या में व्याप्त भूमि-संपन्न व्यक्तियों तथा उनके परिजनों का पालन करना संभव नहीं होगा ।

यद्यपि सामाजिक अधिशेष के अभाव अथवा उपलब्धि के अध्ययन के लिए प्रौद्योगिकी के इतिहास का अध्ययन महत्त्वपूर्ण है तथापि नातेदारी, धर्म, युद्ध, लूट, दान, आनुष्ठानिक वर्ग, कर, नज़राना, व्यापार, उपहार, पुरस्कार, वेतन आदि के माध्यम से वस्तु अथवा धन के रूप में अधिशेष उत्पादों एवं अधिशेष श्रम को अपना बनाने और उनके वितरण की समस्या का अध्ययन कम महत्त्वपूर्ण नहीं है । काल और स्थान के संदर्भ में इनमें से प्रत्येक विस्तृत अन्वेषण का उपयोगी विषय हो सकता है । क्या प्राचीनतम काल में सामाजिक अधिशेष का वितरण युद्ध, नातेदारी, तथा सामूहिक यज्ञों की व्यवस्था के द्वारा किया जाता था ? यह कहा जाता है कि उत्पादक अपने धन का अंश दान एक केंद्रीय राशि में जमा कर देते थे, जहां से एकत्रित वस्तुओं को उत्पादन की इकाई के सभी सदस्यों के मध्य बांट दिया जाता था । इसे 'पुनर्वितरण' कहा जाता है । इस व्यवस्था को असमानताएं समाप्त करने का श्रेय दिया जाता है, परंतु इससे असमान बंटवारे तथा सामाजिक विभिन्नताएं भी प्रारंभ हुईं । जनजातीय अवस्था की स्वेच्छा से भेंट देने की व्यवस्था वर्ग विभाजित समाज में किस प्रकार कर, नजराना, व्यापार, सूदखोरी एवं घूसखोरी के रूप में परिवर्तित हो गई ? ब्राह्मणों ने किस प्रकार उपहारों पर एक पक्षीय एकाधिकार स्थापित कर लिया ? क्या द्वितीय अवस्था में वर्ण व्यवस्था की प्रक्रिया के द्वारा सामाजिक अधिशेष को अपना बना लिया जाता था ? सामाजिक अधिशेष के वितरण के लिए प्राचीन भारत की वैधानिक युक्ति उसी प्रकार से अनुष्ठानों पर आधारित वर्ण व्यवस्था में निहित थी, जिस प्रकार से यूनान और रोम में यह नागरिकता की युक्ति में निहित थी । भिन्न आनुष्ठानिक स्तरों ने दो उच्च वर्णों को अनेक आर्थिक, राजनैतिक, सामाजिक एवं वैचारिक सुविधाएं प्रदान की थीं, जिनके कारण वे वैश्यों से कर प्राप्त करने तथा शूद्रों से सेवा प्राप्त करने में समर्थ हो गए थे । कुछ मात्रा में कृषि-वस्तुओं का उत्पादन अस्तित्व में था, क्योंकि कम से कम मौर्य काल में अनेक कर्मचारियों को नकद भुगतान किया जाता था । ऐसा प्रतीत होता है कि गुप्त काल तथा मुख्य रूप से गुप्तोत्तर काल की तीसरी अवस्था में भूमिदान द्वारा कृषकों से वस्तु तथा श्रम के रूप में लगान लिया जाता था, जो वास्तव में अधिशेष ही था । भूमिदान को यूरोप में प्रचलित परंपरा के समान राजनैतिक व वैधिक अनिवार्यताओं द्वारा नहीं वरन् धार्मिक-वैधिक अनिवार्यताओं द्वारा दोषमुक्त बनाया जाता था । यह आधारभूत, सत्य कि कृषकों द्वारा उत्पन्न अधिशेष, राज्य, जमींदार, व्यापारी, ऋणदाता, पुरोहित, वैश्य, अधिवक्ता तथा

नगर में रहने वाले लोगों का पालन करता है, किसानों को ज्ञात है। वर्तमान शताब्दी के तीसरे और चौथे दशकों के किसान आंदोलन के गीतों से यह बात स्पष्ट होती है, परंतु इतिहासकारों द्वारा इस तथ्य को अंगीकार किए जाने की आवश्यकता है तथा काल और स्थान के संदर्भ में निहित अर्थों सहित, इसके प्राचीन कालों पर लागू किए जाने की आवश्यकता है।

सामाजिक अधिशेष के वितरण में व्यापार एवं नगरों की महत्त्वपूर्ण भूमिका थी। धर्म, राजनैतिक शक्ति एवं इसी प्रकार के अनार्थिक कारणों की नगरों की उत्पत्ति में जो भूमिका रही हो, सामाजिक अधिशेष के अभाव में नगर अस्तित्व में नहीं रह सकते थे। इसी प्रकार से उसके चाहे जो भी अन्य कार्य रहे हों, नगर से बाजार कभी भी समाप्त नहीं हुए थे। प्रश्न यह है कि बाजार में सामाजिक अधिशेष तथा वस्तुएं कहां से आईं? क्या नगर गांवों से प्राप्त करों और नजरानों पर जीवित रहता था? क्या नगर तथा गांवों के संबंध एक प्रकार के वर्ग संघर्ष की ओर संकेत करते हैं? क्या प्राचीन भारतीय नगर उत्पादन और निर्यात का केंद्र था, न कि उपभोग और आयात का? क्या गुप्तोत्तर कालों में नगर आयात तथा उपभोग के मुख्य केंद्र बनते हैं? मार्क्स के उस कथन का भी परीक्षण किया जाना चाहिए जिसके अनुसार एशियायी इतिहास, नगरों तथा गांवों की अभिन्न एकता प्रदर्शित करता है और नगर मुख्यतः आर्थिक ढांचे पर अध्यारोपित राजकीय छावनी थे। ग्रामीण तथा नगरीय बस्तियों के प्राचीनतम प्रारूप कौटिल्य द्वारा दिए गए हैं, परंतु दोनों के मध्य संबंधों की प्रकृति को समझने के लिए तथा समग्र उत्पादन-विधि में उनकी सुनिश्चित भूमिका की जानकारी प्राप्त करने के लिए लिखित ग्रंथों और भौतिक अवशेषों का साथ साथ अध्ययन आवश्यक है। नगरों का अध्ययन तभी अर्थपूर्ण होगा, जब उन्हें सामाजिक-आर्थिक परिवर्तन के सूचक के रूप में देखा जाए अथवा उन्हें अधिशेष के संकेंद्रण और उपभोग के प्रकारों के रूप में समझा जाए, जिनके परिणामस्वरूप सामाजिक विभिन्नता उत्पन्न हुई।

नगरों के उदय और पतन पर भी कुछ शब्द कहे जा सकते हैं। यदि हम हड़प्पा संस्कृति को छोड़ दें तो पुरातत्व से स्पष्ट है कि कुषाणकालीन भारत नगरीकरण के चरमोत्कर्ष का काल था। सोंख (मथुरा) के उत्खनन से प्रकट होता है कि कुषाणकालीन भवनों के सात स्तर थे, जबकि गुप्तकालीन भवनों के केवल एक या दो स्तर ही थे। गुप्तकाल के स्वर्ण युग होने का विश्वास करने वालों के लिए यह कितना ही दुःखदायी क्यों न हो, कुषाण स्तरों की तुलना में गुप्तकालीन स्तरों के भवनों की दरिद्रता उत्तरी भारत में एक पुरातात्विक तथ्य है। कुषाणकाल सिक्कों, नगरों तथा भवनों की दृष्टि से इतना समृद्ध प्रतीत होता है कि उसे पाकिस्तान का स्वर्णयुग कहा गया है। किसी न किसी अवस्था में सभी राष्ट्रों को स्वर्णयुग के मिथक की आवश्यकता रही है, परंतु, कुषाणों के अधीन स्वर्णयुग के मोह की साझेदारी भारत, पाकिस्तान, अफगानिस्तान, ईरान और रूसी मध्य एशिया, सभी

को करनी होगी। स्पष्टतः यह अवस्था न केवल नगरीकरण की चरम स्थिति थी, बल्कि शिल्प, वाणिज्य और मुद्रा की अर्थव्यवस्था की भी थी।

यद्यपि उत्खननों का साक्ष्य सीमित है, परंतु इसके प्रमाण तथा चीनी विवरण, गुप्त तथा गुप्तोत्तर कालों में नगरों के पतन तथा लोप के साक्षी हैं। यह तथ्य अन्य अनेक बातों से असंबद्ध नहीं कहा जा सकता, यथा, पतनोन्मुख व्यापार, धातु के सिक्कों का कम प्रयोग तथा सातवीं से दसवीं शताब्दियों के मध्य स्वर्ण-मुद्रा का लगभग पूर्ण अभाव। इस संदर्भ में यूरोप में नवीं से तेरहवीं शताब्दियों के मध्य स्वर्ण-मुद्राओं की कमी पर भी ध्यान दिया जा सकता है। प्रारंभिक कालों में विभिन्न प्रकार की वस्तुओं व सेवाओं के लिए किए जाने वाले भिन्न-भिन्न प्रकार के भुगतानों के विषय में हम बहुत कम जानते हैं, तथा भुगतान करने वालों व प्राप्त करने वालों के विभिन्न वर्गों के विषय में हमारी जानकारी और कम है। यदि पूर्व माध्यमिक काल में नगरों के अपकर्ष को मंद व्यापार, शिल्प श्रेणियों के पारंपरिक जातियों में परिवर्तन, पतनोन्मुख मुद्रा प्रणाली एवं वस्तु तथा भूमि के रूप में भुगतान में वृद्धि के संदर्भ में देखा जाए तो ये सारी प्रक्रियाएं एक ही ढांचे के अंतर्गत दृष्टिगोचर होती हैं।

अधिशेष को अपना बना लेने की समस्या हमें व्यापार तथा नगरों की समस्या तक ले गई। एक और महत्वपूर्ण समस्या के अंतर्गत मूल उत्पादकों तथा उन व्यक्तियों के मध्य स्थापित संबंध आते हैं जो उत्पादन की व्यवस्था करते थे और अधिशेष को आत्मसात कर लेते थे। इसी प्रकार श्रमिकों एवं श्रमिकेतर व्यक्तियों के संबंध भी इसी के अंतर्गत रखे जा सकते हैं। प्राचीन काल में पुरोहित, योद्धा, अभिजात तथा स्वतंत्र कृषक दस्तकारी एवं कृषि-उत्पादन में किराए के श्रमिकों और दासों (दोनों ही शूद्र होते थे) की सेवाओं का उपयोग करते थे। उत्पादन के तीन अंग थे : स्वतंत्र कृषक वर्ग, दास वर्ग और किराए का श्रमिक वर्ग। इनका सापेक्षिक महत्व परिवर्तित होता रहता था। बुद्ध के काल में कृषक वर्ग अधिक महत्वपूर्ण था, परंतु मौर्य शासकों के अंतर्गत राजकीय उत्पादन के विभाग में दास वर्ग और मजदूर वर्ग भी महत्त्वपूर्ण बन गए थे। तथापि समग्रतः, प्रमुख करदाता वैश्य अथवा कृषक अधिशेष उत्पाद प्रदान करते थे, तथा सामूहिक दासता के अंतर्गत रखे जाने वाले शूद्र, श्रम प्रदान करते थे। धर्मशास्त्रों में उल्लिखित राजनैतिक व वैधानिक संस्थाओं तथा अवपीड़न के अस्त्रों को धर्म के द्वारा पवित्र बना लिया गया था। इस सामाजिक संरचना के वर्णन के लिए हमारे पास कोई एक शब्द नहीं है, परंतु छठी शताब्दी ईस्वी पूर्व से पांचवीं शताब्दी ईस्वी तक के मध्य भारत के सामाजिक संगठन को वैश्य-शूद्र-आधारित समाज इस अर्थ में कहा जा सकता है कि वैश्य कृषक थे और शूद्र दस्तकार, दास व किराए के श्रमिक थे। दो उच्च वर्णों के मध्य संबंधों के परिवर्तन चाहे जिस प्रकार के भी रहे हों, दो निम्न वर्णों के मध्य सामाजिक तथा आनुष्ठानिक दूरी यथेष्ठ थी। संभवतः सामाजिक

ढांचे में कालिक एवं क्षेत्रीय भिन्नताएं हुईं और यह अन्य संरचनाओं के साथ-साथ विद्यमान रहा। कुछ क्षेत्रों में कर देने वाले कृषक समाज के आधार बन सकते हैं, जबकि अन्य क्षेत्रों में बटाईदार और किराए के श्रमिक, और कुछ क्षेत्रों में दास तथा मजदूर एवं कुछ अन्य क्षेत्रों में सामुदायिक विशेषताओं से युक्त आदिम जनजातीय गांव समाज के आधार स्तंभ हो सकते थे। इस प्रकार के अन्वेषण में लिखित सामग्री सहायक हो सकती है, परंतु ग्रामीण बस्तियों का पुरातत्व एवं सामाजिक मानवशास्त्र बड़े अंतरालों को भर सकने में समर्थ है।

ईस्वी सन् की प्रारंभिक शताब्दियों में वर्ण-व्यवस्था में निहित प्राचीन उत्पादन संबंधों को एक गंभीर सामाजिक संकट का सामना करना पड़ा, जैसा कि वैश्यों और शूद्रों को अनुशासित करने की आवश्यकता पर मनु के बल देने तथा कुछ प्राचीनतम पुराणों में कलियुग के वर्णन से स्पष्ट होता है। इस संकट के लक्षणों के विषय में कोई संदेह नहीं है, परंतु इसके कारणों को ढूंढना पड़ेगा। वर्ण व्यवस्था को रूपांतरित कर इस संकट पर विजय पाई गई, जिसके अंतर्गत वैश्य-कृषकों को नीच शूद्रों की स्थिति में पदावनत कर दिया गया। यह और भी अधिक महत्वपूर्ण है कि मध्य भारत के बाहर बाह्य क्षेत्रों में धार्मिक लाभग्राहियों को भूमि दान की गई। परिणामस्वरूप, इन पिछड़े क्षेत्रों के निवासियों को, जो अब तक इस भूमि के लगभग पूर्ण स्वामी थे, अब लाभग्राहियों को वस्तुओं के रूप में भुगतान तथा कृषि व दस्तकारी में अपनी सेवाओं को अर्पण करना पड़ा। मध्य भारत में जमींदारों को दिए जाने वाले भाग और किराए की भरपाई के लिए शूद्रों को संभवतः वे भूमि खंड दिए गए जिन्हें वे पहले दास तथा भाड़े के श्रमिक आदि के रूप में जोतते थे। चाहे जो हो, इस काल में भूमि तथा अन्य कृषि के स्रोत लाभग्राहियों के एक बड़े वर्ग द्वारा व्यक्तिगत रूप से नियंत्रित किए जाने लगे। ये लाभग्राही, धार्मिक तथा 'धर्मनिरपेक्ष' दोनों ही थे। परिणामस्वरूप समाज दो मुख्य वर्गों में विभाजित हो गया। एक वर्ग जमींदारों का था, जो राजकीय अधिकार पत्रों के आधार पर भूमि तथा गांवों के वास्तविक स्वामी थे, तथा दूसरा कृषक-उत्पादकों का था, जिनके अधिकार में उत्पादन का प्रमुख स्रोत भूमि थी। परंतु, अनेक आर्थिक और प्रशासनिक अधिकारों के कारण लाभग्राही, कृषकों को उनके उत्पादन के प्रमुख साधन से वंचित कर सकते थे, अथवा किसी भी कीमत पर भूमि व चरागाहों के स्वच्छंद प्रयोग के उनके अधिकार को सीमित कर सकते थे। इस तरह, सामंतवादी प्रकार का समाज विकसित हुआ, जिसमें कृषकों पर भूमि संपन्न व्यक्तियों का प्रभुत्व तथा कृषकों द्वारा परिचालित उत्पादन-यंत्रों पर उनका अप्रत्यक्ष नियंत्रण हम देखते हैं।

विद्यमान ज़नजातीय, सामुदायिक, पारिवारिक, व्यक्तिगत, राजकीय आदि भूमि संबंधी अधिकारों के आधार के अनुरूप तथा दस्तकारी और वाणिज्य के तत्कालीन विस्तार के अनुरूप देश के विभिन्न क्षेत्रों में भूमिदान का भिन्न-भिन्न

प्रभाव पड़ा होगा। व्यापक सामंतवादी ढांचे के अंतर्गत हम सामाजिक संरचनाओं के अनेक उप-प्रकारों को देख सकते हैं, यथा, उत्तरी उड़ीसा और पूर्वी मध्य प्रदेश में दासता की सीमा तक पहुंचता हुआ ताबेदार कृषक वर्ग; महाराष्ट्र, गुजरात, मालवा और राजस्थान में बलात श्रम करने वाला असुरक्षित आसामी वर्ग; पश्चिमी भारत के समुद्र तटीय क्षेत्रों में सामंतीकृत शहरी मुहल्ले; राजस्थान में भूमि के उप-आसामियों का तीव्र पदानुक्रम; दक्षिण भारत में कर देने वाले धार्मिक लाभग्राही आदि। भूमि-दानपत्रों का गंभीर अध्ययन सामाजिक संरचना में भिन्नताओं की सूक्ष्मता को स्पष्ट कर सकता है।

मैंने कुछ ऐसी समस्याओं की ओर संकेत किया है, जो 'उत्पादन नहीं तो इतिहास नहीं' के मत से उत्पन्न होती हैं। हम कुछ विधियों पर विचार कर सकते हैं, जिनका इन समस्याओं के अध्ययन में उपयोग करना पड़ता है। हालांकि मैं समाजशास्त्र एवं सामाजिक मानवशास्त्र द्वारा प्रस्तुत प्रारूपों के संबंध में सतर्क हूं, उनके द्वारा प्रयुक्त अनेक शोध-विधियों की मैं निस्संकोच रूप से प्रशंसा करता हूं। मुख्यतः मैं साक्ष्य की व्याख्या में सांख्यिकी की भूमिका पर बल देना चाहूंगा। साधारणीकरण को प्रामाणिकता व स्वीकृति तभी प्राप्त होती है, जब वे तथ्यों और संख्याओं द्वारा समर्थित होते हैं। परंतु कुछ इतिहासकार तथ्यों को उसी प्रकार देखते हैं, जिस प्रकार एक ब्राह्मण शारीरिक श्रम को देखता है। परिणामस्वरूप, तथ्य इकट्ठा करने का कार्य पूर्णतया शोध सहायकों को सौंप दिया जाता है। तथ्य एवं संख्याएं न केवल लिखित साक्ष्य को, बल्कि पुरातात्विक साक्ष्य को भी विश्वसनीयता प्रदान करते हैं। एक विशिष्ट मृद्भांड के तुलनात्मक प्रचलन को निश्चित करने के लिए समान बनावट, रंग और प्रकार के ठीकरों को खत्ती, स्थल एवं काल के अनुरूप गिनना आवश्यक हो सकता है। संभवतः उत्तरी भारत में लगभग 1000-500 ई. पू. का काल मुख्यतः लोहे के हथियारों के उपयोग का काल था न कि लोहे के उपकरणों के उपयोग का। लगभग 500 ई. पू. में लोहे के उपकरण भी उतने ही महत्वपूर्ण बन गए। परंतु, इस निष्कर्ष के लिए दोनों कालों की लोहे की वस्तुओं को गिनना, विभाजित करना तथा उनकी तुलना करना, आवश्यक होगा। यों तो सिक्कों का मुख्य प्रयोजन आर्थिक है, उनकी संख्या और प्रचलन की मात्रा निर्धारित करने के लिए उनका सांख्यिकीय विश्लेषण आवश्यक है। इसी प्रकार की विधि मुद्राओं के संबंध में भी अपनाई जा सकती है।

प्राचीन कालों के भौतिक अवशेष तथा लिखित सामग्री के मध्य संबंध पर हम विशेष ध्यान देना चाहेंगे। हमने ग्रंथों के सहयोग से प्राप्त पुरातत्व से शुरुआत की थी, जिसने हमें महाकाव्यों में उल्लिखित स्थलों की खोज के लिए प्रेरित किया। परंतु अब हम एक ऐसी स्थिति में पहुंच गए हैं, जिसमें हमें पुरातत्व की सहायता से लिखे गए ग्रंथों पर कार्य करने की आवश्यकता है। यद्यपि पुरातात्विक साक्ष्य का लिखित साक्ष्य से संबंध स्थापित करने का कुछ प्रारंभिक कार्य किया गया है, किंतु

इस विधि में अनेक जटिलताएं हैं। ऐसे बहुत कम प्राचीन ग्रंथ हैं, जिनकी रचना एक ही लेखक ने एक ही काल और स्थान में की थी। अतः पहला कार्य यह किया जाना चाहिए कि एक ग्रंथ के विभिन्न स्तरों में अंतर किया जाए और उनका क्रम स्थापित किया जाए। *महाभारत* के विवरणात्मक, वर्णनात्मक तथा शिक्षात्मक अंशों को पहचाना जा सकता है, लेकिन प्रथम स्थिति में 8800 श्लोकों वाले ग्रंथ के केंद्र 'जय', द्वितीय स्थिति में 24000 श्लोकों से युक्त 'भारत' तथा अंतिम स्थिति में 100000 श्लोकों से निर्मित 'महाभारत' को हमें अभी संतोषजनक रूप से पहचानना है। इसके लिए शैली और विषय-सामग्री के संबंध में आंतरिक मानदंड एवं बाह्य तुलनाएं विकसित करनी होंगी। संगणक द्वारा कुछ शब्दों की आवृत्ति के अनुपात का पता लगाना आवश्यक हो सकता है, जैसा कि कौटिल्य के *अर्थशास्त्र* के संदर्भ में किया गया है। ग्रंथों के शब्द-भंडार की तुलना अभिलेखों की शब्दावली से की जा सकती है। यह आश्चर्यजनक है कि कौटिल्य द्वारा प्रयुक्त कुछ आर्थिक एवं प्रशासनिक शब्द आठवीं से दसवीं शताब्दी तक के उड़ीसा से प्राप्त अभिलेखों में उपलब्ध हैं। एक बार यदि साहित्यिक स्तर-विन्यास स्थापित कर लिया जाए तो पुरातात्विक स्तर विन्यास के साथ संयोजन तथा तुलना में इसका अधिक अच्छा उपयोग किया जा सकता है। अनेक उदाहरणों में साहित्यिक साक्ष्य को रूपांतरित करना पड़ सकता है तथा कभी-कभी पुरातात्विक साक्ष्य के पक्ष में उसे त्यागना भी पड़ सकता है।

भाषा के अन्य कार्य जो कुछ भी हों, यह मुख्य रूप से सामाजिक तथा आर्थिक आवश्यकताओं, कार्यों तथा दैनिक जीवन के संबंधों की अभिव्यक्ति का माध्यम है। अतः भौतिक संस्कृति के तत्वों के प्रसार तथा भारत के अंदर और बाहर के विभिन्न लोगों के मध्य पारस्परिक क्रिया के विषय को तुलनात्मक भाषाविज्ञान के माध्यम से आगे बढ़ाया जा सकता है। एक भाषा से दूसरी भाषा में लिए गए अनाजों, फलों, पशुओं, धातुओं, उपकरणों, हथियारों, स्थानों, देवताओं, नातेदारी के संबंधों, सामाजिक विभेदीकरण आदि के शब्दों की पहचान से सांस्कृतिक संबंधों की प्रकृति पर प्रकाश पड़ता है। चावल, सिक्के (पण), सिल्क-कपास एवं कपास के संसाधन के लिए प्रयुक्त आस्ट्रिक शब्द पूर्वी भारत की भारतीय आर्य भाषाओं में प्राप्त होते हैं। इसी प्रकार, माह, ऋतु, गेहूं, लकड़ी, ईंट, पीतल, लोहे की छड़, कुल्हाड़ी, धुरी, कैंची, कोल्हू, गन्नापेराई का कोल्हू, तालाब खोदने वाले, गड़रिया जाति, बलात मजदूर ('विष्टि'), आदि के लिए भारतीय आर्यशब्द मध्य और दक्षिण भारत की अनेक द्राविड़ बोलियों और भाषाओं में प्राप्त होते हैं। यह ढूंढना हमारा कार्य है कि कब, कहां और कैसे इन शब्दों का आदान-प्रदान हुआ और इसका क्या महत्त्व है। इसके लिए हमें भारतीय भाषाओं के एक बृहद् तुलनात्मक शब्दकोश की आवश्यकता है। कुछ ऐसे अंतःक्षेत्र अब भी विद्यमान हैं, जहां प्राचीन आदिम बोलियां जीवित हैं। उन क्षेत्रों में, जहां वे आज भी प्रयुक्त

होते हैं, अब भी विद्यमान सहार्थी शब्दों के संदर्भ से अनेक वैदिक, शास्त्रीय तथा अभिलेखीय शब्दों की व्याख्या की जा सकती है। दूसरी ओर, अनेक शताब्दियों में शब्दों के अर्थ परिवर्तन को नकारा नहीं जा सकता। इस प्रकार चौदहवीं शताब्दी के किसी भाष्य में एक वैदिक शब्द को दिए गए अर्थ को सदा उसी रूप में स्वीकार नहीं किया जा सकता। समान विस्तृत भाषात्मक तथा सांस्कृतिक समूह के अंतर्गत समान विचारों की अभिव्यक्ति के लिए पुरोहित, अभिजात, व्यापारी, दस्तकार और कृषक जैसे विभिन्न सामाजिक वर्गों के सदस्यों द्वारा भिन्न-भिन्न शब्दों व शैलियों का प्रयोग किया जाता है। अतः वर्ग तथा व्यापार की शब्दावली को ही देखना न केवल आवश्यक होगा, बल्कि पारस्परिक संबंधों में विभिन्न वर्गों द्वारा प्रयुक्त अभिव्यक्ति के मुहावरों को भी देखा जाना चाहिए। अंततः, हमें प्राचीन परंपराओं तथा अनुष्ठानों के अवशेषों की ओर अपना ध्यान केंद्रित करना चाहिए। इनमें से अनेक परंपराएं समय के साथ-साथ भिन्न हो गई हैं। प्राचीन ग्रंथों की व्याख्या एवं अतीत के पुनर्निर्माण के लिए ये कभी-कभी उतने महत्त्वपूर्ण हो सकते हैं, जितने भौतिक अवशेष। ये तथा कृषकों के मस्तिष्क और विचारधारा को प्रकट करने वाली अलिखित मौखिक लोक परंपराएं, सामाजिक इतिहासकार के लिए अच्छा स्रोत बन सकती हैं। तंजावूर में कुछ दस्तकार समूह, न केवल अपने सौराष्ट्र से स्थानांतरण के संबंध में मौखिक परंपराओं को जीवित रखे हुए हैं, वरन् अपने उपकरणों के लिए भी वही शब्द प्रयोग करते हैं, जो काठियावाड़ में प्रचलित हैं।

त्यागने, निरुत्साहित करने तथा रूपांतरित करने योग्य मतों व प्रारूपों, परीक्षण योग्य विकल्पों, हाथ में ली जाने योग्य समस्याओं एवं उपयोग में लाई जाने योग्य विधियों पर मैंने अपने विचार व्यक्त किए हैं। इन सब में मेरी मुख्य दिलचस्पी उत्पादन-विधि के संदर्भ में प्रारंभिक भारत की सामाजिक संरचनाओं का अध्ययन रही है। मैं जानता हूं कि मैंने जटिल समस्याओं के बाह्य को केवल छुआ मात्र है। ये समस्याएं इतनी सामान्यीकरण के उपयुक्त नहीं हैं, जैसा मैंने प्रयास किया है। परंतु, इन पर अपने कुछ विचार व्यक्त करने के लोभ का संवरण इस आशा से न कर सका कि इन पर अन्य विद्वानों द्वारा भी कुछ विचार किया जा सके। आगामी अध्यायों में वैदिक तथा वैदिकोत्तर भौतिक जीवन एवं सामाजिक संरचनाओं के अध्ययन पर इनमें से कुछ विचारों व विधियों को हम लागू करने का प्रयास करेंगे।

संदर्भ और टिप्पणियां

1. कीथ हार्पकिस, स्लेव्स एंड कांकरर्स, कैंब्रिज, 1978.
2. यूनान के संदर्भ में नातेदारी व्यवस्था के मुख्य कार्य नहीं थे; यह निष्कर्ष हेसियोड के *वर्क्स एंड डेज़* से निकाला जा सकता है; एस. सी. हम्फ्रीज, एंथ्रोपालाजी एंड द ग्रीक्स, लंदन, 1978, पृ. 70.
3. फ्रांस तथा अन्य स्थानों के 'नव मार्क्सवादी' मानवशास्त्रियों के अनुसार एक समाज की धार्मिक अथवा राजनैतिक व्यवस्था भी उत्पादन के संबंधों के रूप में कार्य कर सकती है। हम्फ्रीज, ऊपर उल्लिखित, पृ. 73-4.
4. सुवीरा जायसवाल, 'कास्ट इन द सोशियो-इकोनामिक फ्रेमवर्क आफ अर्ली इंडिया', अध्यक्षीय भाषण, अनुभाग 1, भारतीय इतिहास कांग्रेस, अड़तीसवां अधिवेशन, भुवनेश्वर, 1977; 'सम रीसेंट थियरीज आफ द ओरिजिन आफ अनटचेबिलिटी: ए हिस्टोरियोग्रेफिकल एसेसमेंट', इंडियन हिस्ट्री कांग्रेस, प्रोसीडिंग्स ऑफ द थर्टी-नाईंथ सेशन, हैदराबाद, 1978, पृ. 218-29; विवेकानंद झा, अनटचेबुल्स इन अर्ली इंडियन हिस्ट्री, अप्रकाशित पी-एच. डी. निबंध, पटना विश्वविद्यालय, 1962.
5. आर. एन. नंदी, 'आस्पेक्ट्स ऑफ अनटचेबिलिटी इन अर्ली साउथ इंडिया', इंडियन हिस्ट्री कांग्रेस, प्रोसीडिंग्स आफ द थर्टीफोर्थ सेशन, जि. 1, चंडीगढ़, 1973, पृ. 120-5.
6. एस. सी. हम्फ्रीज, ऊपर उल्लिखित, पृ. 61-2; और भी देखिए, वही, पाद टिप्पणी 129 तथा 130, पृ. 282.
7. वही, पृ. 62; के. पोलनयी, सी. आरेसबर्ग तथा एच. डब्ल्यू. पियर्सन (संपा.), ट्रेड एंड मार्केट इन अर्ली एम्पायर्स, शिकागो, 1957 के माध्यम से कार्ल पोलनयी प्रभावशाली बने, यद्यपि उनकी रचनाएं 1922 से 1974 के बीच लिखी गईं। एस. सी. हम्फ्रीज, ऊपर उल्लिखित, पृ. 339-40 में ग्रंथ सूची दी गई है।

अध्याय दो

ऋग्वेद के प्रारंभिक भागों में संपत्ति तथा जीविका के प्रकार

प्रस्तुत अध्ययन ऋग्वेद के 2-7 मंडलों तक ही सीमित है। ये भाग प्राचीनतम हैं, तथा एकरूपता प्रदर्शित करते हैं।[1] इनकी रचना उन पुरोहित परिवारों द्वारा की गई थी जो अपनी ओर से अथवा जनजातीय मुखियाओं की ओर से देवताओं से प्रार्थना करते थे। इसके लिए पुरोहितों को पर्याप्त दक्षिणा प्राप्त होती थी। 1 तथा 8-10 मंडलों का उपयोग केवल तुलनात्मक उद्देश्य से किया गया है, परंतु प्रस्तुत अध्ययन उन पर आधारित नहीं है।[2] ऋग्वेद में उपलब्ध सांपत्तिक आधिपत्य के शब्द तथा अन्य इंडो-यूरोपीय भाषाओं के समानांतर शब्द प्राचीनतम वैदिक समाज में संपत्ति के स्वरूप पर प्रकाश डालते हैं। परंतु ऐसे शब्दों की संख्या सीमित है और इस कारण नकारात्मक साक्ष्य अधिक महत्त्वपूर्ण हो जाता है। यह तर्क किया जा सकता है कि कुछ सांपत्तिक कार्यकलापों से संबद्ध शब्द वैदिक साहित्य के उन भागों में विद्यमान थे जो उपलब्ध नहीं हैं, तथा ऐसे शब्दों को 'धार्मिक' साहित्य में नहीं खोजा जाना चाहिए। परंतु ऋग्वेद का शब्द संग्रह समृद्ध है, एवं प्रार्थनाओं का मुख्य विषय आर्यों की भौतिक समृद्धि है। अतः ऋग्वेद में आर्थिक गतिविधियों से संबंधित शब्दों का अभाव महत्त्वपूर्ण समझा जाना चाहिए, मुख्य रूप से तब जबकि अन्य प्राचीन भाषाओं में भी ये उपलब्ध नहीं हैं। दूसरी ओर हमें उन शब्दों पर भी ध्यान देना चाहिए जो संस्कृत व अन्य सभी इंडो-यूरोपीय भाषाओं में प्राप्त हैं और प्राचीनतम वैदिक समाज से संबद्ध हैं, यद्यपि ये सभी ऋग्वेद में दृष्टिगोचर नहीं होते।

ऋग्वेद के पूर्ववर्ती भागों का संबंध सप्तसिंधु से दृष्टिगोचर होता है, जो लगभग पंजाब का क्षेत्र है। परंतु इन भागों का तिथि निर्धारण कठिन है। पुरातत्व हमें किसी प्रकार की सहायता प्रदान नहीं करता। लगभग एक दर्जन मत आर्यों से

संबद्ध प्राचीन स्थलों व सामग्रियों की विवेचना करते हैं परंतु कुम्हार के लिए इंडो-यूरोपियनों का कोई एक शब्द नहीं था तथा वे अपने घर लकड़ी और मिट्टी के बनाते थे। ये तथ्य एक उष्ण कटिबंधीय क्षेत्र में उनके अवशेषों को पहचानने में कठिनाई उपस्थित करते हैं। निश्चय ही वे घोड़ों का व तांबे अथवा कांसे से युक्त युद्धक रथों का प्रयोग करते थे, परंतु उनके यान उपलब्ध नहीं हैं। द्वितीय सहस्राब्दि ई. पू. के रथ अन्य क्षेत्रों में प्राप्त हुए हैं। यूराल के पांच कांस्य युगीन शवाधानों में गाड़ी अथवा रथ सदृश हल्के लकड़ी के यान मिले हैं। दस अर वाले दो पहिए प्राप्त हुए हैं। नेमि भी मिली है। स्टुआर्ट पिग्गट इन रथयुक्त शवाधानों को लगभग 1500 ई. पू. का मानते हैं।[3] परंतु इंडो-यूरोपियनों से इनका संबंध निश्चित नहीं है। पश्चिम एशिया में लगभग 1800 ई. पू. में घोड़ों से खींचे जाने वाले रथों के प्रयोग का प्रमाण है, परंतु इस तिथि के कुछ गंधार शवाधानों में घोड़ों के अवशेषों के अतिरिक्त भारतीय उपमहाद्वीप से हमारे पास अन्य कोई प्रमाण नहीं हैं।[4] अतः लगभग 1500 ई. पू. का पश्चिम एशिया से प्राप्त वह अभिलेखीय प्रमाण, जिसमें वैदिक देवताओं के नाम उल्लिखित हैं, ऋग्वेद की तिथि निर्धारित करने का प्रमुख साक्ष्य है।

तथापि हम चार स्थलों–भगवानपुरा (जिला कुरुक्षेत्र), दधेरी (जिला लुधियाना), तथा कटपलां व नगर (जिला जलंधर) के उत्खननों पर विचार कर सकते हैं। इस संदर्भ में मांडा (जम्मू) के उत्खनन का भी उपयोग किया जा सकता है। इन सभी के उत्खननकर्ता जे. पी. जोशी हैं।[5] मांडा के अतिरिक्त, जहां 'उत्तर हड़प्पा' मृद्भांडों के साथ धूसर मृद्भांड प्राप्त हुए हैं, अन्य सभी चार स्थलों में 'उत्तर हड़प्पा' मृद्भांडों के साथ चित्रित धूसर मृद्मांड मिले हैं, जिन्हें संभवतः धूसर मृद्भांडों की तकनीकी अवस्थिति माना जा सकता है। जहां मांडा चेनाब पर स्थित है, वहां नगर व कटपलां सतलज से अधिक दूर नहीं हैं। दधेरी सतलज क्षेत्र के निकट है, और भगवानपुरा सरस्वती पर स्थित है। इस प्रकार उपर्युक्त प्राचीन स्थलों का भौगोलिक मंडल ऋग्वेद के क्षेत्र में ही आता है, यद्यपि इसका एक बड़ा भाग उत्तर वैदिक क्षेत्र के अंतर्गत भी आएगा। भगवानपुरा से प्राप्त अवशेषों की तिथियां 1500 से 1000 ई. पू. के मध्य आती हैं,[6] जो ऋग्वेद को दी जाने वाली तिथियों के लगभग अनुरूप हैं। 'उत्तर हड़प्पा' मृद्भांडों की उपस्थिति के कारण, जिन्हें लगभग 1300 ई. पू. के बाद का नहीं स्वीकार किया जाता, भगवानपुरा व अन्य स्थलों के प्रारंभ के संदर्भ में अधिक प्राचीन तिथि का भी सुझाव दिया गया है।

लोहे का अभाव इन संस्कृतियों की सर्वप्रमुख विशेषता है।[7] यद्यपि *अयस* शब्द का प्रयोग ऋग्वेद में हुआ है, तथापि अब यह साधारणतः स्वीकार किया जाता है कि यह तांबे/कांसे के अर्थ में किया गया है।[8] ये वस्तुएं इन स्थलों से प्राप्त हुई हैं, परंतु इनका परिमाण नगण्यप्राय है। प्रकार और संख्या दोनों ही दृष्टियों से लगभग 1400 ई. पू. की ईरान की कांसे की वस्तुओं की तुलना में ये अत्यल्प हैं।

पुनः, इन स्थलों से अब तक कोई अनाज भी प्राप्त नहीं हुआ है, यद्यपि विभिन्न आकारों के मृद्भांडों तथा पत्थर के सिल व बट्टों[9] की उपस्थिति इस बात की द्योतक है कि अनाज का उपयोग खाने के लिए किया जाता था, और 'उत्तर हड़प्पा' संस्कृति के समकालीन लौहपूर्व युग के धूसर मृद्भांड/चित्रित धूसर मृद्भांड से संबद्ध लोग कृषि का व्यवसाय करते थे।

ऋग्वेद कालीन अर्थव्यवस्था मुख्यतया पशुचारी तो थी लेकिन सामाजिक विकास के क्रम में खानाबदोशी तथा पशुचारण कृषि के पूर्ववर्ती नहीं थे। वास्तव में विश्व परिप्रेक्ष्य में कृषि का उदय लगभग 8000 ई. पू. में हुआ। भारतीय उपमहाद्वीप के उत्तर पश्चिमी भाग के संदर्भ में भी हमारे पास बोलन नदी के तटवर्ती क्षेत्र में बोलन दर्रे के समीप स्थित मेहरगढ़ से लगभग 6000 ई. पू. का कृषि तथा ग्रामीण जीवन का साक्ष्य है।[10] 6000 ई. पू. के पश्चात ही पशुचारी व यायावरी जीवन का विस्तृत रूप से प्रचलन हुआ, जब गाय-बैल तथा घोड़ों को पाला जाता था। इन स्थलों में अनाजों की अनुपस्थिति आकस्मिक प्रतीत होती है, क्योंकि उपलब्ध सामग्री पशुपालन का दृढ़ साक्ष्य नहीं प्रस्तुत करती। तथापि भगवानपुरा व दधेरी से बड़ी मात्रा में पशु-अस्थियां प्राप्त हुई हैं। इनमें गाय-बैल, भेड़ तथा बकरियों की जली हुई हड्डियां भी हैं।[11] स्पष्टतः इन पशुओं का भक्षण किया जाता था। गाय -बैल, भेड़ तथा बकरियों को दूध व मांस दोनों ही उद्देश्यों से पाला जाता था।[12] पूर्व वैदिक कालीन लोगों की भौतिक संस्कृति संबंधित जानकारी को पूर्ण करने तथा उसकी व्याख्या करने के निमित्त उत्खननों के निष्कर्षों को वर्तमान स्थिति में प्रयोग करना कठिन है।

यद्यपि *आर्य* शब्द 'अर्' धातु से निष्पन्न है, तथा 'अर्' का अर्थ कृषि करना है, वंश मंडल प्रदर्शित करते हैं कि ऋग्वैदिक लोग मुख्यतः पशुचारी थे। (परवर्ती भारतीय परंपरा में 'आर्य' श्रेष्ठ का द्योतक है, हालांकि दो उच्च वर्णों को कृषि कार्य करने की अनुमति नहीं थी।) 'मृग' शब्द जंगली जानवरों का द्योतक था, जबकि पाले जाने वाले जानवरों को 'पशु'[13] कहा जाता था, जिसके अंतर्गत मुख्यतः गाय-बैल आते थे, यद्यपि यह शब्द घोड़ों का और कभी कभी मनुष्य का भी सूचक था। गाय-बैल स्पष्ट रूप से मांसाहारी भोजन तथा दूध व दूध से बनी वस्तुओं के लिए महत्त्वपूर्ण माने जाते थे। गाय सूचक 'गो' शब्द विभिन्न शब्द रूपों में 176 बार वंश मंडलों में आया है। गाय-बैल वैभव ('रयि')[14] के समानार्थी समझे जाते थे, तथा धनाढ्य व्यक्ति को 'गोमत्'[15] कहा जाता था। युद्ध के लिए प्रयुक्त विभिन्न शब्द, यथा गविष्टि,[16] गोषु[17], गव्यत्, गव्यु[18] तथा गवेषण, 'गौ' से ही व्युत्पन्न हैं। यही शब्द दूरी ('गव्युति'),[19] समृद्धि तथा दंड (Wergild) का भी मापदंड था। 'गोप' अथवा 'गोपति' राजा को प्रदत्त उपाधि थी।[20] पारिवारिक जीवन में गौ का महत्त्व पुत्री के लिए प्रयुक्त 'दुहितृ' अर्थात् दुहने वाली शब्द से प्रदर्शित होता है। देवताओं को चार भागों में विभाजित किया गया था—'दिव्य',

'पार्थिव', 'गोजात' तथा 'अप्य'[21] (जल से संबंधित)। ये भी गौ के महत्त्व को प्रमाणित करते हैं। वैदिक जनों का गाय से इतना निकट का परिचय था कि जब वे भारत में पहली बार भैंस के संपर्क में आए तो उन्होंने उसे ठीक उसी प्रकार 'गौरी गवल'[22] अथवा बालदार गौ नाम दिया, जिस प्रकार बेबीलोनिया निवासियों ने घोड़े को पहली बार देखने पर उसे पर्वतों का गधा कहा था।

इसके विपरीत, प्राचीनतम आर्यों के पशुपालन की तुलना में कृषि-कार्य संबंधित भाषायी साक्ष्य निर्बल है। ऋग्वेद में कृषि-कार्यों से संबंधित इक्कीस उल्लेख हैं, परंतु उसके मूल भाग में बहुत कम हैं। 'कृष्' (कृषि करना, जोतना) शब्द वंश मंडलों में अपवाद रूप में ही मिलता है। 'कृष्टि' शब्द उनमें 33 बार उल्लिखित है, परंतु यह जन के अर्थ में प्रयुक्त हुआ है। पांच जन ('पञ्चकृष्ट्यः') का उल्लेख दो बार हुआ है।[23] 'पञ्चजनाः' तथा 'पञ्चचर्षणियः' का भी उल्लेख इस संदर्भ में किया जा सकता है। कृषक के अर्थ में 'कृष्टि' से मिलता-जुलता कोई भी शब्द प्राचीन भारोपीय भाषाओं में नहीं है। रूसी भाषा में एक शब्द क्रेस्टजनिन (Krestjanin) है, जिसका प्रारंभिक अर्थ क्रिश्चियन था, और बाद में यह साधारण मानव का द्योतक बन गया, जिससे कृषक अर्थ निष्पन्न हुआ।[24] गौर करने की बात यह है कि सायण ने 'कृष्टीः' शब्द को 'प्रजाः' के अर्थ में समझा है, यद्यपि यह प्रजा विरोधी थी।[25] अतः सामान्य धारणा अमान्य सिद्ध होती है कि भारोपीय संदर्भ में 'कृष्टि' शब्द कृषि का द्योतक है। इसी प्रकार ऋग्वेद में 'चर्षणि' शब्द का प्रयोग तथा आधुनिक व्युत्पत्ति बांग्ला का 'चासा' (कृषक) और मैथिली का 'चास्' (जोतना), वैदिक शब्द के मूल अर्थ के द्योतक नहीं प्रतीत होते। यह सुझाव दिया गया है कि यह शब्द 'कृष्' से निष्पन्न है, जिसका अर्थ था हल-जोतना अथवा खोदना।[26] परंतु यह मत अधिक उपयुक्त प्रतीत होता है कि यह शब्द 'चर्' से निकला है, जिसका अर्थ चलना अथवा भ्रमण करना था,[27] और इस प्रकार पांच 'चर्षणयः'[28] का तात्पर्य पांच भ्रमणकारी जनों से था, जिसकी तुलना 'पञ्चजनाः'[29] से की जा सकती है। यह सुझाव उचित ही प्रतीत होता है कि ऋग्वेद में यह शब्द साधारण मनुष्य का द्योतक है अथवा ऐसे 'जनों' का जिनकी कल्पना क्रियाशील जीवों के रूप में की गई है।[30] स्पष्टतः, 'चर्षणि' कहे जाने वाले खानाबदोश जब कृषक के रूप में बस गए, तब भी प्राचीन नाम जारी रखा गया। इस प्रकार द्वितीय अवस्था में 'चर्षणि' कृषक का द्योतक बन गया, और संभवतः इसी कारण भाष्यकारों ने सुझाया कि इस शब्द की व्युत्पत्ति 'कृष्' अर्थात् जोतना से हो सकती थी। हमें पता है कि इसी प्रकार का अर्थ परिवर्तन 'दास' शब्द में भी हुआ। मूल रूप से इस शब्द का जातीय महत्त्व था, परंतु दास नामक जनजाति के अधीनीकरण के उपरांत कालांतर में यह गुलामी का समानार्थी बन गया। अर्ध-शुल्क क्षेत्र में पशुचारण निश्चित रूप से एक सीमा तक यायावरी जीवन से जुड़ा है, यद्यपि चरागाहों को ढूंढने का विस्तृत क्षेत्र लगभग निश्चित होता है।

ऋग्वेद में प्रयुक्त विभिन्न शब्दों से गतिशीलता के संकेत प्राप्त होते हैं, और 'चर्षणि' इसी प्रकार का एक शब्द है।

प्रचलित शब्द 'हल' ऋग्वेद में उपलब्ध नहीं है, परंतु दो अन्य शब्द 'लाङ्गल' तथा 'सीर' [31] प्राचीनतम मंडलों में मिलते हैं; 'वरत्रा' अथवा हल के चमड़े के पट्टे का भी उल्लेख है।[32] चौथे मंडल में, जिसका एक संपूर्ण मंत्र कृषि-कार्य से संबद्ध है, हल के 'फाल'[33] एवं हल द्वारा निर्मित रेखाओं ('सीता'[34] तथा 'सुनु') की चर्चा है। परंतु हापकिंस ने यह तर्क दिया है कि वंश मंडलों में चौथा मंडल सबसे बाद का है, तथा यह इतना बाद का हो सकता है जितना कि आठवां मंडल। *ऋग्वेद* के बाद के एक अंश में हल द्वारा रेखा बनाते हुए पूषन् का वर्णन किया गया है। परंतु मुख्य प्रश्न यह है कि हल का फाल किस चीज का बना होता था। हड़प्पा-पूर्व काल की हल द्वारा निर्मित रेखाएं कालीबंगन में प्राप्त हुई हैं, और यह तर्क किया जा सकता है कि संभवतः आर्य-पूर्व परंपराएं वैदिक लोगों द्वारा अपना ली गईं। यह संभावना है कि भूमि जोतने के लिए हल के लकड़ी के फालों का प्रयोग किया जाता था। पंजाब की सात नदियों तथा उनकी अनेक सहायक नदियों की बाढ़ द्वारा भूमि उपजाऊ हो गई थी, जिसके विरल जंगलों को साफ कर दिया जाता था। यह स्पष्ट है कि कृषि द्वारा केवल कुछ ही लोगों का भरण पोषण संभव था। कुदाल ('खनित्र')[35], दारांत ('दात्र'[36] व 'सृणी'[37]) तथा कुल्हाड़ी का प्रयोग कर जंगल साफ़ किए जाते व जोते जाते थे। जंगल साफ करना, भवन निर्माण तथा उपकरण बनाना महत्त्वपूर्ण कार्य थे, और इन कार्यों में प्रयुक्त कुल्हाड़ी के द्योतक 'परशु'[38], 'कुलिश'[39], 'वृक्ण'[40], 'स्वधिति'[41] व 'तेजस्'[42] शब्द थे। 'वाशी'[43] शब्द एक प्रकार के हस्त-कुठार का द्योतक है।

जुते हुए खेतों को 'क्षेत्र'[44], तथा उपजाऊ खेतों को 'उर्वरा'[45] कहा गया है, यद्यपि दूसरा शब्द जलोढ़ मिट्टी वाली भूमि का द्योतक भी हो सकता है। लोग 'यव'[46] उत्पन्न करते थे, जिसका शब्दिक अर्थ जौ है, परंतु विभिन्न प्रकार के अनाजों के लिए प्रयुक्त यह एक व्यापक शब्द था। नवपाषाणकालीन लोगों को ज्ञात एक प्राचीनतम कृषि-उत्पाद तथा परवर्ती कालों में पंजाब की मुख्य फसल गेहूं उल्लिखित नहीं है। जो भी हो, जौ के अतिरिक्त अन्य किसी कृषि-उत्पाद का स्पष्ट उल्लेख नहीं है। यह महत्त्वपूर्ण है कि अनाजों तथा कृष्ट पौधों के लिए भारोपीय भाषाओं में कोई समान शब्द अथवा समानार्थी शब्द उपलब्ध नहीं हैं। इसका तात्पर्य यह हुआ कि आर्यों के विविध देशों में बस जाने के उपरांत ही कृषि की प्रगति हुई। यदि बक की *डिक्शनरी*[47] के आठवें अध्याय में सूचीबद्ध कृषि तथा वनस्पति के विभिन्न भारोपीय भाषाओं के शब्दों का हम परीक्षण करें तो यह स्पष्ट होगा कि हल, हल निर्मित रेखा, जुताई, खोदना, फावड़ा, दरांत, अनाज आदि के द्योतक अधिकांश संस्कृत शब्दों के समानार्थी शब्द भारोपीय भाषाओं में उपलब्ध नहीं हैं, यद्यपि अवेस्ता की भाषा में कुछ शब्द प्राप्त होते हैं। यद्यपि भारोपीय

भाषाओं में हल के अर्थ में 'अर्' शब्द मिलता है, तथापि इसका कोई समानांतर शब्द संस्कृत में उपलब्ध नहीं है। भाषाशास्त्र की दृष्टि से यह शब्द 'हल' शब्द में परिवर्तित नहीं हो सकता। यह सब इस बात की ओर संकेत करता है कि आर्यों की भारतीय शाखा ने भारत में ही कृषि को अपनाया, तथा इस कार्य को व्यक्त करने के लिए कुछ क्षेत्रीय शब्दों को अपना लिया।

गाय-बैल तथा चरागाह के लिए प्रयुक्त शब्द अनेक भारोपीय भाषाओं में समान हैं।[48] चर्च स्लाविक में प्राप्त 'पस्ति' शब्द तथा सर्बो-क्रोशियन, बोहेमियन, पोलिश व रूसी भाषाओं में इसके समानार्थी शब्दों का विशेष उल्लेख किया जा सकता है।[49] रूमानियन भाषा में हमें 'पस्ते' शब्द मिलता है।[50] 'पस्ति' अथवा 'पस्ते' शब्द 'पस्त्या' के अनुरूप हैं, जिसका प्रयोग *ऋग्वेद* के पूर्ववर्ती[51] एवं परवर्ती[52] दोनों भागों में हुआ है। सब मिलाकर अपने विभिन्न रूपों में 'पस्त्या' शब्द *ऋग्वेद* में 18 बार उल्लिखित है; इनमें से 7 उल्लेख पूर्ववर्ती भागों में हैं।[53] इस शब्द से व्युत्पादित शब्दों में 'पास्त्य', 'पस्त्य-सद्', 'पस्त्या-वत्', 'प्स्त्या-वती', तथा 'पस्त्या-वान्' सम्मिलित हैं। यद्यपि भारोपीय संदर्भ में 'पस्ति' का अर्थ पशुओं का बाड़ा अथवा अश्वशाला है, वैदिक विद्वानों द्वारा 'पस्त्या' की व्याख्या घर, बस्ती, घर में रहने वाले लोग और नदियों के अर्थ में की गई है।[54] तथापि 'पस्त्यावंत' शब्द का उल्लेख सुषोम, शर्यणावंत तथा आर्जीक[55] के संदर्भ में प्राप्त होता है, जो बड़े चरागाह प्रतीत होते हैं। यह बात पिशेल के आधार पर कही जा सकती है, जो 'पस्त्या' को नदियों के मध्य के क्षेत्र (मध्ये पस्त्यानाम्)[56] के अर्थ में लेते हैं, तथा कुरुक्षेत्र को इस श्रेणी में सम्मिलित करते हैं।[57] *ऋग्वेद* के दो उद्धरणों में, 'पस्त्यावंत' की व्याख्या एक समृद्ध गृहस्थ के अर्थ में की गई है।[58] परंतु भारोपीय भाषाओं के समरूप शब्द इंगित करते हैं कि *ऋग्वेद* में 'पस्त्य' का प्रारंभिक प्रयोग चरागाह अथवा पशुओं के बाड़े के अर्थ में हुआ था। इस अर्थ के अवशेष कुछ भारतीय आर्य भाषाओं में विद्यमान हैं। उदाहरणार्थ, दार्दिक भाषा की एक बोली खोवर में 'पेस्ति' का अर्थ 'भूसे की कोठरी, भुसौरा' है।[59] कालांतर में, जब वैदिक जन आबाद हो गए, यह शब्द घर का द्योतक बन गया और 'पस्त्यावंत' गृहस्थ का। इस प्रकार, 'पस्त्य' शब्द के परिवर्तनशील अर्थ के आधार पर ऋग्वैदिक जनों के भौतिक जीवन के विकास की दो अवस्थाएं देखी जा सकती हैं। दूसरे शब्दों में स्थानबद्ध जीवन ने पशुचारी जीवन का अनुसरण किया। इसी प्रकार का निष्कर्ष 'वृजन' शब्द के परिवर्तनशील अर्थ से भी निकाला जा सकता है। अपने विभिन्न शब्द रूपों में यह शब्द *ऋग्वेद* में 57 बार आया है।[60] अधिकांश उल्लेख परवर्ती भागों में हैं, यद्यपि पूर्ववर्ती भागों में भी इनकी बड़ी संख्या है। इस शब्द की विभिन्न अर्थों में व्याख्या की गई है, यथा, बाड़ा, गाय-बैलों का समूह ('गोष्ठ'), घर, घरों का समूह, उनमें रहने वाले लोगों का समूह, सेना अथवा युद्ध, और यहां तक कि 'ग्राम' भी।[61] हम 'व्राजपति'

की भी सूचना पाते हैं, जो एक जनजातीय इकाई का प्रमुख था।[62]

'व्राज' शब्द के प्रयोग द्वारा भी ऋग्वैदिक लोगों के पशुचारी जीवन का संकेत मिलता है, यद्यपि परवर्ती कालों में 'व्राज' का प्रयोग अधिकतर चरागाहों के अर्थ में किया जाने लगा। अपने विभिन्न रूपों में यह शब्द 45 बार *ऋग्वेद* में आया है,[63] और इनमें से अनेक रूप ग्रंथ के पूर्ववर्ती भागों में प्राप्त होते हैं। 'व्रज' का अर्थ गायों का बाड़ा है, तथा 'व्राज' शब्द स्पष्टतः इसी का विस्तार है।

कृषि ने स्थानबद्ध जीवन को आगे बढ़ाया, और पशुचारण के आधार पर भी एक प्रकार के स्थानबद्ध जीवनयापन की पूर्वकल्पना की जा सकती है। इन सब ने संपत्ति की संख्या के विकास के लिए समुचित वातावरण का निर्माण किया। भाषाशास्त्रियों के अनुसार भारोपीय परिवार की भाषाओं में व्यक्तिगत संपत्ति के लिए कोई स्पष्ट शब्द नहीं है। तथापि, अनेक भाषाओं में 'स्व' अथवा 'एक व्यक्ति का अपना' शब्द के द्वारा स्वत्व के भाव को प्रकट किया गया है; इसका अर्थ व्यक्तिगत वस्तुएं है, और इसका समान रूप से 'मेरा', 'तुम्हारा' तथा 'उसका' के लिए भी प्रयोग किया जाता है।[64] वंश मंडलों में अनेक शब्दों द्वारा संपत्ति, स्वत्व, तथा वैभव के भाव को प्रकट किया गया है, इनमें से कुछ शब्द समृद्धि, कल्याण तथा सामान्य कुशलक्षेम के द्योतक हैं। लोगों के भौतिक कल्याण की, न कि आध्यात्मिक कल्याण की, कामना करते हैं। इस उद्देश्य के लिए जिन शब्दों का प्रयोग किया गया है, वे इस प्रकार हैं—'रयि'[65], 'वस'[66], 'राय'[67], 'भग'[68], 'राधस्'[69], 'रिक्थ'[70], 'रेवण'[71], 'पुष्टि'[72], 'पण'[73], 'धन'[74], 'अप्नस्'[75], 'मघ'[76], तथा 'पुरुक्षु'[77]। समृद्ध व्यक्तियों को सूचित करने के लिए इनमें से अनेक शब्दों के विशेषण बनाए गए हैं। धनाढ्य लोगों को 'गोमत्'[78], 'द्रविणः'[79] एवं 'रेवान्'[80] भी कहा गया है।

संपत्ति की उत्पत्ति कैसे हुई? यह आश्चर्यजनक है कि 'पण' शब्द, जिसका कालांतर में अर्थ सिक्का हो गया था, तथा 'धन'[81] शब्द, जिसे बाद में ऐश्वर्य के अर्थ में लिया जाने लगा था, *ऋग्वेद* के प्राचीनतम भाग में विद्यमान हैं, जहां इनका अर्थ युद्ध अथवा प्रतियोगिता के परिणामस्वरूप जीते गए पारितोषिक अथवा शर्तें हैं। स्पष्टतः संपत्ति की प्राप्ति के लिए युद्ध सहित अनेक महत्त्वपूर्ण कार्य करने पड़ते हैं, 'लोप्त्र'[82] अथवा युद्ध में प्राप्त लूट से मिलते-जुलते शब्द सभी महत्त्वपूर्ण भारतीय आर्य भाषाओं में विद्यमान हैं। ऋग्वैदिक लोगों के लिए यही संपत्ति का प्राचीनतम स्रोत प्रतीत होता है।

संपत्ति के अंतर्गत क्या आता था? प्राचीनतम वैदिक काल में गाएं लगभग चल संपत्ति की पर्यायवाची थीं, और यह संपत्ति अचल संपत्ति की अपेक्षा अधिक महत्त्वपूर्ण थी। लैटिन में 'पेकु' (Pecu) शब्द गाय-बैल तथा चल संपत्ति का द्योतक है। *ऋग्वेद* में प्राप्त इससे मिलते जुलते शब्द 'पशु' का स्पष्ट रूप से यह अर्थ तो नहीं था, परंतु इस प्रकार का निष्कर्ष निकाला जा सकता है। 'पशु' शब्द के

अंतर्गत न केवल घोड़ों व गाय-बैलों सहित पालतू पशु आते थे,[83] वरन् इसमें मनुष्य भी सम्मिलित थे।[84] वैदिक भाषा में सब मिलाकर इसका अर्थ पशु-धन है। 'पुरुक्षु' विशेषण में 'क्षु' शब्द उपलब्ध है, जिसका प्रयोग अग्नि, इंद्र तथा सोम के लिए किया गया था। 'पुरुक्षु' का अर्थ 'भरपूर संपत्ति वाला' है, परंतु इसमें विशेष रूप से केवल पशुधन नहीं है। यह सुझाव दिया गया है कि यह 'पशु' से संबद्ध है, जिसमें प्रारंभ में आर्थिक भाव निहित था।[85] इसके अतिरिक्त, 'रयि' शब्द पशुधन का पर्यायवाची बन गया था। परंतु जब 'रयि' प्राप्ति के लिए प्रार्थनाएं की जाती थीं, तो उसमें घोड़े, पुत्र, भेड़ें, रथ, पौधे और संभवतः अनाज सम्मिलित होते थे।[86] स्वर्ण ('हिरण्य'[87] तथा 'सुवर्ण'[88]) एवं तांबा ('अयस्')[89] *ऋग्वेद* में उल्लिखित हैं, परंतु ये 'रयि' के अंतर्गत नहीं आते। तथापि 'हिरण्यया'[90] अथवा स्वर्ण के लिए इच्छा *ऋग्वेद* में अभिव्यक्त है। हम कुछ प्रकार की व्यक्तिगत वस्तुओं, यथा हथियार की सूचना प्राप्त करते हैं; उदाहरणार्थ मृत व्यक्ति के साथ धनुष गाड़ना, व्यक्तिगत वस्तुओं के अंतर्गत पात्र, बर्तन, वस्त्र आदि भी आते थे।

अचल संपत्ति में भूमि तथा घर सम्मिलित थे। इन दोनों में यदि दूसरे को पहले लिया जाए, तो घर, लकड़ी, अनपकाई ईंटों, तथा लेपयुक्त टट्टर के बने होते थे। संभवतः ऋग्वैदिक आर्य प्राचीरयुक्त गांवों में रहते थे, जिनकी पहचान अभी तक नहीं हो पाई है। परंतु, घर के लिए प्रयुक्त शब्द 'सद्म'[91] एवं 'दम'[92] प्रकट करते हैं कि इसे संपत्ति के रूप में स्वीकार किया जाता था। पति और पत्नी दोनों ही घर अथवा 'दम' के स्वामी माने जाते थे, और इसीलिए उन्हें 'दंपति' कहा जाता था। भारोपीय परिवार के लोग घरों में रहते थे, और यह बात उनकी भाषाओं में उपलब्ध 'दम' से मिलते-जुलते शब्दों से स्पष्ट है।[93] परंतु *ऋग्वेद* में घर प्राप्ति के लिए कोई इच्छा व्यक्त नहीं की गई है। यह बात प्रकट करती है कि स्थानबद्ध जीवन अब भी बहुत दृढ़ नहीं था। इसके विपरीत वैदिकोत्तर काल में गृह्य अनुष्ठानों से संबद्ध गृह्यसूत्र नामक विशाल साहित्य हमें उपलब्ध है जो स्थायी घरों की पूर्वकल्पना करता है। इसी प्रकार प्रारंभिक वैदिक काल में पुरोहित देवताओं से भूमि प्राप्त करने के लिए अपवादस्वरूप ही प्रार्थना करते हैं, यद्यपि खेतों ('क्षेत्र') एवं उपजाऊ भूमि को जीतने के अनेक उल्लेख हैं।

चल व अचल संपत्ति प्रर किस प्रकार स्वामित्व स्थापित किया जाता था? जनजातीय युद्ध बहुधा गाय-बैलों के लिए लड़े जाते थे, और इंद्र का एक प्रमुख कार्य था शत्रुओं से अपने समर्थक के गाय बैलों को पुनः प्राप्त करना। पुनः प्राप्त किए गए अथवा जीते गए गाय-बैल 'गण'[94] एवं 'परिषद्'[95] कही जाने वाली जनजातीय इकाइयों के होते थे। इन संस्थाओं के सदस्यों द्वारा इनका कैसे भोग किया जाता था अथवा इन्हें उनके मध्य कैसे बांटा जाता था—यह जानने के लिए हमारे पास कोई साधन नहीं है।

अनेक पीढ़ियों तथा सगोत्र संबंधियों से युक्त विशाल परिवारों का संभवतः गाय-बैलों पर स्वामित्व होता था। उन्नीसवीं शताब्दी के प्रारंभ तक हम उत्तरी भारत के कुछ भागों में लगभग दो सौ व्यक्तियों के संयुक्त परिवारों के भूमि पर सामूहिक स्वामित्व के विषय में सुनते हैं, परंतु यह बात वैदिक काल के गाय-बैलों पर भी लागू होती थी—कह सकना कठिन है। क्योंकि संभवतः पुत्र श्रम-शक्ति के साधन थे, उन्हें संपत्ति की एक मद के रूप में स्वीकारा जाता था, और उनके लिए निरंतर प्रार्थनाएं की जाती थीं। यह बात स्पष्ट करती है कि ऋग्वैदिक परिवार में पुरुष सदस्यों की पर्याप्त संख्या नहीं थी; संभवतः शिशु-मृत्यु इसका एक कारण रही होगी। परंतु ऐसा प्रतीत होता है कि परिवार बहुत विशाल रहे होंगे। अनेक आर्य बोलियों में केवल माता-पिता, भाई-बहन, एवं पुत्र व पुत्री के लिए ही स्वतंत्र शब्द हैं। दूसरी ओर एक समान शब्द—संस्कृत 'नप्तृ', लैटिन 'नेपोस्' तथा ग्रीक 'अनेपोइस'—का प्रयोग भतीजे, पौत्र एवं पारिवारिक संबंध में भाई व बहन के लिए किया जाता है। रक्त-संबंध की यह संक्षिप्त नामावली प्रकट करती है कि एक-विवाह प्रथा पूर्णतया स्थापित नहीं हुई थी।[96] भारोपीय अवस्था में संभवतः एक पुरुष अपनी बुआ की पुत्री अथवा अपने मामा की पुत्री से विवाह करता था; एक पुरुष अपने चाचा की पुत्री अथवा अपनी मौसी से कभी विवाह नहीं करता था; संभवतः पत्नी और पति दोनों के ही 'परिवार' एक ही घर में रहते थे, तथा इनके अंतर्गत बड़ा परिवार आता था, जैसा कि होमर ने वर्णन किया है। यह संभव है कि इसी प्रकार का परिवार ऋग्वैदिक काल में भी अस्तित्व में रहा हो। क्योंकि *ऋग्वेद* में पितामह तथा मातामह के लिए भिन्न शब्द नहीं हैं, और क्योंकि 'नप्तृ' शब्द का प्रयोग पिता की ओर के पौत्र, माता की ओर के पौत्र (दौहित्र) तथा भतीजे सबके लिए समान रूप से किया जाता था, पितामह व मातामह के मध्य तथा दोनों प्रकार के पौत्रों के मध्य कोई अंतर विद्यमान नहीं था, और संभवतः ये सभी एक साथ रहते थे।

क्योंकि कृषि पशुपालन की अपेक्षा बहुत कम महत्त्व की थी, भूमि के व्यक्तिगत संपत्ति के रूप में विकास के लिए वास्तविक परिस्थितियां बहुत अनुकूल नहीं थीं। यद्यपि कुछ शब्द, यथा 'उर्वरा-जित्'[97], 'उर्वरसा'[98], 'क्षेत्र-सात्'[99] आदि प्रकट करते हैं कि कृषि-योग्य खेत युद्ध का कारण बनते थे, तथापि इस प्रकार के उल्लेख कम ही हैं। दूसरी ओर गाय-बैलों के लिए संघर्ष के उल्लेख हमें बहुत बड़ी संख्या में उपलब्ध हैं। *वैदिक इंडैक्स* के लेखकों का विचार है कि 'क्षेत्र' का अर्थ निजी खेत है,[100] परंतु इसका सामान्य अर्थ कृषि-योग्य भूमि है, जिसके अंतर्गत जलोढ़ मिट्टी वाली भूमि अथवा पंजाब की नदियों की बाढ़ द्वारा निर्मित कृषि-योग्य भूमि के छोटे टुकड़े भी आ सकते हैं। इस प्रकार की भूमि आवश्यक रूप से व्यक्तियों की नहीं थी। अपाला के पिता के खेत से संबंधित उल्लेख आठवें मंडल में हैं,[101] और प्रारंभिक ऋग्वैदिक काल के संदर्भ में इसका सामान्यीकरण

नहीं किया जा सकता। इसके आधार पर ऋग्वैदिक लोगों में 'भूमि पर व्यक्तिगत स्वामित्व' के प्रचलन को स्वीकार करना युक्तिसंगत नहीं होगा। हल के लोहे के फाल के प्रयोग तथा निश्चित जल-आपूर्ति के अभाव में कृष्य-भूमि एक नदी तट से दूसरे नदी तट पर स्थानांतरित होती रहती होगी। क्योंकि पंजाब में जलवृष्टि बीस इंच से अधिक नहीं होती, जल के लिए संघर्ष उतना ही महत्त्वपूर्ण प्रतीत होता है जितना गायों के लिए। इसका तात्पर्य यह हुआ कि भूमि के एक टुकड़े पर बहुत समय तक आधिपत्य नहीं रहता था। हमें गाय-बैलों, दासों, रथों, घोड़ों आदि की भेंटों की सूचना मिलती है, किंतु भूमि की भेंट की नहीं। राजा को भी कृषि-योग्य भूमि ('क्षेत्र') के संरक्षक के रूप में नहीं प्रदर्शित किया गया (जैसा कि *दीघ निकाय* में किया गया है),[102] यहां तक कि सामान्य भूमि के संरक्षक के रूप में भी नहीं। स्पष्टतः, राजा के पद का सर्वाधिक शक्तिशाली एक कारण संपत्ति की रक्षा करना है, परंतु ऋग्वैदिक काल में राजा गाय-बैलों की रक्षा करता है ('गोप', 'गोपति'); वह भूमि की रक्षा नहीं करता। अतः भूमि पर गोत्र का सामूहिक स्वामित्व इस अवस्था में प्रचलित रहा होगा। स्वेवी नामक एक जर्मन जनजाति के संदर्भ में सीज़र ने कहा था कि इस जनजाति के लोगों के पास कोई भी विभाजित अथवा व्यक्तिगत कृष्य-भूमि नहीं थी। टैसीटस हमें सूचना देता है कि कुछ जर्मन जनजातियां प्रति वर्ष कृष्य-भूमि बदल देती थीं (अथवा कम कर देती थीं), और इस प्रक्रिया में पर्याप्त सामूहिक भूमि छूट जाती थी। संभवतः ऋग्वैदिक जनजातियां भी उसी परंपरा का अनुसरण करती थीं जो जर्मन जनजातियों में प्रचलित थीं। गाय-बैल तथा भूमि दोनों पर ही ऊपर वर्णित विशाल परिवार का स्वामित्व रहा होगा। उत्तर वैदिक काल इस परंपरा की निरंतरता का स्पष्ट प्रमाण प्रस्तुत करता है, जिसके अनुसार गोत्र अथवा 'विश्' की अनुमति के बिना भूमि नहीं दी जा सकती थी। परवर्ती कालों में भी जब पितृसत्तात्मक परिवार भूमि के स्वामी होने लगे थे, विधि-ग्रंथों में बिक्री अथवा अन्य साधनों द्वारा स्वामित्व परिवर्तन के संदर्भ में नातेदारी के सदस्यों को अजनबी व्यक्तियों की अपेक्षा वरीयता प्रदान की जाती थी।

ऐसा प्रतीत होता है कि ऋग्वैदिक परिवार अपनी भूमि स्वयं जोतते थे। भारोपीय भाषाओं में वेतन के लिए कोई समान शब्द नहीं है।[103] *ऋग्वेद* में घरेलू दास, जिनमें दासियां अधिक थीं, विदित हैं, परंतु दासों अथवा नौकरों अथवा किराए के मजदूरों ('कर्मकर') की कोई जानकारी नहीं है; बुद्ध के काल में कृषि उत्पादन में ये एक महत्त्वपूर्ण कारण प्रतीत होते हैं। घरेलू दास पहले 'वेतन-भोगी' रहे होंगे, जिन्हें परिवार में सम्मिलित कर और उन्हें खिला-पिला व उनका भरण-पोषण कर उनके श्रम के लिए भुगतान किया जाता था। पारितोषिक तथा पुरस्कार का भाव पहले प्रकट हुआ होगा, और मजदूरी की अवधारणा बाद में।[104] संस्कृत, ग्रीक तथा ईरानी व कुछ भारोपीय भाषाओं में उपलब्ध 'मिढ'

शब्द[105] प्रतियोगिता में पारितोषिक तथा कुछ कार्यों के लिए क्षति-पूर्ति के अर्थ का द्योतक है।[106] पारितोषिक भाग्य द्वारा वितरण का अवशेष प्रतीत होता है। जो भी हो, प्राचीनतम वैदिक काल में किराए के मजदूरों की श्रेणी अस्तित्व में नहीं आई थी, और वेतनभोगी मजदूरों की सहायता से व्यक्तिगत संपत्ति इकट्ठी नहीं की जा सकती थी।

भारोपीय भाषाओं में पट्टे पर तथा किराए पर लेने-देने[107], उधार देने व लेने[108], बेचने और खरीदने[109] की प्रक्रियाओं के लिए सहार्थी शब्द विद्यमान नहीं हैं। यह बात *ऋग्वेद* के प्रारंभिक भागों के लिए भी सत्य प्रतीत होती है। प्रारंभिक भागों में 'ऋण'[110] शब्द मिलता है, तथा एक-दूसरे को देने के पारस्परिक दायित्व का सूचक है। ब्याज के लिए कोई शब्द नहीं है। क्योंकि वैदिक काल के हमारे पास कोई सिक्के नहीं हैं, ब्याज लेने की प्रथा संभवतः प्रारंभ ही नहीं हुई होगी। भारतीय-ईरानी भाषाओं में 'क्रय करने' (buying) के लिए हमें 'क्रिणाति' शब्द प्राप्त होता है,[111] परंतु परचेजिंग (purchasing) के लिए कोई शब्द नहीं है, यद्यपि *ऋग्वेद* में 'विक्रीत' शब्द मिलता है।[112] भारतीय-ईरानी काल में पारस्परिक आदान-प्रदान के रूप में क्रय तथा विक्रय विद्यमान रहे होंगे। प्रारंभिक काल में मूल्य के लिए कोई शब्द नहीं है,[113] और यह तथ्य क्रय तथा विक्रय को असंभव बना देता है। भारोपीय भाषाओं की तुलना से, क्रय तथा विक्रय से भिन्न वाणिज्य के लिए कोई सामान्य स्पष्ट प्रमाण प्राप्त नहीं होता।[114] यह बात *ऋग्वेद* के लिए भी सत्य है। 'पणि' शब्द को कभी कभी व्यापारी अथवा कंजूस व्यक्ति के रूप में समझा गया है, परंतु वास्तव में इसका अर्थ है वह व्यक्ति जिसके पास 'पण' अथवा धन है, चाहे उस धन की प्रकृति कुछ भी क्यों न हो। पणियों को अयज्ञीय कहा गया है, और वे उसी श्रेणी में आते हैं जिस श्रेणी में दस्यु; उन्हें धन छिपाने वालों के रूप में वर्णित किया गया है। उनका यह धन अधिकतर गायों के रूप में था, जिन्हें वे पर्वतीय दुर्गों अथवा किलेबंद स्थानों में छिपाते थे।[115] अनेक उल्लेखों में उनकी तीव्र भर्त्सना[116] प्रकट करती है कि वे वैदिक अथवा आर्य समाज के अंतर्गत नहीं थे। यह स्पष्ट है कि *ऋग्वेद* में व्यापारिक मामलों की निश्चित रूप से व्याख्या नहीं की गई है, और इनके लिए कोई स्पष्ट अभिव्यक्ति भी नहीं है। इस प्रकार, वाणिज्य 'एक ऐसा व्यवसाय था जो किसी भी पवित्र व पारंपरिक क्रियाकलाप से मेल नहीं खाता था';[117] 'वाणिज्य' शब्द परवर्ती कालों में ही प्रयोग में आने लगा। अतः पूर्व वैदिक काल में वाणिज्य का यथार्थ अभाव व्यक्तिगत संपत्ति के संचयन एवं सामाजिक असमानताओं के विकास के लिए परिस्थितियां उत्पन्न न कर सका।

ऋग्वैदिक काल में संचय तथा वितरण की प्रक्रिया के विषय में निश्चित जानकारी प्राप्त करना कठिन है। संभवतः संपूर्ण सामाजिक ढांचा एक प्रकार की भेंट की अर्थव्यवस्था पर आधारित था। प्रारंभ में इस प्रकार की अर्थव्यवस्था एक प्रथा थी, और परवर्ती अवस्था में यह शक्ति द्वारा अनुमोदित थी। *ऋग्वेद* में देने के

लिए शब्द बार बार उल्लिखित है, और अधिकांश मंत्र इसका किसी न किसी रूप में उल्लेख करते हैं। *दान-स्तुति* कहा जाने वाला अंश राजाओं द्वारा पुरोहितों को दी गई भेंटों की प्रशंसा करता है। देवताओं को भक्ति, नैवेद्य, 'सोम' रस तथा यज्ञीय भाग अर्पित किए जाते हैं, और बदले में अनुमानतः अपने राजकीय संरक्षकों अथवा जनजातीय प्रमुखों के लिए पुरोहितों द्वारा गाय-बैल, पुत्र, घोड़े, रथ आदि मांगे जाते हैं। यह संपूर्ण प्रक्रिया भेंटों के आदान-प्रदान की व्यवस्था की पूर्वकल्पना करती है, जो जनजातीय लोगों में विशिष्ट है,[118] और स्पष्टतः उपहारों पर आधारित एक प्रकार के संचरण को प्रतिबिंबित करती है। ऐसा प्रतीत होता है कि एक जनजातीय प्रमुख की आय उसे उपहारों के रूप में प्राप्त होती थी, और उसी प्रकार से खर्च भी हो जाती थी। यह अनुमान लगाया गया है कि एक क्षेत्र-पूर्व कृषक समाज में सरकार 5,00,000 लोगों से अधिक पर शासन नहीं कर सकती थी।[119] संभवतः यह अधिकतम जनसंख्या थी जिसकी एक ऋग्वैदिक सरकार को व्यवस्था करनी होती थी; स्वाभाविक रूप से इसकी आवश्यकताएं बहुत साधारण थीं। शत्रु-जनजातियों से लूटी गई सामग्री, जो संपत्ति का एक प्रारंभिक प्रकार था, तथा विरोधी जनजातियों एवं अपनी जनजाति के लोगों से प्राप्त किए गए उपहारों द्वारा इन आवश्यकताओं की पूर्ति होती थी। अर्पित की गई सामग्री अथवा उपहार के अर्थ में 'बलि' शब्द अनेक बार प्रयुक्त हुआ है।[120] अधिक संभावना यह है कि प्रारंभिक अवस्था में जनजातीय नातेदार जनजातीय प्रमुख को अपनी आस्था तथा स्वेच्छया उपहार देते थे, जो बदले में एक के बाद एक विजय में उनका नेतृत्व करता था और युद्ध में प्राप्त लूट में उन्हें भाग देता था। ये स्वेच्छा से दी गई श्रद्धा और भुगतान पारंपरिक बन गए होंगे, और कालांतर में जनजातीय लोगों के संदर्भ में ये आवश्यक समझे जाने लगे होंगे। जहां तक पराजित विरोधी जनजातियों का संबंध है, उन्हें निश्चित रूप से 'बलि' अथवा उपहार देने पड़ते होंगे।

संभवतः मुखियाओं को गाय-बैल, दुग्ध-उत्पादों तथा अनाजों के रूप में उपहार दिए जाते थे। इनका उपभोग कैसे किया जाता था? जनजातीय राजाओं द्वारा समय-समय पर संपन्न किए जाने वाले यज्ञ इन 'उपहारों' के वितरण का महत्त्वपूर्ण अवसर प्रदान करते थे। अपने संरक्षकों की ओर से देवताओं को प्रार्थनाएं अर्पित करने के बदले पुरोहितों को बड़ा भाग दिया जाता था। आठवें मंडल में आह्वान किए गए देवता से केवल पुरोहितों, राजाओं तथा याज्ञिकों को ही धन देने के लिए कहा गया है।[121] यह सूचित किया है कि वितरण की इस प्रकार की व्यवस्था समाज के उच्च वर्गों को लाभान्वित करती थी। जनजाति के साधारण सदस्य भी भाग प्राप्त करते होंगे, क्योंकि आबंटन की प्रथा की ओर इंगित करने के लिए 'अंश'[122] तथा 'भाग'[123] शब्दों का बार-बार प्रयोग किया गया है। परंतु हम इसके स्वभाव के विषय में कुछ नहीं कह सकते। वितरण 'विदथ' का एक महत्त्वपूर्ण कार्य प्रतीत होता है,[124] और इस लोकसभा के सदस्य अपने अपने भाग

प्राप्त करते थे । गाय-बैल, पशु मांस, दुग्ध उत्पाद, अनाज आदि में भाग प्राप्त करने की कोई भी विधि क्यों न रही हो, यह स्पष्ट है कि कुछ लोग, मुख्यतः राजा, मुखिया और पुरोहित, समृद्ध होते जा रहे थे, जबकि अन्य लोग निर्धन होते जा रहे थे । यहां तक कि घरेलू दासों के श्रम का, मुख्यतः दासियों का भी, धनी लोगों द्वारा शोषण किया जाता था । यदि हम दसवें मंडल के एक अंश पर विश्वास करें तो ऋग्वैदिक काल के अंतिम चरण में यह विषमता बढ़ी हुई प्रतीत होती है । धनी व्यक्तियों द्वारा निर्धनों को उपहार देना एकमात्र उपाय सुझाया गया था, यही उपाय बाद के काल में गौतम बुद्ध द्वारा भी अनुशंसित था । धनी व्यक्तियों से इस आधार पर निर्धन याचक को संतुष्ट करने के लिए कहा गया था कि वह व्यक्ति जो देता नहीं उसे सांत्वना प्रदान करने वाला कोई नहीं मिलता, और धन गाड़ी के पहियों के समान एक व्यक्ति से दूसरे व्यक्ति तक सदा चलायमान है ।[125]

संदर्भ और टिप्पणियां

1. ए. बी. कीथ, *कैंब्रिज हिस्ट्री आफ इंडिया,* संपा. ई. जे. रेप्सन, जि. 1, दिल्ली, 1955, पृ. 69; पी. से. देशमुख, *द ओरिजिन एंड डेवेलपमेंट आफ रिलीजन इन वैदिक लिटरेचर,* आक्सफोर्ड, 1933, पृ. 201-2.
2. यद्यपि आठवें मंडल तथा प्रथम मंडल के पहले 50 मंत्रों को कण्व परिवार द्वारा रचित कहा गया है, तथापि ये प्रथम मंडल के द्वितीय भाग की अपेक्षा बाद की रचनाएं प्रतीत होती हैं.
3. स्टुअर्ट पिग्गट, 'ब्रांज़ एज चैरियट बरियल्स इन द यूराल्स', *एंटीक्विटी,* जि. 49, 1975, पृ. 289-90 .
4. यह सूचना प्रो. ए. एच. दानी से प्राप्त हुई. हाल ही में कच्छ जिले में सुरकोटदा स्थल से परवर्ती हड़प्पा काल के घोड़े के अवशेषों की प्राप्ति की सूचना मिली है.
5. जगतपति जोशी तथा मधुबाला, 'लाइफ ड्यूरिंग द पीरियड आफ ओवरलैप आफ लेट हड़प्पा एंड पी. जी. डब्ल्यू. कल्चर्स', *जर्नल आफ द इंडियन सोसाइटीऑफ ओरियंटल सोसाइटी आफ ओरियंटल आर्ट,* न्यू सीरीज, जि. 9, पृ. 20-9 .
6. यह सूचना मुझे जे. पी. जोशी से प्राप्त हुई.
7. जोशी तथा मुधबाला, ऊपर उल्लिखित, पृ. 21.
8. 'अयस्' शब्द के अंतर्गत, *वै. इं.,* जि. 1, 31-2, पृ. 25 .
9. जोशी तथा मधुबाला, ऊपर उल्लिखित, पृ. 25 .
10. *हिंदुस्तान टाइम्स,* नई दिल्ली, 24 अक्तूबर, 1980 .
11. जोशी तथा मधुबाला, ऊपर उल्लिखित, पृ. 25 .
12. वही.
13. 'पशु' शब्द के अंतर्गत, मोनियर-विलियम्स, *संस्कृत-इंगलिश डिक्शनरी.*
14. *ऋग्वेद,* 2.1.12, 2.13, 4.8, 7.1, 9.4, 11.13, 13.4, 15.5, 19.5, 21.6, 25.2, 30.11, 38.10, 40.1, 6; 41.9; 3.1.19, 7.3, 14.6, 24.5, 45.4, 51.5, 54.13, 16, 62.3; 4.2.7, 12.2, 33.8, 34.10, 35.6, 36.8-9, 49.4, 51.10; 5.4.11, 25.7, 50.5, 55.10; 6.6.7, 13.1, 15-5, 15.12.,

31.1, 59.9, 68.6: 7.10.5, 15.5, 32.21, 84.3-4; 8.6.9, 24.3, 31.11, 40.12; 9.5.3, 40.5-6, 61.6, 97.24, 101.7.

15. ऋ. वे., 2.41.7; 6.45.21; 7.27.5, 77.5, 94.9; 9.41.4, 61.3.
16. ऋ. वे., 3.47.4; 5.63.5; 6.31.3; 47.20; 59.7; 8.24.2; 9.76.2.
17. ऋ. वे., 2.25.47, 114.8, 121.15, 151.1; 3.31.10, 39.4; 4.38.4; 5.34.8, 45.9; 6.19.12, 26.2; 7.32.16.
18. ऋ. वे., 8.53.8; 9.97.15.
19. ऋ. वे., 6.47.20; 8.60.20.
20. स्लाविक शब्द 'गोस्पोडिन' का तात्पर्य सज्जन पुरुष है, परंतु इसका शब्दिक अर्थ गाय-बैलों का स्वामी है.
21. ऋ. वे., 6.50.11
22. 'गोवाल' का शाब्दिक अर्थ गाय-सदृश रोयों वाला है, परंतु प्रारंभ में इसका प्रयोग भैंस के लिए किया गया प्रतीत होता है.
23. ऋ. वे., 2.2.10; 4.38.10.
24. कार्ल डार्लिंग बक, ए डिक्शनरी आफ सलेक्टेड सिनोनिम्स इन द प्रिंसिपल इंडो-यूरोपियन लैंग्वेजेज़, शिकागो, 1949, 8.11.6.
25. ऋ. ले., 4.21.2; मूल शब्द इस प्रकार हैं: 'शत्रु संबंधिनीः प्रजाः'. ऋ. वे. 4.18.3 में 'कृष्टिः' शब्द की सायण ने 'पत्रदासादिन्' के रूप में व्याख्या की है.
26. 'चर्षणि' शब्द के अंतर्गत, वै. इं., जिल्द 1, 257, पा. टि. 3.
27. वही, पा. टि. 2.
28. वही, 258.
29. वही.
30. वही, 257.
31. ऋ. वे., 4. 57.8.
32. ऋ. वे., 4. 57. 4.
33. ऋ. वे., 4. 57. 8.
34. ऋ. वे., 4. 57. 6-7. ई. डब्ल्यू. हार्पकिंस के अनुसार, ऋग्वेद में जनजातियों के संदर्भ में 'पांच' का बार बार उल्लेख 'उन पांच जनजातियों की ओर संकेत करता है जिनके अपने अपने वंश अथवा जनजाति के संकलन प्रथम ऋग्वेद का निर्माण करते हैं.' प्रत्येक जनजाति की पहचान गायकों के एक विशिष्ट परिवार से की गई है, तथा उनकी रचनाएं चौथे मंडल के संकलन में, जिसमें गौतमों के मंत्र हैं; प्रस्तुत की गई है. ई. डब्ल्यू. हार्पकिस, 'न्यूमेरिकल फार्मूले इन द वेद', *जर्नल आफ द अमेरिकन ओरिएंटल सोसाइटी,* जि. 16, 1896, पृ. 275-81, 278.
35. ऋ. वे., 1. 179. 6.
36. ऋ. वे., 8. 78. 10.
37. ऋ. वे., 1. 58. 4; 4. 5.
38. ऋ. वे., 7. 104. 21.
39. ऋ. वे., 3. 2. 1.
40. ऋ. वे., 3. 8. 7.
41. ऋ. वे., 2. 39. 7; 3. 2. 10; 5. 7. 8; 7. 3. 9.
42. ऋ. वे., 6. 3. 5; 8. 5; 15. 19.
43. ऋ. वे., 5. 53. 4.

44. ऋ. वे., 5. 62. 7; 9. 85. 4; 91. 6.
45. ऋ. वे., 4. 38. 1, 41. 6; 5. 33. 4; 6. 20. 1, 25. 4; 8. 21. 3, 91. 5.
46. ऋ. वे., 2. 5. 6, 8. 3, 14. 11; 5. 85. 3; 7.3-4; 8. 2. 3, 22. 6, 63. 9; 9. 51. 1.
47. बक, ऊपर उल्लिखित, अध्याय 8.
48. वही, 3. 16. 'पास्चर', 'ग्रेज़'; 3. 17. 'पास्चर' (सत्तासूचक); 3. 20. 'कटल'.
49. वही, 3. 16.
50. वही.
51. 4. 1. 11, 55. 3; 6. 49. 9; 7. 97. 5.—'पस्त्या' शब्द के अंतर्गत *वे. इं.,* जि. 1, 512 में उद्धृत.
52. 1. 25. 10, 40. 7, 164. 30; 8. 27. 5—उद्धृत, वही.
53. *ए वैदिक वर्ड-कॉन्कॉर्डेन्स,* जि. 1, भाग 4, पृ. 1982-83 के आधार पर गणना की गई.
54. वै. इं., जि. 1, 512.
55. ऋ. वे., 8. 7. 29.— *वै. इं.,* जि. 1, 512 में उद्धृत.
56. *वैदिशे स्टूडिएन,* जि. 2, 219— 'पस्त्या-वन्त्' के अंतर्गत *वै. इं.,* जि. 1, 513, पा. टि. 2, में उद्धृत.
57. वै. इं., जि. 1, 512.
58. वै. इं., जिल्द 1, 512-13.
59. 'पस्तिय' शब्द के अंतर्गत, टर्नर, *ए कम्परेटिव डिक्शनरी आफ द इंडो-आर्यन लैंग्वेंजेज़,* नं. 8017.
60. *ए वैदिक वर्ड-कॉन्कॉर्डेन्स,* जि. 1, भाग 5. पृ. 2990-1 के आधार पर गणना की गई.
61. 'वृजन' शब्द के अंतर्गत, मोनियर-विलियम्स, संस्कृत-इंगलिश डिक्शनरी तु. की., *वै. इं.,* जि. 2, 320.
62. वै. इं., जि. 2, 341.
63. *ए वैदिक वर्ड-कॉन्कॉर्डेन्स,* जि. 1, भाग 5, पृ. 3047-8 के आधार पर गणना की गई.
64. एमिल-बेन्वेनिस्ते, *इंडो-यूरोपियन लैंग्वेज एंड सोसाइटी,* लंदन, 1973, पृ. 269-72.
65. ऋ. वे., 2. 1. 12.
66. ऋ. वे., 4. 34. 10; 6. 19. 5.
67. ऋ. वे., 2. 16. 1; 5. 20. 4, 41. 5; 7. 95. 2.
68. ऋ. वे., 2. 38. 10; 3. 56. 6; 5. 46. 3. 49. 1, 87. 18; 6. 49. 14; 7. 37. 8, 41. 3, 5; 8. 61. 5. 61. 5.
69. ऋ. वे., 3.41.6; 4.31.9, 51.3; 5.39.1, 53.13; 8.4.4, 6.46, 55.1, 90.6; 9.61.27.
70. ऋ. वे., 3. 6. 2, 31. 2.
71. ऋ. वे., 6. 20. 7; 7. 4. 7, 40. 2; 8. 4. 18; 46. 15.
72. ऋ. वे., 2 . 13-14.
73. बेन्वेनिस्ते, ऊपर उल्लिखित, पृ. 291.
74. ऋ. वे., 5. 87. 18.
75. ऋ. वे., 1. 113. 9; 10. 36. 13 (ये परवर्ती अंश हैं.)
76. ऋ. वे., 3. 13. 3; 4. 32. 8; 8. 14. 4, 21. 17; 9. 75. 5.
77. ऋ. वे., 2. 40. 4.
78. 'गोमत्' शब्द के अंतर्गत, *संस्कृत-इंगलिश डिक्शनरी.*
79. ऋ. वे., 2. 6. 3; 6. 16. 32; 9. 85. 1.
80. ऋ. वे., 10. 60. 4.
81. ऋ. वे., 5. 87. 18.
82. बेन्वेनिस्ते, ऊपर उल्लिखित, पृ. 135.

83. ऋ. वे., 5. 61. 5.
84. ऋ. वे., 3. 62. 14.
85. बेन्वेनिस्ते, ऊपर उल्लिखित, पृ. 42-3.
86. 'वाज' शब्द की सायण ने 'अन्न' के रूप में व्याख्या की है, परंतु सामान्यतः इसका अर्थ शक्ति होता है.
87. ऋ. वे., 2. 15. 9, 33. 9; 4. 10. 6, 17. 11, 32. 19; 5. 60. 4; 7. 90. 6.
88. ऋ. वे., 10. 68. 3.
89. ऋ. वे., 4. 21. 7; 5. 30. 15; 6. 3. 5, 47. 10.
90. ऋ. वे., 7. 66. 8.
91. ऋ. वे., 3. 55. 14; 4. 1. 8; 5. 87. 7; 6. 11. 5; 7. 18. 22.
92. ऋ. वे., 2. 1. 2, 8. 3; 3. 6. 3, 48. 2; 4. 9. 4; 5. 43. 12; 6. 1. 19.
93. बेन्वेनिस्ते, ऊपर उल्लिखित, पृ. 241.
94. ऋ. वे., 6. 56. 5.
95. ऋ. वे., 4. 2. 17.
96. एल. क्राडर (संपा.), *द एथनालाजिकल नोट्स आफ कार्ल मार्क्स,* आस्सेन, 1972, पृ. 122.
97. ऋ. वे., 2. 21. 1.
98. ऋ. वे., 6. 20. 1.
99. ऋ. वे., 7.19.3.
100. ऋ. वे., 1. 110. 5. में खेतों को नापने की बात कही गई है, परंतु यह उल्लेख बाद का है.
101. ऋ. वे., 8. 91. 5.
102. *दीघ निकाय* (पालि टैक्स्ट सोसाइटी), III, 93 तथा आगे.
103. बेन्वेनिस्ते, ऊपर उल्लिखित, पृ. 131 तथा आगे.
104. वही, पृ. 131-7.
105. वही, पृ. 131-4.
106. वही, पृ. 131.
107. वही, पृ. 125-30.
108. वही, पृ. 145 तथा आगे.
109. वही, पृ. 105 तथा आगे.
110. ऋ. वे., 4. 3. 13; 6. 1. 109-10
111. बेन्वेनिस्ते, ऊपर उल्लिखित, पृ. 102.
112. ऋ. वे., 4. 29. 9.
113. बेन्वेनिस्ते, ऊपर उल्लिखित, पृ. 131.
114. वही, पृ. 113.
115. ऋ. वे., 2. 24. 6; 3. 58. 2; 5. 34. 7; 4. 25. 7; 6. 13. 3, 33. 2, 39. 2, 44. 22, 45. 31, 51. 54, 53. 3, 5-6, 61. 1; 8. 9. 2, 19. 9.
116. वही.
117. बेन्वेनिस्ते, ऊपर उल्लिखित, पृ. 118.
118. मार्सेल माउस, *द गिफ्ट,* लंदन, 1970, अध्याय 1 तथा 2.
119. कार्ल मार्क्स, क्राडर, ऊपर उल्लिखित, पृ. 101 में उद्धृत.
120. ऋ. वे., 5. 10. 10; 7. 18. 19.
121. ऋ. वे., 8. 97. 2.

122. *ऋ. वे.,* 2. 1. 4, 19. 5; 3. 45. 4; 7. 32. 12.
123. *ऋ. वे.,* 2. 10. 6, 23. 2, 38. 5; 3. 60. 1; 7. 56. 14; 8. 36. 1, इत्यादि.
124. आर. एस. शर्मा, *आस्पेक्ट्स आफ पोलिटिकल आइडियाज एंड इंस्टीट्यूशंस इन एंसिएंट इंडिया,* द्वितीय संस्करण, दिल्ली, 1968, पृ. 82-3.
125. *ऋ. वे.,* 10. 117. 5.

अध्याय तीन

ऋग्वैदिक समाज में लूट की संपत्ति, वितरण तथा विभेदीकरण

इस बात की संभावना व्यक्त की जा सकती है कि ऋग्वेद में एक ही प्रकार के सामाजिक संगठन के प्रमाण हैं। वंश-मंडलों के नाम से उल्लिखित केवल दूसरे से सातवें मंडलों को ही भारोपीय साहित्य के प्राचीनतम उदाहरणों का सर्वाधिक प्राचीन भाग माना जा सकता है, यद्यपि, जैसा पहले लिखा जा चुका है, चौथा मंडल सबसे बाद का वंश-मंडल है। वंश-मंडलों में केवल वैदिक परंपराएं ही नहीं हैं वरन् इन मंडलों में भी वैदिक तथा अवैदिक परंपराएं मिले-जुले रूप में प्राप्त होती हैं। उदाहरणस्वरूप तृतीय मंडल का उल्लेख किया जा सकता है, जिसकी रचना का श्रेय विश्वामित्र को दिया जाता है। ये एक ऐसी जनजाति के पुरोहित थे जो पूर्व की ओर से विपाश तथा शुतुद्रि नदियों पर युद्ध करने आई थी।[1] विश्वामित्र नाम का अर्थ है—जनजातियों का मित्र। स्पष्टतः, यह नाम वैदिक है। इन्हें वैदिक समाज में मित्रता के माध्यम से ही स्थान मिला था। ऐतरेय ब्राह्मण में लगभग 600 ई. पू. की ऋग्वेदोत्तर परंपराओं के अनुसार, इनके उन पचास निंदित पुत्रों ने अनेक जनजातियों को जन्म दिया था, जो स्पष्टतः अवैदिक अथवा अनार्य थे।[2] प्रथम व दशम् मंडल ऋग्वेद के एक बड़े भाग का प्रतिनिधित्व करते हैं, तथा शैली और उपलब्ध भौतिक संस्कृति के स्वरूप, दोनों ही दृष्टियों से निश्चय ही बाद के हैं। खेतों में कृषि करने के अधिकांश उल्लेख इन्हीं मंडलों तक सीमित हैं। इन दोनों मंडलों के पृथक अध्ययन का प्रयास अधिक उपयोगी होगा। इनके द्वारा प्रस्तुत साक्ष्य यदि आवृत्तिमूलक तथा समर्थक नहीं है, तो उसका उपयोग पूर्व-वैदिक काल के बाद के चरण के लिए किया जाना चाहिए। कुछ सीमा तक लगभग 1000 ई. पू. के ऋग्वेदोत्तर काल के लिए भी इनका उपयोग किया जा सकता है।

यह तथ्य सर्वविदित है कि ऋग्वेद निरंतर चलने वाले जनजातीय संघर्षों की कहानी प्रस्तुत करता है। परंतु *वैदिक इंडेक्स* के रचयिताओं तथा अन्य अनेक

भारतीय और विदेशी विद्वानों ने आर्यों व अनार्यों के मध्य प्रजातीय संघर्ष को इन जनजातीय संघर्षों में अधिक बल प्रदान किया है। इस प्रकार का मत अनुपयुक्त प्रतीत होता है। पिछले तीस वर्षों के अथक उत्खननों के बावजूद ऋग्वैदिक लोगों तथा पश्चिमोत्तर भारत के मूल निवासियों के मध्य हुए किसी बड़े संघर्ष के प्रमाण अभी तक प्राप्त करना संभव नहीं हुआ है। वास्तव में हिंदुकुश के दोनों ओर भारतीय आर्य भाषाओं का प्रसार उस मत को झुठलाता है जिसमें अल्पसंख्यक भूमिधर आर्यों अथवा अभिजात वर्ग द्वारा बहुसंख्यक स्थानीय जनजातियों को परास्त करने तथा उनकी भूमि हड़प लेने की कल्पना की गई है।

यदि हम जनजातीय संघर्षों से संबद्ध परिच्छेदों का भली-भांति अध्ययन करें तो हम पाएंगे कि ये संघर्ष उस लंबे संघर्ष का प्राचीन रूप नहीं है जो एशिया, अफ्रीका, अमरीका तथा आस्ट्रेलिया में गोरे उपनिवेशियों तथा इन महाद्वीपों के मूल निवासियों के मध्य चला था। सामान्यतः इंद्र के नेतृत्व में ऋग्वेद की अनेक जनजातियों को दास, अथवा दस्यु और कभी-कभी पणि के विरुद्ध युद्ध करते हुए प्रस्तुत किया गया है। दासों की अपेक्षा दस्युओं की हत्या के उल्लेख बहुत अधिक संख्या में हैं। 'दस्यु-हत्या' शब्द अनेक बार आया है,[3] जो निस्संदेह इस बात को प्रकट करता है कि दस्यु ऋग्वैदिक लोगों के सर्वप्रमुख शत्रु थे, और उन्होंने सर्वाधिक लंबे समय तक युद्ध किया। ऋग्वैदिक-काल में भिन्न पद्धति से जीवन यापन-करने वाले दस्युओं का समीकरण भारत के मूल निवासियों से किया जाता है। इस मत का एक आधार यह है कि परवर्ती परंपराओं में दस्यु, लुटेरों तथा लूटमार करने वाली, 'जंगल में रहने वाली पिछड़ी जनजातियों का द्योतक बन गया था।' परंतु ऋग्वेद के काल में भी उन्हें इसी प्रकार के जनजातीय लक्षण प्रदान करने के लिए यह विधि-सम्मत तर्क नहीं कहा जा सकता, मुख्यतः जबकि ईरानी साक्ष्य इस प्रकार के मत के पक्ष में नहीं हैं। 'दस्यु' का समीकरण ईरानी भाषा के 'दह्यु' शब्द से किया जा सकता है, जिसका अर्थ भूमि है।[4] अतः यह तर्कसंगत निष्कर्ष होगा कि वे सभी उल्लेख जो ऋग्वैदिक जनजातियों और दस्युओं के मध्य निरंतर संघर्षों की ओर इंगित करते हैं, वास्तव में उन संघर्षों के द्योतक हैं जो भारत-ईरानी जनों की दो प्रमुख शाखाओं के मध्य हुआ था।[5] इस प्रकार की धारणा उचित ही प्रतीत होती है कि भारतीय आर्य भारत में निरंतर छोटे छोटे समूहों में आए, और स्पष्टतः द्रह्यु हिंदुकुश पार करने वाला एक प्राचीन समूह था। इस देश की अवैदिक संस्कृतियों के लोगों के संपर्क में आने के परिणामस्वरूप इनकी जीवन-पद्धति परिवर्तित हो गई होगी। इसी कारण ऋग्वैदिक आर्यों द्वारा इनके रहन-सहन की निंदा की गई। इसी प्रकार इन्होंने नवागंतुक समूहों का विरोध किया होगा, जो संभवतः बड़ी संख्या में आए थे। इसी प्रकार के मत के आधार पर 'दास-विश' तथा 'आर्य-विश' के मध्य संघर्ष की भी व्याख्या की जा सकती है, जो विरल था, और इतना तीव्र भी नहीं था।[6] दासों का समीकरण ईरान

की एक जनजाति 'दाहेज़' (Dahaes) से किया जा सकता है। दास का शाब्दिक अर्थ है मनुष्य।[7] भारत के लिए स्थानांतरण की प्रक्रिया में संभवतः दास शक्तिशाली ऋग्वैदिक लोगों के बृहद् समूह से पहले आए। उनका संस्कृतीकरण भी पूर्णतया नहीं हो पाया था, तथा मूल समूह से उनके कुछ संबंध अब भी बने हुए थे। परिणामस्वरूप ऋग्वैदिक आर्यों के आक्रमण के वे उतने महत्वपूर्ण लक्ष्य प्रतीत नहीं होते जितने दस्यु थे।

अनेक अंतर-जनजातीय तथा अंतः-जनजातीय संघर्षों के उदाहरण देना यहां आवश्यक प्रतीत नहीं होता। सातवें मंडल में उल्लिखित रावी नदी के तट पर लड़ा गया दस राजाओं का ('दशराज्ञ') युद्ध सर्वविदित है। इसमें प्रत्येक सहयोगी व उसका विरोधी वैदिक और अवैदिक जनों का मिश्रित समूह है।[8] इसके अतिरिक्त हम अनेक अन्य युद्धों के बारे में भी जानते हैं, जो वैदिक जनजातियों के मध्य ही लड़े गए थे। युद्धों में नेतृत्व करने वाले राजाओं का उत्साहवर्द्धन पुरोहितों द्वारा विविध प्रार्थनाओं के माध्यम से किया गया था।

ऋग्वैदिक काल के प्रधानतः जनजातीय समाज में युद्ध एक तर्कसंगत एवं स्वाभाविक आर्थिक कृत्य था। यह ठीक ही कहा गया है कि मनुष्य का शिकार पशु के शिकार का तर्कसंगत विस्तारण था। यह परंपरा वैदिकोत्तर काल में भी चलती रही थी, क्योंकि धर्मशास्त्रों में युद्ध को जीवन-यापन की एक न्यायसंगत पद्धति के रूप में स्वीकार किया गया है, और इस प्रकार क्षत्रिय वर्ग के अस्तित्व को न्यायोचित ठहराया गया है। ऋग्वेद कालीन जनजातियां मुख्य रूप से पशुचारी थीं, और मांस एवं दुग्ध के बने पदार्थ ही उनका भोजन थे। गाय-बैल के निमित्त वे परस्पर व बाहरी व्यक्तियों से युद्ध करते थे। यह निष्कर्ष अनेक शब्दों से स्पष्ट है, यथा—'गविष्टि', 'गवेषणा', 'गोषु', 'गव्यत्', और 'गव्यु'—ये सभी शब्द युद्ध के द्योतक हैं।[9] अन्य पशु, जैसे—घोड़े, बकरी और भेड़ भी मूल्यवान समझे जाते थे। इनमें मुख्यतः घोड़ों का अधिक महत्त्व था, जिन्हें रखने वाले अधिकतर राजा, जनजातियों के प्रमुख तथा अन्य गण्यमान व्यक्ति होते होंगे। युद्ध में लूटी गई सामग्री संभवतः पराजित लोगों की व्यक्तिगत वस्तुएं, यथा—कपड़े, अस्त्र-शस्त्र इत्यादि होते थे। भूमि और फसल युद्ध का कारण नहीं होते थे। जनजातीय संदर्भ में स्त्रियों को उत्पादकों का उत्पादक कहा गया है, तथा इस कारण उनके लिए भी युद्ध लड़े जाते थे। वर्तमान काल में भारतीय उप-महाद्वीप के उत्तर-पश्चिमी भाग में पुरुषों की अपेक्षा स्त्रियों की संख्या कम है। इस बात को नकारने का हमारे पास कोई कारण नहीं है कि द्वितीय सहस्राब्दि ई. पू. के द्वितीय भाग में भी यही जैविक विशेषता विद्यमान नहीं थी। यह सोचना तर्कसंगत लगता है कि भारतीय आर्यों के निरंतर समूहों में आने की प्रक्रिया में अनेक स्त्रियां लंबे और कठिन मार्ग में मृत्यु को प्राप्त हो गईं। इस प्रकार मार्ग में हुई क्षति-पूर्ति के लिए पत्नियों की परम आवश्यकता थी। इसी कारण पराजित दासों से पकड़ी गई दासियों की चर्चा हम

अनेक बार सुनते हैं; ऋग्वेद में पुरुष दासों का उल्लेख नगण्य-प्राय ही है। परवर्ती कालों के युद्धों में भी स्त्रियां महत्त्वपूर्ण होती थीं, परंतु इतना परिवर्तन अवश्य हुआ था कि राजा सुंदरी राजकुमारियों के पाणिग्रहण के निमित्त युद्ध करते थे।

इस प्रकार, युद्ध जनजाति के प्रमुख अथवा राजा के लिए गाय-बैल, अन्य पशु तथा स्त्रियां लूट के रूप में प्राप्त करने का प्रमुख स्रोत था। जनजातियों में योद्धाओं की एक इकाई—'गण' का एक सदस्य 'गण' की एक सभा में घोषणा करता है कि उसने सब कुछ समर्पित कर दिया है और कुछ नहीं छिपाया, एवं प्रमाणस्वरूप उसने अपने हाथों की दसों अंगुलियां दिखाईं।[10] युद्ध में लूट की सामग्री और पराजित जनजातियों से समय-समय पर प्राप्त होने वाली पशुओं तथा संभवतः धातु के रूप भेंटों के अतिरिक्त जनजातीय प्रमुख के पास वितरण के लिए अन्य कुछ उपलब्ध नहीं था। ऋग्वैदिक जन मूल रूप में पशुचारी थे, भोजन-उत्पादक नहीं—यह तथ्य ग्रंथ के प्राचीन अंश से स्पष्ट होता है। समाज पर गाय-बैल का सर्वव्यापी प्रभाव था—यह बात न केवल युद्ध के लिए प्रयुक्त शब्दों से स्पष्ट होती है, वरन् उन शब्दों से भी होती है जो जनजातीय प्रमुख ('जनस्य गोप'), समय की माप ('संगवन्', 'गोधूलि'), दूरी की माप ('गव्युति', गोचर्मन्'), नातेदारी की इकाई ('गोत्र') तथा मानव-हत्या की क्षतिपूर्ति ('शतदाय') के द्योतक थे। वैदिक जन गाय से इतने अभिभूत थे कि जब वे भारत में भैंस के संपर्क में आए तो उन्होंने उसे 'गौरी'[11] तथा 'गवल'[12] नामों से पुकारा, जो 'गो' शब्द के ही विस्तारण थे। पशुपालकों के समाज में अपने 'राजा' की सैनिक तथा अन्य विशेषताओं के प्रति प्रेम के कारण उसके नातेदार और उसके 'गण' के सदस्य अथवा 'विश्' समय-समय पर उसे अपने गाय-बैलों व दुग्ध-उत्पादों का एक भाग 'बलि' के रूप में प्रदान करते थे। एक मूलतः जनजातीय पशुचारी समाज में जनजाति के सदस्यों अथवा बाहरी लोगों से किसी प्रकार के कर की प्राप्ति की संभवतः कोई संभावना नहीं थी।

नियमित कर-व्यवस्था, एक पूर्ण विकसित कृषिप्रधान समाज का ही लक्षण है, परंतु ऋग्वेद के वंश-मंडलों से उपलब्ध सामाजिक संगठन में कृषि महत्त्वपूर्ण नहीं थी। ऋग्वेद में कृषि तथा हल जोतने के इक्कीस उल्लेख हैं, जिनमें से कुछ चौथे मंडल में हैं।[13] यह मंडल बाद में जोड़ा गया माना जाता है, और कृषि-विषयक उल्लेख परवर्ती काल में रचे गए स्वीकार किए जाते हैं।[14] कृषि-विषयक अधिक उल्लेख प्रथम व दशम् मंडलों में हैं। ऋग्वैदिक लोगों द्वारा उत्पन्न प्रमुख अनाज 'यव' अथवा जौ था। साठ दिन में उत्पन्न होने वाला यह अनाज मनुष्य, गाय-बैल तथा घोड़ों का भोजन हो सकता था। देश की गेहूं व धान की दो प्रमुख फसलों की जानकारी उन्हें नहीं थी। स्वाभाविक रूप से ऋग्वेद में अनाज की भेंट के उल्लेख संभवतः नहीं हैं, तथा कर के रूप में राजा को इसे दिए जाने का प्रश्न ही नहीं उठता था। अतः विजयोपरांत लूट की सामग्री, यथा—गाय-बैल और स्त्रियां, तथा

पराजित जनजातियों द्वारा यदा-कदा दी जाने वाली गाय-बैल, अन्य पशुओं और दुग्ध-उत्पादों की भेंटें, एवं जनजाति के सदस्यों द्वारा दिए गए इसी प्रकार के उपहार ही जनजातीय राजा को वितरण के लिए उपलब्ध थे।

पिछले पच्चीस वर्षों में पिछड़ी जनजातियों के मध्य किए गए अन्वेषणों के आधार पर कुछ अध्ययन प्रस्तुत किए गए हैं, जिनसे एक महत्त्वपूर्ण बात स्पष्ट होती है।[15] जनजातीय उत्पादन इकाइयों में, जो श्रम-प्रक्रियाओं के अनुरूप प्रकार व आकार में भिन्न-भिन्न होती हैं, यथा—आखेट, पशु-पालन, कृषि इत्यादि, जनजातियों के सदस्यों द्वारा जो कुछ भी इकट्ठा या उत्पन्न किया जाता है, वह सब जनजाति के प्रमुख अथवा इकाई के प्रमुख वृद्ध को समर्पित कर दिया जाता है। इस प्रक्रिया को भोज्य-पदार्थों का चारों ओर से केंद्र की ओर स्थानांतरण कहा जा सकता है। ऐसी इकाई में जनजाति का प्रमुख अपने जनजाति के सदस्यों के मध्य उत्पादों का समान वितरण करता है। इसे पुनर्वितरण कहा जाता है।[16] समारोहों के अवसर पर, संपन्न प्रमुख, जनजाति के सदस्यों के निमित्त भोज तथा मनोरंजन का वृहद् आयोजन करते हैं तथा उन्हें भेंटें देते हैं। इन भेंटों का उद्देश्य होता है आडंबरपूर्ण वितरण के माध्यम से प्रतिष्ठा तथा प्रभाव अर्जित करना। इसे सामुदायिक उपहार-वितरण-आयोजन (Potlatch) कहा जाता है।[17] हम ये परीक्षण कर सकते हैं कि क्या ऋग्वैदिक समाज के किसी भी काल में सामुदायिक उपहार-वितरण-आयोजन तथा पुनर्वितरण-संबंधी परंपराएं विद्यमान थीं।

जनजातीय राजा द्वारा समारोहों के अवसर पर आयोजित सामुदायिक उपभोग के स्पष्ट प्रदर्शन के उल्लेख ऋग्वेद में प्राप्त नहीं होते। तथापि बाद में जोड़ी गई 'दानस्तुति'[18] के अनुसार पुरोहितों को बहुत बड़ी अत्युक्तिपूर्ण संख्या में गाय-बैल, दासियों और घोड़ों का दान दिया जाता था, और ये पुरोहित अपने आश्रयदाताओं की प्रशंसा के गीत गाने में कभी थकते नहीं थे। उत्तर वैदिक ग्रंथों में समुदाय के सभी भागों के प्रतिनिधि, जिनमें वैदिक तथा अवैदिक स्त्री पुरुष दोनों सम्मिलित हैं, अनेक सामूहिक यज्ञों, विशेषतः राज्याभिषेक समारोह, से संबंधित हैं। इन समारोहों का आयोजन राजा द्वारा होता था, जिसका अधिकार-क्षेत्र अब भी जनजातीय से पार्थिव बनने की प्रक्रिया में था। स्पष्टतः इन अवसरों पर इन व्यक्तियों को भोजन कराया जाता था। यदि हम इस परंपरा के परवर्ती अवशेषों को देखें तो *रामायण* में दशरथ द्वारा संपन्न 'अश्वमेध' का उदाहरण प्राप्त होता है।[19] इस यज्ञ में सभी ब्राह्मण, क्षत्रिय, वैश्य, शूद्र व अन्य आमंत्रित थे, तथा उन्हें अनेक दिन तक संतुष्टिदायक भोजन कराया गया। भोज के लिए अनाज आदि की व्यवस्था बहुत पहले से की गई थी। स्पष्टतः वैदिक काल का जनजातीय समाज जब वैदिकोत्तर काल में वर्णों में विभाजित हो गया था, सामुदायिक उपहार-वितरण-आयोजन की परंपरा तब भी चलती रही। अपने विकृत रूप में यह परंपरा आज भी विद्यमान है, जिसके अंतर्गत कुछ संपन्न व्यक्ति मूल्यवान अनुष्ठानों के

अवसर पर बारह गायों अथवा चौरासी गांवों[20] के भोज की व्यवस्था करते हैं। इनमें अपनी जाति के लोगों को आमंत्रित किया जाता है, जिससे वे व अन्य व्यक्ति उनकी व्यय करने की अपार सामर्थ्य को देखकर प्रभावित हो सकें।

पुनर्वितरण के साक्ष्य ऋग्वेद में ढूंढ़ना कठिन है। 'गण' और 'विदथ' नामक इन दो संस्थाओं के वितरण संबंधी कार्यों की विवेचना मैंने अन्यत्र की है।[21] अथर्ववेद के एक उल्लेख में लोगों को अपने वृद्ध जनों की इच्छाओं के प्रति सम्मान प्रकट करते हुए एक चक्र के अरों के समान कार्य करने के लिए प्रोत्साहित किया गया है। यह उल्लेख 'गण' के कार्यों में समान भाग प्राप्त करने का द्योतक माना जा सकता है। 'गण' निश्चय ही एक जनजातीय संस्था थी।[22] हमारे पास इस विचार के लिए कोई कारण नहीं है कि ऋग्वेद के काल में परिस्थिति भिन्न थी; वास्तव में जनजातीय समुदायों में इस प्रकार की परंपरा और अधिक प्रचलित रही होगी। यह तथ्य महत्वपूर्ण है कि 'गण' के एक सदस्य ने युद्ध के अवसर पर लूटी गई समस्त संपत्ति अपने जनजातीय सेनापति को समर्पित कर दी। जब तक उसे उसके द्वारा तथा संभवतः अन्य सदस्यों द्वारा भी लूट कर लाई गई संपत्ति का एक भाग पुनः प्राप्त नहीं हो जाता, उसके पास जीवन-यापन के लिए अन्य कोई साधन नहीं था।

'विदथ' या तो एक बड़ी जनजातीय सभा थी या एक सीमित विस्तृत परिवार।[23] 'विदथ' का नातेदारी पर आधारित यथार्थ स्वभाव चाहे जो कुछ भी रहा हो, इसके पुनर्वितरण संबंधी कार्य वंश-मंडलों के दो उल्लेखों से पूर्णतया स्पष्ट हैं। एक स्थान पर लोगों से 'विदथ' में इकट्ठा होने के लिए कहा गया है, जिसमें सविता द्वारा जो कुछ भी लाया गया है उसे वितरित किया जाता है।[24] एक अन्य स्थान पर अग्नि, जिसका समीकरण राजा वरुण से किया गया है, से कहा गया कि 'विदथ' में जो कुछ भी उपलब्ध है वे उसका वितरण करें।[25] स्पष्टतः अग्नि और सविता दोनों ही जनजातीय प्रमुखों के दैवीय रूप हैं। ये प्रमुख ऋग्वेद के काल में किसी समय पुनर्वितरण का कार्य करते थे। युद्ध में लूटी गई वस्तुएं अथवा उपहार और समय-समय पर मिलने वाली भेंटों की सामग्रियां पुनर्वितरित की जाती थीं। स्पष्ट रूप से इन सामग्रियों के अंतर्गत गाय-बैल, भेड़, बकरी, घोड़े, अस्त्र-शस्त्र तथा दासियां आती थीं। पूरक के रूप में आखेट में मारे गए पशु तथा 'बलि' में प्राप्त कुछ कृषि-उत्पाद भी आते होंगे।

ऋग्वेद में अनेक बार आए कुछ शब्द वितरण की प्रचलित परंपरा के परिचायक हैं। इसके लिए प्रयुक्त 'दान' शब्द निश्चय ही सर्वविदित है।[26] परंतु 'भज्', 'वन्' तथा 'सन्' धातुओं से व्युत्पन्न अनेक अन्य शब्द वितरण की परंपरा के प्रचलन को और अधिक स्पष्ट करते हैं। अपने विविध रूपों में, जिनमें 'भक्त' (वितरित) सम्मिलित नहीं है, 'भज्' (वितरण करना) शब्द ऋग्वेद में 34 बार आया है।[27] 'भाग' शब्द अपने विविध शब्द रूपों में, जिनमें 'भाजयुः' (अन्य व्यक्तियों के साथ भागीदारी) तथा 'भागधेय' (भाग) भी सम्मिलित हैं, 58 बार

ऋग्वेद में उल्लिखित हैं।[28] 'वन्' शब्द, जिसका अर्थ सायण की व्याख्या के अनुसार वितरण है,[29] को अपने अथवा अन्य व्यक्तियों के लिए वस्तुओं को जीतने और प्राप्त करने का द्योतक भी माना जा सकता है।[30] यह उल्लेखनीय है कि इस धातु से बने दो शब्दों 'वनिष्ठ' तथा 'वनीयस्'[31] का अर्थ उदार दानी है। एक बाद के उल्लेख में 'वनतम्'[32] शब्द का अर्थ वितरण के अर्थ में समझा जा सकता है, तथा एक प्रारंभिक उल्लेख में 'वनते'[33] शब्द वितरण के निमित्त अर्थ में प्रयुक्त दृष्टिगोचर होता है। यह महत्त्वपूर्ण है कि अपने विविध रूपों में 'वन्' शब्द ऋग्वेद में 70 से भी अधिक बार प्रयुक्त है।[34] ऐसा प्रतीत होता है कि इस शब्द के विविध रूपों का प्रयोग साधारणतः लूटी गई संपत्ति के वितरण के अर्थ में किया गया है। इस परंपरा के प्रचलित होने का संकेत दार्दिक भाषा की खोवर बोली के 'बोनु' शब्द से मिलता है, जिसका अर्थ लूट है।[35]

इसी प्रकार से मूल धातु 'सन्' से व्युत्पन्न क्रिया-शब्दों को सायण ने विभाजन और वितरण के अर्थ में समझा है।[36] ऋग्वेद के संदर्भ में मोनियर विलियम्स के अनुसार 'सन्' का अर्थ न केवल प्राप्त करना, भेंट के रूप में प्राप्त करना, अधिकार स्थापित करना और उपभोग करना है, वरन् इसका अर्थ दूसरे के लिए प्राप्त करना, उगाहना, अर्पित करना, देना तथा वितरित करना भी है।[37] सायण के अनुसार 'सनेरू'[38] का अर्थ वितरण अथवा 'सम्भक्तृ' है। 'सन्' धातु से व्युत्पन्न कुछ अन्य शब्दों पर भी हम विचार कर सकते हैं। उदाहरणार्थ, ऋग्वेद के एक प्रारंभिक उल्लेख में[39] 'सनिता' शब्द का प्रयोग वितरण-कर्ता के अर्थ में हुआ है। 'सनुगी' शब्द महिला वितरणकर्त्री के अर्थ में प्रयुक्त हुआ है।[40] ऋग्वेद के कुछ प्रारंभिक उल्लेखों में 'सनये' शब्द का अर्थ वितरण के निमित्त वस्तु है,[41] तथा 'सनानि' उन वस्तुओं का द्योतक है जिनका विभाजन होता है।[42] 'सनजा-सनेन' शब्द का प्रयोग उस वस्तु के लिए हुआ है जो वितरण का परिणाम है।[43] यह महत्वपूर्ण है कि 'सन्' शब्द अपने विविध रूपों में ऋग्वेद में लगभग 74 बार आया है।[44]

हमें इंद्र और अग्नि के माध्यम से 'वाज' के वितरण की भी सूचना मिलती है जिसका अर्थ सायण ने अन्न किया है।[45] वाज का अर्थ संपत्ति अथवा शक्ति भी प्रतीत होता है।[46] संयुक्त शब्द 'वाज-साति' के प्रयोग से भी वितरण के संकेत मिलते हैं। यह शब्द ऋग्वेद में अनेक रूपों में आया है। स्पष्टतः 'वाज-साति' शब्द अन्न के वितरण का द्योतक है। 'वाजसातये'[47] की व्याख्या सायण ने वितरण के निमित्त अन्न के रूप में की है।[48] अधिकांश उल्लेखों में, जिनमें से अनेक ऋग्वेद के प्रारंभिक अंशों में विद्यमान हैं,[49] अन्न अथवा धन के वितरण का तात्पर्य युद्ध में प्राप्त वस्तुओं से है। ऋग्वेद के प्रारंभिक अंशों में ही 'वाज-साति' के अन्य शब्द-रूप भी अन्न अथवा धन के वितरण के अर्थ में प्राप्त होते हैं। उदाहरणस्वरूप, 'वाज-सतिम्'[50], 'वाज-सातम्'[51], 'वाज-सतमा'[52] तथा 'वाज-सातन्'[53] का उल्लेख किया जा सकता है।

अनेक उल्लेखों में जनजातीय प्रमुख तथा देवताओं द्वारा वितरण की चर्चा है। इस प्रकार 'वृजन' का प्रमुख ('वृजनस्य राजा') शत्रुओं को ध्वस्त करता है, उनकी संपत्ति पर अधिकार करता है, तथा अपने लोगों में उसे बांट देता है।[54] युद्ध के अवसर पर लूटी गई संपत्ति में भाग के विषय में भी हमें सूचना मिलती है।[55] एक स्थान पर 'मघवन अर्य', जिसका अर्थ सायण के अनुसार, 'धनपति' है, इंद्र से लोगों में गाएं वितरण करने के लिए ('भज'), कहा गया है।[56] एक अन्य स्थान पर इंद्र से इस प्रकार की प्रार्थना की गई है—'जो कुछ भी गाएं या घोड़े तुम भाग के रूप में वितरित करते हो, उसे सोमयज्ञ करने वाले तथा उपहार देने वाले याज्ञिक को दो, पणि को कुछ न दो।'[57] एक उल्लेख में आर्य देवताओं पर विश्वास न करने वाले लोगों के समस्त अन्न को ले लेने की चर्चा है, तथा उसके वितरण की इच्छा भी व्यक्त की गई है।[58] अनेक अन्य देवता, जो जनजातीय राजाओं के दैवीय प्रतिरूप दृष्टिगोचर होते हैं, भी वितरण-कार्य में संलग्न दिखाई देते हैं। त्वष्टा को, जिसे गौरवशाली, जीवनदायी, उदार तथा उपहार प्रदान करने वाला कहा गया है, प्रथम वितरणकर्ता उल्लिखित किया गया है।[59] यह महत्त्वपूर्ण है कि यह उल्लेख ऋग्वेद के प्राचीन भाग में प्राप्त होता है। इसी प्रकार का विचार दसवें मंडल में भी प्रकट किया गया है, जिसके अनुसार 'ऋभुसंघ' न केवल वितरण का उत्सुक है, वरन् 'ऋभुओं' से की गई प्रार्थनाओं के कारण वितरण में भी संलग्न है।[60] ऐसा प्रतीत होता है कि यह वितरण अग्नि एवं त्वष्टा द्वारा संभवतः चारों ओर से घिरे हुए चरागाह अथवा 'पस्त्य' में किया गया था।[61] एक अन्य मंत्र को, जिसकी स्पष्ट व्याख्या कठिन है, सूर्य की किरणों द्वारा इंद्र की समस्त संपत्ति को वितरित करने के अर्थ में समझा गया है।[62] यह भी इच्छा व्यक्त की गई है कि लोग जो उत्पन्न हो चुके हैं और जो उत्पन्न होने वाले हैं, उन सभी के साथ इस संपत्ति की भागीदारी करें।[63] इसी प्रकार से ऋग्वेद के कुछ मंत्रों में 'भोज' शब्द का अर्थ भोग करने वाले व्यक्ति से नहीं है, वरन् उस व्यक्ति से है जो भोजन की इच्छा रखने वाले लोगों को अन्न प्रदान करता है।[64]

हमारे पास कम से कम दो उल्लेख ऐसे हैं जिनमें लोगों के मध्य कृषि-भूमि की भेंट या उसके वितरण की ओर संकेत किया गया है। एक उल्लेख में यह कहा गया कि विष्णु ने भूमि को कृषि योग्य बनाया और तदुपरांत उसे लोगों को दिया।[65] एक अन्य संदर्भ में और अधिक स्पष्ट रूप से कहा गया है कि महान वज्रधारी इंद्र ने अपने श्वेत वर्णीय सहयोगियों की सहायता से कृषि-भूमि, सूर्य के प्रकाश, और जल का वितरण किया।[66] यह उल्लेख ऋग्वेद के प्रथम मंडल में आया है, और इस प्रकार विकास की बाद की स्थिति का द्योतक कहा जा सकता है। परंतु दैवीय इंद्र के मानवीय प्रतिरूप जनजातीय प्रमुख द्वारा कृषि-योग्य भूमि के वितरण की परंपरा गाय-बैल वितरण की परंपरा की स्वाभाविक विस्तारण मात्र थी। स्पष्ट रूप से यह परंपरा तब प्रारंभ हुई, जब वैदिक समाज ने कृषि को अपना लिया।

अनेक उल्लेखों में देवताओं और मनुष्यों के मध्य पारस्परिक उपहार देने के विचार को बल प्रदान किया गया है। पहले मंडल में, संपन्न (मघवानो) तथा वीर आराधक अग्नि को चढ़ावा अर्पित करते हैं और उसके बदले भोज्य पदार्थ और लंबी आयु प्राप्त करते हैं। देवताओं को अपने गौरव का भाग अर्पित करने वाले लोग ('भागम् देवेषु श्रवसे दधानाः') अपने शत्रुओं से लूट की संपत्ति की आशा करते हैं।[67] इसी मंडल के एक अन्य उल्लेख में भी इसी प्रकार का विचार व्यक्त किया गया है। भेड़िये ('वृक') रक्षा करने के बदले अश्विनों को एक भाग अर्पित किया जाता है।[68] दैवी संसार का यह द्विपक्षीय वितरण संभवतः मानवीय समाज में प्रचलित आपसी आदान-प्रदान की समान परंपरा का द्योतक है।

ऋग्वेद से यह स्पष्ट नहीं होता कि विभिन्न आकार के नातेदारी पर आधारित समूहों के सदस्यों के मध्य भोज्य पदार्थों का वितरण आपसी आदान-प्रदान के आधार पर होता था अथवा नहीं। परंतु भारतीय आर्य भाषाएँ बोलने वालों, मुख्यतः वर्तमान काल में ऐसी भाषाएं बोलने वालों के मध्य प्रचलित अन्न-भागों के लिए प्रयुक्त प्राचीन अवशिष्ट शब्दों, तथा उनके गृह्य अनुष्ठानों और परंपराओं के परीक्षण से यह निष्कर्ष अवश्य निकाला जा सकता है। ऐसा प्रतीत होता है कि अन्न प्राप्त करके समूह द्वारा सभी सदस्यों के मध्य बांट देने की आदिम परंपरा किसी काल में भारोपीय समाजों में भी प्रचलित थी। यह कहना कठिन है कि किस काल में वृहद् रूप में सामूहिक भोजन प्राप्त करने की पद्धति थी, परंतु भोजन, अन्न तथा भाग के लिए प्रचलित शब्दों का सावधानीपूर्वक अध्ययन, इस परंपरा के विद्यमान होने का समर्थन करता है। भाग के लिए प्रयुक्त एक प्राचीनतम शब्द 'अंश' है, जो पूर्वी उत्तर प्रदेश और बिहार की बोलियों में उस अन्न अथवा भोजन का द्योतक है, जिसका समारोहों में आयोजित जाति-भोज में आमंत्रित किंतु अनुपस्थित सदस्य अधिकारी है। ऋग्वेद में 'अंश' शब्द 'विदथ' में अग्नि द्वारा वितरित भाग का द्योतक है।[69] इस शब्द की व्युत्पत्ति बहुत स्पष्ट नहीं है। मोनियर विलियम्स के मत में यह संभवतः 'अश्' धातु से व्युत्पन्न है,[70] जिसका अर्थ भोजन करना है और जिससे 'अशन' तथा 'प्राशन' जैसी संज्ञाएं बनी हैं। 'अंश' संभवतः उस 'अंश' शब्द से भी संबद्ध किया जा सकता है जिसका अर्थ स्कंध है।[71] ऐसा प्रतीत होता है कि जब पशुओं का शिकार किया जाता था तो स्कंध के भाग किए जाते थे और उन्हें वितरित किया जाता था। इस प्रकार का मत संदिग्ध हो सकता है, परंतु भाग के अर्थ में प्रयुक्त 'अंश' का संबंध भोजन और अन्न से था—यह निष्कर्ष दृढ़ प्रतीत होता है।

'अंश' के लिए एक और वैदिक शब्द 'भाग' है। यह मूल धातु 'भज्' से व्युत्पन्न है, जिसका अर्थ है विभाजित करना। यह ज्ञातव्य है कि 'भक्त' शब्द, जिसका शाब्दिक अर्थ बंटा हुआ है, ऋग्वेद में भोजन के अर्थ में प्रयुक्त हुआ है।[72] यही अर्थ अनेक भारतीय आर्य भाषाओं में विद्यमान है।[73] जब आर्य भाषा का

प्रसार पूर्वी उत्तर प्रदेश और बिहार में हो गया तब यह शब्द उस क्षेत्र की खान-पान संबंधी प्रकृति के परिवर्द्धित अर्थ में प्रयुक्त होने लगा। उत्तर-पूर्वी क्षेत्र में यह अबले चावल का पर्यायवाची बन गया। इसी कारण पालि ग्रंथों में 'भत्त' के दोनों ही अर्थ हैं—भोजन तथा उबला हुआ चावल।[74] आधुनिक भाषाओं में जो कुछ भी भरण-पोषण के लिए दिया जाता है, उसे 'भत्ता' कहा जाता है।

'भाज्' धातु, जिसका अर्थ है सौंपना अथवा विभाजित करना, से व्युत्पन्न एक शब्द-विन्यास 'विदथ' में अग्नि द्वारा किए गए विभाजन के संबंध में ऋग्वेद में प्रयुक्त हुआ है।[75] वैदिकोत्तर काल में *विनयपिटक* तथा अन्य पालि ग्रंथ वस्त्र, भोज्य सामग्री, फल आदि नियमित रूप से देने वाले या बांटने वाले व्यक्ति ('भाजक') का उल्लेख करते हैं।[76] बौद्ध भिक्षुओं द्वारा इकट्ठा की गई और संघ में लाई गई इन वस्तुओं को प्रमुख भिक्षु की देखरेख में संघ के सदस्यों के मध्य बांटा जाता था। स्पष्ट रूप से यह प्रथा जनजातीय परंपरा का अवशेष थी। संघ के प्रबंध में इसने एक आदर्श का कार्य किया।[77] महत्त्वपूर्ण अंतर केवल इतना था कि भिक्षु न तो एक नातेदारी से संबद्ध थे और न ही वे वास्तविक उत्पादन में हिस्सेदारी करते थे। 'भाजन' शब्द प्राचीन ग्रंथों में भोजन करने तथा बांटने दोनों ही अर्थों में प्रयुक्त हुआ है। अंतर केवल इतना था कि पहले अर्थ में 'भाजन' में 'आ' दीर्घ था,[78] जबकि दूसरे में ऐसा नहीं था। क्योंकि परिमाण की दृष्टि से अनाज, अन्य भोज्य पदार्थ आदि का बराबर-बराबर वितरण किया जाता था, इसके निमित्त किसी पात्र का प्रयोग आवश्यक था। इसीलिए इसके निमित्त प्रयोग में आने वाले पात्र को भी 'भाजन' कहा जाने लगा।[79] यद्यपि यह शब्द वैदिकोत्तर ग्रंथों में ही उपलब्ध होता है, तथापि इस शब्द की उत्पत्ति प्राचीन हो सकती है। प्राचीनतम पात्र मिट्टी के बने थे, क्योंकि पालि में 'भत्तिक भाजन' शब्द मिलता है। कालांतर में पात्र के अर्थ में 'भाजन' का स्थान 'वासन' शब्द ने ले लिया।[80] कोश रचयिता 'भाज' शब्द को खलिहान के अर्थ में भी प्रयोग करते हैं, जिसका उपयोग अनाज विभाजित करने के लिए किया जाता था।[81] वैदिक काल में भी यह प्रथा संभवतः प्रचलित थी। स्पष्टतः विविध सामुदायिक कार्यों के लिए प्रयुक्त सभी वैदिक शब्द वैदिक ग्रंथों में उपलब्ध नहीं हैं।

यह महत्वपूर्ण है कि पंजाबी भाषा में विवाह के अवसर पर अपने कुटुंबियों तथा अन्य आमंत्रित व्यक्तियों को दिए जाने वाले भोजन के भाग को 'भाजी' कहा जाता है। यह भाज्य से व्युत्पन्न है,[82] और पाणिनी ने (4. 1. 42)[83] इसका प्रयोग चावल के तरल भोज्य पदार्थ के अर्थ में किया है। ऋग्वेद में अन्य व्यक्तियों के साथ भाग प्राप्त करने वाले व्यक्ति को 'भाजयु' कहा गया है।[84] पंजाबी में 'भाजी' शब्द न केवल विभिन्न प्रकार के भोजन का द्योतक है, वरन् मातृ पक्ष के संबंधियों अथवा भिन्न भिन्न प्रकार के पितृ पक्ष के संबंधियों से प्राप्त भोज्य पदार्थों के उपहार के वितरण को भी इंगित करता है।

एक खर्चीले सामाजिक अनुष्ठान तथा परंपरा के रूप में अपने कुटुंबी जनों के साथ भोज समारोह में सम्मिलित होने की प्रथा आज भी विद्यमान है। बिहार, उत्तर प्रदेश, हरियाणा, राजस्थान आदि में विवाह तथा अन्य धार्मिक समारोहों के अवसर पर भोज्य सामग्री को सभी कुटुंबी जनों को भेजने की परंपरा आज भी देखी जा सकती है। जब बकरे का एक परिवार द्वारा बलिदान किया जाता है तो कच्चे मांस का एक भाग निकट कुटुंबी जनों के प्रत्येक परिवार को दिया जाता है। इस प्रथा का अनुसरण गांव के बाहर के संबंधियों से प्राप्त उपहारों के संदर्भ में भी किया जाता है। इस प्रथा में दो भिन्न कुटुंब समूहों के मध्य उपहारों के आदान-प्रदान द्वारा पारस्परिक संबंधों को दृढ़ करने का उद्देश्य दृष्टिगोचर होता है। मातृ पक्ष के संबंधियों से जो प्राप्त होता है उसे पितृ पक्ष के संबंधियों के मध्य बांट दिया जाता है। यदि उपहार अपर्याप्त होते हैं तो अपने मातृ पक्ष के संबंधियों तथा स्वयं अपनी प्रतिष्ठा की रक्षा हेतु कभी कभी प्राप्तकर्ता अपने खर्चे से उपहार में कुछ वस्तुएं जोड़ देता है और तदुपरांत पितृ पक्ष के संबंधियों में उसे बांटता है। बिहार और उत्तर प्रदेश की अनेक भारतीय आर्य बोलियों में इस प्रकार से विभाजित भोज्य पदार्थों को 'वायन', 'बायन' अथवा 'बायना' आदि नामों से पुकारा जाता है। इससे स्पष्ट होता है कि एक कुटुंबी द्वारा इकट्ठा किया गया, उत्पादित, बनाया गया या प्राप्त किया गया भोज्य पदार्थ किसी काल में अन्य कुटुंबी जनों के भाग में भी आता था। भाषा-विज्ञान की दृष्टि से 'बायन' शब्द संभवतः भाजन से व्युत्पन्न है। इंसका प्राकृत शब्द 'भायन' बनता है,[85] और 'भायन' से 'बनता' की व्युत्पत्ति सरलता से देखी जा सकती है।

भोजन वितरण तथा भोजन के लिए प्रयुक्त अन्य शब्द 'परिविष्' धातु से व्युत्पन्न हुआ है।[86] अथर्ववेद में 'परिवेष' नामक संज्ञा का अर्थ भोजन परोसना है,[87] तथा इसी ग्रंथ में परोसने वाले को 'परिवेष्ह' कहा गया है।[88] 'परिवेषक'[89] शब्द, अर्थात् भोजन वितरण करने वाला, पालि ग्रंथों में प्राप्त होता है। हरियाणा, राजस्थान और उत्तर प्रदेश में वे सगोत्रीय व्यक्ति, जो अन्य सगोत्रीय व्यक्ति द्वारा आयोजित भोज समारोह में सम्मिलित नहीं हो पाते, 'परोसा' प्राप्त करते हैं, जिसका अर्थ है वितरित भोजन। स्पष्ट रूप से यह शब्द प्राचीन वैदिक संस्कृत और पालि शब्दों का अवशेष है।

यदि हम जनजातीय अनुरूपता को ध्यान में रखें तो ऊपर विवेचित शब्दों के महत्व का मूल्यांकन कर सकते हैं। भोजन तथा भाग या वितरण के द्योतक समान शब्द होने का प्रमुख कारण यह है कि वैदिक समुदायों को जो कुछ भी इकट्ठा करके, उत्पादन करके अथवा भेंट के रूप में प्राप्त होता था, उसे उस प्राचीन काल में सभी सदस्यों के मध्य बांट दिया जाता था। ऐसा प्रतीत होता है कि गोत्र अथवा समुदाय के सदस्यों के मध्य भोज्य पदार्थों को बांटने की प्रथा भारोपीय काल से विरासत के रूप में प्राप्त एक परंपरा है। ग्रीक के शब्द 'गेरस' (geras) से इस बात

का अनुमान लगाया जा सकता है।[90] इसका अर्थ भाग है। प्राचीन यूनान में मांस को बराबर भागों में विभाजित किया जाता था और लाटरी द्वारा बांटा जाता था। परंतु सर्वाधिक उत्कृष्ट भाग मेरुदंड को प्रमुख के निमित्त 'गेरस' के रूप में सुरक्षित रखा जाता था; यह प्रमुख ही सामूहिक भोजों में अध्यक्षता करता था।[91] यह महत्त्वपूर्ण है कि संस्कृत में भी मिलता जुलता शब्द 'ग्रास' विद्यमान है, इसका अर्थ है कौर या नेवाला, जो 'ग्रस्' धातु से व्युत्पन्न है जो खाना या निगलना का द्योतक है।[92] यूनानी शब्द 'गेरस' तथा संस्कृत धातु 'ग्रस्' संभवतः उस काल की ओर संकेत करते हैं जब भारोपीय जनजातियां भोजन इकट्ठा करने की स्थिति में थीं, तथा जब उनके सदस्यों को सामूहिक भोजन में भाग दिए जाते थे।

पशुपालन तथा उनके वितरण में नातेदार-समूहों का क्या योगदान था—इस विषय पर स्पष्ट मत प्रकट करना कठिन है। दूसरे शब्दों में उत्पादन के संबंधों के विषय में हमें अधिक ज्ञान नहीं है। इस विषय में जनजातीय समाजों में प्रचलित उत्पादन-पद्धति और संबंध पर सैद्धांतिक विवेचनाएं कुछ सीमा तक सहायक हो सकती हैं, परंतु इस समस्या पर शोध करने वाले विद्वानों के मध्य बहुत अधिक मतभेद हैं। उनकी शोधों के प्रयोग में हमें बड़ी सावधानी की आवश्यकता है। यद्यपि मानव समाज के विकास का मत अधिकांश सामाजिक मानवशास्त्रियों द्वारा स्वीकार किया गया है, तथापि मार्क्सवादी दृष्टिकोण के समर्थक विद्वान आदिम समाजों में प्रचलित उत्पादन की पद्धति और संबंधों की प्रकृति के विषय में मतभेद प्रदर्शित करते हैं। एक मत के अनुसार सामाजिक जीवन में नातेदारी की प्रमुख भूमिका है। इसमें नातेदारी उत्पादन-संबंधों के एक तत्व के रूप में कार्य करती है, और इसीलिए यह मूल आंतरिक संरचना का भी एक तत्व है।[93] अन्य मत के अनुसार जीवन-यापन की आवश्यकताएं विभिन्न प्रजातीय मूल के लोगों को मिलकर रहने के लिए बाध्य करती हैं, और वस्तुएं प्राप्त करने अथवा उत्पादन करने की इकाइयों का निर्माण करती हैं, जिस प्रकार युद्ध, आखेट और विभिन्न भोजन इकट्ठा करने के कार्यों में होता है।[94] हमारा उद्देश्य यहां क्षेत्र-कार्य द्वारा इन मतों की सापेक्षिक वैधता का परीक्षण करना नहीं है। परंतु अन्य विद्वानों ने क्लाउड लेवी स्ट्राउस के उस मत को काफी सीमा तक परिवर्द्धित करने के लिए पर्याप्त क्षेत्र-कार्य किया है, जिसके अनुसार आदिम समाजों में नातेदारी और विवाह के नियमों का वही परिचालन मूल्य है जो हमारे अपने समाज में आर्थिक तथ्यों का है।[95] हमारे मत में मानवीय विकास की एक प्रारंभिक स्थिति में नातेदारी उत्पादन संबंधों को अभिव्यक्त कर सकती थी, परंतु उत्पादन-पद्धति, जिसके अंतर्गत न केवल विभिन्न स्रोत यथा—गाय-बैल, चरागाह और भूमि आते हैं, वरन् आखेट, मछली पकड़ने, युद्ध, पशुपालन आदि के विभिन्न आदिम उपकरण भी आते हैं, नातेदारी व्यवस्था के सर्वथा समान नहीं हो सकती। आधुनिक शोधों ने यह स्पष्ट कर दिया है कि दल-संगठन ('band' organisation) की संस्था

नातेदारी अथवा जनजातीय संगठन से पूर्ववर्ती है।[96] एक दल में सदा एक ही गोत्र के सदस्यों का होना आवश्यक नहीं था। इसमें ऐसे असंबद्ध लोग थे जिन्हें युद्ध अथवा आखेट में सफलता के लिए एकजुट होने की आवश्यकता पड़ी। यह संभव है कि कुछ समय उपरांत एक ही दल में रहने वाले विभिन्न प्रजातीय इकाइयों के लोग परस्पर नातेदारी के संबंधों में बंध जाना ही श्रेयस्कर मानने लगे। परिणामस्वरूप स्थायी पारिवारिक इकाइयों के माध्यम से जीवन-यापन की वस्तुएं प्राप्त करने की प्रक्रिया में सुविधा होने लगी, और इस प्रक्रिया में एक भिन्न प्रकार की नई नातेदारी की इकाइयों का निर्माण हो गया।

ऋग्वेद में दल-पद्धति ('band' system) के विद्यमान होने के कुछ संकेत हैं, यद्यपि यह सोचना अनुचित होगा कि यह उतनी ही दृढ़ थी, जितनी जनजातीय पद्धति। 'व्र', 'व्रात', 'व्राज', 'शर्ध' तथा 'ग्राम' शब्द ऋग्वेद में इसी अर्थ में प्रयुक्त हुए प्रतीत होते हैं। ये शब्द ऋग्वैदिक लोगों के जीवन-यापन के दो प्रमुख स्रोतों से संबद्ध दिखाई देते हैं। ये स्रोत हैं—युद्ध, जिसका तात्पर्य था लूट द्वारा वस्तुओं की प्राप्ति, तथा पशुपालन, जिससे उन्हें मांस और दूध प्राप्त होता था। इन दोनों स्रोतों का पारस्परिक संबंध निकट का था, क्योंकि युद्ध मूलतः गाय-बैलों के लिए ही लड़े जाते थे। इस प्रकार, एक मत के अनुसार ऋग्वेद तथा अथर्ववेद में 'व्र' का अर्थ सेना की टुकड़ी है।[97] यह स्पष्ट है कि इस प्रकार की टुकड़ी का निर्माण जीवन-यापन के लिए किए जाने वाले युद्ध के निमित्त किया गया था, और जब एक बार इसे स्थायित्व प्राप्त हो गया तो इसे संभवतः एक नातेदार-समूह के रूप में स्वीकार किया जाने लगा, जैसा 'व्र' शब्द को दिए गए अर्थ से स्पष्ट होता है।[98] 'व्रात' शब्द 'व्रत' से व्युत्पन्न प्रतीत होता है, जिसका शाब्दिक अर्थ यों तो व्रत अथवा एक जीवन-पद्धति है, परंतु ऋग्वेद में यह उन व्यक्तियों के लिए प्रयुक्त हुआ है जो दुग्ध-जीवी थे।[99] ऋग्वेद के संदर्भ में व्रत का अर्थ प्रथा तथा आचरण, परंपरा अथवा रीति भी है।[100] परंतु यह परंपरा क्या थी, यह कहीं भी स्पष्ट नहीं है। यदि इस परंपरा का तात्पर्य दुग्ध-जीवी होना था तब इसका संबंध कुछ सीमा तक पशुपालन से स्थापित होता है। चाहे जो भी हो 'व्रात' शब्द 'व्रत' से ही व्युत्पन्न था, तथा ऋग्वेद में इसके प्रयोग को बहुसंख्या, समूह, झुंड, टुकड़ी, दल, टोली, फौज, समुदाय और श्रेणी के अर्थ में समझा गया है।[101] यह स्पष्ट है कि 'व्रात' शब्द से इंगित इन दलों ('bands') का निर्माण युद्ध अथवा पशुपालन से संबंधित क्रियाओं के निमित्त किया गया था। कुछ समय उपरांत ये समूह विस्तृत जनजातीय इकाइयों में परिवर्तित हो गए होंगे, जिन्हें 'पंचव्रात'[102] अथवा पांच मानवीय प्रजातियां कहा जाता था।

'व्राज' शब्द की स्थिति थोड़ी भिन्न है। यह 'व्रज' से व्युत्पन्न है, जिसका मूल अर्थ ऋग्वेद में खाने का क्षेत्र ('feeding ground') है, जहां दूध देने वाले पशु प्रातः जाते हैं।[103] अतः इसका अर्थ 'बाड़ा' अथवा 'चरागाह' हो सकता है।[104]

इसका गौण अर्थ 'पशुओं का झुंड' दिया गया है।[105] स्पष्टतः 'व्राज' शब्द 'व्रज' से व्युत्पन्न है, तथा ऋग्वेद में 'व्राजपति' मुखिया के अर्थ में प्रयुक्त है।[106] हमारे मत में 'व्राज' शब्द पशुचारियों की एक ऐसी टुकड़ी का द्योतक था जो पशुओं को पालती थी और जनजातियों के आक्रमणों से उनकी रक्षा करती थी। ऐसा कोई संकेत नहीं है कि 'व्राज' भी नातेदार समूह के रूप में विकसित हुआ, यद्यपि इस संभावना को नकारा नहीं जा सकता।

संज्ञा के रूप में 'शर्ध' शब्द सेना, टुकड़ी तथा बहुसंख्या का द्योतक है।[107] इस प्रकार युद्ध से इस शब्द का संबंध स्पष्ट है। क्योंकि यह शब्द ऋग्वेद में मरुतों की टुकड़ी का द्योतक है,[108] ऐसा प्रतीत होता है कि इसने गोत्र पर आधारित अर्थ प्राप्त कर लिया था। यह महत्त्वपूर्ण है कि जो शब्द सेना की टुकड़ी के अर्थ में प्रारंभ हुआ था, वह कालांतर में जनजातीय इकाई के अर्थ में विकसित हो गया।

अंत में हम 'ग्राम' शब्द के महत्त्व का परीक्षण करेंगे। यद्यपि साधारणतः इस शब्द का प्रयोग गांव के अर्थ में हुआ है, प्रारंभ में इसका अर्थ संभवतः मनुष्यों का समूह था। ऋग्वेद के एक संदर्भ में 'ग्राम' जन अथवा जनजाति का पर्याय है। भरतों के 'जन'[109] को गाय ढूंढ़ता हुआ ग्राम ('गव्यन् ग्रामः')[110] कहा गया है। एक बाद के ग्रंथ *शतपथ ब्राह्मण* में कहा गया है कि शर्यात मानव अपने 'ग्राम'[111] के साथ घूमता हुआ रहता था। यह तथ्य कि 'ग्राम' गाएं ढूंढ़ने में संलग्न था, इस बात का द्योतक कहा जा सकता है कि यह एक प्रकार का मनुष्यों का संगठन था, जिसकी कालांतर में नातेदारी पर आधारित समूह के रूप में पहचान बन गई। यह स्पष्ट है कि जब लोगों ने कृषि को अपना लिया और वे स्थिर जीवन व्यतीत करने लगे, 'ग्राम' शब्द गांव के अर्थ में समझा जाने लगा। गांव के अर्थ में 'ग्राम' शब्द ऋग्वेद में भी पूर्णतया अनुपलब्ध नहीं है। अनेक स्थानों पर 'ग्राम' को 'अरण्य' से भिन्न प्रदर्शित किया गया है।[112]

हमने यह प्रदर्शित करने के लिए उदाहरण प्रस्तुत किए हैं कि जीवन-यापन की आवश्यकताएं अनेक मूल के व्यक्तियों को जोड़ सकने में समर्थ थीं, तथा मुनष्यों के इस प्रकार के संगठन जो निरंतर युद्ध, आखेट अथवा पशुपालन में संलग्न थे, नातेदारी पर आधारित संगठनों के रूप में विकसित हो सकते थे। जब एक बार इन संगठनों को निरंतरता प्राप्त हो गई तो ये जीवन-यापन की वस्तुएं प्राप्त करने और उनका वितरण करने सहित विविध आर्थिक कार्य-कलापों में प्रमुख भूमिका निर्वाह कर सकते थे।

यद्यपि ऋग्वेद के कुछ उद्धरण दल-संबंधों ('band' relationships) के अवशेषों की ओर संकेत करते हैं, तथापि पूर्व वैदिक समाज में जनजातीय तत्व प्रमुख था। मानव शास्त्रियों के अनुसार, जनजातीय समाजों में जो व्यक्ति भोजन इकट्ठा या उत्पन्न करते हैं, लगभग वही उसका उपभोग भी करते हैं। मध्यस्थों के हस्तक्षेप से मुक्त उत्पादन-इकाई ही उपभोग की इकाई भी है। कभी-कभी इस

प्रकार के समाजों को वंश परंपरा पर आधारित अथवा विभक्त इकाई कहा गया है। जोड़ने का प्रमुख आधार नातेदारी होने के कारण जनजाति इस प्रकार की सबसे बड़ी इकाई समझी जाती है। जनजाति अनेक वंशों में विभाजित होती है और वंश विभिन्न खंडों में। ये 'जन', 'विश्', 'गण', 'ग्राम', 'गृह', 'कुल', 'व्रात', 'शर्ध', इत्यादि हैं।[113] यदि संपूर्ण ऋग्वेद को लिया जाए तो 'जन' शब्द 275 बार, 'विश्' 171 बार, और 'ग्राम' 13 बार उसमें आया है।[114] हम भरत 'जन' तथा यदु 'जन' और 'तृत्सुनाम् विश्' का उल्लेख पाते हैं। त्सिमर ने सुझाव दिया है कि 'जन' 'विशों' में विभक्त था, और 'विश्' 'ग्रामों' में, और 'ग्राम' 'कुलों' में।[115] सभवतः उनका पहला विभाजन उचित है, परंतु अन्य दो विभाजनों के स्थान पर भिन्न सुझाव भी दिए जा सकते हैं। हमारे विचार में, अनु, यदु, तुर्वशु, द्रुह्यु, तथा पुरु[116] जैसी पांच जनजातियों से संबद्ध 'जन' शब्द की तुलना जनजाति से की जा सकती है, तथा इसे नातेदारी पर आधारित बृहत्तम् इकाई माना जा सकता है। जब इस प्रकार की इकाई एक क्षेत्र में निवास करने लगी तो उसे 'जनपद' कहा जाने लगा। वैदिकोत्तर काल में 'जनपद' सबसे बड़ी क्षेत्रसूचक इकाई थी। वैदिक काल में जो लोग 'जन' के अंतर्गत नहीं थे, उन्हें 'जन्म' कहा जाता था।[117] यद्यपि कुछ उल्लेख 'जन' के 'विशों' में विभाजित होने की सूचना देते हैं,[118] तथापि अनेक अन्य उल्लेखों में 'विश्' जनजाति का द्योतक प्रतीत होता है। 'विश्' का अर्थ बस्ती भी है, क्योंकि 'वेश्' अधिवासी का द्योतक है तथा 'वेश्मन्' घर या निवास का।[119] नातेदारी पर आधारित कुछ छोटी इकाइयों पर भी ध्यान देने की आवश्यकता है। ऋग्वेद में 46 बार उल्लिखित 'गण', हमारे मत में, इस प्रकार की एक इकाई हो सकती है।[120] इसकी तुलना वंश से की जा सकती है। 'ग्राम' अथवा मनुष्यों का समूह[121] निश्चित ही 'गण' की अपेक्षा छोटी इकाई थी। यह स्पष्ट नहीं है कि यह भी नातेदारी पर आधारित थी अथवा नहीं। जब इसके सदस्य एक स्थान पर निवास करने लगे तो यह शब्द गांव के अर्थ में समझा जाने लगा। 'ग्राम' 'गृहों' में विभक्त था। 'गृह' सबसे छोटी इकाई थी, तथा यह चार पीढ़ियों के सदस्यों से बने एक बड़े कुटुंब का द्योतक थी। कभी-कभी इसे 'विदथ' का पर्यायवाची भी माना जाता है। 'कुल' शब्द कुटुंब या परिवार का द्योतक प्रतीत नहीं होता। 'कुलपा' के भाग के रूप में 'कुल' शब्द एक बार ऋग्वेद में आया है, जबकि उसमें 'गृह' के अनेक उल्लेख हैं।

युद्ध, संबंध-विच्छेद, स्थानांतरण और सबसे प्रमुख श्रम-प्रक्रियाओं में परिवर्तन, जिनसे विभिन्न कालों में लोग संबद्ध थे, के परिणामस्वरूप इन नातेदारी की इकाइयों के आकार और प्रकार में परिवर्तन अवश्यंभावी था। परंतु इस प्रक्रिया के उदाहरण प्रस्तुत करने का कठिन कार्य इस निबंध में संपन्न करने का प्रयास नही किया गया है। यद्यपि ऋग्वैदिक काल में 'गृह' एक सुस्थापित उत्पादन इकाई थी तथापि यह कहना संभव नहीं है कि यह 'जन' और 'विश्' की तुलना में अधिक

महत्त्वपूर्ण इकाई थी ।[122] इसका कारण यह था कि ऋग्वैदिक लोग भ्रमणशील थे, जो अपने पशु समूहों के साथ एक स्थान से दूसरे स्थान पर स्थानांतरित होते रहते थे । पशुपालन पर आधारित अर्थव्यवस्था ने उन्हें स्थायित्व कम प्रदान किया था, क्योंकि चरागाहों की खोज में उन्हें निरंतर स्थानांतरित होना पड़ता था । वैदिक जनजातियों की स्थानांतरण की प्रकृति के संकेत ऋग्वेद[123] में 'विश्' शब्द के प्रवेश करने अथवा निवास करने के अर्थ में प्रयोग से प्राप्त होते हैं । जब क्रिया बनाने के लिए 'विश्' शब्द में अनेक उपसर्ग जोड़े जाते हैं, तो वही अर्थ, अथवा समीप निवास करना, या पुनर्प्रवेश, और लौटना, के अर्थ प्राप्त होते हैं । ये क्रियाएं हैं–' आविश्', 'उपविश्', 'निविश्', 'पुनर्विश्', प्रविश्' 'भुयस्-विश्' इत्यादि ।[124] 'पुनर्विश्' और 'भुयस्विश्' आदि क्रियाएं ऐसी पशुचारी जनजातियों ('विश्') की आदतों की द्योतक हो सकती हैं जो प्रतिकूल ऋतुओं में अपने पशुओं के साथ नए चरागाहों को स्थानांतरित कर जाती हैं, और जब चारा उपलब्ध होने लगता है तो अपने मूल निवास को लौट आती हैं । स्थानांतरण के स्वभाव ने निश्चय ही स्थायी जीवन कठिन बना दिया था । कृषि के क्षेत्र में धीमी प्रगति के कारण अनिश्चितता की स्थिति अधिक बढ़ गई थी । कुंभकारी, लकड़ी के कार्य, धातु के कार्य तथा चमड़े के कार्यों जैसी श्रम-प्रक्रियाओं के उत्पाद निश्चय ही उपलब्ध थे । परंतु इस बात का कोई प्रमाण नहीं है कि ये विक्रय अथवा कर के रूप में प्राप्ति के निमित्त थे । अधिक संभावना यह है कि दस्तकार नातेदारी पर आधारित समाज के अभिन्न अंग थे । इसी कारण रथ निर्माता 'रथकार' को उत्तर वैदिक समाज तथा वैदिकोत्तर समाज में भीं उच्च स्थान प्राप्त था ।[125] वह आर्य समुदाय का पूर्ण सदस्य था और उसे वेदाध्ययन करने तथा यज्ञोपवीत धारण करने के अधिकार प्राप्त थे । ऐसे व्यक्तियों की जीविका के लिए किसी भी रूप में कोई अधिशेष उपलब्ध नहीं था, क्योंकि न तो ये भोजन इकट्ठा करते थे और न ही उत्पन्न करते थे ।

वैदिक इंडैक्स के लेखकों का मत है कि ऋग्वेद के काल में ही जाति-व्यवस्था सर्वसाधारण द्वारा स्वीकार किए जाने की प्रक्रिया में विद्यमान थी ।[126] परंतु ऋग्वेद के संबद्ध उद्धरणों से इस प्रकार का चित्र नहीं प्रस्तुत किया जा सकता, यदि वर्ण/जाति-व्यवस्था को एक ऐसी सामाजिक रचना के अर्थ में समझा जाए, जिसका निर्माण एक उत्पादन-विधि की आवश्यकताओं के अनुरूप हुआ था । इस सामाजिक रचना में पुरोहितों तथा कुलीन-योद्धाओं के रूप में उच्च वर्ग उत्पादन के व्यवस्थापकों एवं उत्पादों के अधिशेष के इकट्ठा करने वालों के रूप में कार्य करते हैं, और कृषक, कारीगर व स्वतंत्र एवं परतंत्र कृषि-मजदूर जैसे निम्न वर्ग उत्पादन का मूल कार्य करते हैं ।

यद्यपि ब्राह्मण का उल्लेख ऋग्वेद में 14 बार हुआ है, तथापि ये सभी उल्लेख वंश मंडलों में नहीं है,[127] तथा सभी स्थानों पर उसे पुरोहित नहीं माना गया है ।[128] परंतु ऋग्वेद में प्रारंभिक पुरोहितों के समूह के अस्तित्व को नकारा नहीं जा

सकता। पौरोहित्य में संलग्न वसिष्ठ एवं विश्वामित्र के विशिष्ट प्रमाण दिए जा सकते हैं। इसी प्रकार कुछ पुरोहितों को उनके संरक्षकों ने पर्याप्त संख्या में गाय-बैल तथा सेविकाएं प्रदान की थीं, परंतु उनके पास भूमि तथा चरागाह नहीं थे, जिन पर संभवतः सामूहिक अधिकार था।

इसी प्रकार, क्षत्रिय शब्द ऋग्वेद में 9 बार उल्लिखित है, परंतु अधिकांश उल्लेख वंशेतर मंडलों में हैं।[129] तथापि हमारे पास युद्ध में अपने समूहों या जनजातियों का नेतृत्व करने वाले मुख्य योद्धाओं के कुछ उल्लेख हैं। उन्हें 'राजन्' भी कहा गया है। परंतु कर के रूप में उनके पास आय के कोई नियमित साधन नहीं थे। सैन्य-व्यवस्था के लिए करों के नियमित स्रोतों के अभाव में उन्हें जनजातीय नागरिक सेना पर आधारित होना पड़ता था। परिणामस्वरूप जो कुछ भी लूट की संपत्ति उन्हें प्राप्त होती थी उसे, संभवतः बराबर भागों में, जनजातीय लोगों में वितरित कर देना पड़ता था। यह अत्यधिक संभावित है कि मुखिया को विशेष भाग दिया जाता था, जैसी कि होमरकालीन यूनान में प्रचलित परंपरा थी। इसी प्रकार की प्रथा आदिम समाजों में भी प्रचलित है। परंतु प्रमुख को विशिष्ट भाग प्राप्त होना उसके जनजातीय लोगों की स्वीकृति तथा सद्भाव पर आधारित था। यह विशेष भाग प्रमुख के शौर्य एवं बुद्धि व हृदय की विशिष्टताओं की स्वीकृति के रूप में उसे दिया जाता होगा। कालांतर में, वैदिकोत्तर काल में इस प्रथा ने एक नियम को जन्म दिया, जिसके अनुसार साधारण जनता को दिए जाने वाले संरक्षण के बदले राजा कर प्राप्त करने का अधिकारी हो गया। सर्वोत्तम घोड़ा अथवा सर्वोत्तम हाथी राजा को दिए जाने की परंपरा भी एक जनजातीय प्रथा का अवशेष थी, जिसके अनुसार समुदाय सर्वोत्तम वस्तुएं जनजातीय प्रमुख को देता था।

यद्यपि हमारे पास अनेक सभाओं में पुनर्वितरण के संकेत हैं तथा अनेक संदर्भों में दान शब्द का अर्थ भी वितरण है,[130] तथापि यह विश्वास किया जाता है कि वितरण किए जाने वाले भाग समान नहीं थे। अनेक श्रेणियों के जनजातीय प्रमुखों को साधारण सदस्य की तुलना में विशेष भाग प्राप्त होने के कारण उनकी प्रतिष्ठा एवं महत्त्व बढ़ गए थे। क्योंकि 'राजा' कहलाए जाने वाले बड़े जनजातीय प्रमुख अपने सहयोगियों को बड़े-बड़े पुरस्कार देते थे, अतः वे भी संपन्न हो गए थे। हम अनेक रथों तथा गाय-बैलों वाले संपन्न व्यक्तियों के 'विदथ' में भाग लेने की सूचना पाते हैं। संभवतः ये संपन्न लोग जनजातीय प्रमुख के निकट सहचर थे, तथा साधारण जनजातीय लोगों से भिन्न थे। ये साधारण लोग ही जनजातीय सेना के सैनिक थे। ऋग्वेद में युद्ध में दंड स्वरूप प्राप्त की जाने वाली संपत्ति के लिए अनेक शब्द हैं। इस ग्रंथ में 'धन' और 'पण' शब्दों का कम से कम यही अर्थ है।[131] इसके अतिरिक्त हमें कुछ अन्य शब्द भी प्राप्त होते हैं यथा—'रयि', 'रेक्नस्', 'द्रविणस्', इत्यादि।[132] परंतु संपत्ति के अंतर्गत क्या आता था? संपन्न व्यक्तियों के लिए 'गोमत्' विशेषण का सामान्य प्रयोग प्रदर्शित करता है कि संपत्ति के अंतर्गत मुख्यतः गाय-बैल आते थे, भूमि नहीं। एक प्रधानतः पशुचारी समाज में यह एक

स्वाभाविक विशिष्टता थी। पुरोहितों को बड़ी पारंपरिक संख्याओं में गाय-बैलों को दिया जाना प्रदर्शित करता है कि दान देने वालों ('राजा' कहे जाने वाले जनजातीय प्रमुख) तथा दान प्राप्त करने वालों (पुरोहित) के पास ये यथेष्ठ संख्या में थे। इस तथ्य ने साझेदारी के आधार पर साधारण जनजातीय लोगों के परिवारों को पट्टे पर गाय-बैलों को देने की प्रथा को जन्म दिया होगा। हो सकता है कि इसने चरवाहों तथा गाय-बैल के स्वामियों के मध्य परावलंबन के संबंधों का भी निर्माण किया हो। परंतु इसके लिए *ऋग्वेद* में कोई प्रत्यक्ष प्रमाण नहीं है। 'गृह' के अंतर्गत न केवल निवास आता था वरन् गाय-बैल और भेड़ भी आते थे। चाहे कुछ भी हो यह स्पष्ट है कि 'गृहपति' के पास ऐसे स्रोत नहीं थे जो उसके घरेलू सेवकों के साधनों के परे थे।

जैसा पहले लिखा जा चुका है, *ऋग्वेद* में वेतन अथवा वेतनभोगियों के लिए कोई शब्द नहीं है। न ही इसमें कोई शब्द भिखारियों के लिए है। वेतन भोगने की संस्था का जन्म समाज में उस स्थिति में होता है जब एक परिवार बलपूर्वक अथवा अन्य साधनों से खेत और चरागाह प्राप्त कर लेता है, परंतु वह परिवार अपने श्रम-साधनों से इनका लाभ उठाने में समर्थ नहीं होता। इसी प्रकार वेतनभोगी और भिखारी तब उत्पन्न होते हैं जब वर्गविभेदीकरण के परिणामस्वरूप लोग दरिद्र और बेदखल बना दिए जाते हैं। परंतु इस प्रकार की स्थिति *ऋग्वेद* के काल में विद्यमान नहीं थी।

दूसरी ओर यदि हम एक बाद के मंडल में दी गई 'दानस्तुति' का अध्ययन करें, तो यह स्पष्ट होगा कि उसमें वर्णित वैदिक समाज समतावादी नहीं था, क्योंकि इसमें इस बात का स्पष्ट प्रमाण है कि लूट की संपत्ति का बड़ा भाग जनजातीय प्रमुखों तथा उनके पुरोहितों को दिया जाता था। यह संभव है कि वे लोग प्रथमतः अपनी विशिष्ट विशेषताओं और द्वितीयतः जनजातीय समुदायों के प्रतिनिधि होने के अपने दावे के कारण बड़े भाग प्राप्त करने में समर्थ होते थे। परंतु फिर भी, अधिशेष के अभाव एक पशुचारी जनजातीय समाज में वर्ग-विभेद की स्थितियां उत्पन्न नहीं कर सकते थे। पद-विभेद संभव थे, जैसा कि जनजातीय प्रमुखों की उपाधियों के आधार पर निष्कर्ष निकाला जा सकता है। ये उपाधियां हैं—'जनस्य गोप', 'विश्पति', 'विशांपति,' 'गणस्य राजा,' 'गणानाम्,' 'गणपति,' 'ग्रामणी', तथा संभवतः 'गृहपति'। कुछ 'विप्र' 'सभा' में भाग लेने के योग्य समझे जाते थे ('सभेय'), परंतु उच्च वर्गों की जनजातीय लोगों के श्रम पर जीवन-यापन की विशेषता अभी जन्म ही ले रही थी। इसका समुचित रूप में प्रसार नहीं हुआ था। 'विश्' शब्द द्वारा इंगित जनजातीय लोगों के अंतर्गत चरवाहे और सैनिक आते थे, जो प्रत्यक्षतः शनैः शनैः उमड़ते हुए पुरोहितों और कुलीन योद्धाओं के वर्गों की जीविका के लिए साधन प्रदान करते थे, जैसा कि *ऋग्वेद* के बाद के अंशों से स्पष्ट होता है। इसका आनुष्ठानिक तथा वैचारिक समर्थन बहुत बाद में दसवें मंडल के *पुरुषसूक्त* में प्राप्त होता है, जिसमें पहली और आखिरी बार *ऋग्वेद* में 'शूद्र' का

उल्लेख है। इसके अतिरिक्त 'जन' और 'विश्' द्वारा व्यक्त जनजातीय लोगो का महत्त्व तथा गाय-बैलों द्वारा प्रदर्शित पशुचारी जीवन का महत्त्व *ऋग्वेद* के वंश मंडलों में एवम् कुछ बाद के भागों में सर्वत्र व्याप्त है।

संदर्भ और टिप्पणियां

1. ए. ए. मैक्डोनल तथा ए. बी. कीथ, *वैदिक इंडेक्स आफ नेम्स एंड सब्जेक्ट्स*, जिल्द दो, तृतीय आवृत्ति, 1967 (*वै. ई.* के रूप में संक्षिप्तीकृत), जि. 1, 310.
2. *वही*, जि. 1, 23-24.
3. संदर्भों के लिए देखिए, आर. एस. शर्मा, *शूद्राज़ इन एंशिएंट इंडिया*, दिल्ली, 1958, पृ. 9, पाद टिप्पणी *ऋग्वेद* में 'दास-अहत्या' शब्द नहीं मिलता।
4. एमिल बेन्वेनिस्ते, *इंडो-यूरोपियन लैंग्वेज एंड सोसाइटी*, लंदन, 1973, पृष्ठ 240, 260-1.
5. *वही*, पृ. 261.
6. *वै. इं.*, जि. 2, 306.
7. बेन्वेनिस्ते, ऊपर उल्लिखित, पृ. 301.
8. *शूद्राज़*, इत्यादि, पृ. 15.
9. आर. एस. शर्मा, 'फार्म्स आफ प्रोपर्टी इन द अर्ली पोर्शन्स आफ द ऋग्वेद', *एस्सेज़ इन आनर आफ प्रोफेसर एस. सी. सरकार*, नई दिल्ली, 1976, पृ. 40.
10. *ऋ.*, 10. 34. 12.
11. *ऋ.*, 1. 164. 41.
12. हालांकि यह शब्द *ऋग्वेद* में उपलब्ध नहीं है, इसका शाब्दिक अर्थ है गाय के बालों वाला तथा यह वैदिकोत्तर ग्रंथों में उपलब्ध है; 'गवल' शब्द के अंतर्गत, मोनियर-विलियम्स, *ए संस्कृत-इंग्लिश डिक्शनरी* (सं. ई. डि. के रूप में संक्षिप्तिकृत).
13. विवरण के लिए देखिए, *एस्सेज़ इन आनर आफ प्रोफेसर एस. सी. सरकार*, पृ. 41.
14. 'सीता' शब्द के अंतर्गत, *वै. इं.*, जि. 2, 451, पाद टिप्पणी 1.
15. इमानुएल टेरे, *मार्क्सिज़्म एंड 'प्रीमिटिव सोसाइटीज़,'* लंदन, 1972. इस पुस्तक में 'हिस्टॉरीकल मैटीरियलिज़्म एंड सेगमेंटरी लीनिएज-बेस्ड सोसाइटीज़' शीर्षक अध्याय में लेखक ने इन अध्ययनों की, खास तौर पर क्लाडे मेलासो की पुस्तक 'ला एंथ्रोपोलॉजी इकोनोमीक डेस गोवोको डे कोटे आइवोरे', पेरिस, 1964, की अच्छी विवेचना है। इसके अतिरिक्त देखिए, मार्सेल माउस, *द गिफ्ट,* अध्याय प्रथम; परंतु इस पुस्तक के अध्याय तृतीय में प्रारंभिक भारतीय साक्ष्य की विवेचना संतोषप्रद नहीं है। प्रारंभिक भारतीय संदर्भ में वितरण तथा भेंटों के आदान-प्रदान के लिए देखिए, रोमिला थापर, "'दान' एंड 'दक्षिणा' एज फार्म्स आफ एक्सचेंज", *इंडिका,* 13, 1976, नं. 1 और 2.
16. 'पुनर्वितरण' (redistribution) शब्द का सर्वप्रथम प्रयोग कार्ल पोलनयी ने किया था। देखिए, कार्ल पोलनयी, 'द इकोनामी एज इंस्टीट्यूटड प्रोसेस', *ट्रेड एंड मार्केट इन द अर्ली एंपायर्स*. (सं. कार्ल पोलनयी तथा अन्य), ग्लेनको, 3, 1957, पृ. 250, टेरे, ऊपर उल्लिखित, पृ. 137 तथा 185, पाद टिप्पणी 17 में उद्धृत।

17. माउस, *द गिफ्ट,* अध्याय 2.
18. अधिकांश दानस्तुतियां प्रथम्, अष्टम् व दशम् मंडलों में हैं। अष्टम् मंडल में मुख्य रूप से प्राप्त हैं, यद्यपि कुछ वंश मंडलों में भी उपलब्ध हैं.
19. 1. 13-14.
20. उत्तरी भारत के हिंदी भाषी क्षेत्र के कुछ भागों में इसे 'बरहगाम' अथवा 'चौरासी' कहा जाता है.
21. *आस्पेक्ट्स आफ पोलिटिकल आइडियाज एंड इंस्टीट्यूशंस इन एंसिएंट इंडिया*, दिल्ली, 1968 (आ. पो. आइ. इ. ए. इं. के रूप में संक्षिप्तीकृत), पृ. 82-83, 113-14.
22. 3. 30. 5-6-(व्हिटने के अनुवाद के आधार पर)
23. *आ. पो. आइ. इ. ए. इं.*, पृ. 78-82.
24. ऋ., 7. 40. 1.
25. ऋ., 2. 1. 4.
26. 'दान' (वितरण) शब्द के अंतर्गत, *वै. इं.*, जि. 1, 350-1.
27. *ए वैदिक वर्ड-कान्कार्डेन्स*, जि. 1, भाग 5, पृ. 2316-17 के आधार पर गणना की गई है.
28. *वही*, पृ. 2328-30.
29. ऋ., 9. 61. 11 पर भाष्य, जिसमें सायण ने 'वनामहे' शब्द की तुलना 'संभजामहे' से की है.
30. 'वन' शब्द के अंनर्गत, मोनियर-विलियम्स, *संस्कृत-इंग्लिश डिक्शनरी*। 'वन्' धातु का पारंपरिक भाष्य इस प्रकार है—'संभजन-याचन-दान-हिसादन् वृत्तिः'.
31. 'वनिष्ठ' तथा 'वनियस्' शब्दों के अंतर्गत, मोनियर-विलियम्स, ऊपर उल्लिखित।
32. ऋ., 1. 93. 9.
33. ऋ., 3. 19. 1.
34. *ए वैदिक वर्ड-कान्कार्डेन्स*, जि. 1, भाग 5, पृ. 2738-40.
35. आर. एल. टर्नर, *ए कम्परेटिव डिक्शनरी आफ द इंडो-आर्यन लैंग्वेजेज़*, नं. 11266.
36. ऋ., 1. 100. 18; 9. 61. 11 पर भाष्य.
37. 'मन्' शब्द के अंतर्गत, मोनियर-विलियम्स, ऊपर उल्लिखित.
38. ऋ., 10. 106. 8, 'मनेरु' शब्द के अंतर्गत *वही* में उद्धृत.
39. ऋ., 2. 23. 13; 1. 100. 9 भी देखिए.
40. ऋ., 1. 123. 2
41. ऋ., 4. 20. 3;6. 26. 8.
42. ऋ., 1. 95. 10.
43. ऋ., 3. 39. 2.
44. *ए वैदिक वर्ड-कान्कार्डेन्स*, जि. 1, भाग 5, पृ. 3248-9.
45. ऋ., 6. 60. 13; ऋ., 10. 62. 11 में 'अशनाम वाजम्' शब्द मिलता है.
46. अनेक उद्धरणों में मायण ने 'वाज' की 'बल, के रूप में भी व्याख्या की है.
47. ऋ., 2. 31. 3.
48. 'वाजस्यन्नस्य मातये संभजनार्थम्.'
49. ऋ., 2. 31. 3; 5. 35. 6; 6. 53. 1. 4; 1. 130. 1 भी देखिए.
50. ऋ., 3. 51. 2.
51. ऋ., 5. 20. 1, परंतु 1. 78. 3 भी देखिए.
52. ऋ., 3. 12. 4, परंतु 1. 28. 7 भी देखिए.
53. ऋ., 3. 30. 22, 34. 5, 11, 36. 11.

54. ऋ., 9. 97.10. ग्रिफिथ ने 'वृजन' का अनुवाद 'बलशाली शक्ति' किया है, जिसका कोई अर्थ नहीं निकलता; अधिक संभावना यह है कि यह चरागाह के लिए प्रयुक्त है।
55. ऋ., 1. 73. 5; 6. 60. 13; 9. 61. 11.
56. ऋ., 1. 121. 15.
57. 'यमिन्द्र दधिषे त्वमश्वम्, गां भागमव्ययं, यजमाने सुन्वति दक्षिणावति तस्मिन्तं धेहि मा पणौ', ऋ., 8. 97. 2. सायण के आधार पर पाठ उद्धृत किया गया है.
58. एना विश्वान्यर्य आ द्युमनानि मानुषाणां, सिषासन्तो वनामहे. ऋ., 9. 61. 11. सायण ने 'सिषासन्तः' की व्याख्या 'संभक्तुं इच्छतंश्च' तथा 'वनामहे' की व्याख्या 'संभजामहे' के रूप में की है; उनके द्वारा 'द्युमनानि' की व्याख्या 'अन्नानि' के रूप में की गई है.
59. 'प्रथमभाजं यशसं वयोधां सुपाणिं देवं सुभगस्तिं ऋभ्वं, होता यक्षत् यजतं पस्त्यानाग्णि त्वष्टारं सुहवं विभावा' ऋ., 6. 49. 9.
60. ऋ., 10.54.11.
61. *वही*.
62. श्रायन्त इव सूर्यं विश्वेदिन्द्रस्य भक्षत, वसूनि जाते जनमाने ओजसा प्रतिभागं न दिधिम, ऋ., 8. 99. 2. को महीधर के भाष्य के साथ पढ़ा जाए। राल्फ टी. एच. ग्रिफिथ, (अनु.), *द हिम्स आफ द ऋग्वेद*, जि. 2, बनारस, 1897, पृ. 249, पा. टि. 3.
63. *वही*, इस संदर्भ में यास्क (निरुक्त, 6.8.) ने कहा है—'सर्वाणिन्द्रस्य धनानि विभक्ष्यमाणाःस यथा धाननि विभजति जाते च जनिष्यमाणे च त वयं भागमनुध्यायम।' ऋ., 8. 99. 3. के भाष्य में सायण द्वारा उद्धृत। ऋ., 8. 97. 2. में भी हम, जिनका जन्म अभी होना है, उन व्यक्तियों सहित सभी को बराबर भाग देने पर बल दिया गया पाते हैं.
64. 'स इद्भोजो यो गृहवे ददात्यन्नकामाय चरते कृशाय', ऋ., 10. 117, 3.
65. 'वि चक्रमे पृथीविमेष एतां क्षेत्राय विष्णुमंनुषे दशस्यन्...'. ऋ., 7. 100. 4.
66. ''सनत्क्षेत्रं सखिभिः शिवत्न्लेभिः सनत्सूर्यं सनदपः सुवज्रः' ऋ., 1.100.18. 'सनत्' पर भाष्य करते हुए सायण लिखते हैं—वन् षण संभक्तौ। इसका अर्थ यह होगा कि कृषि भूमि का विभाजन होता था। सायण द्वारा 'सनत्' शब्द को वितरण सूचक 'समभाक्षित'. 'अभजत' तथा 'समभजत' का पर्यायवाची माना गया है.
67. ऋ., 1. 73. 5.
68. ऋ., 1.83. 4.
69. ऋ., 2. 9. 4.
70. 'अंश' शब्द के अंतर्गत, *सं. इं. डि.* यह समस्या भाषाशास्त्री की रुचि की हो सकती है.
71. यह सुझाव मुझे प्रोफेसर आर. सी. पांडेय से प्राप्त हुआ.
72. 'भक्त' शब्द के अंतर्गत, *सं. इं. डि.*
73. आर. एल. टर्नर. *ए कम्परेटिव डिक्शनरी आफ द इंडो-आर्यन लैंग्वेंजेज़*, आक्सफोर्ड. 1966. नं. 9331
74. भत्त' शब्द के अंतर्गत, टी. डब्ल्यू. राइस डेविड्स तथा विलियम स्टेड. *पालि-इंग्लिश डिक्शनरी, (पा. इं. डि.* के रूप में संक्षिप्तीकृत)
75. ऋ., 2. 1. 4.
76. 'भाजक' शब्द के अंतर्गत, *पा. इं. डि*
77. आ. पो. आइ. इ. ए. इं., पृ. 122.
78. 'भाजन' शब्द के अंतर्गत, *सं. इं. डि.*
79. *ए कम्परेटिव डिक्शनरी आफ द इंडो-आर्यन लैंग्वेंजेज़*, नं. 9436; टर्नर के अनुसार *शतपथ ब्राह्मण* में

'भाजन' शब्द भोजन करने अथवा आनंद लेने के अर्थ में, तथा *महाभारत* में बर्तन के अर्थ में प्रयुक्त हुआ है.

80. मुझे यह सुझाव प्रोफेसर आर. सी. पांडेय से प्राप्त हुआ है.
81. यह शब्द कुछ भारतीय आर्य बोलियों में विद्यमान है; देखिए, *ए कम्परेटिव डिक्शनरी आफ द इंडो-आर्यन लैंग्वेजेज़*, नं. 9438.
82. *वही*, नं. 9438.
83. 'भाजी' शब्द के अंतर्गत, *सं. इं. डि.*
84. 'भजायु' शब्द के अंतर्गत, *वही* .
85. *ए कम्परेटिव डिक्शंनरी आफ द इंडो-आर्यन लैंग्वेजेज़*, नं. 9436.
86. 'परिविष' शब्द के अंतर्गत, *सं. इं. डि.*.
87. *वही*.
88. *वही*.
89. 'परिवेषक' शब्द के अंतर्गत, *पा. इं. डि.*.
90. जार्ज थामसन, *एसचिलुस एंड एथेंस*, लंदन, 1973, पृ. 38, 41, 49, 282.
91. *वही*, पृ. 39.
92. अपने क्रिया रूप में 'ग्रस्' शब्द *ऋ.*, 5. 41. 17. में आया है। 'ग्रस्' शब्द के अंतर्गत, *सं. इं. डि.*.
93. मारिस गोडेलियर, *पर्सपेक्टिव इन मार्क्सिस्ट एन्थ्रोपालाजी*, कैंब्रिज, 1977, पृ. 67.
94. इमानुएल टेरे, ऊपर उल्लिखित, पृ. 120, 134-5, 140.
95. *वही*, पृ. 140.
96. मारिस गोडेलियर, ऊपर उल्लिखित.
97. 'व्र' शब्द के अंतर्गत, *वै. इं.*, जिल्द2, 339.
98. वही.
99. 'व्रत' शब्द के अंतर्गत, *वै. इं.*, जि. 2, 341.
100. 'व्रत' शब्द के अंतर्गत, मोनियर-विलियम्स, ऊपर उल्लिखित.
101. 'व्रात' शब्द के अंतर्गत, *वही*.
102. *वही*.
103. 'व्रज' शब्द के अंतर्गत, *वै. इं.*, जि. 2, 340.
104. *वही*.
105. *वही*.
106. *ऋ.*, 10. 179. 2., 'व्राज-पति' शब्द के अंतर्गत उद्धृत, *वैं. इ.*, जि. 2, 341.
107. 'शर्धस्' शब्द के अंतर्गत, मोनियर-विलियम्स, ऊपर उल्लिखित.
108. 'शर्ध' शब्द के अंतर्गत, *वही*.
109. *ऋ.*, 3.53.12., 'ग्राम' शब्द के अंतर्गत उद्धृत, *वै. इं.*, जि. 1, 245.
110. 'यदंग त्व भरताः संतोयुर गव्यन् ग्राम इषित इन्द्रजूतः.' *ऋ.*, 3.33.11.
111. 'ग्राम' शब्द के अंतर्गत, *वै. इं.*, जि. 1, 245.
112. *वही*, पृ. 244.
113. इनमें से कुछ शब्दों का प्रारंभिक अर्थ दल हो सकता है, और कालांतर में इन्होंने नातेदारी पर आधारित अर्थ प्राप्त कर लिया होगा.
114. अधिक विवरण के लिए देखिए, *आ. पो. आइ. इ. ए. इं.*, पृ. 264-7.
115. *वै. इं.*, जि. 1, 245; जि. 2, 306, पा. टि. 9; 306, पा. टि. 11.

116 *वै.* इं., जि. 1, 467.
117. *आ. पो. आइ. इ. ए. इं.,* पृ. 150.
118. *वै.* इं., जि. 2, 306.
119. 'विश्', 'वेश्' तथा 'वेश्मन्' शब्दों के अंतर्गत, *सं. इं. डि.*
120. *आ. पो. आइ. इ. ए. इं.,* पृष्ठ 109-11.
121. *वै.* इं., जि. 1, 245.
122. 'गृह' शब्द (अपने अनेक रूपों में) घर/कुटुंब के अर्थ में 92 बार *ऋग्वेद* में आया है, जिनमें से केवल 34 बार ही वंश मंडलों में आया है। इस प्रकार प्राचीनतम ऋग्वैदिक समाज में कुटुंब एक प्रधान इकाई नहीं थी, और न ही 'ग्राम' के लिए यह कहा जा सकता है। इन दोनों की अपेक्षा 'विश्' अत्यधिक महत्त्वपूर्ण प्रतीत होता है.
123. 'विश्' शब्द के अंतर्गत, *सं. इं. डि.*.
124. इन सभी शब्दों के लिए देखिए, *सं. इं. डि.*.
125. *आ. पो. आइ. इ. ए. इं.,* पृ. 139.
126. *वै.* इं., जि. 2, 250.
127. *वै.* इं., जि. 2, 80-1.
128. *वै.* इं., जि. 2, 91, 248.
129 *वै.* इं., जि. 2, 248.
130. *वै. इं., जि.* 1, 350-1.
131. *एसेज़ इन आनर आफ प्रोफेसर एस. सी. सरकार,* पृ. 42.
132. *वही*.

अध्याय चार

उत्तर वैदिक काल और चित्रित धूसर मृद्‌भांड संस्कृति

उत्तर वैदिक साहित्य के अंतर्गत यजु तथा अथर्वणों की संहिताएं, ब्राह्मण ग्रंथ तथा उपनिषद् आते हैं, और इनकी रचना कुरु एवं पांचाल क्षेत्र में हुई थी ।[1] इसमें पश्चिमी उत्तर प्रदेश के अधिकांश भाग, लगभग संपूर्ण हरियाणा तथा पंजाब और राजस्थान के निकटवर्ती भाग आते हैं । भौगोलिक शब्दावली में इस क्षेत्र के अंतर्गत भारत का गंगा द्वारा विभाजित मैदानी भाग और ऊपरी गंगा के समतल क्षेत्र रखे जाते हैं । गंगा द्वारा विभाजित मैदान में सिंधु तथा गंगा नदियों का मध्यवर्ती क्षेत्र आता है । यह क्षेत्र आधुनिक पंजाब और राजस्थान के बहुत बड़े भू-भाग तथा संपूर्ण हरियाणा और दिल्ली क्षेत्र तक विस्तृत है । यदि उत्तरी सीमा के बारी दोआब को इसमें सम्मिलित कर लिया जाए तो गंगा द्वारा विभाजित मैदानी क्षेत्र का क्षेत्रफल लगभग 35,000 वर्गमील होगा ।[2] निचले पहाड़ी भागों को छोड़कर इस संपूर्ण क्षेत्र में वर्षा बहुत कम होती है, केवल दस से पंद्रह इंच तक ।[3] स्वाभाविक रूप से वानस्पतिक आच्छादन बहुत कम है तथा जंगल साफ करना कोई कठिन कार्य नहीं है । इसी विशेषता के कारण हड़प्पा और चित्रित धूसर मृद्‌भांड संस्कृति की अनेक बस्तियां इस क्षेत्र में स्थापित हुईं । पंजाब और हरियाणा के मैदानों की मिट्टी साधारणतः क्षारीय है,[4] जो लोहे के उपकरणों सहित कार्बनिक तथा अकार्बनिक सामग्री को सुरक्षित रखने में सहायक होती है । यद्यपि लवणीय तथा क्षारीय मिट्टियां राजस्थान, उत्तर प्रदेश और बिहार के शुष्क क्षेत्रों में भी प्राप्त होती हैं, परंतु स्पष्ट रूप से इस प्रकार के क्षेत्र प्रथम दो राज्यों में ही अधिक हैं ।

जलवायु के दृष्टिकोण से राजस्थान के पूर्वी भागों सहित यह संपूर्ण क्षेत्र एक इकाई है, जिसमें एक ही प्रकार के पौधे व वृक्ष उत्पन्न होते हैं । हम कुछ उन वृक्षों की सूची दे सकते हैं जो वैदिक ग्रंथों में उल्लिखित हैं और वर्तमान समय में भी इस क्षेत्र में पाए जाते हैं । ऐसे वृक्षों में 'खदिर'[5] अथवा खैर (जिसे कत्था भी कहा जाता

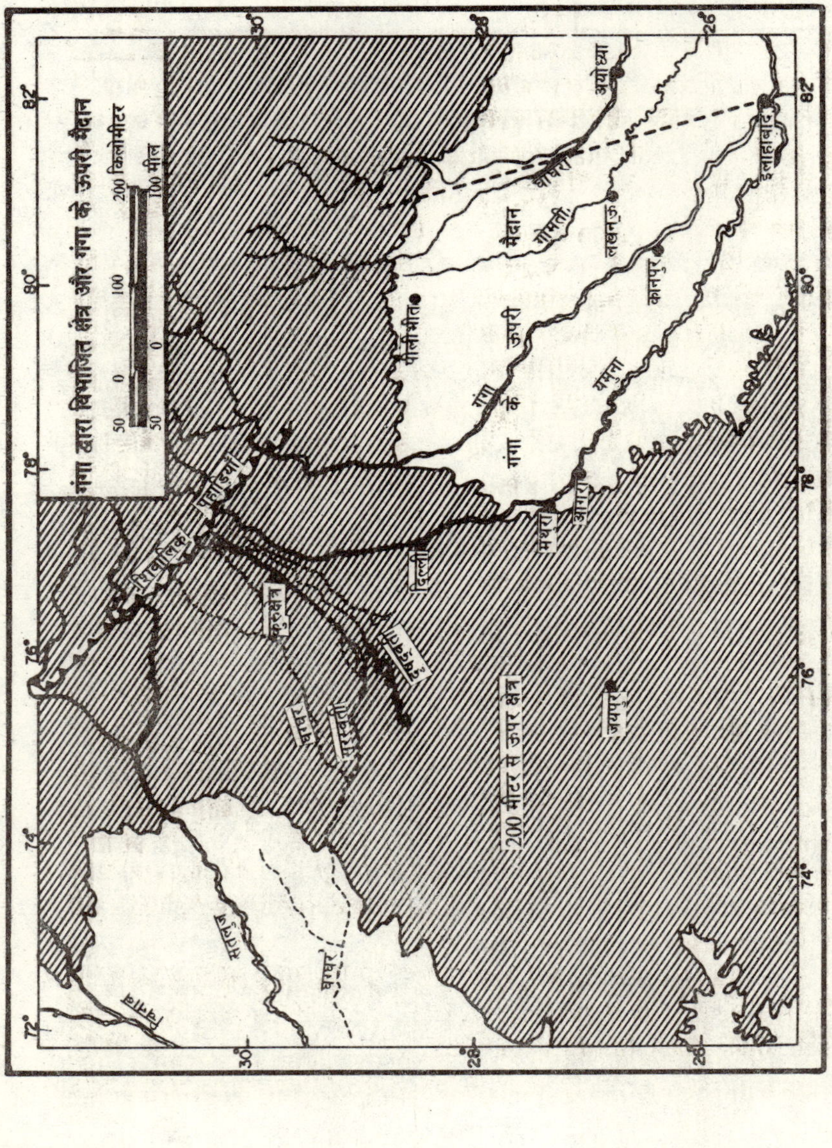
गंगा द्वारा विभाजित क्षेत्र और गंगा के ऊपरी मैदान
200 किलोमीटर
100 मील
शिवालिक पहाड़ियाँ
कुरुक्षेत्र
दिल्ली
मथुरा
आगरा
पीलीभीत
गंगा के ऊपरी मैदान
गंगा
यमुना
कानपुर
लखनऊ
गोमती
घाघरा
अयोध्या
इलाहाबाद
200 मीटर से ऊपर क्षेत्र
जयपुर
सरस्वती
घग्घर
सतलुज

है) गंगा के उत्तरी मैदानों में साधारण रूप से प्राप्त होता है। इस वृक्ष का उपयोग गाड़ी, उपकरणों के हत्थे आदि बनाने में तथा मुख्यतः भूरे रंग की वस्तुएं बनाने में[6] किया जाता है। उत्तर पश्चिमी भारत के निचले भागों में खैर की अपेक्षा बबूल बहुतायत से प्राप्त होता है,[7] परंतु 'किक्कर'[8] शब्द अथवा उत्तरी भारत की भाषाओं में उपलब्ध कीकड़, उत्तर वैदिक ग्रंथों में अनुपलब्ध है। 'खैर' के साथ-साथ 'सिस्सू' भी शुष्क जलवायु वाले व अन्य क्षेत्रों में प्राप्त होता है। इस वृक्ष का *अथर्ववेद* में 'शिंशपा' के रूप में उल्लेख है,[9] तथा इसके हड़प्पाकालीन अवशेष राजस्थान में प्राप्त हुए हैं।[10] गंगा के ऊपरी मैदानों में 'उदुम्बर'[11] (हिंदी—गूलर) मिलता है। यह वृक्ष देश के अन्य भागों में भी उपलब्ध है। एक पत्ते रहित झाड़ी 'करीर' मथुरा में यमुना के तटवर्ती क्षेत्रों में प्राप्त होती है।[12] इसी क्षेत्र में 'पीलु'[13] नामक वृक्ष भी प्राप्त होता है, जिसके फल पंडुक खाते हैं। 'करकंधु'[14], 'कोल'[15], 'कुवल'[16] और 'बदर'[17] जैसे 'जुजुबे' वृक्ष (हिंदी—बैर) भी इस संपूर्ण क्षेत्र में पर्याप्त संख्या में उपलब्ध हैं। हिमालय के पादगिरि क्षेत्रों में 'पीतूदारु'[18] अथवा 'पुतुद्रु'[19], जो देवदार का ही एक नाम है, पाया जाता है। लहरियादार पत्तियों तथा छोटे सफेद फलों से युक्त 'प्लक्ष'[20] (हिंदी—पाकर) वृक्ष इस क्षेत्र में तथा पूर्वी भारत में प्राप्त होता है। 'वरणा'[21] (हिंदी—वरना) हरियाणा में बड़ी संख्या में प्राप्त होता है। 'विकंकत'[22], जिसका समीकरण कटाई से किया जा सकता है, तथा 'शामी'[23], जो चोंकर से तुलनीय है, हमारे अध्ययन के क्षेत्र में पाए जाते हैं। प्रथम सहस्राब्दि ई. पू. के प्रथमार्ध के स्तरों से न तो अब तक वानस्पतिक अवशेष पर्याप्त संख्या में प्राप्त हुए हैं और न ही उनका सावधानीपूर्वक अध्ययन किया गया है। अतः पुरातत्व एवं भौगोलिक उद्गम के आधार पर उत्तर वैदिक वनस्पतियों का समग्र अध्ययन कर सकना अब तक संभव नहीं हो पाया है। परंतु हमारे पास यह प्रदर्शित करने के लिए पर्याप्त साक्ष्य है कि उत्तर वैदिक ग्रंथों में उल्लिखित वनस्पति तथा दोआब और समीपवर्ती क्षेत्रों से प्राप्त वनस्पति समान है।

चित्रित धूसर मृद्भांडों के ठीकरे उन्हीं क्षेत्रों से प्राप्त हुए हैं जिनका प्रतिनिधित्व उत्तर वैदिक साहित्य करता है। यद्यपि चि. धू. मृ. पूर्वी उत्तर प्रदेश तथा बिहार से भी प्राप्त हुए हैं, तथापि उनका मुख्य केंद्र उत्तरी गंगा व सतलज का तटवर्ती क्षेत्र ही प्रतीत होता है। लगभग 700 चि. धू. मृ. स्थलों की खोज इस क्षेत्र में की गई है। लगभग 50 गेरुए रंग के मृद्भांड स्थलों की तुलना में ये संख्या बहुत बड़ी है। इसमें कोई संदेह नहीं है कि पहली बार इस क्षेत्र में इतनी बड़ी संख्या में कृषक बस्तियों के विद्यमान होने की ओर ये संकेत करते हैं। तथापि केवल चित्रित धूसर मृद्भांडों की संस्कृति जैसी कोई चीज नहीं है, क्योंकि काले लाल मृद्भांड, काले स्लिपयुक्त मृद्भांड, लाल मृद्भांड तथा अनलंकृत धूसर मृद्भांड भी इनके साथ-साथ प्राप्त होते हैं। यों तो चित्रित धूसर मृद्भांडों के ठीकरे अलग पहचान

वाले हैं, परंतु इनकी संख्या किसी भी स्थल में सर्वाधिक नहीं है। अतरंजीखेड़ा में भी, जहां चि. धू. मृ. संस्कृति लगभग 650 वर्गमीटर के क्षेत्र में फैली हुई है, इनकी संख्या समस्त मृद्भांडों में केवल 3 से 10 प्रतिशत तक ही है।[24] वहां भी जहां इनकी संख्या अपेक्षाकृत अधिक है, इस संस्कृति के स्तरों से चित्रित धूसर मृद्भांडों के ठीकरे समस्त मृद्भांडों में पंद्रह प्रतिशत से अधिक नहीं हैं। इस प्रकार चि. धू. मृ. संस्तर एक मिश्रित संस्कृति का प्रतिनिधित्व उसी प्रकार करता है, जिस प्रकार उत्तर वैदिक साहित्य द्वारा वर्णित संस्कृति संस्कृत तथा संस्कृतेतर और आर्य तथा अनार्य तत्वों के सम्मिश्रण की द्योतक है।

लोहे की वस्तुओं वाले चि. धू. मृ. (चित्रित धूसर मृद्भांड) स्तरों की तिथि लगभग वही प्रतीत होती है जो उत्तर वैदिक साहित्य की है। यद्यपि अतरंजीखेड़ा की एक रेडियो कार्बन तिथि के आधार पर कुछ उत्साही विद्वान चि. धू. मृ. तथा लोहे की वस्तुओं के स्तरों को और प्राचीन स्थापित करने का प्रयास करते हैं, तथापि चि. धू. मृ. तथा लोहे के विसरण का काल पांच शताब्दियों से कम ही रहा होगा, जो लगभग 1000 ई. पू. से 500 ई. पू. तक कहा जा सकता है। पश्चिमी उत्तर प्रदेश के अतरंजीखेड़ा की 1025 ई. पू. की रेडियो कार्बन तिथि यहां व अन्य स्थलों से प्राप्त कम से कम चार अन्य रेडियो कार्बन तिथियों के साथ ठीक नहीं बैठती। ये चारों तिथियां चि. धू. मृ./लौह काल के प्रारंभ की द्योतक हैं। ये तिथियां हैं—अतरंजीखेड़ा से 940 ई. पू.[25], राजस्थान में जोधपरा से 800 ई. पू.[26], इसी राज्य के नोह से 725 ई. पू.[27], तथा जोधपुरा से ही 720 ई. पू.[28]। चट्ट तिथियां एक ऐसा साक्ष्य प्रस्तुत करती हैं जिसके अनुरूप हम उत्तरी भारत में लोहे के प्रारंभ की तिथि 1000 ई. पू. से पहले नहीं आंक सकते। यदि हम इन तिथियों का अंशशोधन (Calibration) भी करें तब भी यही निष्कर्ष निकलता है। तथापि चि. धू. मृ. की प्रारंभिक तिथि का लोहे के प्रारंभ से निश्चित संबंध होना आवश्यक नहीं है। कम से कम चार स्थलों के उत्खनन में चि. धू. मृ. हड़प्पा परंपरा के मृद्भांडों के संपर्क में प्राप्त हुए हैं, और इनके साथ किसी भी प्रकार का लोहा संबद्ध नहीं है। इसी प्रकार का एक स्थल हरियाणा में भगवानपुरा है जहां की थर्मोल्युमिनेसेंट तिथियां 1500 से 1000 ई. पू. के मध्य आती हैं।[29] उत्तरी भारत के अनेक स्थलों से भी लोहा काले-लाल मृद्भांडों के साथ संबद्ध पाया गया है, यद्यपि सभी स्थलों पर तिथियां प्राचीन नहीं हैं।[30] चि. धू. मृ. संस्कृति की समाप्ति के लिए लगभग 500 से 400 ई. पू. की रेडियो कार्बन तिथियां उपलब्ध हैं[31], यद्यपि कुछ तिथियां 275 ई. पू. जितनी बाद की भी हैं।[32] चाहे जो भी हो, गंगा के उत्तरी मैदानों तथा गंगा द्वारा विभाजित मैदानी क्षेत्र में चित्रित धूसर मृद्भांड संस्कृति और लोहे के उपयोग की तिथि लगभग 1000-500 ई. पू. तर्कसंगत प्रतीत होती है।

कीथ ने सभी ब्राह्मण ग्रंथों को 800 से 600 ई. पू. के मध्य रखा है,[33] परंतु लुई रेनू का मत संभवतः ठीक है जिसके अनुसार उपनिषदों सहित उत्तर वैदिक साहित्य

की बाद की तिथि 500 ई. पू. तक ले जाई जा सकती है ।[34] संस्कृतज्ञों द्वारा वैदिक ग्रंथों की तिथि भाषाशास्त्रीय प्रमाणों, पश्चिम एशिया में 1400 ई. पू. के अभिलेखकीय साक्ष्य में वैदिक नामों के विद्यमान होने, तथा पश्चिम एशिया और यूरोप में भारोपीय भाषाओं को बोलने वाले लोगों के आगमन के आधार पर निर्धारित की गई है ।[35] इस संयोग को कि उत्तर वैदिक ग्रंथों का संपादन चि. धू. मृ. संस्कृति के काल में ही किया गया था, इन दोनों स्रोतों से प्राप्त भौतिक संस्कृति की तुलना से अर्थपूर्ण बनाया जा सकता है ।

हस्तिनापुर से प्राप्त चि. धू. मृ. कालीन बिना पकाई ईंटों की दीवारें[36] हमें यज्ञ वेदिकाओं के संदर्भ में ईंटों के उत्तर वैदिक उल्लेखों की याद दिलाती हैं । ईंटों के सात नाम *तैत्तिरीय संहिता* में, नौ *काठक संहिता* में तथा ग्यारह *मैत्रायणी संहिता* में प्राप्त होते हैं ।[37] 'अग्निचयन' के अवसर पर निर्धारित विधियों के अनुरूप 'उत्तर-वेदि' के निर्माण में ईंटों के पांच स्तर लगाए जाते हैं; ये वेदी बहुधा फैले हुए पंखों वाले पक्षी के आकार की होती है ।[38] इस प्रकार कुल ईंटों की संख्या 10800 होती है । ईंटों की यज्ञ-वेदियों का निर्माण 'महाव्रत' के लिए आवश्यक था जबकि अन्य सोम' यज्ञों के लिए वैकल्पिक । भगवानपुरा व कुछ अन्य स्थलों के अतिरिक्त, जहां पकाई हुई ईंटों के प्रमाण प्राप्त हुए हैं परंतु उनकी उपयोग-विधि अज्ञात है,[39] चि. धू. मृ. संस्कृति के केंद्रों से साधारणतः पकाई हुई ईंटें प्राप्त नहीं होतीं । इसी प्रकार उत्तर वैदिक ग्रंथों में भी ये अज्ञात हैं । यद्यपि कौशाम्बी में मिट्टी की प्राचीर पर सामने की ओर ईंटों की ढलुवां दीवार प्राप्त हुई है, परंतु इसकी तिथि 550 ई. पू. से पहले नहीं मानी जा सकती ।[40] वास्तव में एक ढले हुए तांबे के सिक्के की प्राप्ति इसकी तिथि को लगभग 300 ई. पू. तक ले जा सकती है । अतः वैदिक ग्रंथों में उल्लिखित ईंटें साधारणतः पकाई हुई नहीं थीं । अतरंजीखेड़ा में चि. धू. मृ. स्तर से एक कुम्हार का आंवा प्राप्त हुआ है ।[41] वैदिक ग्रंथों में इस प्रकार के आंवे को 'आपाक' कहा गया है परंतु वैदिक स्रोतों में ईंटों के भट्ठे के लिए कोई शब्द नहीं है । धार्मिक अनुष्ठानों में बिना पकी ईंटों के प्रयोग की प्राचीन वैदिक परंपरा महाराष्ट्र में[42] तथा संभवतः देश के कुछ अन्य भागों में अब भी प्रचलित है । चि. धू. मृ. बस्तियों का संपूर्ण चित्र उन्हें नगरीय ठहराने का साक्ष्य प्रस्तुत नहीं करता, जैसा कि व्हीलर ने किया है ।[43] अधिक से अधिक चि. धू. मृ. काल के अंतिम चरणों में उन्हें आद्य-नगरीय कहा जा सकता है । उत्तर वैदिक ग्रंथ नगरीय जीवन के विषय में नहीं जानते थे । पंचालों की राजधानी काम्पील[44] एक प्रशासनिक बस्ती हो सकती थी । 'नगर' शब्द एक आरण्यक[45] में उद्धृत है, और 'नगरिन्'[46] शब्द दो ब्राह्मण ग्रंथों में । परंतु ये ग्रंथ 600 ई. पू. के पहले के नहीं हैं ।

प्रौद्योगिकी की दृष्टि से चि. धू. मृ. काल के अधिकतर भाग में लोहे का प्रयोग होता था ।[46] ऐसा प्रतीत होता है कि चि. धू. मृ. काल के प्रारंभिक चरण में लोहे का ज्ञान नहीं था, जैसा कि हरियाणा में भगवानपुरा तथा पंजाब में कुछ अन्य स्थलों के

उत्खननों से निष्कर्ष निकाला जा सकता है। परंतु गंगा घाटी के मैदान में चि. धू. मृ. तथा लोहे के उपकरण एक-दूसरे से संबद्ध हैं। इन उपकरणों में मुख्यतः भाले के अग्र भाग, वाणाग्र, खूंटी आदि प्राप्त होते हैं। समनुरूप कार्बन 14 तिथियां इन्हें 850 ई. पू. से पहले का निर्धारित नहीं करतीं। अतरंजीखेड़ा से प्राप्त लोहे के उपकरण धौंकनी के उपयोग सहित विकसित ज्ञान के परिचायक हैं। राजस्थान में झुंझुनू जिले में सुनेरी गांव के एक उत्खनित स्थल में लोहे को पिघलाने तथा लोहे की वस्तुओं को गढ़ने के लिए बनाई गई दो भट्ठियां प्राप्त हुई हैं।[48] यह सूचित किया गया है कि ये भट्ठियां खुले प्रकार की हैं तथा इनमें धौंकनियां लगी हुई हैं।[49] ये सभी खोजें चि. धू. मृ. संस्कृति से संबद्ध हैं, जिसे 3000 वर्ष प्राचीन माना जाता है।[50] परंतु लोहे को पिघलाने तथा 'धौंकनियों' की 1000 ई. पू. की स्तर विन्यासिक तिथियां कालांतर में उपलब्ध कार्बन 14 तिथियों को दृष्टि में रख कर परिवर्धित की जा सकती हैं। उत्तर वैदिक काल में धौंकनी के लिए प्रयुक्त सामान्य शब्द 'भस्त्रा' का प्रयोग *शतपथ ब्राह्मण*[51] में चमड़े के आधान के अर्थ में किया गया है। परंतु इस शब्द की उपस्थिति का अर्थ यह हो सकता है कि वैदिक काल के अंतिम चरणों में लोगों का धौंकनी से परिचय हो गया था।

उत्तर वैदिक ग्रंथों में लोहे के लिए अनेक शब्द प्राप्त होते हैं। 'यजु' संहिताओं में सबसे बाद की *वाजसनेयि संहिता*[52] में 'श्याम' शब्द है, जिसकी तिथि लगभग 800 ई. पू. हो सकती है, क्योंकि यह संहिता तैत्तिरीय संहिता से बाद की है।[53] *अथर्ववेद* 10. 5. 4 में 'श्यामेन' शब्द और 11. 3. 1 में 'श्याम अयस्' शब्द प्राप्त होते हैं, परंतु *अथर्ववेद* के ये अध्याय पुरोहित-साहित्य के भाग हैं न कि लोक काव्य के, और इस नाते काल की दृष्टि से संभवतः बाद के हैं।[54] क्योंकि अपने वर्तमान रूप में *अथर्ववेद* निश्चय ही चारों संहिताओं में सबसे बाद का है,[55] ये उल्लेख 800 ई. पू. के पहले के नहीं कहे जा सकते। *शतपथ ब्राह्मण* तथा *ऐतरेय ब्राह्मण* से बाद के[56] *जैमिनि उपनिषद् ब्राह्मण* 2.90 में 'कृष्णायस्' एवम् 'कार्षणायस्' शब्द प्राप्त होते हैं। इस ग्रंथ को 600 ई. पू. के बाद का निर्धारित किया जा सकता है। यह आश्चर्यजनक है कि लोहे के लिए प्रयुक्त मिस्री भाषा का शब्द स्वर्ग से आया हुआ काला तांबा है,[57] जो लगभग 'कृष्णायस्' के समान है। इसी प्रकार चि. धू. मृ. स्तरों से प्राप्त कांच के मनकों तथा चूड़ियों[58] का प्रतिरूप वैदिक ग्रंथों का 'काच' शब्द माना जा सकता है।[59]

लगभग 1000-500 ई. पू. के स्तरों में पंजाब, हरियाणा, पश्चिमी उत्तर प्रदेश तथा राजस्थान के समीपवर्ती क्षेत्रों से प्राप्त लोहे की वस्तुओं के आधार पर हम उनके हस्तशिल्प एवं कृषि में बड़ी सीमा में उपयोग की कल्पना नहीं कर सकते। इस काल में केवल वाणाग्र तथा भाले के अग्र भाग और कुछ सीमा तक कीलें[60] ही प्राप्त हुई हैं; कुल्हाड़ी, कुदाल एवं दरांत विरल हैं, और हल के फाल लगभग अनुपस्थित हैं। जखेड़ा से एक हल का फाल प्राप्त होने की सूचना है, परंतु

यह चि. धू. मृ. काल के अंत का हो सकता है। इससे संबद्ध अन्य पुरातात्विक वस्तुओं की तिथि अब तक निर्धारित नहीं की गई है। इस प्रकार चि. धू. मृ. तथा लौह काल मूलतः लोहे के हथियारों का काल था न कि लोहे के उपकरणों का। गंगा के ऊपरी तटवर्ती क्षेत्र में लोहे की समृद्ध खानों का अभाव है और धौंकनी के प्रयोग का प्रमाण संदेहास्पद प्रतीत होता है।[61] इस कारण लोहे की बनी वस्तुओं की संख्या सीमित ही थी। प्रथम सहस्राब्दि ई. पू. के मध्य तक भी मुख्यतः दो सीमाओं के कारण लोहा सामान्य उपयोग की धातु नहीं बन सका था। दक्षिण बिहार के लोहे के समृद्ध स्रोत गंगा के ऊपरी तटवर्ती क्षेत्र तथा सतलज के तटवर्ती क्षेत्रों के निवासियों को अज्ञात थे। लोग संभवतः हिमाचल प्रदेश में मंडी, पंजाब में पटियाला तथा उत्तर प्रदेश में कुमाऊं पर्वतीय क्षेत्र में प्राप्त कच्चे लोहे का उपयोग करते थे। ऐसा मत व्यक्त किया गया है कि लोहे के ये जमाव पर्याप्त समृद्ध नहीं हैं तथा दुर्गम क्षेत्रों में स्थित हैं।[62] प्रौद्योगिकी की दृष्टि से 1000-600 ई. पू. का काल आदिम लौह काल था।[63] फेंके गए लौह-मल में पर्याप्त धातु विद्यमान है, और यह तथ्य इस बात को प्रदर्शित करता है कि लौह-धातु की विद्या प्रारंभिक अवस्था में थी।[64] इस काल में धातु-मल मिश्रित पीटे गए लोहे की छोटी-छोटी वस्तुएं बनाई जाती थीं।[65] ऐसा प्रतीत होता है कि हथियार भी सीमित संख्या में ही थे, और संभवतः उन पर प्रमुखों और राजाओं का ही अधिकार था।

अनेक स्थानों पर तीन से चार मीटर तक गहरे चि. धू. मृ.-लौह काल के जमाव इस बात को निस्संदेह प्रकट करते हैं कि ये बस्तियां कम से कम तीन से चार शताब्दियों तक बनी रहीं। इनकी सापेक्षिक स्थिरता तथा जनसंख्या वृद्धि के द्योतक अनेक संदर्भ इस बात की ओर संकेत करते हैं कि ये कृषक समुदायों की बस्तियां थीं। उत्तर वैदिक साहित्य में चार, छः, आठ, बारह और यहां तक कि चौबीस बैलों द्वारा खींचे जाने वाले हल के उल्लेख हैं,[66] जो इस बात के द्योतक हैं कि कठोर भूमि को जोतने के लिए दो से अधिक बैलों को लगाया जाता था। क्षेत्र-कृषि के महत्त्व को समझा जाने लगा था तथा 'खदिर' के हल के फाल से प्रार्थना की जाती थी कि वह लोगों को गाएं, बकरी, बच्चे तथा अनाज प्रदान करे।[67] ऐसा प्रतीत होता है कि 'खदिर' अथवा 'खैर' का बना हल का फाल पर्याप्त सीमा तक प्रयोग किया जाता था। *शतपथ ब्राह्मण* में इसे बहुत कठोर कहा गया है तथा इसकी तुलना हड्डियों से की गई है।[68] परंतु कुछ उत्तर वैदिक ग्रंथों में हल को 'पविरवंत्'[69] अथवा 'पवरिवम्'[70] कहा गया है, जिसकी व्याख्या बल्लम के समान धातु के फाल से युक्त हल के रूप में की गई है।[71] यह संभवतः लोहे का फाल था। इसी प्रकार से, वेद मंत्रों के उच्चारण में धातु अथवा लकड़ी के बने 'कुशी' नामक उपकरण का प्रयोग चिह्न लगाने के लिए किया जाता था।[72] परवर्ती कालों में यह शब्द हल के लौह निर्मित फाल का द्योतक बन गया और पश्चिमी उत्तर प्रदेश, पंजाब और हरियाणा की बोलियों में इसका प्रयोग अब भी इसी अर्थ में होता

है। परंतु अब तक केवल एक ही लोहे का बना हल का फाल चि. धू. मृ. के बाद के स्तरों से प्राप्त हुआ है। ऋग्वैदिक काल में 'खदिर' तथा 'कुदुम्बर' के बने हल के फालों का उपयोग होता था। उत्तर वैदिक काल तक यह परंपरा चलती रही, और बनारस के क्षेत्र में यह अनुष्ठान आज भी प्रचलित है। इस अनुष्ठान के अंतर्गत जोतने की प्रक्रिया को प्रारंभ करने के पूर्व लकड़ी के फाल से युक्त हल से एक छोटे खेत में रेखाएं अंकित की जाती हैं।

अतरंजीखेड़ा से प्राप्त कुछ उपकरण[73] कटाई में प्रयुक्त हंसिया के समान दिखाई देते हैं, परंतु *ऋग्वेद* के वंश मंडलों में लौह निर्मित हंसिया का कोई उल्लेख नहीं है। 'दात्र' शब्द *ऋग्वेद* के परवर्ती भागों में प्राप्त होता है,[74] और एक रीपर तथा सामान्य कटाई के निमित्त हंसिया इन दोनों ही अर्थों में इसका प्रयोग किया गया है। इससे व्युत्पन्न 'दा', 'दाउ' आदि का उत्तर पूर्वी भारत में अर्थ है कृषि में प्रयुक्त एक बड़ा काटने वाला उपकरण। परंतु हरियाणा और निकटवर्ती क्षेत्रों में इससे व्युत्पन्न दरांती शब्द का अर्थ है फसल कटाई में प्रयुक्त हंसिया। 'शृणि' फसल कटाई के लिए प्रयुक्त हंसिया के लिए एक अन्य शब्द है जो *ऋग्वेद* के परवर्ती भागों में[75] तथा *अथर्ववेद*[76] में भी उपलब्ध होता है। परंतु इस शब्द का अधिक प्रयोग नहीं होता था। यह महत्त्वपूर्ण है कि उत्तर वैदिक साहित्य में कटाई के लिए प्रयुक्त हंसिया अथवा फसल काटने के अर्थों में 'लवित्र'[77] शब्द का प्रमुख रूप से प्रयोग किया गया है। परंतु हमें यह स्पष्ट नहीं होता कि ये हंसिया किस चीज की बनी होती थी। संक्षेप में यह कहा जा सकता है कि चि. धू. मृ. संस्कृति के लोग अथवा उत्तर वैदिक कालीन लोग क्षेत्र-कृषि करते थे, परंतु इसमें लोहे की कोई प्रमुख भूमिका नहीं थी।

ऋग्वेद के काल में 'यव' अथवा जौ उत्पन्न किया जाता था। जौ शीघ्र पकता है और इसकी कृषि में अधिक वर्षा की आवश्यकता नहीं होती। लोगों का पूर्णतया इसी अनाज पर आधारित होना इस बात का संकेत देता है कि अन्य फसलों के बारे में कोई जानकारी न होने के परिणामस्वरूप उनका जीवन अभावपूर्ण था। अतरंजीखेड़ा में चि. धू. मृ. स्तरों से जौ के अतिरिक्त चावल और गेहूं[78] भी प्राप्त हुए हैं। इनका समर्थन उत्तर वैदिक ग्रंथ भी करते हैं, जिन्हें जौ, चावल ('व्रीहि'), उड़द ('माष') तथा तिल ('तिल')[79] का ज्ञान था। बाजरे ('स्यामाक') का भी उल्लेख प्राप्त होता है।[80] उत्तर वैदिक ग्रंथों में साठ दिन में पकने वाली धान की फसल का नाम 'षष्टिक' प्राप्त होता है।[81] यह एक प्रकार का साधारण मोटा चावल है, और साठी के नाम से लगभग संपूर्ण उत्तरी भारत में आज भी प्रचलित है।[82] यह तथ्य कि हिंदू अनुष्ठानों में अन्य प्रकार के चावलों के स्थान पर इसी चावल का प्रयोग होता है, प्रकट करता है कि यह कृषि से उत्पन्न प्राचीनतम चावल का प्रकार था। चि. धू. मृ. स्तरों से प्राप्त 'गोधूम' अथवा गेहूं अनेक उत्तर वैदिक ग्रंथों में उल्लिखित है।[83] परंतु जहां तक उड़द, तिल और बाजरे का प्रश्न है, ये चि.

धू. मृ. स्तरों से प्राप्त नहीं हुए हैं । परंतु मध्य प्रदेश में ताम्रपाषाणकालीन स्तरों से गेहूं, जौ तथा चावल के अतिरिक्त मसूर, उड़द, मूंग, खेसारी तथा अलसी के भी उत्खनन में प्राप्त होने की सूचना है ।[84] पश्चिमी उत्तर प्रदेश में धान की खेती की इस तथ्य से व्याख्या की जा सकती है कि प्राचीन काल में इस क्षेत्र में बहुत अधिक वृष्टि होती थी और खेतों में पानी भर जाता था । यह तथ्य इस बात की भी व्याख्या करता है कि वैदिक अनुष्ठानों में[85] चावल का निरंतर प्रयोग क्यों होता था । दूसरी ओर यह भी महत्त्वपूर्ण है कि इन अनुष्ठानों में गेहूं का कोई स्थान नहीं है ।

अतरंजीखेड़ा से प्राप्त पशु अवशेषों में गाय-बैल तथा अन्य पशुओं की ऐसी हड्डियां भी हैं, जिन पर काटे जाने के चिह्न हैं ।[86] इनको दृष्टि में रखते हुए कोई संदेह नहीं रह जाता कि इन पशुओं का उपयोग भोजन के लिए किया जाता था । हस्तिनापुर से प्राप्त पशु-अस्थियां प्रदर्शित करती हैं कि कम आयु के गाय-बैलों का भोजन के रूप में प्रयोग किया जाता था ।[87] उत्तर वैदिक साहित्य में जिन यज्ञों का विधान है उनमें बड़ी संख्या में गाय-बैल व अन्य पशुओं का वध किया जाता था, और वैदिक लोगों के जीवन में पशु-मांस एक महत्त्वपूर्ण भोज्य पदार्थ था । यज्ञ वेदियां अब तक प्राप्त नहीं हुई हैं, यद्यपि कौशाम्बी में 'पुरुषमेध' के संदर्भ में इस प्रकार का दावा किया गया है । चाहे जो भी हो, गाय-बैलों का वध पशुचारण के पुष्ट संकेत हैं । पूर्व वैदिक काल में पशुचारण प्रमुख रूप से विद्यमान था ।

यद्यपि घोड़े के अवशेष हस्तिनापुर से प्राप्त हुए हैं,[88] किंतु यह स्पष्ट नहीं है कि इस पशु का भोजन के रूप में प्रयोग किया जाता था या नहीं । अन्य चि. धू. मृ. स्थल से घोड़े के अवशेष अब तक उपलब्ध नहीं हुए हैं । घोड़े के साज की वस्तुए 900 ई. पू. के गंधार शवाधानों में विद्यमान होने की बात की जाती है ।[89] चाहे जो हो, ऋग्वेद तथा मुख्यतः परवर्ती वैदिक ग्रंथ घोड़े तथा रथ के महत्त्व को प्रमाणित करते हैं, जिनके अनुसार 'अश्वमेध', 'राजसूय', 'महाव्रत' आदि में घोड़े का स्थान था ।

चि. धू. मृ. स्तरों से अनेक पात्र मिलते हैं । समझा जाता है कि उच्च वर्गों के सदस्यों द्वारा इनका उपयोग भोजन करने के लिए किया जाता था, परंतु इनमें से कुछ का उपयोग भोजन पकाने के लिए भी किया जाता रहा होगा । लेकिन यह बात तभी प्रमाणित हो सकती है जब उन पर धूएं के चिह्न देखे जा सकें । अन्य पात्रों का उपयोग अनुष्ठानों में किया जाता होगा । अनुष्ठान उत्तर वैदिक धर्म की महत्त्वपूर्ण विशेषता थी । इन पात्रों के रंग तथा बनावट के संदर्भ में वैदिक ग्रंथों से समर्थन का साक्ष्य प्राप्त करना संभव नहीं है, परंतु इनके प्रकारों के विषय में कुछ कहा जा सकता है । चि. धू. मृ. के दो विशिष्ट पात्र हैं—कटोरे तथा थाली । हांडी हमें उपलब्ध नहीं होती, जो परवर्ती कालों में पकाने के पात्रों के रूप में बहुत अधिक प्रचलित हुई । यह विलक्षण है कि उत्तर वैदिक साहित्य में उपलब्ध कुछ

शब्द—'अम्बरीष',[90] 'उख'[91] 'कंदु'[92] 'स्थाली'[93], तथा 'भ्राष्ट्र'[94], जो कड़ाही के द्योतक हैं, अब तक प्राप्त थालियों (dishes) के बहुत कुछ समान हैं। ये हमें चि. धू. मृ. स्तरों से उपलब्ध लाल बर्तनों की याद दिलाते हैं। पानी इकट्ठा करने के निमित्त 'कुम्भ'[95] था, तथा अनाज इकट्ठा करने के लिए 'कोश'[96] था। ये दोनों ही चि. धू. मृद्भांडों से भिन्न हो सकते हैं। कटोरे के लिए प्रयुक्त शब्द 'कुण्ड' प्रतीत होता है,[97] तथा 'कुण्डपायिन्'[98] अर्थात् कटोर से पीने वाला, एक व्यक्तिवाचक नाम के रूप में प्रयुक्त है। 'शराव' कटोरे के लिए प्रयुक्त एक अन्य नाम है,[99] जिसका प्रयोग अनाज मापने के लिए भी किया जाता था। *कात्यायन श्रौतसूत्र* में (2. 4. 27-34) एक छोटा कटोरा अथवा प्याला 'कपाल' शब्द द्वारा इंगित है, क्योंकि यह सिर की हड्डी से मिलता-जुलता है।[100] इसका प्रयोग यज्ञ के चढ़ावे को रखने के लिए किया जाता था। वी. एस. पाठक ने चि. धू. मृ. पर 'अंजी', 'स्वस्तिक' तथा 'त्रिपुर' नामक आनुष्ठानिक अलंकरणों को पहचाना है।

उत्तर वैदिक साहित्य में उपलब्ध पकाने के पात्रों के शब्द यह सूचित करते हैं कि तलना पकाने का एक महत्त्वपूर्ण प्रकार था, तथा यह उद्देश्य उत्खननों से प्राप्त थालियों से पूर्ण होता था। उत्खननों से प्राप्त चूल्हों के आकार के आधार पर चि. धू. मृ. तथा अन्य प्रकार की थालियों के प्रयोग के विषय में कुछ निष्कर्ष निकाले जा सकते हैं। अतरंजीखेड़ा के चि. धू. मृ. स्तरों से प्राप्त चूल्हे अर्ध अंडाकार हैं तथा उनकी ऊंचाई 25 से 30 सेंटीमीटर है।[101] आंशिक रूप से भूमिगत एक अंडाकार चूल्हा मेरठ जिले के कसेरी के चि. धू. मृ. स्तर से प्राप्त हुआ है।[102] अहिच्छत्रा के प्राचीनतम उत्तरी काले ओपदार मृद्भांडों के काल के चूल्हे भूमिगत हैं।[103] यहां पर चि. धू. मृ. शनैः शनैः उ. का. ओ. मृ. में मिल जाते हैं। कसेरी और अहिच्छत्रा दोनों के ही संदर्भ में हमें इस बात का पता लगाना चाहिए कि चि. धू. मृ. स्तरों के पात्रों का आकार इस काल के चूल्हों के अनुरूप है अथवा नहीं।

अहिच्छत्रा के चि. धू. मृ. स्तरों से प्राप्त चूल्हों की पंक्तियां तथा अहिच्छत्रा के चित्रित धूसर मृद्भांडोत्तर स्तरों से उपलब्ध चूल्हे प्रदर्शित करते हैं कि ये सामुदायिक भोजन अथवा बड़े परिवारों के भोजन पकाने के निमित्त बनाए गए थे। अतरंजीखेड़ा में एक ऐसा चूल्हा प्राप्त हुआ है जिसका एक ओर मुख है और वह तीन ओर से खुला हुआ है; इसके अतिरिक्त चि. धू. मृ. तथा उ. का. ओ. मृ. के परस्पर व्यापन के काल का एक चूल्हा रसोईघर के फर्श पर प्राप्त हुआ है।[104] स्पष्टतः ये चूल्हे बड़े परिवारों के भोजन के निमित्त बने थे। जहां तक अहिच्छत्रा के चूल्हे का प्रश्न है,[105] इस बहुखंड चूल्हे पर एक ही समय में तीन पकाने के पात्र रखे जा सकते थे। पुराना किला में 'मौर्य' स्तरों से प्राप्त पकाई हुई ईंटों की दीवारों से युक्त बहुखंड चूल्हों[106] पर एक ही समय में चार पात्र रखे जा सकते हैं। आहड में चार चूल्हों की एक पंक्ति प्राप्त हुई है,[107] परंतु ये आयताकार हैं और जमीन के ऊपर हैं। कसेरी और अहिच्छत्रा के चूल्हों एवं पुराना किला के 'मौर्य' कालीन

चूल्हों के समान न तो ये अंडाकार हैं और न ही भूमिगत। वैदिक साहित्य का 'भ्रष्ट्र' अथवा 'भ्राष्ट्र' शब्द[108] उत्तर वैदिक चूल्हों की सामुदायिक प्रकृति पर कुछ प्रकाश डालता है। इस शब्द की कड़ाही के रूप में व्याख्या की गई है,[109] परंतु इसका अर्थ भोजन पकाने की वृहद् अग्नि भी हो सकता है, क्योंकि लगभग संपूर्ण पश्चिमी उत्तर प्रदेश, हरियाणा तथा पंजाब में इससे व्युत्पन्न 'भट्ठी' शब्द उन बड़े चूल्हों का द्योतक है जिन पर सामुदायिक भोज के अवसर पर खाना पकाया जाता है, यद्यपि 'भट्ठी' या 'भट्ठा' ईंट पकाने के स्थान का भी द्योतक है। मेरी अपनी सूचनाओं के अनुसार पश्चिमी उत्तर प्रदेश में सामुदायिक भोज के निमित्त बनाई जाने वाली 'भट्ठी' सदा भूमिगत होती है, और उसका आकार अर्ध-अंडाकार होता है। यह वैदिक शब्द 'भ्रष्ट्र'/ 'भ्राष्ट्र' से अनुरूपता प्रदर्शित करने वाले चि. धू. मृ.-कालीन चूल्हे का अवशेष हो सकता है।

मुख्यतः जनजातीय प्रमुखों व राजाओं के निमित्त पुरोहितों द्वारा संपन्न कराए जाने वाले याज्ञिक-अनुष्ठानों की प्रमुखता उत्तर वैदिक काल की विशिष्टता कही जा सकती है। इन अनुष्ठानों में अग्नि प्रज्वलन की सदा एक प्रमुख भूमिका होती थी, तथा यह वैश्यों अथवा कृषकों के लिए भी आवश्यक समझा जाता था। चि. धू. मृ. स्तरों से इस परंपरा का पुरातात्विक प्रमाण विरल है। अमरी, लोथल तथा कालीबंगन से छिछले अंडाकार अथवा आयताकार गढ़ों के रूप में 'अग्नि-वेदियों' की सूचना हमें प्राप्त होती है,[110] और संभवतः परवर्ती शताब्दियों में भी किसी न किसी रूप में ये विद्यमान थीं। अतरंजीखेड़ा के चि. धू. मृ. स्तरों[111] से प्राप्त वृत्ताकार अग्नि के गढ़ों का उपयोग आनुष्ठानिक कृत्यों के लिए भी किया जा सकता था। क्षैतिज उत्खननों से संभवतः अधिक अग्नि के गढ़े प्रकाश में आएं, जो चि. धू. मृ. लोगों द्वारा पूर्ववर्ती संस्कृतियों से गृहीत हो सकते हैं।

निष्कर्षतः चि. धू. मृ.-लौह युग की भौतिक वस्तुओं के स्तर की तुलना एक बड़ी सीमा तक उत्तर वैदिक साहित्य से उपलब्ध भौतिक संस्कृति से की जा सकती है। चि. धू. मृ. का विशिष्ट स्वभाव तथा लोहे की वस्तुओं का प्रयोग इस काल के नाम की सार्थकता सिद्ध करते हैं। हम उत्तर वैदिक साहित्य में क्षेत्रीय राज्यों की रचना का प्रारंभ, सामाजिक वर्गीकरण का उदय, तथा प्रशासनिक ढांचे का विकास देखते हैं। इन सभी विशेषताओं के लिए एक पूर्ण विकसित कृषक समाज का विद्यमान होना आवश्यक है, जो ऋग्वैदिक काल की विशेषता नहीं थी। यद्यपि ऋग्वेद के भौगोलिक क्षेत्रों के विस्तार का एक बड़ा भाग उत्तर वैदिक साहित्य तथा चि. धू. मृ. संस्कृति के क्षेत्र से परस्पर व्याप्त है, तथापि ये तथ्य—ऋग्वैदिक लोग मूलतः पशुचारी थे. वे न तो लोहे और न ही शीशे का प्रयोग करते थे, तथा वे मुख्यतः जौ की खेती करते थे—चि. धू. मृ.-लौह संस्कृति के लोगों से उनके समीकरण की संभावना को नकारते हैं। जब हम लौहरचित प्राचीनतम चि. धू. मृ. स्तरों तथा धूसर मृद्भांड स्तरों के विषय में अधिक जानकारी प्राप्त करेंगे तो यह

ऋग्वैदिक भौतिक संस्कृति की व्याख्या कर सकेगी। इसी बीच उत्तर वैदिक साहित्य तथा चि. धू. मृ.-लौह कालीन पुरातत्व का पारस्परिक संबंध हमें सतलज तथा गंगा के ऊपरी तटवर्ती क्षेत्र में प्रथम सहस्राब्दी के प्रथमार्ध के समाज तथा अर्थव्यवस्था के अध्ययन में सहायता प्रदान कर सकता है।

संदर्भ और टिप्पणियां

1. *वैदिक इंडेक्स,* जि. 1, 165-9.
2. ओ. एच. के. स्पेट तथा ए. टी. ए. लियरमन्थ, *इंडिया एंड पाकिस्तान,* तृ. आ., लंदन, 1967, पृ. 534.
3. पंजाब, हरियाणा, पश्चिमी उत्तर प्रदेश, राजस्थान के कुछ भाग और पश्चिमी मध्य प्रदेश में वर्ष में 360 मि. मी. (30 इंच) से भी कम वर्षा होती है, एवं कुछ स्थानों में तो 200 मि. मी. (8 इंच) से भी कम वर्षा होती है.
   एम. एस. रंधावा, *ए हिस्ट्री आफ एग्रीकल्चर इन इंडिया,* जि. 1, नई दिल्ली, 1981, पृ. 24.
4. रंधावा, ऊपर उल्लिखित, पृ. 14.
5. *अथर्ववेद,* 10. 6. 23; *शतपथ ब्राह्मण,* 13. 4. 4. 9. इस वृक्ष का वानस्पतिक नाम Acacia Catechu है.
6. स्पेट तथा लियरमंथ, ऊपर उल्लिखित, पृ. 85.
7. वही.
8. आर. डी. टर्नर, *ए कम्परेटिव डिक्शनरी आफ द इंडो-आर्यन लैंग्वेजेज़,* नं. 3151. वानस्पतिक नाम Acacia arabica है, जो बबूल पर भी लागू होता है।
9. 'शिंशपा' शब्द के अंतर्गत, मोनियर-विलियम्स, *सं. इं. डि.;* स्पेट तथा लियरमंथ, ऊपर उल्लिखित, पृ. 85.
10. इस वृक्ष को Dalbergia Sissoo कहा जाता है, तथा इसके अवशेष कालीबंगन से प्राप्त हुए हैं (आई. ए. आर., 1975-76, पृ. 87).
11. *वै. इं.,* जि. 1, 86 वृक्षों का वानस्पतिक नाम Ficus glomerata है; इसके हड़प्पाकालीन अवशेष कालीबंगन से प्राप्त हुए हैं (आई. ए. आर., 1975-76, पृ. 87)
12. *वै. इं.,* जि. 1, 139.
13. *वै. इं.,* जि. 1, 535.
14. *वै. इं.,* जि. 1, 139.
15. *वै. इं.,* जि. 1, 189.
16. *वै. इं.,* जि. 1, 173.
17. वही, जि. 2, 59.
18. वही, जि. 1, 534.
19. वही, जि. 2, 11.
20. वही, 54.
21. वही, 205.
22. वही, 294.
23. वही, 355. 'शमी' का वानस्पतिक नाम *Proropis Spicigira* अथवा *Mimosa Suma* है। प्राकृत

शब्द 'मामिया' का अर्थ जला हुआ है (टर्नर, ऊपर उल्लिखित, नं. 12308), जिसका अर्थ यह है कि शमी जलाने के निमित्त ही था।

24. आर. सी. गौड़, 'द पेंटेड ग्रे वेयर एट अतरंजीखेड़ा– एन एसेसमेंट', *पौटरीज़ इन एंसिएंट इंडिया,* संपा, बी. पी. सिन्हा, पटना, तिथि अनुल्लिखित, पृ. 185-6.
25. *रेडियोकार्बन,* VII, 1965, 291.
26. *आई. ए. आर.,* 1975-76, पृ. 62.
27. वही, 1971-72, पृ. 86.
28. *रेडियोकार्बन,* XX, 1978, 236.
29. इसकी सूचना श्री जगतपति जोशी, निदेशक, उत्खनन, भारतीय पुरातत्व सर्वेक्षण, से प्राप्त हुई.
30. उदाहरणार्थ, ये तिथियां हैं–अतरंजीखेड़ा से 500 ई. पू. (*रेडियोकार्बन,* XI, 1969, 188-9) तथा इसी स्थल से 600 ई. पू. (वही, VIII, 1966, 444), परंतु चिरांद से 765 ई. पू. (वही, 446).
31. हस्तिनापुर की तिथि 500 ई. पू. (*रेडियोकार्बन,* VI, 1964, 227-8); खलौआ (जिला आगरा) की 500 ई. पू. (वही, XVIII, 1976, 92); इसी स्थल की 470 ई. पू. (वही, XVII, 1975, 220); नोह की 490 ई. पू. (*आई. ए. आर.,* 1971-72, पृ. 86); अतरंजीखेड़ा की 465 ई. पू. (*रेडियोकार्बन,* VIII, 1966, 444); अल्लाहपुर (जिला मेरठ) की 385 ई. पू. (*आई. ए. आर.,* 1973-74, पृ. 54), इत्यादि.
32. *आई. ए. आर.,* 1973-74, पृ. 54; इस तिथि का संबंध चि. धू. मृ. तथा उ. का. ओ. मृ. के पारस्परिक व्यापन से प्राप्त एक लकड़ी के टुकड़े से है.
33. *द कैंब्रिज हिस्ट्री आफ इंडिया,* जि. 1, 131-2.
34. *वैदिक इंडिया,* पृ. 38.
35. *द कैंब्रिज हिस्ट्री आफ इंडिया,* जि. 1, पृ. 64-7.
36. बी. बी. लाल, 'एक्सकेवेशन एट हस्तिनापुर एंड अदर एक्सप्लोरेशंस इन द अपर गंगा एंड सतलज बेसिन्स 1950-52', *एंसिएंट इंडिया,* नं. 10-11, पृ. 13.
37. जी. आर. शर्मा, *द एक्सकेवेशंस एट कोशाम्बी (1957-59): द डिफेंसेज एंड द श्येनचिति आफ द पुरुषमेध,* इलाहाबाद विश्वविद्यालय, 1960, पृ. 101.
38. रेनू, *वैदिक इंडिया,* पृ. 110-11.
39. इन ईंटों की स्तर विन्यास में स्थिति पर केवल प्रकाशित पूर्ण रिपोर्ट ही प्रकाश डाल सकेगी। यदि हम चि. धू. मृ. -लौह काल को लगभग 1000-500 ई. पू. में रखते हैं तो इन ईंटों की स्थिति निश्चय ही असामान्य है। अब तक कोई भी कार्बन-14 तिथियां उपलब्ध नहीं हैं.
40. व्हीलर, *अर्ली इंडिया एंड पाकिस्तान,* लंदन, 1959, पृ. 130.
41. *आई. ए. आर.,* 1963-64, पृ. 49.
42. इसकी सूचना श्री एम. एम. देशपांडेय से प्राप्त हुई.
43. *सिविलाइज़ेशंस आफ द इंडस वैली एंड बियोन्ड,* कैंब्रिज, 1966, पृ. 102.
44. *वै. इं.,* जि. 1, 149.
45. वही, 432.
46. वही.
47. प्राचीन भारत में लोहे पर पचासवें दशक के मध्य से अनेक ग्रंथ प्रकाशित हुए हैं। इनमें मुख्य रूप से इसकी उत्पत्ति अथवा प्रसरण की समस्या की विवेचना की गई है, यद्यपि कुछ ग्रंथ तकनीकी पक्षों पर भी विचार करते हैं। हमारी मुख्य दिलचस्पी इस बात में नहीं है कि लोहा महाश्मों में संबद्ध था अथवा काले लाल मृद्भांड, चि. धू. मृ., उ. का. ओ. मृ., आदि जैसे विभिन्न प्रकार के कौन से मृद्भांड थे। हमारे अध्ययन का मुख्य लक्ष्य है युद्ध, आखेट, तथा पशुबलि में प्रयोग के अतिरिक्त लोहे का अन्य व्यापक उपयोग। इसी

प्रकार का विकास उत्पादन एवं बस्तियों के निर्माण में प्रमुख रूप से सहायक हो सकता था। लोहा तभी उत्प्रेरक बना जब इसकी आपूर्ति सामान्य हो गई, तथा जब धातुकार ने इस प्रकार के ईंधन और तकनीकों के प्रयोग के विषय में जानकारी प्राप्त कर ली थी जिनके द्वारा वह उपकरणों को यथेच्छा मोड सकता था और मज़बूत बना सकता था। डी. डी. कोसंबी संभवतः पहले विद्वान थे जिन्होंने भारतीय संदर्भ में लोहे के सामाजिक तथा क्रियात्मक आयामों पर बल प्रदान किया, परतु बढ़ते हुए साक्ष्य को दृष्टि मे रखकर इन पर आगे भी पुनर्विचार करना चाहिए।

48. *द टाइम्स आफ इंडिया,* दिल्ली संस्करण, जून 26, 1981.
49. वही. धौंकनी के अस्तित्व को प्रकट करने वाले साक्ष्य की प्रकृति के विषय में कोई सूचना नहीं दी गई है।
50. वही.
51. 1. 1. 2. 7; 6. 3. 16, *वै. इं.,* जि. 2., 99 में उद्धृत.
52. 18. 13.
53. बी. के. घोष, *हिस्ट्री एंड द कल्चर आफ द इंडियन पीपुल्ज,* संपा. आर. सी. मज़ूमदार, जि. 1, पृ. 232.
54. रेनू, ऊपर उल्लिखित, पृ. 20-1.
55. बी. के. घोष, ऊपर उल्लिखित, पृ. 232.
56. विल्हेल्म राउ, *स्टाट उंड गेज़ेलशाफ्ट इम आल्टेन इंडियेन,* वीज़बाडेन, 1957, पृ. 27.
57. चार्ल्स सिंगर, ई. जे. होमयाड तथा ए. आर. हाल (संपा.), *ए हिस्ट्री आफ टेक्नालाजी,* आक्सफोर्ड, 1954, जि. 1, पृष्ठ 594, पा टि. 1.
58. *एंसिएंट इंडिया,* नं. 10-11, 91, 94. हस्तिनापुर के अतिरिक्त चि. धू. मृ. स्तरों से शीशे की बनी वस्तुएं पंजाब के कुछ स्थलों से भी प्राप्त हुई हैं। हमने 'लेवल' (तल) शब्द का प्रयोग 'लेयर' (स्तर) के अर्थ में किया है, अनिवार्यतः 'स्ट्रक्चरल लेवल' (भवन निर्माण के तल) के अर्थ में नहीं.
59. *कपिष्ठल-कठ संहिता,* 31. 9; शतपथ ब्राह्मण 13.2.6.8; *तैत्तिरीय ब्राह्मण,* 3. 9. 4. 4-5; ये सभी संदर्भ एम. जी. दीक्षित, *हिस्ट्री आफ इंडियन ग्लास,* बंबई, 1969, परिशिष्ट 2, पृ. 162 में उद्धृत हैं.
60. *आई. ए. आर.,* 1958-59, पृ. 54-5; 1962-63, पृ. 31-4; 1971-72 (अप्रकाशित), एक्सप्लोरेशंस एंड एक्सकेवेशंस, अनुच्छेद 52 (पांडुलिपि भारतीय पुरातत्व सर्वेक्षण के पास है).
61. *शतपथ ब्राह्मण,* 1. 1. 2. 7; 6. 7. 16 में 'भस्त्रा' शब्द चमड़े की बोतल के अर्थ में प्रयुक्त हुआ है (*वै. इं.,* जि. 2, 99)। धौंकनी का साहित्यिक साक्ष्य उपलब्ध नहीं है, तथा चि. धू. मृ. के उन तलों की तिथि के विषय में हमें सूचना चाहिए जिनसे राजस्थान के झुंझुनू जिले में सुनेरी गांव में प्राप्त 'धौंकनियों' को संबद्ध किया जाता है.
62. एच. सी. भारद्वाज, *आस्पेक्ट्स आफ एंसिएंट इंडियन टेक्नालाजी,* दिल्ली, 1979, पृ. 154.
63. वही, पृ. 158.
64. वही.
65. वही.
66. *अथर्ववेद, तैत्तिरीय संहिता, काठक संहिता, मैत्रायिणी संहिता* तथा *शतपथ ब्राह्मण* के सभी उल्लेख *वै. इं.,* जि. 2, 451 में उद्धृत हैं.
67. *अथर्ववेद* 10. 6. 23.
68. 13. 4. 4. 9.
69. *वै. इं.,* जि. 1, 509 में उद्धृत *अथर्ववेद,* 3. 17. 3 तथा *वाजसनेयि संहिता,* 12, 71.
70. *वै. इं.,* जि. 1, 509 में उद्धृत *तैत्तिरीय संहिता,* 10. 2. 5. 6; *मैत्रायिणी संहिता,* 2. 7. 12; *काठक संहिता,* 16.
71. *वै. इं.,* जि. 1, 509.

72. वही, पृ. 173; आर. एल. टर्नर, ऊपर उल्लिखित, नं. 3367.
73. *आई. ए. आर.*, 1965-66, चित्र संख्या 70; इस चित्र की अनेक वस्तुएं हंसिया अथवा कटाई की दरांत जैसी प्रतीत होती हैं, परंतु उन्हें पहचाना नहीं गया है।
74. *वै. इं.* जि. 1, 384 में उद्धृत *ऋग्वेद*, 8. 78.10; *निरुक्त*, 2. 1.
75. *वै. इं.*, जि. 2, 471 में उद्धृत *ऋ.*, 1. 58. 4; 10. 101. 3..
76. राजछत्र मिश्र *अथर्ववेद में सांस्कृतिक तत्व*, इलाहाबाद, 1968, पृ. 147, पा. टि. 3 (हिंदी) में उद्धृत *अ. वे.*, 3. 17. 2.
77. टर्नर, ऊपर उल्लिखित, नं. 10986-10988 में उद्धृत—*तैत्तिरीय ब्राहमण* का 'कटाई करना' अर्थ में 'लुनाति' शब्द, *कात्यायन श्रौतसूत्र* का 'लवन' शब्द 'कटाई' के अर्थ में, तथा पाणिनी में 'हंसिया' के अर्थ में 'लवित्र' शब्द.
78. जी. एम. बुथ तथा के. ए. चौधरी, 'प्लांट रिमेंस फ्रोम अतरंजीखेड़ा फेज़ III (1200-600 बी. सी.)', *द पेलियोबॉटनिस्ट*, जि. 20, नं. 3, 1971, पृ. 286.
79. 'व्रहिमत्वम् यवमथो माषमथो तिलम्', *अथर्ववेद*, 4. 140. 2.
80. *अ. वे.*, 20. 135. 12.
81. *वै. इं.*, जि. 2, 345.
82. टर्नर, ऊपर उल्लिखित, नं. 12806.
83. मोनियर-विलियम्स, ऊपर उल्लिखित, पृ. 365, स्तंभ 1.
84. एच. डी. सांकलिया, *प्री हिस्ट्री एंड प्रोटो हिस्ट्री आफ इंडिया एंड पाकिस्तान*, पूना, 1974, पृ. 460-1.
85. 'पुरोडाश' शब्द के अंतर्गत, *वै. इं.*, जि. 2, 4 तथा मोनियर-विलियम्स, ऊपर उल्लिखित, *अ. वे.*, 4.140. 2.
86. प्रो. आर. सी. गौड़, की अनुकंपा से अप्रकाशित रिपोर्ट देखी गई.
87. बी. बी. लाल, ऊपर उल्लिखित, पृ. 107-20.
88. वही, पृ. 109.
89. बी. के. थापर, 'द आर्यन्स : ए रीएप्रेज़ल आफ द प्रोब्लम', *इंडियाज़ कंट्रिब्यूशन टू वर्ल्ड थाट एंड कल्चर*, संपा., लोकेशचंद्र, मद्रास, 1970, पृ. 150.
90. *ऋ. वे.*, 1. 100. 17 में 'अम्बरीष' एक व्यक्ति का नाम है; कड़ाही के अर्थ में, देखिए मोनियर-विलियम्स, ऊपर उल्लिखित 'अम्बरीष' शब्द के अंतर्गत.
91. *ऋ. वे.*, 12. 3. 23, *तैत्तिरीय संहिता* आदि में डेगची अथवा पकाने के पात्र के अर्थ में प्रयुक्त, 'उख' शब्द के अंतर्गत मोनियर-विलियम्स, ऊपर उल्लिखित, में उद्धृत; तु. की., *वै. इं.*, जि. 1, 83.
92. मोनियर-विलियम्स, ऊपर उल्लिखित, 'कंदु' शब्द के अंतर्गत; तु. की., टर्नर, ऊपर उल्लिखित, नं. 2726 तथा 2728.
93. मोनियर-विलियम्स, ऊपर उल्लिखित, 'स्थाली' शब्द के अंतर्गत; *वै. ई.*, जि. 2, 487.
94. वही, 'भ्राष्ट्र' शब्द के अंतर्गत; टर्नर, ऊपर उल्लिखित, नं. 9656.
95. *वै. इं.*, जि. 1, 189; शिवाजी सिंह, 'वैदिक लिटरेचर आन पाटरी', *पाटरीज़ इन एंसिएंट इंडिया*, पृ. 304.
96. अनुष्ठान में, 'कलश' से भिन्न, 'कोश' 'सोम' रखने के एक बड़े पात्र का द्योतक है, वै. इं., जि. 1, 189; पाणिनी, 4. 3. 56 में 'कुसूल' एक संग्रह के पात्र का द्योतक प्रतीत होता है, *पाटरीज इन एंसिएंट इंडिया*, पृ. 267.
97. कटोरे की आकृति के पात्र के अर्थ के लिए, देखिए मोनियर-विलियम्स, ऊपर उल्लिखित, 'कुण्ड' शब्द के अंतर्गत; टर्नर, ऊपर उल्लिखित, नं. 3264.

98. *वै. इं.*, जि. 1, 160-1.
99. वही. जि. 2, 358.
100. सिंह, ऊपर उल्लिखित, पृ. 304, पा. टि. 60.
101. *आई. ए. आर.*, 1963-64, पृ. 49.
102. वही, 1969-70, पृ. 43.
103. वही, 1963-64, पृ. 44, चि. सं. 27.
104. वही, 1965-66, पृ. 47, चि. सं. 33-अ।
105. वही, 1963-64, चि. सं. 27-अ।
106. पुराना किला का 47/60-61 चित्र (इस चित्र को श्री एम. सी. जोशी ने मुझे दिखाया).
107. एच. डी. सांकलिया, *प्री हिस्ट्री एंड प्रोटो हिस्ट्री आफ इंडिया एंड पाकिस्तान*, पृ. 407 तथा रेखाचित्र 117.
108. टर्नर, ऊपर उल्लिखित, नं. 9656; मोनियर-विलियम्स, ऊपर उल्लिखित, 'भ्रष्ट्र' शब्द के अंतर्गत.
109. टर्नर, ऊपर उल्लिखित, नं. 9656.
110. सांकलिया, ऊपर उल्लिखित, पृ. 350.
111. *आई. ए. आर.*, 1963-64, पृ. 49.

अध्याय पांच

गंगा द्वारा विभाजित मैदान तथा गंगा के ऊपरी तटवर्ती क्षेत्र में भौतिक विन्यास एवं सामाजिक संरचनाएँ

(लगभग 1000 से 500 ई. पू.)

गंगा द्वारा विभाजित मैदान तथा गंगा के ऊपरी तटवर्ती क्षेत्र में प्रथम सहस्राब्दी ई. पू. के प्रथमार्ध में सामाजिक संरचनाओं की भौतिक पृष्ठभूमि चित्रित धूसर मृद्‌भांड एवं संस्कृति के प्रथम लौह काल द्वारा प्रस्तुत की गई है। इस काल की बस्तियां, जिन्हें सामान्यतः चित्रित धूसर मृद्‌भांड (चि. धू. मृ.) स्थल कहा जाता है, पाकिस्तान के बहावलपुर क्षेत्र, पंजाब, हरियाणा, पश्चिमी उत्तर प्रदेश तथा राजस्थान के समीपवर्ती क्षेत्रों से प्राप्त हुई हैं। ये बस्तियां कुछ स्थानों पर तीन शताब्दियों अथवा अधिक तक विद्यमान थीं। ये क्षेत्र मद्रों, कुरु-पंचालों, शूरसेनों, एवं मत्स्यों द्वारा अधिकृत क्षेत्रों से अनुकूलता प्रदर्शित करते हैं। मद्र, कुरु-पंचाल आदि का उल्लेख उत्तर वैदिक साहित्य तथा *महाभारत* में मिलता है। चित्रित धूसर मृद्‌भांड (चि. धू. मृ.) स्थलों को यह नाम इसलिए नहीं दिया गया है कि केवल चि. धू. मृ. ही यहां से प्राप्त मिट्‌टी के बर्तन हैं, अथवा ये मृद्‌भांड इन स्थलों में सर्वाधिक संख्या में पाए जाते हैं, वरन् उत्तरी भारत के इन क्षेत्रों में लगभग 1000 ई. पू. में ये नए प्रकार के मृद्‌भांड दिखाई देने लगते हैं। अब तक 700 से भी अधिक इस मृद्‌भांड के स्थल खोजे जा चुके हैं।

सरस्वती एवं दृषद्‌वती नामक दो पवित्र नदियों के तटवर्ती क्षेत्र पर स्थानांतरण तथा बस्तियों की स्मृतियां श्रौतसूत्रों में उपलब्ध हैं। ये दोनों नदियां गंगा द्वारा विभाजित मैदान में बहती थीं। कम वनस्पति के कारण इस क्षेत्र को साफ करना अधिक कठिन नहीं था। इन नदियों के तटों पर एक स्थान से दूसरे स्थान पर यात्रा ('यत्-अत्रस्') से संबद्ध अनुष्ठानों से बस्ती निर्माण की प्रक्रिया के संबंध में निष्कर्ष निकाले जा सकते हैं।[1] सरस्वती के तट के साथ-साथ चलने वाले व्यक्ति को

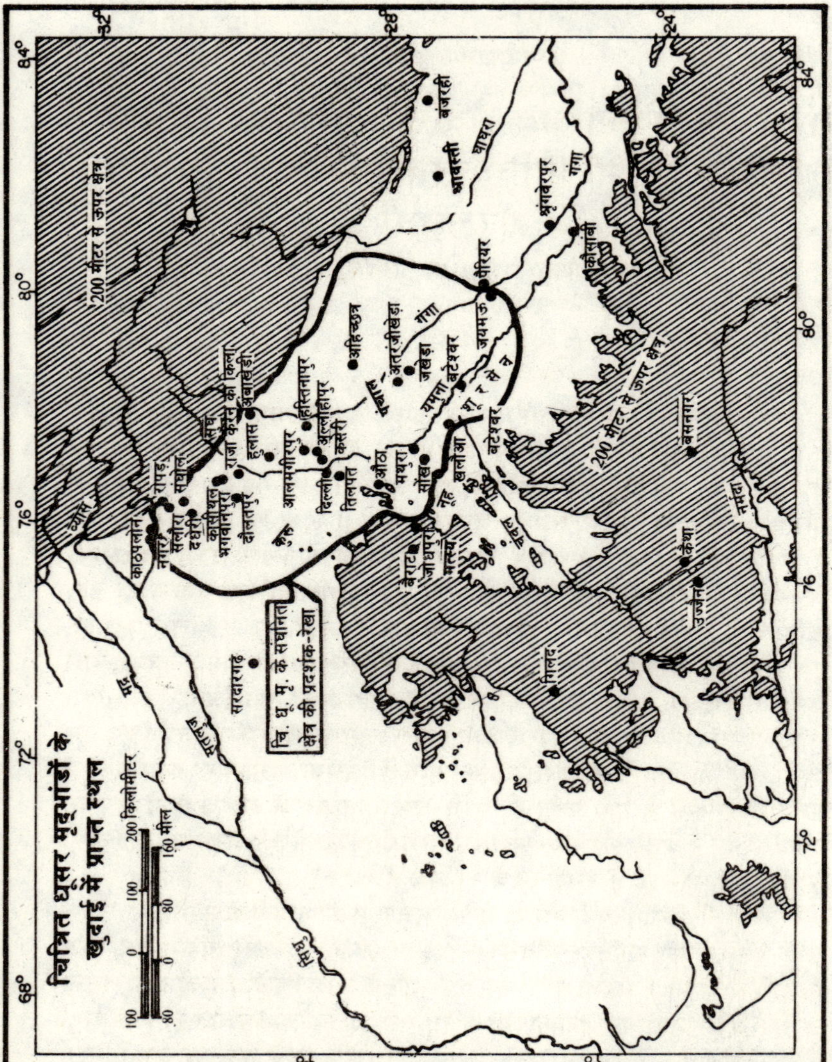

चित्रित धूसर मृद्भांडों के खुदाई में प्राप्त स्थल

'सारस्वत' तथा दृषद्वती के तट पर चलने वाले व्यक्ति को 'दार्षद्वत' कहा जाता था ।[2] 'सारस्वतों' द्वारा संपन्न किए जाने वाले यात्रा अनुष्ठान के वृत्तांत उपलब्ध हैं, और यह भी कहा गया है कि 'दार्षद्वत' भी इसी अनुष्ठान को संपन्न करते थे ।[3] सरहिंद जिले के बड़े रेगिस्तान में, जहां सरस्वती लुप्त हो जाती है,[4] स्थित विनशन से सारस्वत (सारस्वत ब्राह्मण आज भी हैं), 'सोम' अनुष्ठान संपन्न करते हुए[5] सिवालिक पहाड़ियों में नदी के उद्गम स्थल प्लक्ष प्रश्रवण को[6] गए थे । विनशन से यात्रा प्रारंभ करने के साथ ही साथ चैत्र में (मार्च-अप्रैल) एक अभिषेक अनुष्ठान (दीक्षा) तथा 'अतिरात्र' नामक एक वैदिक सोम यज्ञ संपन्न किया गया था ।[7] इस यज्ञ में 'अध्वर्यु' नामक ब्राह्मण पुरोहित प्रतिष्ठित अग्नि ('आहवनीय') के समीप खड़ा था, तथा उसने नदी तट की ओर एक लकड़ी फेंकी ।[8] जहां लकड़ी गिरी उस स्थान पर एक गृहय अग्नि ('गार्हपत्य') प्रज्वलित की गई, एवं उससे एक नवीन प्रतिष्ठित अग्नि ('आहवनीय') स्थापित की गई ।[9] अगले दिन प्रातःकाल तक लोग उस स्थान पर खड़े रहे । इस समय उसी प्रक्रिया को फिर दुहराया गया । इस प्रकार का अनुष्ठान तब तक चलता रहा जब तक वे पूर्वोत्तर में प्लक्ष प्रश्रवण तक नहीं पहुंच गए । सोम यज्ञ के प्रारंभ में यात्रा आरंभ करने के स्थान विनशन में एक सौ बछिएं एक सांड़ के साथ (पशु समूह दस गुना होता था) जंगल की ओर खदेड़ दी गईं ।[10] इस जंगल का निश्चय ही चरागाह के रूप में उपयोग होता था । 'अग्नि काम' में समर्पण के साथ ही प्रश्रवण में संपूर्ण अनुष्ठान समाप्त होता था, तथा एक ऐसी स्त्री को जिसने कुछ ही दि पूर्व बच्चे को जन्म दिया था, एक योग्य यात्री को दे दिया जाता था ।[11] स्पष्टतः प्रथम अनुष्ठान का उद्देश्य था गाय-बैलों की वृद्धि एवं दूसरे का उद्देश्य था मानव जनसंख्या में वृद्धि । मानव समुदाय पशुपालन के बिना जीवित नहीं रह सकता था ।

'यत्-सत्रस्' में निर्धारित अनुष्ठान वैदिक लोगों के स्थानांतरण तथा बस्ती निर्माण की प्रक्रिया को प्रदर्शित करते हैं । स्थानांतरण के मार्ग में उन्हें दो नदियां मिलीं । जो भी भौतिक वस्तुएं उनके पास थीं, उनकी सहायता से वे पूर्व की ओर स्थित क्षेत्रों की अपेक्षा सरस्वती तथ दृषद्वती नदियों के ऊपरी मार्ग में सरलता से जंगल साफ कर सकते थे तथा बस्तियों का निर्माण कर सकते थे । इन नदियों के तटों पर सुनियोजित तथा क्रमबद्ध सर्वेक्षण के परिणामस्वरूप हरियाणा में 285 चि. धू. मृ. स्थल प्रकाश में लाए गए ।[12] इनके अतिरिक्त 59 'उत्तर हड़प्पा' कालीन बस्तियां भी उत्तर-पूर्वी हरियाणा में पहचानी गई हैं ।[13] स्पष्टतः चि. धू. मृ. का प्रयोग करने वाले लोग, चाहे वे जो भी रहे हों, इस क्षेत्र में बस्तियां निर्माण करने वाले पहले नहीं थे । उत्तरी हरियाणा में सर्वेक्षणों से पता चलता है कि चि. धू. मृ. के 17 निवास स्थलों में 'उत्तर हड़प्पा' बस्तियां भी थीं ।[14] चाहे जो भी हो, यह स्पष्ट है कि हरियाणा अथवा गंगा द्वारा विभाजित मैदान में पहली बार बड़े पैमाने पर बस्तियां स्थापित करने वाले वे लोग थे जो चि. धू. मृ. तथा लाल, भद्दे धूसर,

लाल पृष्ठभूमि पर काले चित्रण वाले, आदि अन्य संबद्ध मृद्भांडों का उपयोग करते थे।

अनेक चित्रित धूसर मृद्भांड स्थलों में तीन-चार मीटर मोटा जमाव है, जो इस बात का संकेत करता है कि यहां विश्वस्त तथा निरंतर जीविका के स्रोतों के आधार पर अनवरत बस्तियां रही थीं। ये बस्तियां स्पष्ट रूप से प्रकट करती हैं कि कृषि लोगों का मुख्य व्यवसाय बन गया था। यद्यपि उत्पादन का मुख्य उपकरण लकड़ी का ही बना हल का फाल था, तथापि उत्तर वैदिक लोगों को ऋतुओं का अच्छा ज्ञान था। वे खाद का प्रयोग करते थे तथा खेतों की सिंचाई करते थे। छांदोग्य उपनिषद में अन्न के महत्त्व पर बल प्रदान किया गया है। यही ग्रंथ यह भी सूचना देता है कि कैसे अन्न की उत्पत्ति में वर्षा ने योगदान दिया तथा किस प्रकार सूर्य ने इसके पकने में सहायता की। इसके अतिरिक्त नक्षत्रों का भी ज्ञान था, यद्यपि कृषि से इसका संबंध स्थापित नहीं किया जा सका होगा। कृषि के महत्त्व का समर्थन उत्तर वैदिक ग्रंथ करते हैं। इन्हीं ग्रंथों में 1000 ई. पू. से लगभग चार शताब्दियों की लोगों की भौतिक संस्कृति का विवरण भी उपलब्ध है। ये सूचित करते हैं कि *ऋग्वेद* में उल्लिखित न केवल जौ का उत्पादन लोगों द्वारा किया जाता था, वरन् वे गेहूं, विभिन्न प्रकार की दालों तथा सर्वोपरि चावल का भी उत्पादन करते थे। छः से आठ सप्ताह में पकनेवाले 'मुद्ग' का भी उत्पादन किया जाता था, तथा वे 'कूल्माष' अथवा उड़द को भी उत्पन्न करते थे, जिसे कुरुक्षेत्र में अकाल के अवसरों पर निर्धनों का भोजन समझा जाता था। यद्यपि *ऋग्वेद* के बाद के अंशों में कृषि कार्य का उल्लेख है, तथापि *अथर्ववेद* तथा ब्राह्मणों में हमें संतोषजनक संख्या में कृषि-अनुष्ठान उपलब्ध होते हैं। जहां *ऋग्वेद* के मध्य भागों में वर्णित समाज मूलतः पशुचारी था, वहां उत्तर वैदिक साहित्य तथा चि. धू. मृ./ लौह पुरातत्व से ज्ञात समाज मुख्यतः कृषक था। वैदिक ग्रंथ तथा चि. धू. मृ./ लौह पुरातत्व दोनों ही धान तथा अनेक अनाजों की कृषि का साक्ष्य प्रस्तुत करते हैं, और ये उत्पाद भरण-पोषण से अधिक उत्पादन की अर्थव्यवस्था के द्योतक कहे जा सकते हैं। कृषक अपने भरण-पोषण की आवश्यकताओं से कुछ अधिक ही उत्पादन करते थे। इसके परिणामस्वरूप वे पुरोहितों एवं कर्मचारियों सहित राजाओं जैसी उत्पादन से असंबद्ध इकाइयों का भी भरण-पोषण कर सकते थे, जो *ऋग्वेद* के मुख्यतः पशुचारी समाज में संभव नहीं था।

यह काल उत्तर भारत में लोहे के प्रयोग के प्रथम काल से मेल खाता है। भारतीय उपमहाद्वीप के उत्तर-पश्चिमी भाग में लोहा प्रथम सहस्राब्दी ई. पू. के प्रारंभ में प्रकट होता है। स्वात घाटी तथा गोमल घाटी में इसके उपयोग के प्रमाण उपलब्ध होते हैं। गंगा के ऊपरी तटवर्ती क्षेत्र में लगभग 1000 ई. पू. या थोड़ा बाद के लोहे के उपकरण पंजाब, हरियाणा, पश्चिमी उत्तर प्रदेश एवं राजस्थान के समीपवर्ती क्षेत्रों में प्राप्त हुए हैं। लुधियाना जिले में संघोल से लोहे के उपकरण

उपलब्ध हुए हैं, और यह स्थल स्वात घाटी एवं गोमल घाटी दोनों से ही लगभग 500 मील की दूरी पर स्थित है।[15]

उत्तर भारत में लगभग 1000 ई. पू. के बाद एक बड़े क्षेत्र में लोहे के हथियार प्राप्त हुए हैं। यह काल उन उत्तर वैदिक ग्रंथों में प्राप्त इस धातु के अनेक उल्लेखों से मेल खाता है जिनकी रचना लगभग इसी काल में हुई थी। गंगा के ऊपरी तटवर्ती मैदान तथा उसके निकटवर्ती क्षेत्र में नोह, अतरंजीखेड़ा[16] तथा अन्य उत्खनित स्थलों से प्राप्त लौह उपकरणों का विचारशील अवलोकन सूचित करता है कि पहली सहस्राब्दी के प्रथमार्ध में भी यहां उनकी संख्या उतनी ही बड़ी थी जितनी इसी सहस्राब्दी के द्वितीयार्ध में मध्यवर्ती गंगा के मैदानों में थी। लौह उपकरणों का यह संरक्षण मिट्टी के क्षारीय[17] तथा बलुआ स्वभाव एवं इस क्षेत्र की अपेक्षाकृत शुष्क जलवायु का परिणाम है। यदि गुप्तकालीन महरौली स्तंभ को बिहार अथवा बंगाल के मैदानी क्षेत्रों में स्थानांतरित कर दिया जाए तो वह इतनी सुरक्षित स्थिति में न रह पाएगा जैसी स्थिति में वह आज है। परंतु पहली सहस्राब्दी ई. पू. के पूर्वार्ध के बहुत कम लौह उपकरण अब तक प्राप्त हुए हैं, जो इस बात के द्योतक हैं कि इस अवस्था में लोहे का हस्तशिल्प और कृषि को योगदान नहीं था। चि. धू. मृ. तलों से प्राप्त लौह उपकरणों में अधिकांश वाणाग्र, भाले के अग्र भाग तथा सीमित संख्या में कीलें हैं।[18] उत्तर प्रदेश के एटा जिले में जखेड़ा नामक स्थल से एक लोहे का फाल प्राप्त हुआ है, परंतु यह लगभग 500 ई. पू. का हो सकता है। वैदिक ग्रंथ पशु मांस काटने के लिए प्रयुक्त एक लोहे के चाकू ('असि')[19] तथा संभवतः एक लोहे की ढाल[20] का उल्लेख करते हैं। यद्यपि लोहे के वाणाग्रों के हमारे पास कोई उल्लेख नहीं हैं, तथापि वैदिक लोगों का मुख्य हथियार धनुष है।[21] उल्लेखों से सूचना मिलती है कि बल्लम/भाला दूसरा वैदिक हथियार था, और यह लोहे के बने भाले के अग्र भागों की प्राप्ति[22] के अनुकूल है। इस प्रकार छठवीं शताब्दी ई. पू. में उत्तर भारत ने पूर्णतया विकसित लौह युग में प्रवेश नहीं किया था। लोहे के उ. का. ओ. मृ. तलों से संबद्ध होने के द्वितीय काल में (500-200 ई. पू.) हमें अधिक कृषि-उपकरण प्राप्त होते हैं।[23] यह चित्र पश्चिमी एशिया तथा अन्य क्षेत्रों के लौह प्रौद्योगिकी के इतिहास के अनुरूप है। पहली अवस्था में लौह प्रौद्योगिकी का उपयोग युद्ध के उद्देश्यों के लिए किया जाता था, और दूसरी अवस्था में हस्तशिल्पों तथा कृषि के लिए।[24] भारत में प्रथम काल में लोहे का उपयोग उत्पादन के लिए नहीं किया जा सका था, क्योंकि इसका अभाव था और प्रौद्योगिकी आदिम अवस्था में थी। परंतु उत्पादकों पर अपना प्रभाव स्थापित करने में उत्पादन के व्यवस्थापकों को इसने सहायता प्रदान की होगी। इस काल में जंगल साफ करने, गाड़ियों और रथों के पहियों तथा अन्य भागों को बनाने, एव घरों के निर्माण में लोहे का उपयोग किया जाता होगा। द्रष्टव्य है कि अनेक चि. धू. मृ. स्थलों से कीलें प्राप्त हुई हैं।

बड़े समुदायों के निर्माण में लगभग आधे दर्जन चि. धू. मृ. स्थलों से प्राप्त लोहे के वाणाग्रों तथा भाले के अग्र भागों[25] की भूमिका की हम कल्पना कर सकते हैं। लोहे के हथियार गंगा-यमुना दोआब के ऊपरी भाग में स्थित कुरु राज्य;[26] बरेली, बदायूं, फरूखाबाद जिलों तथा रुहेलखंड के समीपवर्ती जिलों व मध्य दोआब के पंचाल राज्य,[27] भरतपुर, जयपुर तथा अलवर के क्षेत्रों में (विराट् क्षेत्र) में मत्स्य राज्य;[28] एवं पंजाब में मद्र राज्य[29] से प्राप्त हुए हैं। परंतु यह स्पष्ट नहीं है कि इनमें से किसी एक में अन्य की अपेक्षा अधिक लोहे के हथियार थे अथवा नहीं। क्योंकि पंचाल क्षेत्र में स्थित अतरंजीखेड़ा से सर्वाधिक संख्या में अब तक लोहे के हथियार प्राप्त हुए हैं, ऐसा प्रतीत होता है कि इस दृष्टि से इस क्षेत्र के लोग अन्य क्षेत्रों के समकालीन लोगों की अपेक्षा अधिक धनी थे। लोहे के हथियारों के प्रयोग के परिणामस्वरूप ही संभवतः कुरु-पंचालों के अपेक्षाकृत बड़े राज्य का निर्माण संभव हो सका होगा। घोड़े तथा अरयुक्त पहियों वाले रथों के अतिरिक्त, वे स्पष्ट रूप से लोहे के बने अग्र भागों वाले बाणों और भालों का उपयोग करते थे। इस प्रकार के उपकरण इन लोगों द्वारा शासित क्षेत्र में स्थित स्थलों के चि. धू. मृ. स्तरों से प्राप्त हुए हैं। इस प्रकार, कुरु-पंचाल राजा सैन्य दृष्टि से ऋग्वैदिक राजाओं से श्रेष्ठ थे, तथा वैदिक एवं अवैदिक प्रमुखों से उनकी अवसरिक उपहार प्राप्त करने की क्षमता अधिक थी।

व्यवस्थित कृषक जीवन, घरों तथा संभवतः भूमि के रूप में संपत्ति के प्रारंभ का कारण बना। यह संपत्ति ऋग्वैदिक काल में विद्यमान दासियों, पशुओं, हथियारों तथा आभूषणों के अतिरिक्त थी। मुख्यतः भौतिक वस्तुओं की प्राप्ति हेतु तथा कुछ सीमा तक स्वर्ग प्राप्त करने के निमित *अथर्ववेद* में कृषकों सहित सभी लोगों के लिए बारह यज्ञों ('सव') का विधान है। इनमें ब्राह्मणों के निमित्त गाय, बछड़े, बैल, स्वर्ण, पका हुआ चावल, झोंपड़ियां तथा भली प्रकार बनाए गए व जुते हुए खेत भेंट की अनुशंसा की गई है। [30] पासे के खेल में गायों, घोड़ों, 'संपत्ति' (धन), स्वर्ण[31] और यदा-कदा पत्नियों[32] को दांव पर लगाया जाता था। ये दो सूचियां चल तथा अचल संपत्ति के विषय में महत्त्वपूर्ण सूचना देती हैं। यजु ग्रंथों में उल्लिखित लुटेरों व डाकुओं के सरदारों को प्रणाम करने का विधान पर्याप्त मात्रा में चल संपत्ति विद्यमान होने का द्योतक है, और इस ओर इंगित करता है कि संपत्ति की पवित्रता स्थापित करने की प्रक्रिया निर्विघ्न नहीं थी। यह संभव है कि वस्तुओं पर सामूहिक स्वत्व की जनजातीय परंपरा कुछ लोगों के लिए अब भी प्रभावशाली थी। ये वे लोग थे जो संपत्ति की विकासशील संस्था से सामंजस्य स्थापित करने में कठिनाई अनुभव कर रहे थे, तथा परिणामस्वरूप इन्होंने लूटमार और चोरी को अपना लिया था।

भूमि अब भी व्यक्तिगत संपत्ति की मद नहीं थी। यह दी नहीं जा सकती थी और पुरोहितों को भूमिदान की परंपरा किसी सीमा तक प्रचलित नहीं थी। भली-

भांति बनाए गए और अच्छी तरह जोते गए भूमि खंड के दान का विधान[33] 'भूमिच्छिद्रन्याय' के सिद्धांत का तीव्र विरोधी है। इस सिद्धांत के अनुसार ई. सन् की प्रारंभिक शताब्दियों में ब्राह्मणों को अकृष्टपूर्व भूमि दी जाती थी। अतः *ऋग्वेद* का विधान खेतों में उत्पन्न हुई कुछ फसलों पर पुरोहितों के दावे का भी सूचक हो सकता है। यही ग्रंथ ब्राह्मण के गाय-बैलों तथा पत्नी की सुरक्षा पर भी बल प्रदान करता है।[34] स्पष्टतः यह सुरक्षा राजा द्वारा उन पर अतिक्रमण के विरुद्ध है। परंतु यह महत्त्वपूर्ण है कि इसमें भूमि सम्मिलित नहीं है।

ईस्वी सन् की प्रारंभिक शताब्दियों में ब्राह्मण की भूमिदान की सुरक्षा पर बल का इससे (अथर्ववैदिक परंपरा से) विरोध पुनः स्पष्ट किया जा सकता है, क्योंकि इन दान-पत्रों में ब्राह्मण की पत्नी तथा उसके गाय-बैलों की सुरक्षा पर किसी प्रकार का भी बल दृष्टिगोचर नहीं होता। उत्तर वैदिक काल में सैद्धांतिक रूप से राजा अथवा जनजातीय प्रमुख द्वारा केवल अपने समूह अथवा 'विश्' की सहमति से ही भूमि दान में दी जा सकती थी। इस बात का कोई प्रमाण नहीं है कि भूमि पर कृषि करने के लिए कृषकों को कोई कर देना पड़ता था; पाणिनी और जातकों में उपलब्ध भूमि-कर की अवधारणा वैदिक ग्रंथों में पूर्णतया अनुपलब्ध है। एक मुद्राहीन लघु श्रेणी के कृषक समाज में, जैसा कि उत्तर वैदिक समाज था, चार या अधिक पीढ़ियों वाले बड़े कृषक परिवारों द्वारा भूमि प्रयोग में लाई तथा अधिकृत की जा सकती थी, परंतु अपनी नातेदारी के बाहर, राजा और अपने समूह की आज्ञा के बिना, किसी व्यक्ति को भूमि नहीं दी जा सकती थी। वैदिक काल के अंतिम चरण के अनेक ग्रंथ यज्ञों की दक्षिणा के रूप में भूमि तथा मनुष्यों को देने का निषेध करते हैं।[35] यह तथ्य कि ब्राह्मण को भूमिदान के संबंध में[36] समूह के अधिकार का भी उल्लेख है, इस बात का द्योतक माना जाता है कि चारों वर्णों की समान उत्पत्ति के मिथक के बावजूद ब्राह्मण को राजा के समूह का सदस्य नहीं समझा जाता था। अधिक महत्त्वपूर्ण यह है कि भूमि दान के वास्तविक उदाहरण उपलब्ध नहीं हैं।

व्यावसायिक वर्गों के विकास ने सामाजिक विभेदीकरण के प्रारंभ को बढ़ावा दिया। उत्तर वैदिक साहित्य व्यवसायों पर आधारित चार सामाजिक वर्गों अथवा वर्णों—ब्राह्मण, राजन्य/क्षत्रिय, वैश्य तथा शूद्र की चर्चा करता है। परंतु ये चार सामाजिक पद व्यावसायिक तथा आनुष्ठानिक श्रेणियां हैं। इन्हें उस प्रकार के चार भिन्न सामाजिक वर्ग नहीं माना जा सकता जिसके अंतर्गत कुछ के पास भूमि, गाय-बैल, चरागाह एवं उपकरण थे तथा अन्य के पास इनका पूर्ण अभाव था। भूमि उत्पादन का प्रमुख स्रोत थी, परंतु इस बात का कोई प्रमाण नहीं है कि राजा एवं पुरोहित कृषि योग्य भूमि के बड़े भाग को अधिकृत करते थे तथा उसका उपभोग करते थे। इसी प्रकार से चरागाहों तथा निश्चित रूप से बंजर व जंगली भूमि के वितरण को प्रदर्शित करने वाला भी कोई प्रमाण नहीं है। तथापि इस बात के स्पष्ट संकेत मिलते हैं कि भूमि से प्राप्त उत्पादों का असमान वितरण प्रारंभ हो

गया था। ब्राह्मणों के समर्थन से राजन्य वैश्यों से अनाज के अंश का दावा करने लगे थे, तथा दोनों ही उच्च वर्ण घरेलू काम के लिए दासियों के श्रम का शोषण करते थे। परंतु अब भी कर-निर्धारण तथा उसके इकट्ठा करने की कोई विधि नहीं थी। एक प्रकार से प्रथम दो वर्ण शासक वर्ग थे, तथा वे उत्पादन से संबद्ध कृषक वर्ग वैश्यों, एवं घरेलू सेवकों के रूप में शूद्रों पर, जिनकी संख्या इस अवस्था में कम ही थी, अपना आधिपत्य स्थापित करने का प्रयास कर रहे थे। परंतु यह परिवर्तन प्रथम सहस्राब्दी ईस्वी पूर्व के द्वितीय चतुर्थांश में किसी समय हुआ, जब इस प्रक्रिया में कुछ जनजातीय परंपराओं ने व्यवधान उपस्थित किए।

जनजातीय प्रमुख तथा उसके पुरोहित विचारकों के द्वारा अपने समुदाय के व्यक्तियों पर आर्थिक तथा प्रशासनिक नियंत्रण स्थापित करने के लिए अनुष्ठानों की क्रिया विधि का विकास किया गया था। समुदाय के अधिकांश लोग अब तक कृषक बन गए थे। अनुष्ठानों का मुख्य उद्देश्य था राजा द्वारा कृषकों एवं समुदाय के अन्य व्यक्तियों पर प्रभुत्व स्थापित करना, जो आवश्यकता पड़ने पर शक्ति के प्रयोग द्वारा भी स्थापित किया जाता था। इन अनुष्ठानों में दैवी जगत में कृषक वर्ग के प्रतीक तथा कृषकों अथवा 'विश्' के देवता मरुतों को रोटियां अर्पित की जाती थीं। अनुष्ठान यह भी इंगित करता है कि यदि देवता अपना भाग ('भागधेयम्') अथवा यज्ञ की रोटी प्राप्त करते थे, तो वे राजकीय यज्ञकर्ता को अपने समुदाय के लोगों ('सजाताः') तथा कृषकों ('विश्')[37] पर प्रभुत्व स्थापित करने की सामर्थ्य प्रदान करते थे। कृषकों से ही वह अपना भाग प्राप्त करता था। *शतपथ ब्राह्मण* के कुछ उल्लेख स्पष्ट करते हैं कि यद्यपि अभिजात अथवा योद्धा उसी नातेदारी के समुदाय के सदस्य थे और 'विश्' अथवा समुदाय से ही उनका उत्थान हुआ था,[38] तथापि वे उसी कृषक समुदाय पर प्रभुत्व स्थापित करते थे। यह कहा गया है कि राजकीय शक्ति जनों पर दबाव डालती है तथा राजा जनों पर ही आघात करने के लिए प्रवृत्त होता है।[39] कृषकों के समरूप वैश्यों को अधीन करने योग्य समझा जाता था।[40] कृषक वर्ग को अभिजात वर्ग के अधीन करने में ब्राह्मण की महत्त्वपूर्ण भूमिका है।[41] अनुष्ठानों द्वारा वह राजा को शक्ति प्रदान करता है, और परिणामस्वरूप नीचे के लोगों से उसे अधिक बलवान बनाता है।[42]

'ग्रामकाम'[43] तथा 'ग्रामजितम्' शब्द 'ग्राम' पर प्रभुत्व की राजचिह्न की इच्छा के द्योतक हो सकते हैं। ग्राम का तात्पर्य एक गांव अथवा उसमें रहने वाले तथा उसी गोत्र के 'विश्' (कृषक वर्ग) माना जा सकता है। एक 'ग्राम' प्राप्त करने के अनुष्ठानों के संबंध में *तैत्तिरीय संहिता*[44] में अनेक स्थानों पर 'ग्रामिन्' का प्रयोग मिलता है, जिसका अर्थ है 'ग्राम को अधिकार में करना'। परंतु इन संदर्भों में अपने समुदाय के लोगों ('सजात') तथा समकक्षों ('समान') पर अग्रता प्राप्त करने का अनेक बार उल्लेख है।[45] इससे यह निष्कर्ष निकाला जा सकता है कि 'ग्रामिन्', 'ग्रामकाम' तथा 'ग्रामजितम्' शब्द गांवों में रहने वाले समुदाय के अन्य व्यक्तियों

पर प्रभुत्व प्राप्त करने की इच्छा के भी द्योतक माने जा सकते हैं । परंतु यह नियंत्रण गांव की भूमि पर नहीं था, क्योंकि कोई भी वैदिक उल्लेख इस बात का समर्थन नहीं करता । *वैदिक इंडेक्स* के रचयिताओं का विचार है कि उनके भरण-पोषण के लिए कृषकों को राजन्यों को सौंप दिया जाता था तथा राजन्य उन पर निरीक्षणात्मक अधिकार रखते थे और उनके सामंती उच्चाधिकारियों के रूप में कार्य करते थे ।[46] हमारे विचार में, यद्यपि राजन्य कृषकों से राजा के निमित्त अनाज का भाग लेते थे, यह स्पष्ट है कि कृषकों द्वारा जोती जाने वाली भूमि पर उन्हें कोई अधिकार प्राप्त नहीं था, तथा दोनों के बीच संबंधों में भूमि कोई महत्त्वपूर्ण उपादान नहीं थी ।

उन कृषकों अथवा 'विश्' की तीव्र भर्त्सना की जाती थी जो राजा को तुच्छ समझते थे, उसकी आज्ञा का पालन नहीं करते थे, तथा विद्रोह करते थे । यह कहा गया है कि जनों को अभिजात वर्ग के ऊपर स्थापित नहीं करना चाहिए,[47] तथा वे लोग श्रेष्ठ व्यक्तियों और बुरे व्यक्तियों के मध्य भ्रम उत्पन्न करते थे जो 'विश्' को अभिजात वर्ग के समान बनाते थे और इस प्रकार उन्हें हठीला बनाते थे ।[48] इस प्रकार का कोई भी प्रयत्न जो कृषकों को योद्धा-राजाओं से अथवा योद्धा-राजाओं को कृषकों से अलग करता हो, इस आधार पर निंदनीय है कि वह अव्यवस्था को जन्म देता है और पाप का मार्ग प्रशस्त करता है ।[49] अभिजातों और योद्धाओं के लिए कृषकों की तुलना में विशेषाधिकृत स्थान प्राप्त करना सरल नहीं था, क्योंकि विशेषाधिकृत वर्गों की संख्या सदा कम होती है तथा साधारण जनों की सदा बढ़ी । *तैत्तिरीय संहिता* में कहा गया है कि वैश्यों की संख्या अन्य लोगों की अपेक्षा अधिक थी ।[50] अनेक वैदिक संदर्भ भी संकेत करते हैं कि अन्य दो वर्णों की तुलना में वैश्य बहुत अधिक थे ।[51] परंतु छोटी संख्या होते हुए भी सैन्य श्रेष्ठता तथा उन्हें प्राप्त आनुष्ठानिक समर्थन के कारण अभिजात प्रबल हो गए ।

कृषकों पर प्रभुत्व स्थापित करने का प्रमुख कारण था उनसे समय-समय पर प्राप्त होने वाला अंश । राजा को बार बार कृषकों का भक्षक कहा गया है,[52] जो यह प्रदर्शित करता है कि वह उनके श्रम पर जीवित रहता था । यह कहा गया है कि मनुष्यों में वैश्यों तथा पशुओं में गायों का दूसरों के द्वारा उपयोग किया जाता है ।[53] क्योंकि वे भोजन के आधान से उत्पन्न हुए थे, इस कारण वैश्य दूसरों द्वारा उपभोग किए जाने पर भी 'प्रजनन' से खाली नहीं होते ।[54] 'अभिजात वर्ग अन्नदाता है तथा साधारण जन भोजन हैं; यदि अन्नदाता के लिए पर्याप्त भोजन है तो वह राज्य निश्चय ही धनधान्यपूर्ण है और उन्नति करता है ।'[55] यह कथन *शतपथ ब्राह्मण* में व अधिकांश अन्य ग्रंथों में बार-बार उल्लिखित है ।[56] 'राज्यसत्ता' ('राष्ट्र') जनों के आधार पर भोजन प्राप्त करती है, राज्य भक्षक है तथा लोग भोज्य हैं; राज्य हरिण है, तो लोग जौ हैं ।'[57] इस प्रकार ब्राह्मण ग्रंथों के रचयिता बात को कम किए बिना वैदिक काल के अंतिम चरणों में विकसित दस्तकारों तथा चरवाहों सहित कृषक वर्ग एवं योद्धा-राजाओं के पारस्परिक संबंधों के वास्तविक स्वभाव

को प्रकट करते हैं। यह कहा गया है कि लोग 'क्षत्र' अथवा राजसत्ता के निमित्त पहले से ही एक मुख्य भाग अलग कर देते थे।[58] 'जो कुछ भी लोगों के पास है उसमें प्रमुख का भी हिस्सा ('भाग') है।'[59]

इस काल में कर इकट्ठा करने का प्रारंभ दिखाई पड़ता है। कर को 'बलि' कहा गया है। पालि ग्रंथों में यह शब्द अनेक बार इस अर्थ में प्रयुक्त हुआ है। पुरोहित प्रार्थना करते थे कि राजा अत्यधिक 'बलि' प्राप्त करने में समर्थ होना चाहिए।[60] इसका तात्पर्य यह हुआ कि पर्याप्त करों के अभाव में राज्य नहीं चलाया जा सकता था। प्रारंभ में जो स्वेच्छा से दी जाने वाली भेंट थी, उत्तर वैदिक काल में वह 'बलि' संभवतः अनिवार्य रूप से दिए जाने वाले करों में परिवर्तित हो गई। इसके अतिरिक्त 'शुल्क' एक ऐसा कर था जो कृषकों से लिया जाता था। यह कहा गया है कि स्वर्ग में शक्तिशाली लोग निर्बलों से 'शुल्क' नहीं प्राप्त करते।[61] यह प्रकट करता है कि इस प्रकार का कर शक्ति के माध्यम से इकट्ठा किया जाता था और जो लोग इसे देते थे निर्बल समझे जाते थे। तथापि निर्बलों के लिए इस कर से दूसरे जगत में मुक्ति की भी संभावना थी। परंतु यह इस बात पर आधारित था कि वे इस संसार में नियमित रूप से कर देते हैं और ब्राह्मणों को अनेक याज्ञिक उपहार देते हैं। परंतु ब्राह्मण को 'शुल्क' (इसका शाब्दिक अर्थ मूल्य है) से मुक्त घोषित किया गया है, तथा उस राजा की जो ब्राह्मणों से इसे प्राप्त करने की इच्छा रखता है, तीव्र भर्त्सना की गई है।[62]

उत्तर वैदिक काल में कर इकट्ठा करने के लिए कोई प्रशासनिक तंत्र दृष्टिगोचर नहीं होता। 'भागदुघ' शब्द की कर संग्रह कर्ता के अर्थ में व्याख्या की गई है, परंतु एक ऐसे अनुष्ठान में जिससे यह अधिकारी संबद्ध है, वैश्यों का देवता पूषन् अधिष्ठाता था। अतः 'भागदुघ' का शाब्दिक अर्थ भाग देने वाला अथवा भाग वितरण करने वाला[63] उचित प्रतीत होता है। 'भागदुघ' कृषक कर-दाताओं का प्रतिनिधित्व करने वाला एक वैश्य अधिकारी हो सकता है। राजा के नातेदार पदाधिकारियों के रूप में कार्य करते प्रतीत होते हैं और इस प्रकार वे खंडीय अथवा नातेदारी पर आधारित राजशासन का निर्माण करते थे। राजा से नातेदारी का किसी प्रकार से संबंध न रखने वाले नियमित संग्रहकर्ताओं का कोई उल्लेख नहीं है, यद्यपि वैदिकोत्तर काल में इस प्रकार की परंपरा थी। राजा के निकटवर्ती नातेदारों का राजा के लिए 'बलि' लाते हुए वर्णन किया गया है,[64] इसका तात्पर्य यह हुआ कि कृषकों से जो कुछ भी कर इकट्ठा किया जाता था उसका एक भाग उन्हें राजा को देना पड़ता था। इस प्रकार के नातेदार ('सजात') संग्रहकर्ताओं की संख्या स्पष्ट रूप से कम रही होगी। राजन्य[65] अथवा शासक जनजातीय प्रमुख के सगोत्र व्यक्ति उसके शक्तिशाली कारिंदे थे और इस रूप में वे 'विश्' अथवा कृषकों से कर इकट्ठा करते रहे होंगे, क्योंकि इन करों में उनकी भी साझेदारी थी। वे राजकीय प्रभुत्व को भी स्थापित करते थे। राजन्य का एक मजिस्ट्रेट ('अध्यक्ष')के

रूप में उल्लेख है जो वैश्यों को दिए जाने वाले दंड को कार्यान्वित करता था।[66]

'विश्' से कर इकट्ठा करने में बल का प्रयोग किया जाता था और यह शक्ति प्रयोग शासक-प्रमुख के गोत्र के ज्येष्ठ सदस्यों द्वारा किया जाता रहा होगा। उन सदस्यों द्वारा प्रयुक्त हथियारों के विषय में हम कुछ अनुमान कर सकते हैं। अवैदिक लोगों तथा वैदिक कृषक वर्ग के विरुद्ध प्रयोग के लिए लौह वाणाग्र तथा भाले के अग्र भाग संभवतः केवल प्रमुखों तथा आविर्भूत योद्धा वर्ग को ही उपलब्ध थे। गंगा के ऊपरी तटवर्ती क्षेत्र में लोहे की आपूर्ति सामान्य नहीं थी, तथा कुमाऊं एवं मंडी की पहाड़ियों से जो लोहे की सीमित प्राप्ति होती थी, उस पर संभवतः राजाओं का नियंत्रण था। शासकों ने धातु कर्मियों तथा रथकारों सहित बढ़इयों के साथ निकट संबंध स्थापित किए थे। इन्हें राजकीय व्यवस्था का सदस्य समझा जाता था। धातु-कर्मियों एवं बढ़इयों के घरों में संपन्न किए जाने वाले अनुष्ठानों में धातु का प्रयोग इस बात की ओर संकेत करता है कि उन्हें धातु (लोहा) प्रौद्योगिकी का ज्ञान था।[67] इस ज्ञान का मुख्य लाभ जनजातीय समुदाय के उस वर्ग को मिलता था जो युद्धकला में विशेषज्ञता प्राप्त करता था।

कृषकों से इकट्ठा किए जाने वाले करों के स्वभाव के विषय में हमारे पास कोई निश्चित जानकारी नहीं है। स्वर्ण के उपयोग के बावजूद[68] उत्तर वैदिक समाज एक मुद्राहीन समाज था, जिसमें कर केवल वस्तुओं के रूप में ही प्राप्त किए जाते थे। एक अनुष्ठान में दानकर्ता को शुल्क से मुक्ति प्रदान करने हेतु यम को पका हुआ अन्न तथा एक बकरी अर्पित की जाती है। इसका तात्पर्य यह हो सकता है कि करों में अनाज तथा पशु आते थे। विधि की पुस्तकों में[69] जो उत्पाद का 1/12 अथवा 1/10 राजकीय भाग का विधान है, वह उत्तर वैदिक काल में भी एक मानक हो सकता है। यह तथ्य कि यम के सभासद 1/16 भाग के अधिकारी थे, इस बात की ओर संकेत करता है कि राजन्य अपने द्वारा इकट्ठा किए गए कर का 1/16 भाग दलाली के रूप में प्राप्त करते थे।[70] शेष भाग राजा को मिलता था। यह स्पष्ट नहीं है कि शिल्पियों तथा व्यापारियों को भी कर देना पड़ता था या नहीं। इनकी संख्या अवश्य ही कम रही होगी। संभवतः भोजन तथा वस्तु के रूप में भुगतान के बदले दस्तकार राजाओं तथा समुदाय को अपनी सेवाएं अर्पित करते थे।

इकट्ठा होने के उपरांत, वस्तुओं के रूप में प्राप्त कर का राजाओं तथा राजन्यों अथवा उनके सगोत्रियों के मध्य[71] विभाजन होता होगा। कृषकों में कर के पुनर्निवेशन का कोई साक्ष्य नहीं है। पुनर्निवेशन के केवल वही अवसर थे जब 'अश्वमेध', 'राजसूय' आदि सामुदायिक यज्ञों का आयोजन होता था, जिनमें समुदाय के सभी व्यक्तियों को संभवतः आमंत्रित किया जाता था तथा भोजन कराया जाता था। *रामायण* में दशरथ द्वारा संपन्न 'अश्वमेध' के अवसर पर विभिन्न जातियों और व्यवसायों के सदस्यों को सुस्वादु भोजन कराए जाने का वर्णन हमें उपलब्ध है। इसे प्राचीन कालों में स्थापित परंपरा का एक प्रतिबिंब

माना जा सकता है। 'राजसूय' एवं 'अश्वमेध' यज्ञों के इसी प्रकार के वर्णन *महाभारत* में भी प्राप्त होते हैं।

सब मिलाकर, संपूर्ण समुदाय द्वारा उपभोग किए जाने के स्थान पर कृषकों से प्राप्त करों और भेंटों में मुख्यतः राजन्यों/क्षत्रियों तथा ब्राह्मणों की भागीदारी होती थी। *ऋग्वेद* के प्रारंभिक अंश में, लोगों से जो कुछ भी प्राप्त होता था उसके 'विदथ' सहित अनेक जनजातीय सभाओं में वितरण की चर्चा है। निश्चय ही यह परंपरा जनजाति के असमान सामाजिक तथा आर्थिक समूहों में विभाजन की ओर संकेत करती है। यह भी संभव है कि प्राचीन कालों में पारस्परिक भेंटों की संस्था सामाजिक संबंधों को स्थापित तथा पुष्ट करती थी और एक पशुचारी एवं कृषक समाज की आवश्यकताओं की पूर्ति करती थी। परंतु वैदिक काल के अंत तक इस परंपरा को राजन्यों और ब्राह्मणों ने इस प्रकार चालाकी से प्रभावित कर लिया था कि राजन्यों ने जहां एक ओर 'विश्' अथवा कृषकों को सुरक्षा के अतिरिक्त और कुछ न देकर उनसे धर्मनिरपेक्ष भेंटें अथवा कर प्राप्त करने का एकाधिकार प्राप्त कर लिया था, वहां दूसरी ओर राजाओं, अभिजातों तथा कृषकों से प्राप्त आनुष्ठानिक भेंटों पर ब्राह्मणों का एकाधिकार था।

अथर्ववेद तथा ब्राह्मण ग्रंथों से उपलब्ध सभी साक्ष्य स्पष्ट करते हैं कि केवल कृषक ही कर देते थे। राजा को कृषकों का उपभोगकर्ता ('विशमत्ता')[72] कहा गया है। इस कार्य में राजन्य और पुरोहित उसके अनिवार्य भागीदार थे। उसे क्षेत्र का उपभोगकर्ता नहीं कहा गया है, जिसका तात्पर्य होता सभी निवासियों का शोषण तथा भूमि पर राजकीय नियंत्रण। 'राष्ट्र'[73] अथवा राज्य में ग्राम सम्मिलित हो सकते थे, जिन पर नियंत्रण अथवा विजय से राजा के प्रभुत्व एवं संसाधनों में वृद्धि होती थी। अन्य किसी भी प्रशासनिक इकाई का उल्लेख नहीं है। इस अवस्था में प्रशासन की क्षेत्रीय व्यवस्था अत्याधिक अल्प-विकसित थी। एक स्थान पर इंद्र से कहा गया है कि वह राजा को गांवों, गाय-बैलों तथा घोड़ों में एक भाग दे, तथा उसके शत्रु को यह सब न दे।[74] परंतु यह उल्लेख युद्ध के बाद की प्राप्तियों की ओर संकेत करता है। एक आर्थिक इकाई के रूप में कोई भूमिखंड अथवा क्षेत्र विद्यमान नहीं है। सामान्य जनों ('विश्' अथवा कृषकों) से ही कर लिया जाता था। योद्धा वर्ग के प्रतीक 'सजात' (राजा के नातेदार) को 'बलिहृत्'[75] अथवा वह जो भेंटें लाता है, कहा गया है। परंतु वह स्वयं 'बलि' उत्पन्न नहीं करता; दूसरी ओर वह उसे कृषकों से इकट्ठा करता है। कृषकों के प्रतीक वैश्य को भी 'बलिहृत्'[76] तथा 'बलिकृत'[77] दोनों कहा गया है। स्पष्टतः 'बलिहृत्' शब्द विभिन्न स्थानों पर भिन्न-भिन्न अर्थों में प्रयुक्त हुआ है। ब्राह्मण अथवा शूद्र पर कर नहीं लगाया जाता है, तथा राजन्य/क्षत्रिय इससे मुक्त प्रतीत होते हैं। अनुष्ठानों को जन्म देकर और विस्तृत करके तथा प्रशंसात्मक कविताओं की रचना करके पुरोहितों ने इस सामाजिक एवं राजनैतिक व्यवस्था को समर्थन प्रदान किया। बदले में राजा तथा

राजन्य ने ब्राह्मण को लूट तथा 'बलि' का एक भाग प्रदान किया।

इस अवस्था में शूद्र एक छोटा सेवक वर्ग था, जिसे राजा द्वारा यथेच्छ दबाया और पीटा जा सकता था।[78] वे दास नहीं थे, जैसा कि कीथ[79] का सुझाव है। मुख्यतः घरेलू सेवक अनेक दासों तथा दासियों ने अभिजातों और पुरोहितों के सुख-साधनों में वृद्धि की होगी, परंतु इससे कृषि उत्पादन में कोई प्रभाव नहीं पड़ा। इस तथ्य को कि वैश्यों और शूद्रों की अनेक अयोग्यताओं का प्रारंभ हो चुका था, पुरोहितों द्वारा विकसित अनेक सामुदायिक अनुष्ठानों में छिपाने का प्रयास किया गया था। 'विश्' अथवा जन के अंतर्गत आने वाले 'भागदुघ', 'वैश्य ग्रामणी', 'रथकार', तथा 'तक्षन्' 'राजसूय' में भाग लेते थे। इससे उन्हें आनुष्ठानिक संतोष मिल सकता था तथा समुदाय के सामान्य सदस्यों की तुलना में प्रतिष्ठा का स्तर भी प्राप्त हो सकता था। इसी उद्देश्य की पूर्ति शूद्रों द्वारा राज्याभिषेक के अनुष्ठानों में भाग लेने से भी होती रही होगी।

यद्यपि राजकीय यज्ञों में सत्रह प्रकार के पुरोहित अनुष्ठान कराते थे, तथापि शनैः शनैः ब्राह्मण चरमोत्कर्ष पर पहुंच गया तथा वैदिक काल के अंतिम चरणों में आधी दक्षिणा पर अपना दावा करने लगा। यह दक्षिणा इस काल में अपेक्षाकृत बढ़ गई थी। *ऋग्वेद* के काल में, जब कृषि पशुचारण का पूरक बन गई थी, बहुधा भेंट गाय-बैल के रूप में दी जाती थी। परंतु कृषि के विकास के साथ-साथ राजा को कर के रूप में भुगतान के लिए अधिशेष अन्न उपलब्ध था, जो अपनी संपत्ति का एक बड़ा भाग ब्राह्मण को दे देता था। गाय-बैल, घोड़े तथा दासियों की सूची में अब भेंट दी जाने वाली वस्तुओं में हाथी, स्वर्ण, चांदी एवं विभिन्न प्रकार के अनाज व कपड़े जुड़ गए थे। एक सातवीं शताब्दी ईस्वी पूर्व के ग्रंथ के अनुसार अंग ने अपने वृहद् राज्याभिषेक समारोह ('राजसूय') के अवसर पर अपने पुरोहित उदमय आत्रेय को 10,000 हाथी, सोने के हार पहनी 10,000 धनवान सेविकाएं, लाखों गाएं तथा 88,000 सफेद घोड़े संभवतः दिए थे।[80] कहा जाता है कि इसी प्रकार के समारोह में अन्य राजाओं ने अपने पुरोहितों को 10,000 गाएं,[81] 1,000 स्वर्ण खंड तथा भूमि भी दी थी।[82] सामुदायिक यज्ञ एवं गृह्य अनुष्ठान के अवसर पर इसी प्रकार बड़ी संख्या में दी जाने वाली वस्तुओं का उल्लेख महाकाव्यों में भी है। ये सभी संख्याएं अत्युक्तिपूर्ण हैं, तथा अपने राजकीय संरक्षकों से मूल्यवान भेंटों के निरंतर प्रवाह को सुनिश्चित करने के लिए संभवतः ब्राह्मणों ने ही इनमें से कुछ परंपराओं को जन्म दिया होगा। वास्तव में *रामायण* में एक विधर्मी, अनुष्ठानों को जन्म देने के लिए, ब्राह्मणों में भौतिक उद्देश्य आरोपित करता है। चाहे जो हो, उत्तर वैदिक काल में भेंटों के अंतर्गत अनेक वस्तुएं आती थीं, जिनके कारण पुरोहितों की स्थिति सुदृढ़ हो गई।

अनुष्ठानों द्वारा ब्राह्मणों तथा राजन्यों का वैश्यों एवं शूद्रों पर प्रभुत्व दृढ़ हो गया। जहां वैदिक राज्यों में अधिकांश जनसंख्या वैश्यों की ही थी, वहां शूद्रों की

संख्या कम थी। अनुष्ठानों ने एक अन्य उद्देश्य की भी पूर्ति की थी। वैदिक राज्यों के निकटवर्ती क्षेत्रों में रहने वाले अवैदिक लोगों के प्रमुखों को वैदिक शासक वर्ग के लिए मित्रों के रूप में जीतने के लिए भी इनका प्रयोग किया जाता था। संभवतः ये संस्कृति की ताम्र पाषाण अवस्था में रहते थे तथा लाल मृद्भांडों और काले व लाल मृद्भांडों का उपयोग करते थे। वैदिक समाज में मगध के व्रात्य प्रमुख के प्रवेश के लिए विस्तृत अनुष्ठानों का विधान किया गया था।[83] इसी प्रकार 'स्थपति' नामक निषादों का प्रमुख उन वैदिक अनुष्ठानों में स्थान पाता है जो उच्च वर्णों के निमित्त थे।[84] आयोगव जनजाति[85] तथा शूद्र जनजाति[86] के राजाओं को वैदिक अनुष्ठानों में स्थान दिया गया है, तथा मध्य भारत व दक्कन में रहने वाली अनेक जनजातियों को ऋषि विश्वामित्र के पुत्रों की संतति कहा गया है।[87] वानरों के साथ मैत्री संबंध स्थापित करने के राम के प्रयासों को जनजातीय लोगों के संस्कृतीकरण की ओर उठाया गया एक महत्त्वपूर्ण कदम माना जा सकता है।

वैदिक जनजातियों में से एक 'जन' के अंतर्गत न आने वाले लोगों को 'जन्य' कहा जाता था, तथा उन्हें राज्याभिषेक के अनुष्ठानों में स्थान दिया गया था।[88] *महाभारत* से हमें ज्ञात होता है कि उपहारों के द्वारा 'जन्य' अथवा वह जो जनजातीय समूह के बाहर है, के साथ वैवाहिक संब्रंधों को सुदृढ़ बनाया जाता था।[89] यह प्रथा अनेक जनजातीय समुदायों में अब भी अपनाई जाती है। ये अनुष्ठान नातेदारी के विचारों से परे थे तथा इन्होंने बड़े समुदायों के निर्माण में सहायता की। राज्याभिषेक के अनुष्ठान के संबंध में राजा जिन लगभग एक दर्जन 'रत्निनों' के घर गया था, उनमें से चार महिलाएं थीं। यह तथ्य प्रदर्शित करता है कि अवैदिक जनजातियों की मातृ-सत्तात्मक प्रथाओं को उचित स्थान दिया जाता था। इसके अतिरिक्त नातेदारी प्रथा के बाहर के लोगों से संबंध स्थापित करने के लिए आतिथ्य की संस्था का प्रारंभ किया गया। *अथर्ववेद*[90] में उपलब्ध अतिथि-सत्कार के विधान प्रकट करते हैं कि अतिथि एक समृद्ध परिवार का था। मेज़बान के अपने समूह से भिन्न गोत्रों अथवा नातेदारी पर आधारित बड़े समूहों के जनजातीय अध्यक्षों, प्रमुखों आदि के साथ शांतिपूर्ण संबंधों को स्थापित करने का यह एक प्रयास था। दैनंदिन क्रिया-कलापों में अपनी जनजाति से बाहर के किसी व्यक्ति के स्वागत करने की परंपरा एक क्रांतिकारी कदम था, जिसने जनजात्येतर व्यवस्थाओं के विकास में सहायता की। इन सभी अनुष्ठानों में वैदिक शासक-प्रमुखों तथा अवैदिक समुदायों के प्रमुखों के मध्य पुरोहित एक प्रकार के सेतु का कार्य करते थे। इन्होंने कृषकों एवं दस्तकारों के विरोध में एक शासक वर्ग के निर्माण में भी सहायता की।

परंतु पुरोहितों तथा राजाओं के मध्य संबंध सदा मधुर नहीं थे। अनुष्ठानों ने पुरोहितों की शक्ति में वृद्धि की, किंतु ये अनुष्ठान राजाओं के लिए बहुत खर्चीले सिद्ध हुए, क्योंकि उन्हें बार-बार बड़े उपहार देने पड़ते थे। अनुष्ठान द्वारा विस्तृत

और पवित्र की गई गाय-बैलों की निरर्थक हत्या, जो पशुचारी तथा अर्ध-यायावरी जीवन की अवशिष्ट परंपरा थी, कृषि कार्यों में व्यवधान उपस्थित करती थी, एवं राजाओं तथा उनके परिजनों के साधनों को संकुचित करती थी। पुरोहित अपनी आय राजाओं तथा कृषकों दोनों से ही प्राप्त करते थे, परंतु राजा तथा योद्धा-अभिजात अपनी आय के लिए केवल कृषकों पर ही आधारित थे। न केवल राजा वरन् ब्राह्मण भी कृषकों को 'उपभोग के योग्य' मानते थे।[91] स्पष्टतः जनजातीय हित के नाम पर बड़े जनजातीय समुदाय के प्रतिनिधियों के रूप में दोनों ही विशिष्ट भाग प्राप्त करते थे। मुख्यतः अथर्ववेद में जिनका विधान है ऐसे कृषि कार्य तथा गृह निर्माण से संबंधित अनुष्ठान पुरोहितों के लिए कृषकों से प्राप्त होने वाली निरंतर आय के साधन थे। ये अनुष्ठान भौतिक एवं आध्यात्मिक हितों के भी साधन माने जाते थे। इन सब ने राजकीय भाग पर प्रतिकूल प्रभाव डाला होगा। गाय-बैलों के स्वामी ब्राह्मणों ने अपने गाय-बैलों तथा स्त्रियों के निमित्त विशिष्ट सुरक्षा का दावा किया। उच्चतम सामाजिक स्तर के पुरोहितों के आत्म-प्रदर्शन ने राजाओं के अहं को ठेस पहुंचाई। इन सभी बातों ने राजाओं और पुरोहितों के मध्य द्वंद्व को जन्म दिया, परंतु सर्वाधिक मुख्य वाद-विषय था वैश्यों द्वारा प्राप्त होने वाले अधिशेष अन्न तथा गाय-बैलों का विभाजन।

इन द्वंद्वों की प्रतिध्वनियां उत्तर वैदिक ग्रंथों में उपलब्ध हैं। हम सुदास तथा उसके पुरोहित वसिष्ठों के मध्य द्वंद्व की सूचना पाते हैं।[92] श्रृंजय वैतहव्यस् तथा उनके पुरोहित भृगुओं के मध्य युद्ध हुआ था जिसके परिणामस्वरूप श्रृंजय वैतहव्यस् का नाश हो गया।[93] यज्ञ की दक्षिणा के ऊपर विवाद के कारण श्यपर्णों को उनके यजमान विश्वंतर सौषद्मन ने पौरोहित्य से अलग कर दिया, परंतु अंत में विवाद सुलझ गया और श्यपर्ण राम मार्गवेय को 1,000 गाएं दी गईं।[94] हम जनमेजय और उसके पुरोहित असितमृगस् के मध्य भी विवाद की सूचना पाते हैं।[95] राजाओं और पुरोहितों के मध्य लंबे संघर्ष की जो परंपराएं महाकाव्यों और पुराणों में उल्लिखित हैं वे संभवतः उत्तर वैदिक काल के संदर्भ में हैं। दूसरी ओर राजाओं का संरक्षण प्राप्त करने के लिए पुरोहितों के परिवारों के मध्य संघर्षों के उदाहरणों तथा तनावों के संकेतों का भी साहित्य में अभाव नहीं है।

शासक वर्ग के दो भागों के मध्य संघर्ष स्वयं को वैचारिक रूप से प्रकट करता है। *अथर्ववेद* के 15वें अध्याय में ब्राह्मणों ने विशेष सुविधाओं का दावा किया है, तथा *ऐतरेय* और *शतपथ ब्राह्मणों* में उन्होंने राज्याभिषेक के अनेक अनुष्ठानों की काल्पनिक व्याख्याएं प्रस्तुत कर अपनी श्रेष्ठता स्थापित करने का प्रयास किया है। राजाओं ने संपूर्ण अनुष्ठानों की वैधता पर आक्रमण किया और परम तत्त्व अथवा ब्रह्म की ज्ञान प्राप्ति पर बल प्रदान किया। उनके विचार में ब्रह्म सभी सजीव अथवा निर्जीव वस्तुओं में व्याप्त था। परम तत्व ब्रह्म एक प्रकार से कुरु-पंचालों के बढ़ते हुए राजकीय प्रभुत्व का प्रतीक था। कुरु-पंचालों ने सभी

छोटे जनजातीय प्रमुखों को अपने नियंत्रण में कर लिया थ. । इसी प्रकार से अनश्वर आत्मा की अवधारणा उस नवीन सामाजिक व्यवस्था को कुछ स्थायित्व प्रदान करती थी, जो जनजातीय व्यवस्था के दुर्बल हो जाने के परिणामस्वरूप विकसित हो रही थी । उत्तर वैदिक ग्रंथों में कम से कम चार ऐसे क्षत्रिय राजाओं[96] की चर्चा है जो 'ब्रह्मविद्या' में पारंगत थे तथा उसे ब्राह्मणों को पढ़ाते थे ।[97] मेक्डोनेल और कीथ इन परंपराओं को ब्राह्मणों द्वारा राजाओं की चापलूसी का प्रमाण मानते हैं ।[98] यह विचार तर्कपूर्ण नहीं जान पड़ता, क्योंकि उत्तर वैदिक साहित्य में अनेक स्थानों पर उल्लिखित अनुष्ठानों को प्रारंभ करने का श्रेय क्षत्रिय राजाओं को कदापि नहीं दिया जा सकता ।

वैदिक काल के अंतिम चरणों में जब सामाजिक अधिशेष में भाग लेने की बात पर संघर्ष ज़ोर पकड़ने लगा, तब सबसे बाद के वैदिक ग्रंथ, विशेषतः *शतपथ ब्राह्मण*, क्षत्रिय और ब्राह्मणों के मध्य एकता तथा सहयोग पर बल देना आवश्यक समझने लगे ।[99] यद्यपि परंपराएं वैश्यों अथवा कृषकों के विरोध का उल्लेख नहीं करतीं, तथापि अनुष्ठान इस ओर संकेत करते हैं । अधिक महत्वपूर्ण यह था कि कृषकों से 'बलि' और याज्ञिक दक्षिणा प्राप्त करने की निरंतर आवश्यकता तथा शूद्रों की सेवाओं की मांग ने दोनों उच्च सामाजिक वर्गों को एक साथ कर दिया । यदि हम विभिन्न सामाजिक वर्गों के सभी पारस्परिक संबंधों को दृष्टि में रखें, तो यह प्रतीत होगा कि सामाजिक संघर्ष का केंद्रबिंदु क्षत्रियों और वैश्यों के मध्य संबंध तक सीमित था । हमें जनजातीय कृषक वर्ग को दबाए जाने तथा उन्हें नियमित कर देने के लिए विवश करने के प्रयास दिखाई देते हैं ।

कुछ सीमा तक हम उत्तर वैदिक सामाजिक सरंचनाओं की तुलना यूनान और ईरान के आदिम समाजों की व्यवस्थाओं से कर सकते हैं । ऋग्वैदिक समाज तथा प्रचलित भारोपीय समाजों के विपरीत इसमें हमें पुरोहित वर्ग का प्रभुत्व दिखाई देता है, जो उतना ही महत्त्वपूर्ण था जितना कि अभिजातों और योद्धाओं का प्रभुत्व । आंशिक रूप से यह हमारे स्रोतों के पौरोहित्य स्वभाव के कारण भी हो सकता है । प्रारंभ में सत्रह प्रकार के पुरोहितों में से एक होकर भी ब्राह्मण ने अन्य सभी को निष्प्रभ बना दिया तथा वह समस्त याज्ञिक दक्षिणा के आधे भाग की मांग करने लगा, और अंत में इस बात पर बल देने लगा कि सभी प्रकार के पुरोहित ब्राह्मण ही होने चाहिए । ब्राह्मण वर्ग के उत्थान और विकास का श्रेय भारोपीयों के प्राक्-आर्यों से सम्मिश्रण को दिया जाता है, जिसके लिए कुछ साहित्यिक साक्ष्य प्रस्तुत किए जा सकते हैं । हड़प्पा परंपरा के मृद्भांडों के चि. धू. मृ. से परस्पर व्याप्त होने के आधार पर कुछ पुरातात्विक समर्थन भी प्रस्तुत किया जा सकता है । स्मरणीय है कि चि. धू. मृ. के प्रयोगकर्ताओं की पहचान आर्यों के एक समूह से की जाती है । यह परस्पर व्यापन अनेक स्थानों पर देखा गया है । प्राक्-चि. धू. मृ.

संस्कृतियों[100] तथा चि. धू. मृ. स्थलों,[101] दोनों में ही अनेक याज्ञिक गढ़े प्राप्त हुए हैं। इससे प्रकट होता है कि अनुष्ठानों का प्राचीन प्रकार चि. धू. मृ.-लौह काल, जिसका समीकरण उत्तर वैदिक काल से किया जा सकता है, में भी चलता रहा। आंशिक रूप से प्राक् वैदिक अनुष्ठान वैदिक लोगों के अनुष्ठानों द्वारा बलवान बन गए। भारत-ईरानी काल में[102] सात ऋग्वैदिक पुरोहित-प्रकारों में से केवल दो ही देखे जा सकते हैं, शेष भारत भूमि में ही विकसित हुए, और उत्तर वैदिक काल तक यज्ञों की बढ़ती हुई संख्या तथा परिष्कृत विधियों के कारण पुरोहितों की संख्या सत्रह तक पहुंच गई।

ऐसा समझा जाता है कि जितना ही आदिम समाज होगा उतने ही अधिक अनुष्ठान को वह जन्म देगा, परंतु उत्तर वैदिक समाज के खर्चीले अनुष्ठान कुछ सामाजिक अधिशेष की उपलब्धि की अपेक्षा रखते हैं। तथापि, यह सामाजिक अधिशेष अनाजों के रूप में उतना नहीं दिखाई देता जितना कि गाय-बैल, घोड़े, दासियों, 'निष्क', आदि के रूप में। सभी उदाहरणों में संख्याएं बहुत अधिक अत्युक्तिपूर्ण दृष्टिगोचर होती हैं। मंत्रों में अनेक देवताओं का वर्णन उन प्राकृतिक शक्तियों के कार्यों को समझ पाने की ऋग्वैदिक लोगों की असमर्थता स्पष्ट रूप से प्रकट करता है जिनके विरुद्ध वे लड़ रहे थे। यह असमर्थता उन्हें सामान्यतम अनुष्ठानों से आगे नहीं ले जा सकी। स्पष्टतः लोगों का पशुचारी एवं अर्ध यायावरी जीवन बड़े अनुष्ठानों के विकास के उपयुक्त न हो सका। एक बार जब उन्होंने कृषि पर आधारित स्थिर जीवन को अपना लिया, तो उत्तर वैदिक कालीन अनुष्ठान सामने आने लगे। सामाजिक अधिशेष संभवतः बहुत बड़ा नहीं था, परंतु अनुष्ठानों की आवश्यकताओं की पूर्ति के लिए वह पर्याप्त था। पहली सहस्राब्दी ईस्वी पूर्व के प्रथमार्ध में गंगा द्वारा विभाजित मैदान तथा गंगा के ऊपरी मैदानों के एक बड़े भाग में भोजन उत्पादन की अर्थव्यवस्था के व्याप्त हो जाने के बावजूद कुछ प्रतिबंधों के कारण अधिशेष तथा यहां तक कि भरण-पोषण के लिए भी अन्न के उत्पादन को क्षति पहुंची, जिसके फलस्वरूप जीवन यापन असुरक्षित हो गया। एक लंबे समय तक कृषि में लोहे के पूर्व की परंपराओं का चलते रहना प्रमुख प्रतिबंध प्रतीत होता है। गंगा के ऊपरी मैदानों में लगभग 500 ई. पू. तक भी लोहा उत्पादन में एक प्रभावकारी तत्व नहीं बना था। यूनान में चार शताब्दी पहले ही लोहे पर आधारित शिल्प तथा कृषि प्रचलित हो गए थे और ईरान में भी भारत से दो शताब्दी पूर्व ये प्रकट हो गए थे।[103] अतः जिस काल में यूनानी प्रकृति पर अधिक नियंत्रण स्थापित करने तथा अपनी उत्पादन-विधि में मूलभूत सुधार करने में सफल हो गए थे, भारत तब भी निम्न कृषि उत्पादन से ग्रस्त था। प्रकृति पर विजय न केवल उत्पादन में सहायक होती है बल्कि मनुष्य में आत्मविश्वास उत्पन्न करती है और बुद्धिवादी विचारों के विकास के लिए वातावरण तैयार करती है। उत्तर वैदिक काल के लगभग अंत में तथा मुख्य रूप से बुद्ध के काल में यह सब

बड़े रूप में घटित हुआ। परंतु उत्तर वैदिक काल के एक बड़े भाग में इस देश में अनुष्ठानवाद तथा आनुष्ठानिक वर्ग का बड़ी शीघ्रता से विकास हुआ। 'यजुओं' के अनुष्ठान अधिकतर लौहपूर्व कृषि के काल के हैं। पुरोहित अथवा ब्राह्मण धार्मिक समारोहों के स्वामी बन गए तथा ये धार्मिक समारोह जीवन के लगभग प्रत्येक पक्ष में व्याप्त हो गए। होमर अथवा अवेस्ता के समाज के समान, उत्तर वैदिक समाज योद्धा-अभिजातों के प्रभाव वाला एक कृषक समाज था, परंतु यूनान और ईरान की अपेक्षा यहां पुरोहितों ने शासकों को अधिक शक्तिशाली संबल प्रदान किया।

संक्षेप में, वर्ण तथा राज्य—ये दो निर्णायक सामाजिक संरचनाएं उत्तर वैदिक काल में पूर्णतया स्थापित नहीं थीं। दोनों में से प्रत्येक को ठोस भौतिक समर्थन एवं सार्वभौम सामाजिक स्वीकृति की आवश्यकता थी। वैदिक समुदायों में न तो नियमित कर व्यवस्था थी और न ही नियमित सेना। राजा के परिजनों को छोड़कर कर संग्रह कर्ता भी नहीं थे, तथा याज्ञिक भेंट जिसे 'बलि' कहा जाता था और कर के मध्य अंतर भी पूर्णतया तिरोहित नहीं किया जा सका था। किसी कर व्यवस्था के प्रचलन का हमारे पास कोई प्रत्यक्ष प्रमाण नहीं है। पशुचारी समाज की जनजातीय नागरिक सेना का स्थान कृषक समाज की कृषक नागरिक सेना ने ले लिया था, क्योंकि पूर्णतया स्थापित कर व्यवस्था के अभाव में एक नियमित सेना का रख पाना संभव नहीं था। यद्यपि 'सेना', 'सेनानी' एवं 'सेनापति' शब्द अनेक स्थानों में उल्लिखित हैं, तथापि यह प्रदर्शित करने का कोई प्रमाण नहीं है कि वैदिक कालीन राजा व्यावसायिक सेना को वर्ष पर्यंत रखते थे। 'विश्', 'सेना' अथवा हथियारयुक्त दल से संबंधित था।[104] उत्तर वैदिक काल में शक्ति अथवा 'बल' को 'विश्' अथवा कृषक वर्ग का पर्यायवाची समझा जाता था।[105] 'बल' से संबद्ध कृषक राजा के दूर के परिजन थे तथा लूट की संपत्ति में भाग प्राप्त करते थे।[106] 'अश्वमेध' के घोड़े की सुरक्षा के निमित्त सेना में क्षत्रिय तथा 'विश्' दोनों ही होते थे। बाण, तरकश तथा ढालों से सुसज्जित क्षत्रिय, सेना के कप्तान तथा नायकों के रूप में कार्य करते थे, जबकि 'विश्' के लोग सामान्य सिपाही थे जिनके पास हथियार के रूप में केवल डंडे ही होते थे। *शतपथ ब्राह्मण* में एक प्रमुख अथवा अभिजात को सुझाव दिया गया है कि विजय प्राप्त करने के लिए वह 'विश्' के साथ एक ही बर्तन में भोजन करे।[107] उसकी सफलता के लिए 'विश्' की सहायता अपरिहार्य घोषित की गई है।[108]

उत्तर वैदिक समाज के पास इस अर्थ में क्षेत्रीय राज्य थे कि अपने राजा के संरक्षण में लोग एक स्थिर तथा भोजन उत्पन्न करने वाला जीवन व्यतीत करते थे। अनेक स्थलों से दो से तीन शताब्दियों की निरंतर बस्तियों के प्रमाण मिले हैं। परंतु नातेदारी का तत्व अब भी शक्तिशाली था तथा क्षेत्रीय विचार ने जनजातीय संबंधों को ढंक नहीं लिया था। राजाओं और पुरोहितों के मध्य जनजातीय समुदायों में अंतर किया जाने लगा था। परंतु ये दोनों ही कृषकों से विमुख नहीं हुए थे।

वैदिक काल के लगभग अंत में कृषक अभिजातों और योद्धाओं को धन देता था, जो दूसरी ओर उदारतापूर्वक पुरोहितों को देते थे। इसके अतिरिक्त कृषक पुरोहितों को भी याज्ञिक दक्षिणा देता था। धातुकार, रथकार तथा बढ़ई जैसे दस्तकार मुख्य रूप से उभरते हुए योद्धा वर्ग का कार्य करते थे। ऐसा प्रतीत होता है कि वस्तुओं के आदान-प्रदान में उपहारों की भूमिका व्यापार की अपेक्षा अधिक महत्त्वपूर्ण थी। उत्तर वैदिक कालीन कृषक को नगरों तथा व्यापारियों का भरण-पोषण नहीं करना पड़ता था; बुद्ध के काल में यह विशेषता प्रमुख थी। उसका समाज एक छोटा मुद्राहीन कृषक समाज था न कि पूर्णतया विकसित वर्ग समाज। उपहारों के संदर्भ में उल्लिखित 'निष्क' तथा 'शतमान', 'प्रतिष्ठा' की वस्तुएं थीं। इस प्रकार यह एक ऐसा कृषक समाज था जिसमें जनजातीय विशेषताएं प्रमुख रूप से विद्यमान थीं। कृषकों अथवा वैश्यों को अभिजातों एवं योद्धाओं के आधीन बनाने पर पुरोहितों की आग्रह शीलता, लकड़ी के हल के फाल पर आधारित आदिम कृषि के कारण कृषि अधिशेष की सीमित उपलब्धि, तथा यज्ञों में गाय-बैलों के अंधाधुंध वध के बावजूद वर्ग विरोध तीव्र नहीं हो सके थे। दूसरी ओर जनजातीय परंपराओं की यह मांग थी कि राजा कृषि में सहायक बने तथा यहां तक कि हल जोतने में भी सहायता प्रदान करे, जिसके फलस्वरूप वैश्य और राजन्य के मध्य बहुत बड़ा अंतर नहीं था। यह भी आशा की जाती थी कि राजा सामुदायिक यज्ञों व अन्य अवसरों पर लोगों के साथ अपने धन की भागीदारी करे। यद्यपि अभिजात और योद्धा अपने कृषक नातेदारों पर शासन करते थे, तथापि शत्रुओं के विरुद्ध युद्धों के अवसर पर कृषक नागरिक सेना पर उनका आधारित होना, तथा जनजातीय कृषक वर्ग की अनुमति के बिना भूमिदान करने में उनकी असमर्थता, उन्हें एक कठिन स्थिति में डालती थी। इस प्रकार की सरंचना के लिए मानवशास्त्रियों द्वारा प्रयुक्त 'नायकत्व' ('chiefdom') शब्द अपनाया जा सकता है, यद्यपि इस शब्द की अब उपेक्षा की जाती है।[109] चाहे जो हो, 'नायकत्व' को एक समतावादी जनजातीय समाज, जिसके पुष्ट चिह्न हमें ऋग्वेद की कुछ संस्थाओं में दृष्टिगोचर होते हैं, तथा एक ऐसे समाज के मध्य परिवर्तन की स्थिति माना जा सकता है जिसमें पदों तथा प्रारंभिक राज्य का आविर्भाव हो रहा था। कभी-कभी पौरोहित्य का शक्तिशाली तत्व 'नायकत्व' के साथ संबद्ध है। यह बात उत्तर वैदिक काल के लिए उपयुक्त हो सकती है, परंतु ऋग्वेद के काल के लिए नहीं, जिसमें जनजातीय 'नायकत्व' की कुछ विशेषताओं का भी आभास मिलता है।

पूर्वी उत्तर प्रदेश और बिहार में लगभग 500 ई. पू. से प्रारंभ होने वाले लौह काल के द्वितीय चरण में ही, जब दस्तकारी तथा कृषि में लोहे का अधिक प्रयोग प्रारंभ हो गया था, दस्तकारों, कृषकों तथा कृषि मजदूरों के वर्ग सामाजिक एवं व्यावसायिक रूपों में पुरोहितों और योद्धाओं से अलग हो गए थे। इस काल में उत्पादन से संबद्ध लोगों की सामाजिक अयोग्यताएं एवं आर्थिक बाध्यताएं थीं

जिन्हें व्यावसायिक सेना तथा प्रशासनिक तंत्र की स्थापना द्वारा लागू किया जाता था। यह प्रशासन तंत्र कर इकट्ठा करता था तथा परिवार, संपत्ति और सामाजिक व्यवस्था के विरुद्ध अपराधों के लिए दंड देता था। इस नवीन व्यवस्था के लिए वैधानिक तथा वैचारिक उपकरण प्रदान किया गया एक भली प्रकार व्याख्यायित वर्ण-व्यवस्था द्वारा।

संदर्भ और टिप्पणियां

1. एल. डी. बार्नेट, *एंटीक्विटीज आफ इंडिया*, पृ. 197.
2. वही.
3. वही, पृ. 198.
4. एन. एल. डे, *द ज्योग्राफिकल डिक्शनरी आफ एंसिएंट एंड मेडिवल इंडिया*, नई दिल्ली, 1971, पृ. 37
5. बार्नेट, ऊपर उल्लिखित, पृ. 197.
6. एन. एल. डे, ऊपर उल्लिखित, पृ. 480-1.
7. बार्नेट, ऊपर उल्लिखित, पृ. 197.
8. वही.
9. वही.
10. वही.
11. वही.
12. यह कुरुक्षेत्र विश्वविद्यालय के डा. ब्रह्मदत्त द्वारा किया गया है। मुझे बताया गया है कि उसी विश्वविद्यालय के एक अन्य शोधकर्ता द्वारा करनाल में अस्सी से अधिक स्थल ढूंढ़े गए हैं।
13. सूरजभान तथा जिम जी. शेफर, 'न्यू डिस्कवरीज़ इन नार्दर्न हरियाणा', *मैन एंड एनवायरनमेंट*, जि. 2. 1978, 63.
14. वही।
15. संभवतः गंगा के ऊपरी तटवर्ती क्षेत्र में स्वात घाटी से लौह प्रौद्योगिकी आई, यद्यपि बीच में पड़ने वाले लगभग 500 मील के क्षेत्र का सर्वेक्षण अभी बाकी है।
16. मैंने अतरंजीखेड़ा से प्राप्त लोहे की वस्तुओं को अलीगढ़ मुस्लिम विश्वविद्यालय के इतिहास विभाग में देखा है।
17. परीक्षणों से यह प्रकट होता है कि पानी में क्षार मिला देने से कार्बोलिक अम्ल निकल जाता है और लोहे में जंग लगने की प्रक्रिया मंद हो जाती है। जे. आर. पार्टिंग्टन, *ए टेक्स्ट बुक आफ इन-आर्गेनिक केमिस्ट्री*, छठी आवृत्ति, लंदन, 1963, पृ. 924.
18. हस्तिनापुर के 1962 के उत्खनन में एक कील तथा एक वाणाग्र सहित तीन लोहे की वस्तुएं प्राप्त हुईं, जिनमें से एक प्राचीनतम चि. धू. मृ. काल से प्राप्त हुई (यह सूचना भारतीय पुरातत्व सर्वेक्षण, नई दिल्ली के बी. एम. पांडेय से प्राप्त हुई)। आलमगीरपुर से एक भाले का अग्र भाग, एक कांटेदार वाणाग्र तथा

कीलें और पिन प्रकाश में आईं (*आई. ए. आर.* 1958-59, 54-5)। भरतपुर में नोह से तश्तरी, बाणाग्र तथा भाले के अग्र भाग प्राप्त हुए (*आई. ए. आर.*, 1971-72, 42)। जयपुर जिले के बैराट नामक स्थल में लोहे के प्रयोग के प्रमाण प्राचीनतम बस्ती से प्राप्त होते हैं, परंतु लोहे की वस्तुओं की प्रकृति स्पष्ट नहीं की गई है (*आई. ए. आर.*, 1962-63, 31)। आगरा जिले में बटेसर नामक स्थान से एक भाले का अग्रभाग प्राप्त हुआ (पुरातत्व की केंद्रीय सलाहकार समिति की नई दिल्ली, 1974 में हुई बैठक के अवसर पर यहां के उत्खनन पर एक साइक्लोस्टाइल टिप्पणी वितरित की गई थी).

19. *अ. वे.*, 9.5.4.
20. *जैमिनीय उपनिषद् ब्राह्मण*, 4.1; यह बहुत बाद का ग्रंथ है. जिसका काल छठवीं शताब्दी ई. पू. माना जा सकता है.
21. *वै. इं.,जि.* 1, 205.
22. ऋग्वेद के बाद के अंशों में बल्लम को 'पविर' कहा गया है (*ऋ.*, 10.60. 3;. 1.174.4), तथा यजुशाखा के ग्रंथों में हल के फाल को बल्लमजैसी नोक वाला ('पविरव') कहा गया है (*वाजसनेयि संहिता*, 12.71). वैदिक साहित्य में बल्लम भाले के लिए प्रयुक्त अन्य शब्द हैं–'ऋष्टि' (*वै.* इं., जि. 1, 118), 'सृक' (*वै.* इं., जि. 2, 468). तथा 'स्रक्ति' (*वही*, 490)। यह भी देखिए, एस. डी. सिंह, *एंसिएंट इंडियन वारफेयर विद स्पेशल रेफरेंस टु द वैदिक पीरियड,* लाइडेन, 1965, पृ. 94-5.
23. ओ. पी. टंडन, 'आलमगीरपुर एंड द आयरन एज इन इंडिया', *पुरातत्त्व,* नं. 1, 1968, पृ. 59.
24. हेनरी होजेज़, *टेक्नालाजी इन द एंसिएंट वर्ल्ड*, हारमोंडोवर्थ, 1971, पृ. 124.
25. देखिए, संदर्भ संख्या 18.
26. कुरु राज्य वर्तमान थानेसर, दिल्ली तथा गंगा के ऊपरी दोआब के बडे भाग से मेल खाता है। एच. सी राय चौधरी, *पोलिटिकल हिस्ट्री आफ एंशिएंट इंडिया,* 7वीं कलकत्ता वि. वि., 1972, पृ. 21.
27. वही, पृ. 64, कुरु-पंचाल क्षेत्र चि. धू. मृ. का अधिकेंद्र था
28. वही, पृ. 61-2.
29. वही, पृ. 58-9.
30. राजछत्र मिश्र, *अथर्ववेद में सांस्कृतिक तत्व,* 1968, पृ. 86-90.
31. *अथर्ववेद*, 7. 20. 8-9; 6. 118. 3.
32. *अथर्ववेद*, 6. 118. 3..
33. 'उर्वरासव' के लिए देखिए, मिश्र, ऊपर उल्लिखित, पृ. 90.
34. *अथर्ववेद*, 5.17-19.
35. प्रयुक्त शब्द 'भूमिपुरुषवर्जम्' अथवा 'भूमिशूद्रवर्जम्' है; देखिए, आर. एस. शर्मा, *शूद्राज़ इन एंशियंट इंडिया*, दिल्ली, 1958, पृ. 46.
36. *ऐतरेय ब्राह्मण*, 8.21; *शत. ब्रा.*, 13.7.1.15.
37. *तै. सं.*, 2.2.11.2.
38. जोगिराज बसु, *इंडिया आफ द एज आफ द ब्राह्मणाज़*, कलकत्ता, 1969, पृ. 115-16.
39. *शत. ब्रा.*, 13.2.9.6,.
40. *ऐ. ब्रा.*, 7.29.3.
41. *शत. ब्रा.*, 12.7.3.12.
42. वही, 9.4.3.3.
43. *तै. सं.*, 2.2.11.2.
44. वही.
45. *वै. इं.*, जि. 2, 513.

46. *वै. इं.,* जि. 1, 205.
47. वही, 8. 7.1.12.
48. वही, 10.4.3.22.
49. *शत. ब्रा.,* 12.7.3.15.
50. 7.1.1.5.
51. पी. वी. काणे, *हिस्ट्री आफ धर्मशास्त्र,* जि. 2, भाग 1, पृ. 41.
52. *अ. वे.,* 3.4.2..
53. तै. सं., 7.1.1.5..
54. वही.
55. शत. ब्रा., 6.1.2.25.
56. जोगिराज बसु, ऊपर उल्लिखित, पृ. 116.
57. *शत. ब्रा.,* 13.2.9.8. *तैत्तिरीय ब्राह्मण* (3.9.7.2) में कहा गया है कि 'राष्ट्र' जौ है तथा लोग हरिण हैं। यह इस बात का द्योतक हो सकता है कि पुनर्वितरण के माध्यम से लोगों को खिलाना प्रमुख का कर्तव्य था.
58. *शत. ब्रा.,* 9.1.1.25.
59. वही, 9.1.1.18
60. *अ. वे.,* 3.4.3..
61. *अ. वे.,* 3.29.3.
62. अ. वे., 5.19.3.
63. मैंने 'भागदुघ' को संग्रहकर्ता के अर्थ में लिया है (*आस्पेक्ट्स आफ पोलिटिकल आइडियाज एंड इंस्टिट्यूशंस इन एंशियंट इंडिया,* दिल्ली, 1968, पृ. 137-8), परंतु पूषन् से इसका संबंध मुझे मत परिवर्तन के लिए प्रेरित करता है.
64. अ. वे., 11.1.6.
65. *वै. इं.,* जि. 2, 216. लगभग छठवीं शताब्दी ई. पू. के *शतपथ ब्राह्मण* तक जब तक हम नहीं आते, तब तक उत्तर वैदिक काल के सभी पूर्ववर्ती ग्रंथों में योद्धा वर्ग के लिए राजन्य शब्द का ही अधिक प्रयोग हुआ है; वैदिक काल के लगभग अंत तथा वैदिकोत्तर काल में इसका स्थान क्षत्रिय शब्द ले लेता है, जिसके अंतर्गत युद्ध और राजनीति से संबंधित सभी प्रकार के अभिजात और योद्धा आते थे.
66. *काठक संहिता,* 27.4.
67. *मैत्रायणि संहिता,* 2.6.5; आपस्तंब श्रौतसूत्र, 18. 10. 17.
68. 'निष्क' के अर्थ को लेकर बहुत विवाद हुआ है, परंतु यह स्वर्ण खंड से अधिक और कुछ नहीं था। समारोहों के अवसर पर उपहारों में यह 'प्रतिष्ठा' की वस्तु के रूप में प्रयोग होता होगा, तथा उत्पादन अथवा वस्तुओं के प्रसार में इसका कोई योगदान नहीं था।
69. *गौतम,* 10.24; *मनु,* 7.130.
70. *अ. वे.,* 3.29.1..
71. अनाज, पशु, आदि के संग्रह के लिए कोई व्यवस्था नहीं प्रतीत होती। वैदिक साहित्य में 'कोश' शब्द पात्र के अर्थ में प्रयुक्त हुआ है न कि खजाने के अर्थ में। 'संगृहतृ' राजा के कोषाध्यक्ष के अर्थ में लिया जा सकता है, परंतु अश्विनों के साथ उसका संबंध इस बात का द्योतक है कि वह रथ हांकनेवाला है.
72. *ऐ. ब्रा.,* 8.17.
73. *वै. इं.,* जि. 2, 223.
74. *अ. वे.,* 4.22.2.
75. *अ. वे.,* 11.1.6.

76. *काठक संहिता*, 30.7.
77. ऐ. ब्रा., 7.29.
78. वही.
79. *द कैंब्रिज हिस्ट्री आफ इंडिया*, जि. !, संपा., ई. जे. रैप्सन, दिल्ली, 1955, पृ. 115.
80. *ऐ. ब्रा.*, 8.22.
81. वही, 8.37.7.
82. वही, 8.39.6..
83. *अ. वे.*, 15; *पंचविंश ब्राह्मण*, 17.1.2.
84. आर. एस. शर्मा, *शूद्राज़ इन एंशियंट इंडिया*, पृ. 71.
85. *शत. ब्रा.*, 13.5.4.6.
86. कुरुओं तथा पंचालों की सभाओं की क्रियाविधि शूद्रों की सभाओं की क्रियाविधि से भिन्न थी। रायचौधरी, ऊपर उल्लिखित, पृ., 156, और देखिए, शर्मा, *शूद्राज़ इन एंशियंट इंडिया*, अध्याय 2.
87. ऐ. ब्रा., 7.18.
88. शर्मा, *शूद्राज़ इन एंशियंट इडिया*, पृ. 56.
89. *जयसंहिता*, संपा. के. के शास्त्री, जि. 1, अहमदाबाद, 1977, 1. 213. 40.
90. *अ. वे.*, 9.6.
91. *पंचविंश ब्राह्मण*, 6.1.10; *शत. ब्रा.*, 5.2.1.17; 8.7.1.2, 2.2.
92. *वै. इं.*, जि. 2, 275-6..
93. *वै. इं.*, 110.
94. *वै. इं.*, 309.
95. *वै. इं.*, जि. 1, 48; जि. 2, 89.
96. *वै. इं.*, जि. 2, 87, 262.
97. वही.
98. वही, 262.
99. अनेक उल्लेख, *वै. इं.*, जि. 1, 204, पा. टि. 11 में उद्धृत हैं.
100. एच. डी. सांकलिया, ऊपर उल्लिखित, पृ. 350.
101. *आई. ए. आर.*, 1963-64, 49, जे. पी. जोशी ने मुझे सूचना दी है कि उन्होंने उज्जैन में चि. धू. मृ. काल से समता रखनेवाले स्तरों में एक 'याज्ञिक गढ़े' (जोशी जी के अनुसार) में कुछ पशु अस्थियों को देखा है.
102. जोगिराज बसु, ऊपर उल्लिखित, पृ. 175-6.
103. रैडोमिर प्लाइनर, 'द प्राब्लेम आफ द बिगनिंग आफ आयरन एज इन इंडिया', *आक्टा प्रेहिस्टारिका ए आर्क्योलाजिका*, नं. 2, 1971, पृ. 30.
104. *वै. इं.*, जि. 2, 251.
105. वही, पा. टि. 15.
106. राजकीय भाग के लिए प्रयुक्त 'उदाज' तथा 'निराज' शब्द हैं (वै. इं., जि. 1, 86), जो साधारण व्यक्तियों के भागों से भिन्न विशिष्ट प्रकार के होते होंगे.
107. *शत. ब्रा.*, 4.3.3.15.
108. वही, 5.4.3.8. सिकंदर के इतिहासकार पूर्वी भारत तथा गंगा घाटी के राजा की सेना की संख्या देते हैं। इस क्षेत्र में छठवीं शताब्दी ई. पू. में स्थायी सेना संभवतः रही होगी।
109. सन् 1961 में मार्शल डी. सालिन्स ने विकास की चार स्थितियों के अनुरूप चार प्रकार की व्यवस्थाओं को

प्रस्तुत किया : दल, जनजाति, नायकत्व (chiefdom) तथा राज्य ('द सेग्मेंटरी लीनिएज : एन आर्गेनाइज़ेशन आफ प्रीडेटरी एक्सपैंशन' *अमेरिकन एन्थ्रपोलाजिस्ट*, जि. 63. पृ. 322-45). सन् 1968 में उसने नायकत्व को त्याग दिया तथा अन्य तीन प्रकारों को बरकरार रखा, (*ट्राइब्समेन*, प्रैंटिस हाल, 1968). ये टिप्पणियां, आंद्रेवैतेयेस्, 'आन द कान्सेप्ट आफ ट्राइब', *इंटरनेशनल सोशल साइंस जर्नल*, जि. 32, 1980, पृ. 825-8, पर आधारित हैं.

अध्याय छः

उत्पादक शक्तियां तथा मध्य गंगा के तटवर्ती क्षेत्र में बुद्ध के काल में उनका सामाजिक निहितार्थ

प्रथम सहस्राब्दी ईस्वी पूर्व के प्रथमार्ध में ऊपरी गंगा तटीय क्षेत्र में कृषि-उत्पादन पर जो सीमाएं आरोपित थीं वे द्वितीयार्ध में समाप्त हो गईं। इस काल में जनसंख्या का एक भाग मध्य गंगा तटीय क्षेत्र में स्थानांतरित हो गया।

मध्य गंगा तटीय क्षेत्र मध्य देश अथवा आर्यावर्त का द्योतक नहीं था, जो मूलतः कुरुक्षेत्र से इलाहाबाद तक विस्तृत था। इसके अंतर्गत मुख्यतः बौद्ध धर्म का उत्पत्ति स्थल मज्झिमदेस आता था जिसमें प्रमुख रूप से पूर्वी उत्तर प्रदेश तथा बिहार के क्षेत्र आते हैं। इसकी पूर्वी सीमा में कजंगल[1] नामक नगर था, जो राजमहल के समीप ही स्थित था, यद्यपि इसी नाम का एक स्थान मूलतः राजगीर के समीप स्थापित किया गया प्रतीत होता है। पश्चिम में मज्झिमदेस थूण नामक ब्राह्मण गांव तक विस्तृत था, जो कोसल में स्थित था।[2] अतः यह प्रतीत होता है कि मध्य गंगा का क्षेत्र अथवा मूल मज्झिमदेस इलाहाबाद से राजमहल तक विस्तृत था, और प्राचीन कोसल एवं मगध का लगभग समरूप था। कालांतर में मज्झिमदेस की सीमाओं के अंतर्गत न केवल कुरु, पंचाल और शूरसेन वरन् बंग और कलिंग भी सम्मिलित किए जाने लगे।[3] ब्राह्मण परंपरा के मध्यदेश में भी सीमाओं का विस्तार हुआ।

वर्तमान काल में मध्य गंगा के मैदान में 62,000 वर्गमील का क्षेत्र आता है।[4] ऊपरी गंगा के मैदानों तथा बंगाल में नदी के मुहानों के मध्य स्थित इस क्षेत्र को 'एक संक्रमण क्षेत्र' भी कहा जाता है।[5] पश्चिमी भाग के 40 इंच से लेकर पूर्वी भाग के 70 इंच तक इस क्षेत्र में वर्षा होती है,[6] परंतु इसके मुख्य भाग में 45 से 55 इंच तक वर्षा होती है।[7] क्षेत्र-कृषि के पूर्व तथा बड़ी संख्या में बस्तियों के निर्माण के पहले की अवस्था में इतनी वर्षा घनी वनस्पति के उत्पन्न होने के लिए पर्याप्त है। इसके कारण जंगल साफ करने की कठिन समस्याएं भी प्रकट हो सकती हैं। उत्तर बिहार में 'पश्चिमी उत्तर प्रदेश की तुलना में भू-दृश्य निश्चित रूप से अधिक

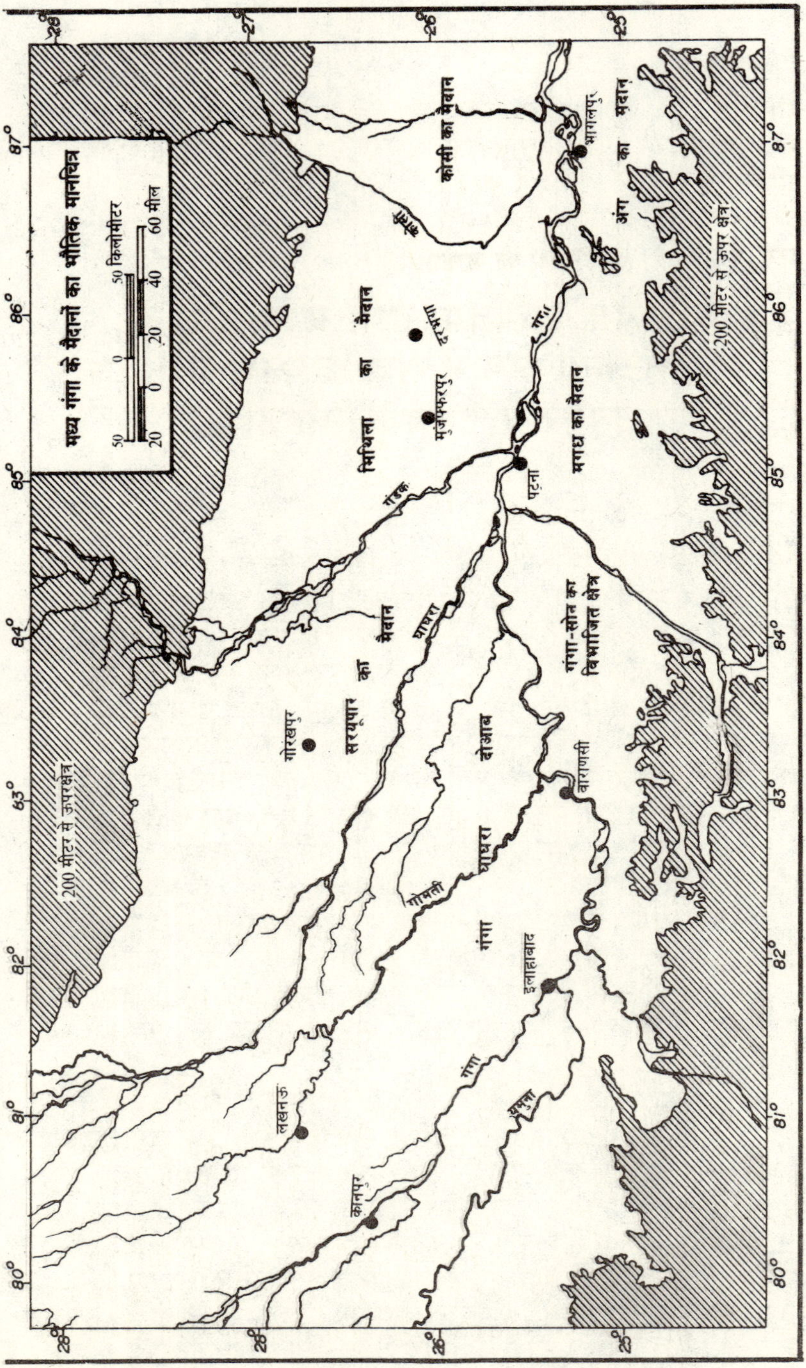

मध्य गंगा के मैदानों का भौतिक मानचित्र

वर्षा वाला है ।'[8] जैसा कि आगे स्पष्ट किया जाएगा, नमी मिट्टी में दबी हुई लोहे की वस्तुओं सहित अनेक पुरावशेषों के संरक्षण के लिए घातक है । जब हम पश्चिम से पूर्व की ओर आगे बढ़ते हैं तो रेत (जो दबी हुई वस्तुओं का महान संरक्षक है) कम होने लगता है और मध्य गंगा के मैदानों में दोमट बढ़ती जाती है ।[9] परंतु, पटना और गया जिलों की जलोढ़ मिट्टी बहुत भारी तथा चिकनी है और मानसून के आगमन के पूर्व उसे जोत सकना बहुत कठिन है ।[10] तथापि ऊपरी तथा मध्य गंगा के दोनों मैदानों की मिट्टी श्रेष्ठ समझी जाती है, यद्यपि स्पेट और लियरमंथ[11] द्वारा प्रकाशित मानचित्र प्रदर्शित करता है कि उच्च श्रेणी की मिट्टी वाले क्षेत्र, ऊपरी गंगा के मैदानों की तुलना में मध्य गंगा के मैदानों में अपेक्षाकृत अधिक विस्तृत हैं ।

मध्य गंगा तटीय क्षेत्र के उपनिवेशीकरण का समर्थन न केवल *शतपथ ब्राह्मण* के उल्लेखों से होता है,[12] बल्कि उस परिकल्पना से भी होता है, जिसके अनुसार चि. धू. मृ., उ. का. ओ. मृ. के रूप में विकसित हुए थे ।[13] हमारा मत यह है कि बुद्ध के काल में एक पूर्ण विकसित कृषक समाज उदित हुआ, जिसे धर्मसूत्रों के आनुष्ठानिक-सामाजिक वर्गों में विभाजन से स्थिरता प्राप्त हुई तथा 500-300 ई. पू. में बुद्ध की शिक्षाओं से स्थायित्व मिला । किंतु, इस परिकल्पना को सिद्ध करने के प्रयास से पहले हमारे लिए स्रोतों के स्वभाव का परीक्षण करना आवश्यक है । ये वे स्रोत हैं, जिनके आधार पर हम भौतिक संस्कृति के मुख्य तत्त्वों को पहचान सकते हैं और इस काल में हुए मुख्य सामाजिक परिवर्तनों की ओर इंगित कर सकते हैं ।

हमारे पास ऐसे अनेक ग्रंथ हैं, जिन्हें 500 से 300 ई. पू. के मध्य रखा जा सकता है । बुद्ध के काल में सामाजिक तथा आर्थिक विकास के अध्ययन के लिए जिन पालि ग्रंथों का उपयोग किया जा सकता है, उनमें से जातकों को छोड़ा जा सकता है, यद्यपि इस उद्देश्य के लिए अब तक मुख्य रूप से जातकों का ही उपयोग किया गया है । *खुद्दकनिकाय* को छोड़कर अन्य सभी निकाय साधारणतः 300 ई. पू. के पहले के माने जा सकते हैं । *विनयपिटक संभवतः* मौर्यकालीन ग्रंथ है, और इस कारण प्रस्तुत अध्ययन में इसका उपयोग नहीं किया जा रहा है । परंतु *अट्ठकवग्ग* तथा *परायणवग्ग* को छोड़कर[14] *सुत्तनिपात* के प्रमुख अंश मौर्य काल के पूर्व के माने जा सकते हैं । छंदों के सावधानीपूर्वक किए गए अध्ययन के आधार पर यह जोर देकर कहा गया है कि इस ग्रंथ का अधिकांश भाग मौर्य काल के पूर्व का है ।[15] इस ग्रंथ[16] के तीन सुत्त तथा *दीघनिकाय* के कुछ सुत्त व *विनय* के भी अंश तीसरी शताब्दी ई. पू. के मध्य के अशोक के भब्रु अभिलेख में उद्धृत हैं । यह भी कहा जाता है कि *दीघनिकाय* के गद्यांश ब्राह्मणों के गद्यांशों के समान हैं । विंटरनित्स के मत में इस ग्रंथ के प्रथम खंड में प्राचीनतम स्तर का प्रतिनिधित्व हुआ है ।[17] इस विवेचना से प्रकट होता है कि मौर्य काल के पूर्व पालि ग्रंथों के एक

बड़े भाग के विद्यमान होने के पर्याप्त साक्ष्य उपलब्ध हैं।

मगध की भाषा में लिखे गए पालि ग्रंथ मुख्यतः पूर्वी उत्तर प्रदेश और बिहार की घटनाओं का वर्णन करते हैं। परंतु पाणिनी के व्याकरण के संयोजन में इन पर विचार किया जा सकता है। उत्तरी भारत में मौर्य पूर्व काल की जानकारी के लिए पाणिनी का व्याकरण एक अत्यधिक मूल्यवान स्रोत है। एक अत्यधिक रूढ़िवादी आकलन के आधार पर भी पाणिनी को 500 से 400 ई. पू. के मध्य रखना पड़ेगा।[18] इसके द्वारा प्रस्तुत सामाजिक और भौतिक जीवन का चित्र अधिक विश्वसनीय है, क्योंकि यह व्याकरण के नियमों के उदाहरणों पर आधारित है। यह चित्र प्रारंभिक पालि ग्रंथों से प्राप्त वर्णन से बहुत समानता प्रदर्शित करता है। यह सच है कि पाणिनी, सिंधु तथा गंगा के पश्चिमी तटवर्ती क्षेत्रों के लिए अधिक प्रासंगिक हैं, परंतु इस ग्रंथ से ज्ञात उत्तरी भारत के विकास की सामान्य प्रवृत्ति को नकारा नहीं जा सकता। इसके अतिरिक्त अनेक गृह्यसूत्र और धर्मसूत्र, जिनमें आपस्तम्ब द्वारा लिखित सूत्र प्रमुख हैं, या तो पाणिनी के पहले के हैं या पाणिनी को सामान्य स्वीकृति प्राप्त होने के पूर्व के हैं।[19] इन आधारों के अनुसार श्रौतसूत्र साधारणतः मौर्य काल के पूर्व रखे जा सकते हैं। पुनः ये ब्राह्मण परंपरा के ग्रंथ सामान्य रूप से उत्तरी भारत के विकास के प्रतिमानों का प्रतिनिधित्व करते हैं, तथा केवल पूर्वी उत्तर प्रदेश और बिहार के नहीं, जैसा कि प्रारंभिक पालि ग्रंथ प्रदर्शित करते हैं। जो शिक्षाएं गौतम बुद्ध की मानी जाती हैं, वे तत्कालीन सामाजिक दृष्टिकोण तथा शिल्प, कृषि और पशुपालन के संसार से उपलब्ध अनेक बिंब विधानों को प्रतिबिंबित करती हैं। ये मौर्य-पूर्व कालों में विकसित भौतिक संस्कृति की प्रकृति को प्रदर्शित करते हैं।

पिछले तीन दशकों में बुद्ध के काल की भौतिक संस्कृति के विषय में हमारी जानकारी उ. का. ओ. मृद्भांडों के पुरातत्व के विकास द्वारा अत्यधिक समृद्ध हुई है। इसे सामान्यतः दो उप-कालों में विभाजित किया जा सकता है, अर्थात्, लगभग 600-300 ई. पू. तथा 300-100 ई. पू.। जब काल निर्धारण की कार्बन 14 पद्धतियां उपयोग में नहीं थीं, तब स्तर विन्यास के आधार पर उ. का. ओ. मृ. की तिथि लगभग 600-200 ई. पू. के कोष्ठक में निर्धारित की गई थी। अनेक कार्बन 14 तिथियां उपलब्ध हो जाने के उपरांत इसके लिए 500-50 ई. पू. का कोष्ठक सुझाया गया है।[20] परंतु यदि हम अंशशोधन (calibration) विधि द्वारा संशोधित कार्बन 14 तिथियों को भी लें, जिसमें स्वयं बहुत अधिक भिन्नता है, तब भी उत्तरी भारत के, मुख्यतः मध्य गगा के मैदानों के, विभिन्न स्थलों के भिन्न-भिन्न उ. का. ओ. मृ. के स्तरों का संपूर्ण चित्र हमें कौशांबी में उ. का. ओ. मृ. के प्रारंभ के लिए सातवीं शताब्दी ई. पू. तथा मथुरा के लिए आठवीं शताब्दी ई. पू. की तिथियां स्वीकार करने की अनुमति नहीं देता, जैसा कि हाल ही में किया गया है।[21] कौशांबी से केवल एक ही प्राचीन तिथि है,[22] तथा खत्ती 11 से उपलब्ध

नमूनों के आधार पर निर्धारित मथुरा की सभी तीन प्रारंभिक कार्बन 14 तिथियों पर प्रश्नचिह्न लगा हुआ है ।[23] मथुरा के उत्खननकर्ता ठीक ही निर्णय पर पहुंचे हैं कि मथुरा उ. का. ओ. मृ. का प्रारंभ मौर्य काल से हुआ ।[24]

जबकि उ. का. ओ. मृ. के द्वितीय उप-काल में उ. का. ओ. मृ. का अत्यधिक उपयोग (मुख्यतः लगभग 300 ई. पू. में), अधिक सिक्के, बड़ी संख्या में मृण्मूर्तियां, अधिक संख्या में लोहे के उपकरण, पक्की ईंटों के बने भवन, विरल खपड़े तथा मिट्टी के बड़े-बड़े चक्रों से बने कुएं दृष्टिगोचर होते हैं । प्रथम उप-काल की विशेषताएं हैं—पक्की ईंटों के भवन तथा मिट्टी के चक्रों से बने कुओं का अभाव, उ. का. ओ. मृ., सिक्कों, मृण्मूर्तियों और लोहे के उपकरणों की कमी, यद्यपि अर्धमूल्यवान पत्थरों के मनके, शीशे तथा कभी-कभी हाथीदांत की बनी वस्तुएं भी इस उप-काल में प्राप्त होती हैं । किंतु, हमें मध्य गंगा के तटवर्ती क्षेत्र के नम जलोढ़ में किए गए पुरातात्विक कार्यों की सीमाओं को समझना होगा, जिसमें 40 से 60 इंच तक वर्षा होती है । यदि मिट्टी रेतीली नहीं है, तो ऐसी जलवायु में नरिया पर किए गए मिट्टी के लेप, तथा बांस अथवा मिट्टी के भवनों के सुरक्षित रह पाने की संभावना बहुत कम है । यह बात लकड़ी के भवनों पर भी लागू होगी । इस प्रकार की मिट्टी लोहे की वस्तुओं के लिए अत्यधिक क्षयकारी सिद्ध होगी । यद्यपि दक्षिण बिहार समृद्धतम लोहे की खानों का क्षेत्र है, तथापि लोहे की वस्तुएं गंगा के पश्चिमी तटवर्ती क्षेत्र से अधिक संख्या में प्राप्त हुई हैं । मुख्यतः पिटवां लोहे की वस्तुओं के लिए नमी एक भंयकर शत्रु है । जबकि कौशाम्बी की मिट्टी इतनी अधिक नम नहीं है, फिर भी यहां से प्राप्त लोहे की वस्तुएं परीक्षण करने पर अत्यधिक संक्षरित पाई गई हैं ।[25] जब पुरातात्विक साक्ष्य साहित्यिक साक्ष्य से समानता नहीं प्रदर्शित करता तो हमें निष्कर्ष निकालते समय बहुत अधिक सतर्क रहना पड़ेगा ।

कोसल तथा मगध के लोगों के भौतिक और सामाजिक जीवन में परिवर्तन के कारणों तथा कालक्रम से संबद्ध कुछ परिकल्पनाएं छठी शताब्दी ई. पू. के पश्चात् घनी वनस्पति से आच्छादित मध्य गंगा के तटवर्ती क्षेत्रों को बस्ती तथा कृषि के उपयुक्त बनाने में लोहे के उपकरणों की निर्णायक भूमिका पर बल देती है ।[26] इस प्रक्रिया सें द्वितीय नगरीकरण की समस्या भी संबद्ध है ।[27] प्रारंभिक बौद्ध धर्म के सामाजिक दृष्टिकोण की व्याख्या हल के लोहे के फाल पर आधारित कृषि की आवश्यकताओं एवं ऋण देने व नगरीकरण से उत्पन्न समस्याओं के संदर्भ में की गई है ।[28] बुद्ध के काल में पूर्वी उत्तर प्रदेश और बिहार में लोहे की वस्तुओं की भूमिका के संदर्भ में गंभीर शंकाएं भी व्यक्त की गई हैं ।[29] यह सुझाव दिया गया है कि आग की सहायता से भी जंगल साफ किए जा सकते थे । परंतु, जब भी पेड़ों को जलाया जाता है, पेड़ के जले हुए तनों को हटाने की समस्या फिर भी शेष रहती है । मध्य गंगा के तटीय क्षेत्र में वृक्ष जड़ों को फैलाते हैं और जब तक इन जड़ों को लोहे

की कुल्हाड़ी व फावड़े से साफ न किया जाए, तब तक हल चलाना कठिन होता है। यह स्पष्ट है कि इस क्षेत्र में जो उ. का. ओ. मृ. बस्तियों की संख्या है, उसके लिए अपेक्षाकृत बड़ी जनसंख्या की आवश्यकता होगी, तथा जंगल साफ करने के कार्य को करने के लिए अनेक पाषाण-उपकरणों की आवश्यकता होगी। यह भी तर्क दिया जाता है कि कृषि कार्य में लकड़ी के फाल वाले हल का उपयोग किया गया होगा।[30] यह सही है कि उत्तर वैदिक काल में गंगा के ऊपरी तटवर्ती क्षेत्र में इस प्रकार के फालों का उपयोग किया गया था, तथा किन्नौर एवं गढ़वाल क्षेत्रों के कुछ भागों में, जहां मुलायम मिट्टी है, आज भी कठोर लकड़ी के बने हल के फालों का उपयोग किया जाता है। लगभग 1940 तक व्यास तथा सतलज के मध्यवर्ती दोआब में भी लकड़ी के फालों का उपयोग होता था।[31] किंतु मध्य गंगा के तट के जलोढ़ क्षेत्रों में कठोर चिकनी मिट्टी के लिए इस प्रकार के फाल प्रभावकारी नहीं होते। पटना जिले के कुछ भागों में 'केवाल' नाम से जानी जाने वाली मिट्टी इतनी कठोर है कि एक बार सूखने पर लोहे के फाल भी कभी-कभी इसे तोड़ने में अशक्त पाए जाते हैं। अधिक से अधिक लकड़ी के फालों का उपयोग पूर्वी उत्तर प्रदेश और बिहार के कुछ मुलायम व रेतीली मिट्टी वाले खंडों में किया जा सकता था, और इस प्रकार के क्षेत्र निश्चय ही बहुत कम रहे होंगे। क्योंकि, कुछ प्राचीन नगर-स्थलों से कुछ कुदाल प्राप्त हुए हैं, अतः कुदाल पर आधारित जुताई को कृषि-कार्य की अधिक व्यापक विधि माना गया है।[32] लेकिन, इस प्रकार के कुदाल नगरों में घरेलू उपकरणों के भाग हो सकते थे, तथा, जो भी हो, जलोढ़ क्षेत्रों में प्राप्त उ. का. ओ. मृ. की बड़े पैमाने पर स्थापित बस्तियों के पारिस्थितिक साक्ष्य इस परिकल्पना के विरुद्ध जाते हैं।

मौर्य-पूर्व काल के प्रारंभिक पालि ग्रंथ लोहे के युद्ध से भिन्न उद्देश्यों के प्रयोग का उल्लेख करते हैं। एक परवर्ती पालि ग्रंथ में 'अयंगल' अथवा लोहे के हल के फाल का उल्लेख है।[33] *सुत्तनिपात* के एक सुत्त के गद्य में लिखे गए प्राक्कथन में दिन भर लोहे के फाल को तपाए जाने तथा पानी में डालने पर ध्वनि करने का वर्णन मिलता है।[34] परंतु हथौड़ा ('अयोकुट') *सुत्तनिपात* के पद्य भाग में उल्लिखित है।[35] एक प्रारंभिक पालि ग्रंथ[36] तथा पाणिनी[37] 'अयोघन' की चर्चा करते हैं, जो हथौड़ा अथवा निहाई का द्योतक था। पाणिनी ने लौह निर्मित हल के फाल को 'अयोविकार कुशी' कहा है।[38] गन्ना उत्पन्न करने के लिए लोहे के फाल आवश्यक प्रतीत होते हैं। प्रारंभिक पालि ग्रंथों में सामान्य फसल के रूप में इसका उल्लेख हुआ है,[39] तथा पाणिनी जंगली गन्ने के एक जंगल की चर्चा करते हैं।[40] गन्ने की खेती के लिए गहरी जुताई की आवश्यकता होती है। आज भी गन्ना बोने के लिए जौनपुर जिले में कठोर मिट्टी के कारण चार बार जुताई करनी पड़ती है, जबकि पटना जिले की अधिक कठोर मिट्टी में खेत तैयार करने के लिए छः बार तक जुताई करनी पड़ती है।[41]

यदि हम एक प्रचलित मगही बोली की कहावत को स्वीकार करें तो ऐसा प्रतीत होता है कि सरसों तथा धान की पौध तैयार करने एवं गन्ने की बोआई के लिए गहरी और निरंतर जुताई आवश्यक है। इस कहावत के अनुसार पहले के लिए एक सौ जुताई, दूसरे के लिए पचास तथा तीसरे के लिए पच्चीस आवश्यक हैं।[42] यह कथन स्पष्टतः अत्युक्तिपूर्ण है। परंतु अब भी इनकी खेती के लिए ऐसी मिट्टी की आवश्यकता होती है, जो गहरी और निरंतर जुताई और तदुपरांत पाटा फेरने के द्वारा महीन धूल में परिवर्तित कर दी जाती है। क्योंकि प्रारंभिक पालि ग्रंथों में सरसों, गन्ने तथा रोपाई वाले धान का बार-बार उल्लेख मिलता है, इन्हें उत्पन्न करने के लिए लोहे के फाल के बार-बार उपयोग करने से संबंधित निष्कर्ष को सरलता से नकारा नहीं जा सकता।

फावड़ा अथवा 'कुद्दाल' का उपयोग लोहे के हल के फाल के पूरक के रूप में किया जाता था, तथा इस उपकरण की सहायता से जीवन यापन करने वाले व्यक्ति को 'कौद्दालिक' कहा जाता था।[43]

शुल्वसूत्रों को छोड़कर मौर्य-पूर्व काल का कोई भी ऐसा साहित्य नहीं है जिसका संबंध प्रौद्योगिकी से था, परंतु मौर्य काल के पूर्व के ग्रंथों में दस्तकारी तथा कृषि के लिए व्यवहृत लोहे के उपकरणों के उल्लेखों का किसी प्रकार का अभाव नहीं है। क्योंकि ये उल्लेख आकस्मिक तथा उदाहरणात्मक हैं, अतः इन्हें अधिक विश्वसनीय माना जाना चाहिए। किंतु, कठिनाई उत्पन्न करने वाला तथ्य यह है कि साहित्यिक साक्ष्य बुद्ध के काल के पुरातात्विक उपकरणों से मेल नहीं खाते। पूर्वी उत्तर प्रदेश और बिहार में लगभग 700 ई. पू. के बाद से लोहे के उपयोग के प्रमाण हैं, परंतु, अभी तक कोई भी लोहे का फाल प्राप्त नहीं हुआ है, तथा कृषि में प्रयुक्त लोहे के उपकरण भी बड़ी संख्या में प्राप्त नहीं होते। फिर भी, इस अभाव की पर्यावरण के कारणों द्वारा व्याख्या की जा सकती है। पूर्वी उत्तर प्रदेश तथा बिहार की क्षारीय, नम एवं उष्ण जलोढ़ मिट्टी अत्यधिक क्षयकारी सिद्ध हुई है। मध्य गंगा के तटवर्ती क्षेत्रों में नम तथा अनेक स्थलों में क्षारीय मिट्टी मिलती है। यह स्थिति मुख्यतः उत्तरी बिहार के बाढ़ से निर्मित मैदानों में देखी जा सकती है। इस प्रकार की मिट्टी धान उत्पादन के लिए अच्छी है,[44] परंतु लोहे की वस्तुओं के संरक्षण के लिए अच्छी नहीं है। इस प्रकार, यह मिट्टी एक कृषक के लिए उपयुक्त है, लेकिन एक शैक्षिक उत्खननकर्ता के लिए फलदायी नहीं है। सामान्य नम हवा के संपर्क में आने वाले लोहे का शीघ्र ही लाल-भूरी धूल के रूप में क्षरण होने लगता है।[45] जंग लगने के लिए जल का होना आवश्यक है तथा कुछ प्रयोगों के अनुसार कार्बन डाई आक्साइड अथवा क्षारीयता भी आवश्यक है।[46] द्रष्टव्य है कि पूर्वी उत्तर प्रदेश के गंगा के निम्न मैदानों के निचले क्षेत्रों में वर्षा ऋतु में जल का स्तर बहुत ऊंचा होता है तथा ग्रीष्म ऋतु में लगभग तीन मीटर होता है।[47] मध्य गंगा के अनेक भागों में जलाक्रांति एक सामान्य विशेषता है।[48] हमें यह भी सूचना मिलती

है कि गंगा के दक्षिणवर्ती बिहार के दक्षिणतम भागों में जलोढ़ कोटि की मिट्टियां क्षारीय हैं।[49] यह स्वाभाविक है कि गया जिले में सोनपुर,[50] उत्तरी बिहार में वैशाली[51] तथा बनारस जिले में प्रहलादपुर[52] के उत्खननों के विवरण अत्यधिक जंग लगे लोहे के उपकरणों की चर्चा करते हैं, जिनमें से अनेक पहचान से परे हो गए हैं। मिट्टी की प्रकृति ने उपकरणों के अधिक आक्सीकरण को जन्म दिया है। यदि हम इस बात को ध्यान में रखें कि अनेक प्राचीन स्थलों में, यथा पश्चिमी उत्तर प्रदेश में अतरंजीखेड़ा तथा मालवा में उज्जैन में मिट्टी के अधिक उष्ण और नम न होने के कारण उपकरण अधिक अच्छी तरह संरक्षित हैं, तो हम जलवायु संबंधी अंतर के महत्त्व को समझ सकते हैं। उज्जैन में मालवा के पठार की मिट्टी अपेक्षाकृत शुष्क है। इस ओर ध्यान आकर्षित किया गया है कि उत्तरी भारत के अन्य स्थलों की तुलना में उ. का. ओ. मृ. काल के कृषि में प्रयुक्त अधिक उपकरण तक्षशिला में प्राप्त हुए हैं,[53] किंतु यह भी समझा जाना चाहिए कि इस क्षेत्र की शुष्क मिट्टी के कारण ये उपकरण सुरक्षित रह गए हैं।

प्राचीन प्रौद्योगिकी ऐसी नहीं थी, जो नम मिट्टी में उपकरणों को सुरक्षित रख सकने में योगदान दे सके। अब तक जो भी परीक्षण किए गए हैं, उनसे प्रकट होता है कि उ. का. ओ. मृ. काल में पिटवां लोहे के बने उपकरणों का प्रयोग होता था।[54] 600-400 ई. पू. के काल की राजघाट से प्राप्त एक मुड़ी हुई कील इस्पात के स्तर के समीप तक पहुंचती है,[55] परंतु यह उदाहरण आकस्मिक हो सकता है। परवर्ती काल में, जब इस्पात का प्रयोग होने लगा, तो यह अधिक दीर्घकालिक तथा उपयोगी सिद्ध हुआ। परंतु, 600-300 ई. पू. के काल में अधिकांश लोहे की वस्तुएं पिटवां लोहे की बनी थीं। अभी कुछ समय पहले तक बिहार में हल के फाल अर्ध-इस्पात के बने होते थे; कुछ ही वर्षों के उपयोग के बाद इन पर बहुत अधिक जंग लग जाता है।

अंततः हम उन स्थलों के प्रकार पर विचार करें, जिनका अब तक उत्खनन हुआ है। चंपा, वैशाली, राजगीर, वाराणसी (राजघाट), कौशाम्बी, शृंगवेरपुर, श्रावस्ती, इत्यादि जैसे प्रशासनिक / व्यापारिक / शिल्प संबंधी अथवा धार्मिक केंद्रों का अब तक उत्खनन किया गया है। स्वाभाविक है कि ये स्थल हल के फाल तथा अन्य कृषि-उपकरणों की प्राप्ति के लिए उपयुक्त स्थान नहीं हैं, यद्यपि इनमें से कुछ स्थलों के कुछ मौर्य-पूर्व स्तरों में कुदाल प्राप्त हुए हैं। कृषि-उपकरणों को प्राप्त करने के लिए ग्रामीण बस्तियों के पुरातत्व को विकसित करना होगा। नगरीय स्थलों में भी क्षैतिज उत्खननों द्वारा धातुकर्मियों के स्थानों व उनकी कार्यशालाओं को प्रकाश में लाया जा सकता है।

मध्य गंगा के तटवर्ती क्षेत्रों के पुरातात्विक उत्खननों में कृषि उपकरणों की अपेक्षाकृत कमी आवश्यक रूप में इस बात की द्योतक नहीं है कि 300 ई. पू. के पहले के काल में अथवा बुद्ध के काल में इनका प्रयोग नहीं होता था। इसी काल के,

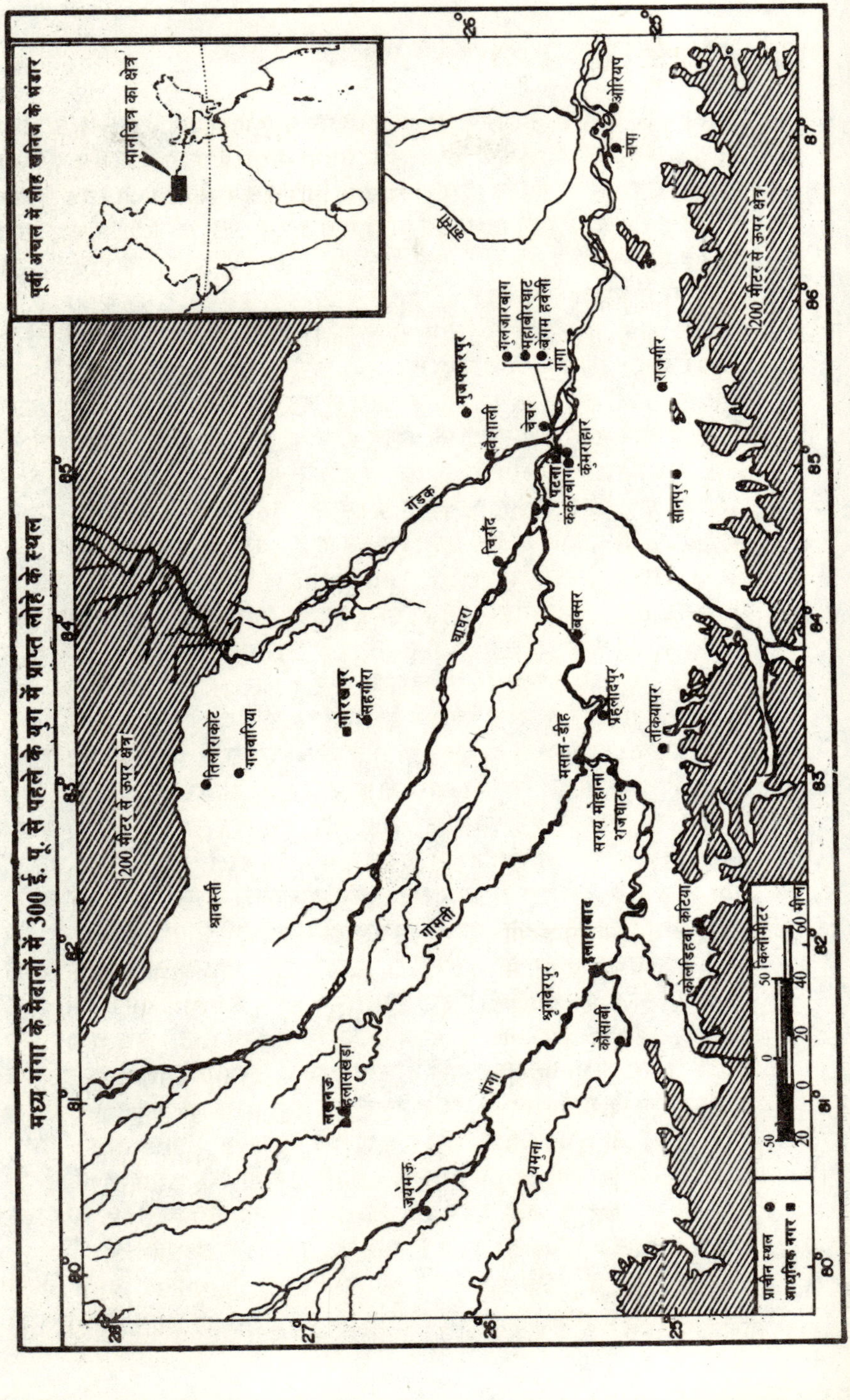
मध्य गंगा के मैदानों में 300 ई. पू. से पहले के युग में प्राप्त लोहे के स्थल
पूर्वी अंचल में लौह खनिज के भंडार
मानचित्र का क्षेत्र
200 मीटर से ऊपर क्षेत्र
श्रावस्ती
तिलौराकोट
गनवारिया
गोरखपुर
सहगौरा
लखनऊ
गंडक
घाघरा
गोमती
गंगा
यमुना
चिरांद
वैशाली
मुजफ्फरपुर
चेचर
पटना
कुमराहार
गुलजारबाग
महावीरघाट
बेगम हवेली
सोनपुर
राजगीर
चंपा
बक्सर
प्रह्लादपुर
मसान-डीह
सराय मोहाना
राजघाट
इलाहाबाद
श्रृंगवेरपुर
कौसांबी
कोलडिहवा
कोटिया
प्राचीन स्थल
आधुनिक नगर
किलोमीटर
मील

अथवा कुछ पहले के भी इस प्रकार के उपकरण गंगा के ऊपरी मैदानी भागों तथा सतलज के तटवर्ती क्षेत्रों में प्राप्त हुए हैं । गंगा-सतलज के तटवर्ती क्षेत्र में अंबाला जिले के रोपड़ स्थल में एक मृत्तिका-चक्र निर्मित कूप के नीचे की सतह से चौदह फुट नौ इंच (14′ 9″) की गहराई से प्राप्त एक हल के फाल की खोज का उल्लेख, इस संदर्भ में किया जा सकता है । इसकी लंबाई 15½ इंच, मध्य में चौड़ाई 1.1 इंच तथा सिरे में चौड़ाई 0.9 इंच है ।[56] इसके अतिरिक्त, संभवतः लगभग 500 ई. पू. का चि. धू. मृ. कालीन एक हल का फाल पश्चिमी उत्तर प्रदेश में एटा जिले के जखेड़ा नामक स्थल से प्राप्त हुआ है ।[57] यह संभवतः उसी समय का है, जो मध्य गंगा के तटवर्ती क्षेत्र में उ. का. ओ. मृ. काल के अंतर्गत आता है । यदि बुद्ध के काल में उन क्षेत्रों में भी लोहे के फालों का प्रयोग होता था, जिनमें लकड़ी के हल के फालों से भी कार्य किया जा सकता था, तो यह सोचना नितांत गलत होगा कि उन क्षेत्रों में जहां की जलोढ़ मिट्टी जोतना कठिन थी, ये ज्ञात नहीं थे । कौशाम्बी में मध्य उ. का. ओ. मृ. काल का एक लौह-फाल प्राप्त हुआ है । कौशाम्बी से प्रारंभिक उ. का. ओ. मृ. कालीन दो सौकेटयुक्त (Socketed) लोहे की कुल्हाड़ियां भी उपलब्ध हुई हैं । इनमें से एक बड़े आकार की है, परंतु इस पर बहुत अधिक जंग लगा है ।[58] सोनपुर से कम से कम एक कुल्हाड़ी उपलब्ध है, जिसका लगभग 400 ई. पू. काल निर्धारित किया जा सकता है ।[59] जहां तक लोहे के फाल का संबंध है, उ. का. ओ. मृ. काल से संबद्ध एक फाल वैशाली जिले के रघुआसोई स्थल से उपलब्ध हुआ है ।[60] राजघाट से प्राप्त लौह-चून तथा लोहे की वस्तुएं हगारे ध्यान को विशेष रूप से आकर्षित करती हैं । स्तर विन्यास की दृष्टि से 600-400 ई. पू. के द्वितीय काल के प्रारंभिक चरण से कुल मिलाकर 100 लौह-चून खंड तथा वस्तुएं प्राप्त हुई हैं ।[61] इनके अंतर्गत दो कुल्हाड़ियां, दरांत, छेनी, 35 कीलें, आदि आते हैं ।[62] जो लोहे की वस्तुएं उपलब्ध हैं, वे आखेट, कृषि, दस्तकारी के कार्य तथा गृहकार्य में प्रयुक्त होने वाले उपकरणों की अधिकता प्रदर्शित करती हैं ।[63] यह कहा गया है कि इस प्रारंभिक चरण में दस्तकारी, उद्योग तथा कुछ अन्य व्यवसायों की 'अभूतपूर्व वृद्धि' का श्रीगणेश हुआ ।[64] प्रारंभिक चरण से तात्पर्य 600-400 ई. पू. के काल अथवा उ. का. ओ. मृ. काल के प्रारंभिक भाग से है । हम सुझाव देना चाहेंगे कि यह 'अभूतपूर्व वृद्धि' लोहे के उपकरणों के उपयोग से असंबद्ध नहीं थी । ताम्र-पाषाण-कालीन लोगों से संबद्ध किए जाने वाले काले और लाल मृद्भांडों से युक्त उ. का. ओ. मृ. से पूर्व के स्तरों में कुछ लोहे की वस्तुएं[65] प्राप्त हुई हैं । परंतु, राजघाट में उ. का. ओ. मृ. पूर्व संस्कृति अल्पकालीन थी, और इसकी तुलना में उ. का. ओ. मृ. काल में लौह उपकरणों की संख्या इतनी अधिक है कि जहां तक उत्पादन में इनके प्रयोग का प्रश्न है, यह एक गुणात्मक परिवर्तन था ।[66]

बुद्ध-काल में कृषि-उपकरणों के प्रयोग को प्रतिपादित करने वाली परिकल्पना, इस तथ्य से बलवती होती है कि इस समय तक लोग सिंहभूमि की

समृद्धतम लोहे की खानों का उपयोग करने लगे थे। राजघाट से प्राप्त उ. का. ओ. मृ. कालीन उपकरणों का लौह-चून से स्थापित संबंध इस बात का द्योतक है कि ये उपकरण सिंहभूमि तथा मयूरभंज के कच्चे लोहे से बनाए गए थे।[67] यह स्पष्ट है कि पिटवां लोहे की प्रौद्योगिकी लोगों को विदित थी। पाणिनी के 'भष्ट्रा'[68] तथा प्रारंभिक पालि ग्रंथों में 'भस्ता'[69] शब्दों का प्रयोग इस बात की सूचना देते हैं कि मौर्य-पूर्व कालों में चमड़े की बनी धौंकनियों का प्रयोग होता था। मध्य गंगा के तटवर्ती क्षेत्र के लोगों को जब एक बार समृद्धतम कच्चे लोहे तथा पिटवां लोहे और अर्ध-इस्पात के निर्माण का ज्ञान हो गया, तो निश्चय ही लोहे के उपयोग में चि. धू. मृ. कालीन लोगों की अपेक्षा वे अच्छी स्थिति में थे।

लौह उपकरणों के प्रयोग के अप्रत्यक्ष साक्ष्य के निष्कर्ष चांदी के आहत सिक्कों के प्रयोग से भी निकाले जा सकते हैं, जिनका काल 500 ई. पू. तक ले जाया जा सकता है। स्पष्टतः, लौह उपकरणों से ही चांदी की लंबी चद्दरें तैयार की जाती थीं और उन्हें आयताकार अथवा गोल टुकड़ों में काटा जाता था। मौर्य-कालीन महलों के रूप में प्राप्त बड़े-बड़े लकड़ी के भवनों से भी लोहे के उपकरणों के प्रयोग संबंधी निष्कर्ष निकाले जा सकते हैं। यह स्पष्ट है कि इस प्रकार के भवनों की परंपरा मेगास्थनीज के काल से कुछ पहले ही प्रारंभ हो गई होगी, तथा लोहे की कुल्हाड़ी, बसुला, आरी, छेनी आदि के उपयोग के बिना इनका निर्माण संभव नहीं हो सकता था। इनमें से कुछ उपकरणों का उल्लेख प्रारंभिक पालि ग्रंथों में उपलब्ध है।[70]

मध्य गंगा के तटीय क्षेत्रों में हल द्वारा कृषि का प्रसार अनेक रूपों में उपलब्ध पालि शब्द 'नंगल' के प्रयोग[71] से भी ज्ञात होता है। *सुत्तनिपात* मगध में इच्छानंगल नामक एक गांव का उल्लेख करता है।[72] हल के लिए पाणिनी ने 'हल' शब्द का ही प्रयोग किया है, तथा खेत के दो या तीन बार जोते जाने की भी सूचना दी है।[73] पाणिनी में कृषि-कार्यों के विस्तृत विवरण है,[74] तथा गृह्यसूत्रों में कृषि तथा पशुपालन के विकास के लिए अनेक प्रकार के यज्ञों का निर्देश दिया गया है।[75] इस प्रकार उत्तर वैदिक काल की तुलना में बुद्ध का काल कृषि के पल्लवन का समय प्रतीत होता है।

उत्तर वैदिक काल से बुद्ध के काल में उत्पादन की शक्तियों की भिन्नता, धान की रोपाई के प्रारंभ से भी स्पष्ट होती है। यों तो धान की खेती के द्वितीय सहस्राब्दी ई. पू. तथा प्रथम सहस्राब्दी ई. पू. के प्रथमार्ध के पुरातात्त्विक प्रमाण अनेक हैं, किंतु देश में इसका ज्ञान 5000 ई. पू. में ही हो गया था।[76] साहित्यिक साक्ष्य इस बात के द्योतक हैं कि धान की रोपाई की परंपरा लगभग 500 ई. पू. से प्रारंभ हो गई थी। प्रारंभिक पालि ग्रंथों में धान के पौधों की रोपाई के शब्द मिलते हैं।[77] हमारे पास 'रोपन' तथा 'रोपेति' शब्द हैं। वर्षा ऋतु की फसल के रूप में वैदिक शब्द 'व्रीहि' (चावल के लिए प्रयुक्त) तथा शरद ऋतु की फसल के रूप में वैदिकोत्तर शब्द 'शालि' के मध्य अंतर को ठीक ही रेखांकित किया गया है।[78] यह सुझाव उचित ही

प्रतीत होता है कि 'व्रीहि' बिना रोपाई के उत्पन्न किया जाता था और 'शालि' रोपाई के माध्यम से उपजाया जाता था।[79] पानी भरे खेत में धान उत्पन्न करने की कला जब आसाम पहुंची तब असमिया शब्द 'क्सालि' ('शालि' से व्युत्पन्न) रोपाई द्वारा पैदा किए गए चावल के एक मुख्य प्रकार का द्योतक बन गया।[80] इस प्रकार के धान के उत्पादन के लिए कठोर जलोढ़ मिट्टी को जोतना तथा रोपाई के लिए खेत तैयार करना आवश्यक बन गया। अतः इस प्रकार के भूमिखंड 'केदार' कहे जाने लगे, जिससे हिंदी शब्द 'क्यारी' निकला है। रोपाई के लिए खेत तैयार करना इतना अधिक महत्त्वपूर्ण बन गया कि इससे संबद्ध कहानियां बन गईं। कालांतर की *शालि केदार जातक* नाम से बुद्ध के जन्म की कथा हमें उपलब्ध है।

'रोपेति' शब्द रोपाई का द्योतक है, और बिहार तथा पूर्वी उत्तर प्रदेश एवं उत्तर पूर्वी भारत के कुछ भागों की भारतीय आर्य बोलियों में प्रचलित 'रोपनी' शब्द इसका पूरक है। इसके अतिरिक्त हमारे पास पालि-अभिव्यक्ति 'बीजनि पतिट्ठापेति'[81] है, जिसका स्पष्ट तात्पर्य पौधों की रोपाई है। 'पतिट्ठापेति' शब्द रोपाई का द्योतक हो सकता है;[82] उत्तरी बिहार के कुछ भागों में इसी प्रक्रिया के लिए प्रचलित 'बिठौनी' शब्द इसका आधुनिक प्रतिरूप माना जा सकता है। निश्चय ही यह 'वि + स्था' से व्युत्पन्न होगा, परंतु यह 'प्रति + स्था' से बहुत अधिक भिन्न नहीं होगा।

प्रारंभिक पालि धर्मगृहीत ग्रंथों के लेखकों द्वारा गिनाई गई अच्छे खेत की विशेषताएं, स्पष्ट रूप से सूचित करती हैं कि वे रोपाई द्वारा धान के उत्पादन की प्रथा से परिचित थे। उदाहरणार्थ—धान की रोपाई के निमित्त बनाए गए खेत में पानी के आने-जाने के मार्गों तथा मेड़ों के माध्यम से पानी को रोकने की व्यवस्था होनी चाहिए। इन सभी को एक अच्छे खेत की विशेषता माना गया है।[83] इस संदर्भ में मुड़ेर के लिए पालि शब्द 'मरियाद्'[84] का प्रयोग होता है, जिसके लिए धान उत्पन्न करने वाले अथवा न उत्पन्न करने वाले क्षेत्रों की बोलियों और मगही का सामान्य शब्द 'मेढ़' है। ऐसा देखा गया है कि अर्थ-विस्तार के कारण एक ही शब्द विभिन्न संदर्भों में प्रयुक्त होने लगता है। बिहार की कुछ आर्य बोलियों में 'बिरार' शब्द, जो संभवतः 'बीजागर' के समान है, बियाड़ (वह क्यारी, जिसमें धान का बीज डाला जाता है) तथा धान की पौध के अर्थ में प्रयुक्त है। इस शब्द की व्युत्पत्ति पालि 'वि + रूळ'[85] से हो सकती है, जिसका अर्थ 'अंकुरित होना' है यद्यपि, यदि रोपाई वाले धान के उत्पादन के संदर्भ में प्रयोग किया जाए, तो इससे मिलता-जुलता शब्द प्रारंभिक पालि ग्रंथों में हम नहीं ढूंढ़ पाए हैं। यही बात मगही शब्द 'मोरी' (धान की पौध) तथा 'मोरीयार' (बियाड़) पर भी लागू होती है; पहला शब्द 'मूल' से तथा दूसरा 'मूलागार' से व्युत्पन्न प्रतीत होता है।

एक प्रारंभिक पालि धर्मगृहीत ग्रंथ में वर्णित कृषि की विस्तृत प्रक्रियाओं से भी हम कुछ निष्कर्ष निकाल सकते हैं। यहां एक कृषक को खेत को भली प्रकार जोतते

हुए ('सुकट्ठम्') तथा मिट्टी को उपयुक्त बनाते हुए ('सुमट्टिकम्') प्रदर्शित किया गया है।[86] यह ध्यान देने योग्य है कि इन प्रक्रियाओं में हल के फाल की सहायता से मिट्टी को जोतना तथा खेत को धान की रोपाई के लिए पानी से भरना भी सम्मिलित है, यद्यपि आजकल कुछ अन्य प्रक्रियाएं भी इसमें जोड़ दी गई हैं। उसी संदर्भ से हमें यह भी ज्ञात होता है कि कृषक नालियों द्वारा पानी खेत में ले जाता है तथा, स्पष्टतः उद्देश्य की पूर्ति के उपरांत, उसे बाहर निकालता है।[87] ये सारे कार्य हमें धान की रोपाई में की जाने वाली सावधानी की याद दिलाते हैं, यद्यपि अन्य अनाजों की कृषि में भी इन्हें लागू किया जा सकता है। इस संदर्भ को हमने अन्यत्र उद्धृत किया है, किंतु, यदि इसे इसकी संपूर्णता में देखा जाए तो इसमें कोई संदेह नहीं होगा कि इसमें वर्णित प्रक्रियाओं का संबंध खेत में पानी भर कर धान उत्पादन से है। ऐसा प्रतीत होता है कि धान की रोपाई की अवधारणा गन्ने की रोपाई की अवधारणा से संबद्ध थी, यद्यपि हम यह नहीं जानते कि एक दूसरे से निष्पन्न थी। चाहे जो हो, बुद्ध के काल में रोपाई की प्रथा अत्यधिक प्रचलित थी। इस काल में केले की रोपाई भी प्रारंभ हो गई प्रतीत होती है।[88]

श्वेतांबर जैन ग्रंथ *नायाधम्मकहाओ*[89] अथवा *ज्ञाताधर्मकथा* में धान की रोपाई को प्रदर्शित करने वाला वाक्यांश 'उक्खय-णिहए' अथवा 'उक्खाय-णिहए' प्रयुक्त हुआ है, जिसका शाब्दिक अर्थ है 'उखाड़ना और रोपना'। यदि हम छंदों के प्रयोग, विषय सामग्री का स्वभाव तथा जैन परंपराओं के महत्त्व पर एच. याकोबी के विचारों को स्वीकार करें तो हम मान सकते हैं कि इस धर्मगृहीत ग्रंथ का संकलन पहली बार लगभग 300 ई. पू. में हुआ।[90] एम. विंटरनित्स का भी विचार है कि इस जैन ग्रंथ के प्राचीनतम अंश स्वयं महावीर के पहले शिष्यों के काल के हो सकते हैं, अथवा अधिक से अधिक महावीर की मृत्यु के पश्चात् द्वितीय शताब्दी के हो सकते हैं, जो चंद्रगुप्त मौर्य का काल था।[91] इनके अनुसार जैन परंपरा 'अनेक विशिष्ट विवरणों में बौद्ध परंपरा से ठीक-ठीक' मेल खाती है।[92] वे यह भी कहते हैं कि दिगंबरों के छठे 'अंग' का नाम *ज्ञातृ-धर्म-कथांग* था।[93] अतः यह ग्रंथ उन कुछ धर्मगृहीत ग्रंथों में से एक है, जो श्वेतांबरों और दिगंबरों दोनों में था।[94] विंटरनित्स के मन में वे ग्रंथ, जो दोनों संप्रदायों में विद्यमान हैं, जैनियों के धार्मिक साहित्य के प्राचीनतम अंशों का प्रतिनिधित्व करते हैं।[95] इसके अतिरिक्त *ज्ञाताधर्मकथा* की विषय सामग्री *उत्तराध्ययन* सूत्र की विषय सामग्री से निकट संबंध प्रदर्शित करती है; द्वितीय ग्रंथ, प्राचीनतम जैन ग्रंथों में से एक माना जाता है।[96] *ज्ञाताधर्मकथा* के सातवें और आठवें अध्यायों में 'देवाणुप्पिया' (देवताओं का प्रिय) वाक्यांश बार-बार आया है, जो अशोक के अभिलेखों के 'देवानं प्रिय' की याद दिलाता है।[97] अतः यह जैन ग्रंथ तृतीय शताब्दी ई. पू. के पहले ही विद्यमान होगा।

ज्ञाताधर्मकथा में धान की रोपाई की प्रक्रिया का विशद वर्णन प्राप्त होता है।

इससे हमें सूचना मिलती है कि धन नामक एक समृद्ध व्यापारी की चार में से एक पुत्रवधू रोहिणी[98] की गृहस्थी से संबद्ध कृषि-मजदूर ('कुलघरपुरिसे')[99] भली प्रकार तैयार की गई एक क्यारी[100] में पांच अक्षत धान के बीज बोते हैं। वे दो और तीन बार पौधों की रोपाई करते हैं ('दोच्चम् पि तच्चम् पि उक्खयनिहए करेन्ति')।[101] यह कहा जा सकता है कि घने खेतों में रोपे गए धान के पौधों को निकालने की और उन्हें दूसरे खेत में पुनः रोपने की प्रथा उत्तरी बिहार के अनेक जिलों में आज भी प्रचलित है।[102] यह प्रथा उन क्षेत्रों में अपनाई जाती है, जिनमें अधिक वर्षा होती है और पानी भर जाता है। जब पानी घट जाता है और भूमि रोपाई के उपयुक्त हो जाती है, तब पहली रोपाई के घने भागों से धान के पौधे उखाड़ लिए जाते हैं और दूसरे खेतों में पुनः रोप दिए जाते हैं। *ज्ञाताधर्मकथा* अंग, मगध तथा मिथिला से परिचित था। धान की रोपाई का उल्लेख करने वाली कथा राजगृह की है, परंतु ग्रंथ में चंपा तथा मिथिला का भी उल्लेख है। तथापि, दो बार रोपाई किए गए पौधों को उखाड़ने तथा तीसरी बार उसकी पुनः रोपाई करने की प्रक्रिया बहुत सामान्य नहीं है। दूसरी रोपाई अधिक उपज देती है और तीसरी रोपाई और भी अधिक। *ज्ञाताधर्मकथा* की मौर्य काल से पूर्व की तिथि निश्चित नहीं है।[103] परंतु यदि इस ग्रंथ के साक्ष्य को पूरक समर्थन के रूप में ही स्वीकार किया जाए, तो भी विभिन्न स्रोतों से प्राप्त संपूर्ण साक्ष्य बुद्ध के काल में मध्य गंगा के क्षेत्र में धान की रोपाई के प्रचलित होने के विषय में कोई संदेह नहीं छोड़ता। धान के अतिरिक्त जौ अन्य प्रमुख फसल थी। 'गोधूम' अथवा गेहूं अब भी कोई महत्त्वपूर्ण कृषि-उत्पाद नहीं था। जौ, चावल और तिल आनुष्ठानिक तथा धार्मिक कार्यों के निमित्त पवित्रतम अनाज समझे जाते थे, यद्यपि सरसों तथा विभिन्न प्रकार की दालें ज्ञात थीं।[104]

कृषि, साधारणतः इतनी महत्त्वपूर्ण बन गई थी कि प्रारंभिक बौद्ध शिक्षाओं में खेतों के प्रकारों पर विशेष ध्यान दिया जाता था। एक 'सुत्त' में खेत के निम्नलिखित प्रकार हैं—(1) उत्कृष्ट, (2) मध्य श्रेणी के, (3) निम्न श्रेणी के, जंगलों से युक्त तथा ऊसर। भिक्षुओं की तुलना उत्कृष्ट खेत से, उपासकों की मध्य श्रेणी के खेत से, और अन्य धार्मिक संप्रदायों के श्रमणों, ब्राह्मणों और संन्यासियों की तुलना निम्न श्रेणी के खेत से की गई है।[105] *खेत्तसुत्त*[106] में आठ प्रकार के ऐसे खेतों की चर्चा है, जिनमें अधिक उपज नहीं होती। ये प्रकार हैं—असमतल, चट्टानों और पत्थरों से युक्त, लवणीय, गहरी जोताई से हीन, जल निकासी से हीन, जल अंतर्गम से हीन, पानी के प्रबंध से हीन, तथा मेढ़हीन खेत। ऐसे खेतों में बीज बोना निरर्थक है। दूसरी ओर आठ अच्छे प्रकार के खेतों में भिन्न विशेषताएं पाई जाती हैं; इन खेतों में बीज बड़े पैमाने पर फलते हैं।[107] वे श्रमण और ब्राह्मण, जो गलत शिक्षाओं का अनुसरण करते हैं और 'जीवनयापन के गलत साधनों को अपनाते है, आठ निकृष्ट प्रकारों के खेतों से तुलनीय है, और जो उचित

शिक्षाओं का पालन करते हैं तथा जीवनयापन के उचित साधनों को अपनाते हैं, उनकी तुलना आठ उत्कृष्ट कोटि के खेतों से की गई है।

इस काल की साहित्यिक कृतियां, सिंचाई[108] का ज्ञान तथा भूमि को बंजर रखने की परंपरा[109] प्रदर्शित करती हैं। इसके अतिरिक्त इस काल में 6 ऋतुओं तथा 27 नक्षत्रों पर आधारित एक कृषि पंचांग भी अस्तित्व में था। यद्यपि उत्तर वैदिक ग्रंथों को यह पहले से ही ज्ञात था, गृह्यसूत्रों में यह पंचांग पूर्णतया स्थापित हो गया, तथा विभिन्न फसलों को बोने एवं कृषि संबंधी त्यौहारों को मनाने के लिए भिन्न-भिन्न ऋतुओं व नक्षत्रों का विधान किया जाने लगा।[110]

इस काल की एक अन्य विशेषता थी, नए पौधों और फलदायी वृक्षों का उपयोग। प्रारंभिक पालि ग्रंथों में अमराइयों[111] तथा 'शाल'-वनों[112] का बार-बार उल्लेख है। 'जंबु'[113], 'मधूक'[114] तथा 'पलाश'[115] के प्रयोग का ज्ञान निश्चित रूप से आर्थिक दृष्टि से उपयोगी सिद्ध हुआ होगा। पाणिनी तथा प्रारंभिक पालि ग्रंथों में उल्लिखित विभिन्न प्रकार की दस्तकारियों से संपूरित इस विकास ने मौर्य-पूर्व कालों में मध्य गंगा के क्षेत्र में एक प्रकार की वास्तविक जनसंख्या संबंधी क्रांति को आगे बढ़ाया होगा। यह तर्क किया जाता है कि पुरातात्विक उत्खननों के आधार पर 300 ई. पू. से पहले लोगों के भौतिक जीवन में कोई विशेष परिवर्तन नहीं देखा जा सकता।[116] एक प्रकार से यह ठीक है, क्योंकि 300 ई. पू तक हमें पकाई हुई ईंटें, मृत्तिका-चक्र कूप, बड़ी संख्या में उ. का. ओ. मृद्भांड, अधिक मृण्मूर्तियां तथा सिक्के और बड़ी संख्या में लोहे के बने कृषि-उपकरण नहीं प्राप्त होते। परंतु बुद्ध के काल के भौतिक जीवन की जानकारी के लिए जो अधिक निर्णायक बात है, वह है, उ. का. ओ. मृ. काल के प्रारंभ से मध्य गंगा क्षेत्र के जलोढ़ मिट्टी वाले भाग में बड़ी संख्या में बस्तियों का स्थापित हो ज़ाना। यद्यपि कौशाम्बी, शृंगवेरपुर, राजघाट, मसोन, प्रह्लादपुर, चिरांद, वैशाली, सोनपुर, आदि जैसे कुछ उत्खनित स्थलों में काले व लाल अथवा काले लेपयुक्त मृद्भांडो की एक पूर्ववर्ती संस्कृति भी विद्यमान है तथापि अधिकांश स्थलों में इसका स्तर बहुत पतला है तथा वास्तविक बस्ती का प्रारंभ 500 ई. पू. अथवा इसके आसपास के उ. का. ओ. मृ. काल से ही होता है। परंतु चिरांद में अनेक खत्तियों में काले व लाल मृद्भांडों के तीन मीटर मोटे निवास संबंधी जमाव हमें उपलब्ध हैं। इस काल के अंत के बाद इस स्थल में उ. का. ओ. मृ. काल आता है, जो अनेक खत्तियों में मिट्टी के चक्र-कूपों तथा ईंटों के कुछ भवनों से प्रारंभ होता है। यह तथ्य इस बात की ओर संकेत करता है कि काले तथा लाल मृद्भांडों का क़ाल लगभग 300 ई. पू. में समाप्त हुआ और उसी समय उ. का. ओ. मृ. का काल प्रारंभ हुआ।[117]

राजघाट, प्रह्लादपुर, चिरांद तथा सोनपुर जैसे कुछ स्थलों में काले व लाल मृद्भांडों का काल लोहे से संबद्ध है। जो भी हो, यह स्पष्ट है कि मध्य गंगा क्षेत्र के जलोढ़ मिट्टी वाले भागों में लोहे के प्रयोग के पूर्व केवल ऐसे स्थानों पर जो नदी के

तट अथवा नदियों के संगमों पर स्थित हैं (जैसें चिरांद तथा उत्तरी बिहार में गंगा और गंडक के संगम के निकट स्थित चेचर), वहां कुछ ताम्र-पाषाण बस्तियां विद्यमान थीं। इस प्रकार की बस्तियां बहुधा ऐसे क्षेत्रों में पाई जाती हैं, जो पत्थर के स्रोतों के निकट हैं।

ऐसा विश्वास किया जाता है कि चिरांद से प्राप्त साठ प्रतिशत मृद्भांडों के ठीकरे बस्ती में अनेक स्थानों से प्राप्त ठीकरों के समान हैं, तथा सोनपुर और चिरांद, दोनों से ही उपलब्ध मृद्भांड पूर्वी उत्तर प्रदेश से प्राप्त मृद्भांडों से प्रकारात्मक समानता प्रदर्शित करते हैं। सोनपुर और चिरांद के मृद्भांडों के मध्य बहुत अधिक समानता है। गंगा के दक्षिण में चिरांद से विपरीत किनारे पर स्थित मनेर की ऊपरी सतह से प्राप्त प्राचीन वस्तुएं बीच की अवस्था का प्रतिनिधित्व करती हैं। सिवान के निकट मांझी नामक स्थल में भी ऊपरी सतह से इस प्रकार के मृद्भांड प्राप्त किए जाने की सूचना है। ये स्थल वैशाली से दूर नहीं हैं। वैशाली में उ. का. ओ. मृ. से पहले के काले व लाल मृद्भांडों का एक बहुत पतला स्तर है,[118] यद्यपि मध्य गंगा क्षेत्र में कुछ स्थलों में धूसर मृद्भांड तथा चित्रित धूसर मृद्भांड उ. का. ओ. मृ. के काल से पहले के हैं। स्पष्टतः काले व लाल मृद्भांडों का उपयोग करने वाले कुछ लोग मध्य गंगा क्षेत्र के जलोढ़ मिट्टी वाले स्थानों में 700 ई. पू. से भी पहले निवास करते थे।[119] स्पष्ट रूप से इस प्रकार की बस्तियां बहुत विरल तथा यत्र-तत्र थीं, और संभवतः, ये दक्षिण बिहार अथवा विंध्य क्षेत्र में रहने वाले नवपाषाण कालीन-ताम्र पाषाण कालीन लोगों की उत्तरी सीमा पर स्थित बस्तियां थीं। जो भी हो, ये बस्तियां 100 वर्षों से अधिक जलोढ़ मिट्टी के क्षेत्रों में विद्यमान नहीं रहीं। लोहे के औजारों तथा उपकरणों के प्रयोग के अभाव में, गंगा घाटी में बड़ी मात्रा में जंगलों की सफाई तथा बड़ी-बड़ी बस्तियों को स्थापित करना संभव नहीं रहा होगा, और उत्तरमाध्यमिक काल तक भी अरण्य से आरा, नैमिषारण्य से सारण तथा चंपारण्य से चंपारण जैसे प्राचीन नामों का प्रचलन स्पष्ट करता है कि गंगा घाटी में जंगलों की सफाई और उसका उपनिवेशीकरण अनेक अवस्थाओं में किया गया। 'मज्झिमदेस' अथवा पूर्वी उत्तर प्रदेश और बिहार में जंगलों की सफाई तथा नवीन ग्रामीण अर्थव्यवस्था के विस्तार के कुछ संकेत प्रारंभिक पालि धर्मगृहीत ग्रंथों में प्राप्त होते हैं। बुद्ध के द्वारा यात्रा किए गए लगभग प्रत्येक नगर में हमें एक वन मिलता है, जो अनेक पालि विद्वानों के अनुसार वृक्षों का झुंड मात्र था। लेकिन, इस शब्द का अर्थ जंगल होना चाहिए, जो बड़े जंगलों का एक छोटा सा अंश मात्र था, जिसे काटा नहीं गया था। प्रारंभिक बौद्ध धर्म से संबंधित अधिकांश नगरों का नामकरण कुछ पौधों के नाम पर किया गया था। कौशाम्बी, कुशीनगर, कुशाग्रपुर (राजगीर का प्राचीन नाम, जिसे मूल रूप में गिरिव्रजपुर कहा जाता था—व्रज = चरागाह), सभी का कुश नामक घास के अधिक उत्पन्न होने से कुछ न कुछ संबंध था। पाटलिग्राम, जिसे बाद में पाटलिपुत्र कहा गया,

'पाटलि' नामक वृक्ष से संबद्ध था, तथा चंपा 'चंपक' वृक्ष से। राजमहल के निकट स्थित और मज्झिमदेस की पूर्वी सीमा निर्धारित करने वाला छोटा नगर कजंगल[120] प्रदर्शित करता है कि कभी यहां जंगल था। पारंपरिक रूप से वैशाली राजा विशाल द्वारा स्थापित समझा जाता है, परंतु अत्यधिक संख्या में 'शाल' वृक्षों के विद्यमान होने के कारण भी, जिनका बस्ती स्थापित होने के पूर्व काटा जाना जरूरी था, इसका यह नामकरण हो सकता है। वास्तव में, एक स्थान के नाम के रूप में शालग्राम एक सामान्य नाम है; और इसका संबंध सोनपुर में गंडक के किनारे प्राप्त पवित्र वैष्णव प्रस्तर से भी है। हमें इस पर भी ध्यान देना चाहिए कि शाल वृक्षों के जंगलों ('शालवन')[121] का प्रारंभिक पालि धर्मगृहीत ग्रंथों में बार-बार उल्लेख मिलता है। शाक्यों की राजधानी कपिलवस्तु की उत्पत्ति, जंगलों में प्राकृतिक रूप से रहने वाले बंदरों के विद्यमान होने के कारण भी हो सकती है, और, जो भी हो, लुम्बिनीवन अथवा लुम्बिनी का जंगल, गौतम बुद्ध का जन्मस्थल था।

कोसल में स्थित थूण नामक गांव के नाम से और अधिक स्पष्ट निष्कर्ष निकाला जा सकता है।[122] इस नाम का अर्थ है वृक्ष का ठूंठ, और स्पष्ट रूप से बस्ती स्थापित करते समय अनेक ठूंठों के वहां विद्यमान होने के कारण इस स्थान को यह नाम प्राप्त हुआ। संभवतः विदेह में स्थित थूण नाम के ही एक गांव[123] के संदर्भ में भी यही व्याख्या दी जा सकती है। विदेह के अंतर्गत नेपाल तराई का एक बड़ा भाग तथा उत्तरी बिहार आते थे। इसी प्रकार की बात मगध के एक गांव खाणुमत[124] के विषय में भी की जा सकती है। इस शब्द का तात्पर्य है बचे हुए ठूंठों की सफाई। यह द्रष्टव्य है कि स्पष्ट रूप से जंगल साफ करने के निमित्त उन्हें जलाना, अनेक प्रारंभिक पालि ग्रंथों में उल्लिखित है। इसके लिए प्रयुक्त शब्द 'झामखाणु' है।[125] हमें एक ऐसे खेत के विषय में भी सूचना मिलती है, जिसे पूर्ववर्ती वनस्पति जलाकर, स्पष्टतः कृषि योग्य बनाया गया था। इस खेत को 'झामखेत' कहा गया है, जिसका कोयला जलाने वाले के खेत के रूप में गलत अनुवाद किया गया है।[126] जलाने की प्रक्रिया का स्पष्ट संकेत मिलता है, तथा ताड़ के वृक्षों के संदर्भ में बार-बार प्रयुक्त एक उपमा द्वारा काटने एवं जड़ खोदकर निकालने का भी स्पष्ट संकेत प्राप्त होता है। ताड़ के वृक्ष पूर्वी उत्तर प्रदेश और बिहार के भू-दृश्य में सामान्य रूप से प्राप्त होते थे; आज भी जबकि पटना एवं गया जिलों में शायद ही कोई जंगल बचा हो, भू-दृश्य में ताड़ के वृक्ष मुख्य रूप से दिखाई देते हैं। इस उपमा के लिए जिस वाक्य का प्रयोग मिलता है, वह इस प्रकार है— 'पहीन्-उच्छिन्न-मूल तालावत्थुकत अनभावंकत'। दोष, वासना आदि के संदर्भ में इस वाक्य का अर्थ इस प्रकार है—'छोड़ दिए गए हैं, जड़ें काट दी गई हैं, उसी प्रकार जिस प्रकार आधार नष्ट हुआ ताड़ का वृक्ष, जो पुनः अंकुरित होने में असमर्थ बना दिया गया है।' यह उपमा, *अंगुत्तरनिकाय* में बार-बार प्रयुक्त है,

परंतु कुछ भिन्नताओं के साथ अन्य प्रारंभिक ग्रंथों में भी प्राप्त होती है ।[127] कृषि तथा अन्य अनेक घरेलू कार्यों के लिए ताड़ के वृक्षों को काटना आवश्यक था । राजगीर के दक्षिण में स्थित एकनाळा गांव का नाम[128] संकेत करता है कि एक समय यह स्थान सरकंडों से भरा हुआ था, जिन्हें बस्ती निर्माण के पूर्व साफ करना पड़ा होगा । प्रारंभिक पालि ग्रंथों में उल्लिखित अनेक बस्तियों का नामकरण बांस के जंगलों अथवा झुरमुटों[129] के आधार पर किया गया है, जो संभवतः सफाई के उपरांत भी विद्यमान थे और इनमें से कुछ का संबंध बेल के वृक्षों के जीवित रहने से प्रतीत होता है ।[130]

परंतु, हमारा उद्देश्य इस प्रकार का निष्कर्ष निकालना नहीं है कि मौर्य काल के पूर्व ही यह समस्त क्षेत्र कृषि के अंतर्गत आ गया था और यहां बस्तियां स्थापित हो गई थीं । प्रारंभिक पालि ग्रंथों में वनों के अनेक उल्लेख हैं, तथा मुख्य रूप से चार बड़े वनों अथवा 'महाअरञ्ञ'[131]—दंडक, कलिंग, मेज्झ तथा मातंग के नाम उनमें उल्लिखित हैं ।

काले व लाल मृद्‌भांड तथा कुछ सीमा तक धूसर और चित्रित धूसर मृद्‌भांड प्रयोग करने वाले लोगों का आगमन स्पष्टतः प्रथम अवस्था का द्योतक है । इसके उपरांत प्रौद्योगिकी में पूर्ववर्ती काल की अपेक्षा बहुत अधिक निपुण वे लोग आते हैं, जो उ. का. ओ. मृद्‌भांडों का उपयोग करते थे । उत्तर-पूर्वी भारत में काले व लाल मृद्‌भांडों के प्रयोगकर्ताओं ने जीविकोपार्जन के लिए जिन उपकरणों का प्रयोग किया वे मुख्यतः नव-पाषाण कालीन उपकरण तथा लघु-पाषाण उपकरण थे । इस प्रकार के उपकरण 1000 ई. पू. से पहले के पांडुराजार ढिबि के प्रथम काल से प्राप्त हुए हैं । इलाहाबाद के निकट विंध्य पठार की ताम्र-पाषाण संस्कृतियों में भी पाषाण-उपकरणों और मुख्यतः लघु पाषाण-उपकरणों की प्रमुखता है ।[132] पांडुराजार ढिबि के द्वितीय काल में, जिसके प्रारंभ की रेडियो-कार्बन तिथि लगभग 1000 ई. पू. है, कुछ तांबा प्राप्त हुआ है, परंतु यह नगण्यप्राय है । ओरियप में एक तांबे की चूड़ी प्राप्त हुई है,[133] तथा सोनपुर से भी कुछ तांबे की वस्तुएं उपलब्ध हुई हैं । उत्तर-पूर्वी भारत में तांबे की वस्तुओं की विभिन्न स्तरों में खोज इस बात की द्योतक है कि लोहे के उपयोग के प्रारंभ से पहले देश के इस भाग में लघु पाषाण-उपकरणों के साथ-साथ इनका प्रयोग होता था । उत्तर-पूर्वी भारत में कांस्य-युग का अभाव पूर्णतया स्पष्ट है, परंतु ताम्र-पाषाण संदर्भ में कुछ तांबे की वस्तुओं की प्राप्ति भी हमें एक पूर्णतया विकसित ताम्र-युग की कल्पना नहीं करने देती । दक्षिण बिहार में तांबे की खानों के उपलब्ध होने के बावजूद अब तक किए गए उत्खननों में बहुत सीमित तांबे की वस्तुएं प्राप्त हुई हैं । यद्यपि, गया जिले में सोनपुर और बनारस जिले में राजघाट में हमें उ. का. ओ. मृ. काल के पूर्व काले व लाल मृद्‌भांडों के साथ लोहे के संबद्ध होने के प्रमाण उपलब्ध हैं,[134] तथापि, साधारणतः ताम्र-पाषाण संदर्भ में, जिसमें हमें तांबा प्राप्त होता है, लोहा

बिल्कुल भी उपलब्ध नहीं होता ।[135] ऐसा प्रतीत होता है कि जो लोग उ. का. ओ. मृ. के पूर्व काले व लाल मिट्टी के बर्तन प्रयोग करते थे, उनकी संस्कृति ताम्र-पाषाण संस्कृति थी, जिससे कालांतर में लौह-युगीन संस्कृति का उदय हुआ ।

अपने लघु पाषाण-उपकरणों तथा पाषाण-उपकरणों के द्वारा काले व लाल मृद्‌भांडों के प्रयोगकर्ता किसी विकसित कृषिं का अनुसरण नहीं कर सकते थे । संभवतः, वे खोदने के लिए लकड़ी के खुदाई के उपकरणों तथा कुदालों का प्रयोग करते थे, जैसा कि आज भी छोटा नागपुर पठार में रहने वाले आर्यों से पूर्व के आस्ट्रिक जाति के लोग करते हैं । परंतु काले व लाल मृदभांडों का उपयोग करने वाले लोग निश्चित रूप से धान का उत्पादन करते थे । पूर्वी भारत में 1200 ई. पू. के पहले ही निस्संदेह रूप से धान का उत्पादन होता था; पांडुराजार ढिबि के प्रथम आवासीय काल में मृद्‌भांडों के अभ्यंतर से हमें धान की भूसी प्राप्त हुई है । द्वितीय काल में, जिसकी कार्बन तिथि लगभग 1000 ई. पू. है, हमें चावल के दाने प्राप्त हुए हैं । यह दावा किया गया है कि इलाहाबाद जिले के विंध्य क्षेत्र में लगभग 5000 ई. पू. के नव-पाषाण काल में कृषि से उत्पन्न चावल विद्यमान था ।[136] चाहे जो हो, गया जिले में सोनपुर से लगभग 700 ई. पू. के जले हुए चावल के दाने हमें मिले हैं । यह तो नहीं जानते कि उस समय के कृषक रोपाई की प्रक्रिया का उपयोग करते थे अथवा नहीं, परंतु इसमें संदेह नहीं है कि 600 ई. के बाद बड़ी मात्रा में उपनिवेशीकरण के पूर्व ही देश के इस भाग में चावल का उपयोग होता था । पूर्वी बिहार और बंगाल में चावल के आहार में मछली पूरक के रूप में थी, जैसा कि ओरियप में मिले हड्डी के मछली पकडने के कांटों तथा पांडुराजार ढिबि से प्राप्त एक तांबे के मछली के कांटे से स्पष्ट होता है । यह निश्चित रूप से एक क्षेत्रीय परंपरा थी जिसका उत्तर-पश्चिमी भारत से आने वोले लोगों के साथ कोई संबंध नहीं था ।

नील गाय, सुअर तथा हिरण के पालने एवं शिकार द्वारा चावल उत्पादन की अर्थव्यवस्था की पूर्ति होती थी । इनके अवशेष पांडुराजार ढिबि से प्राप्त हुए हैं । ये पशु भोजन के साधन प्रदान करते थे, जैसा कि आज भी इस क्षेत्र में रहने वाले आदिवासियों को प्राप्त होते हैं ।

वाराणसी जिले के चकिया अनुमंडल तथा बेलन नदी के तट पर कोटिया में भी कुछ महाश्म शवाधान स्थल प्राप्त हुए हैं । इन स्थलों में भौतिक संस्कृति के लगभग वही तत्व मिले हैं, जो ताम्र-पाषाण कालीन लोगों के प्रमुख तत्व हैं ।[137] परंतु कोटिया में प्राप्त महाश्म शवाधानों में अनेक लौह-उपकरण, यथा दरांत, वसुला, वाणाग्र आदि भी हैं।[138] कोटिया के एक शवाधान की कार्बन-तिथि लगभग तीसरी शताब्दी ई. पू. की है ।[139]

काले व लाल मृद्‌भांडों के प्रयोगकर्ताओं की संस्कृति के कुछ तत्व, अनेक स्थलों, यथा—पांडुराजार ढिबि, ओरियप, सोनपुर तथा चिरांद एवं संभवतः पूर्वी

उत्तर प्रदेश के स्थलों में समान हैं। ये तत्व हैं—चित्रहीन तथा चित्रित काले व लाल मृद्भांड. लघु-पाषाण-उपकरण और चावल की कृषि। पांडुराजार ढिबि, महिषदल और सोनपुर में चावल समान रूप से प्राप्त होता है, परंतु काले व लाल मृदभांडों के संसर्ग में लघु-पाषाण-उपकरण, मनेर, मांझी एवं ओरियप सहित इस प्रकार के सभी स्थलों से मिले हैं। परंतु वैशाली से कोई भी लघु-पाषाण उपकरण प्राप्त नहीं हुआ है। किसी भी काले व लाल मृद्भांडों की संस्कृति में तांबे का प्रयोग एक महत्त्वपूर्ण तत्व नहीं प्रतीत होता। ये धातु-पूर्व अवस्था में अधिकांशतः फली फूली प्रतीत होती हैं। गंगा तट के जलोढ़ क्षेत्र में अवस्थित बस्तियां संभवतः पूर्वी उत्तर प्रदेश और बिहार, दोनों में ही विंध्य क्षेत्र के कुछ साहसी तत्वों द्वारा स्थापित की गई थीं। यदि हम लघु-पाषाण-उपकरणों के स्रोत पर विचार करें तथा बिहार और बंगाल में गंगा के तटवर्ती क्षेत्रों के घने जंगलों को पाषाण-उपकरणों की सहायता से साफ करने में होने वाली कठिनाई को ध्यान में रखें, तो ऐसा प्रतीत होगा कि काले व लाल मृद्भांडों के उपयोगकर्ता गंगा के लगभग 50-60 मील दक्षिण में छोटा नागपुर पठार के आसपास के क्षेत्रों में निवास करते थे। यहां से वे नदी के तटवर्ती क्षेत्र में स्थानांतरित हुए। नदियों के धारा-परिवर्तन के कारण वनस्पति नष्ट हो गई तथा भूमि बस्तियों के अनुकूल बन गई। यह भी प्रतीत होता है कि पर्वतीय क्षेत्रों और उसके आसपास के भागों में ताम्र-पाषाण बस्तियां लगभग 1500 ई. पू. से 800 ई. पू. तक सामान्यतः लंबे समय तक विद्यमान थीं, परंतु जलौढ़ क्षेत्र में काले व लाल मृद्भांडों का स्तर अधिकांशतः बहुत पतला है। उ. का. ओ. मृ. से पूर्व के काल में यह संस्कृति दो शताब्दियों से भी कम समय तक चलती रही होगी। तथापि, जैसा पहले लिखा जा चुका है, चिरांद का उदाहरण भिन्न था।

क्या साहित्यिक ग्रंथों के आधार पर पूर्वी भारत के काले व लाल मृद्भांडों के प्रयोगकर्ताओं को पहचानना संभव है? पश्चिमी उत्तर प्रदेश में संकलित उत्तर वैदिक ग्रंथ व्रात्य कहे जाने वाले मगध के निवासियों की चर्चा करते हैं। *अथर्ववेद*[140] तथा *पंचविंश ब्राह्मण*[141] में इनका वर्णन किया गया है। ब्राह्मण धर्म में प्रवर्तित व्रात्य-प्रमुख को शिरस्त्राण तथा पादुकाओं से युक्त वर्णित किया गया है, परंतु *पंचविंश ब्राह्मण* अप्रवर्तित व्रात्यों की साधारणतः 'हीन' रूप में भर्त्सना करता है, और कहता है कि वे न तो व्यापार करते हैं और न ही हल चलाते हैं। स्पष्टतः यह पूर्वी भारत में लौह-पूर्व काल में भौतिक स्थितियों का उल्लेख है। यहां के लोग न तो हल की सहायता से कृषि करते थे और न ही व्यापार करने के लिए वे पर्याप्त उत्पादन करते थे। ये दोनों ही बातें मध्य गंगा के क्षेत्र में वैदिकोत्तर काल में विद्यमान थीं।

यद्यपि, ऊपरी और मध्य गंगा के क्षेत्र तथा समीपवर्ती मध्य प्रदेश के क्षेत्र और मालवा में भी उत्तरी काले ओपदार मृद्भांड अथवा उ. का. ओ. मृ. के प्रारंभ के

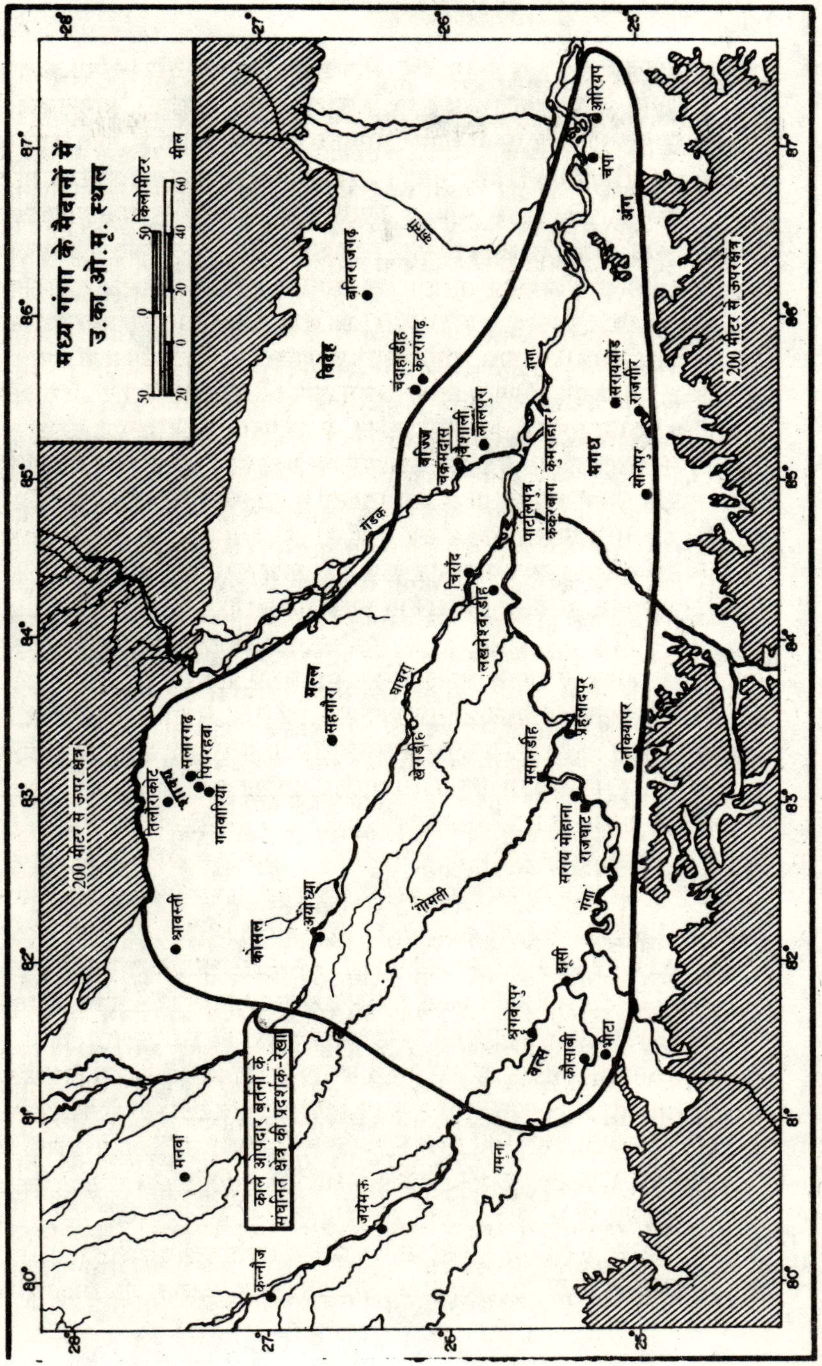
मध्य गंगा के मैदानों में
उ.का.ओ.मृ. स्थल
किलोमीटर
मील
काले ओपदार बर्तनों के संघनित क्षेत्र की प्रदर्शक-रेखा
200 मीटर से ऊपर क्षेत्र
200 मीटर से ऊपर क्षेत्र
कन्नौज
जयमऊ
मनवा
यमुना
कौसाम्बी
वत्स
भीटा
शृंगवेरपुर
झूसी
गंगा
राजघाट
सराय मोहाना
मसानडीह
प्रहलादपुर
तकियापर
गोमती
अयोध्या
कोसल
श्रावस्ती
तिलौराकोट
गनवारिया
पिपरहवा
सलारगढ़
सहगौरा
मल्ल
खैराडीह
घाघरा
लखनेश्वरडीह
चिरांद
गंडक
पाटलिपुत्र
कुम्हरार
मगध
सोनपुर
राजगीर
वज्जि
वैशाली
लालपुर
चंदाहाडीह
कटरागढ़
विदेह
बलिराजगढ़
गंगा
अंग
चंपा

साथ ही ऐतिहासिक पुरातत्व आरंभ होता है, तथापि उ. का. ओ. मृ. स्थलों का कोई भी योजनाबद्ध तथा क्रमबद्ध सर्वेक्षण अब तक नहीं किया गया है, जैसा कि हड़प्पा तथा चि. धू. मृ. स्थलों के संदर्भ में किया गया है। 1977-78 तक उपलब्ध प्रकाशित विवरणों के आधार पर हम भारत में लगभग 466 ऐसे स्थलों की गणना कर सकते हैं, जहां से उ. का. ओ. मृ. के खपड़े प्राप्त हुए हैं।[142] ऐसा प्रतीत होता है कि वाराणसी जिले के चंदौली और चकिया तहसीलों में 1962-63 में खोजे गए 22 उ. का. ओ. मृ. स्थल[143] *इंडियन आर्क्योलाजी : ए रिव्यू* में उल्लिखित नहीं हैं। इसमें विभिन्न विवरणों से ज्ञात अन्य 96 स्थलों को जोड़ा जा सकता है।[144] ये सभी मिलकर लगभग 584 का योग बनाते हैं। उत्तर प्रदेश तथा बिहार से प्राप्त स्थलों की संख्या लगभग 450 है,[145] जिनमें से अधिकांश का सर्वेक्षण मात्र हुआ है। इनमें से 100 से कम ही स्थल बिहार में प्राप्त हुए हैं, तथापि व्यक्तिगत जानकारी के आधार पर यह कहा जा सकता है कि बिहार के असंख्य गांवों में उ. का. ओ. मृ. के खपड़े प्राप्त होते हैं। क्षेत्रीय पूछताछ से हमें पता चलता है कि बिहार में वैशाली, राजगीर तथा उत्तरी बेगुसराय पट्टियों में एवं भागलपुर के चंपा क्षेत्र में अनेक ऐसे गांव हैं, जहां से उ. का. ओ. मृ. मिट्टी के बर्तनों के टुकड़े प्राप्त हुए हैं। यदि आकस्मिक सर्वेक्षण से ही बिहार और उत्तर प्रदेश के मैदानों में लगभग 450 स्थल प्रकाश में आ सकते हैं, तो बिहार तथा उत्तर प्रदेश के जलोढ़ भागों में, मुख्य रूप से मध्य गंगा के मैदानों में, उ. का. ओ. मृ. और संबद्ध मृद्‌भांडों के टुकड़ों को ढूंढ़ने के क्रमबद्ध प्रयास इस संख्या को लगभग 2000 या अधिक तक ले जा सकते हैं। परंतु, फिर भी उत्खनन द्वारा स्थापित स्तर क्रम ही, एक निश्चित काल में इस प्रकार के स्थलों के जनसंख्या संबंधी महत्त्व की व्याख्या कर सकता है। परंतु, यदि हम उत्तर प्रदेश में कौशाम्बी, राजघाट, पिपरहवा और सहगौरा की रेडियो-कार्बन-तिथियों को देखें तो पाएंगे कि ये सारी तिथियां 500 ई. पू. और 400 ई. पू. के कोष्ठक के अंतर्गत आती हैं, तथा इनकी अंशशोधित तिथियां 600 ई. पू. तक जा सकती हैं। इस प्रकार पूर्वी उत्तर प्रदेश के समीपस्थ क्षेत्र में हम एक संगत चित्र प्राप्त करते हैं। यह बहुत संभव है कि पूर्वी उत्तर प्रदेश और बिहार में उ. का. ओ. मृ. का विस्तार छठवीं शताब्दी ई. पू. में कृषक-बस्तियों के फैलाव का द्योतक था।

इस संदर्भ में अन्य महत्वपूर्ण तथ्य यह है कि अब तक प्राप्त अधिकांश स्थल एक निश्चित क्षेत्र में स्थित हैं। वह क्षेत्र है—मध्य गंगा का क्षेत्र तथा उसका समीपवर्ती भू-भाग, जो बुद्ध के काल में राजनैतिक और आर्थिक दृष्टि से महत्वपूर्ण बन गया था। ऊपरी गंगा के तटवर्ती क्षेत्र से भी 300 ई. पू. से पहले के उ. का. ओ. मृ. के अनेक स्थल प्राप्त हुए हैं, जिनमें रोपड़[146] तथा अहिच्छत्रा[147] उल्लेखनीय हैं। मालवा में लगभग इसी काल के जमाव उज्जैन[148] एवं बेसनगर[149] से भी प्राप्त हुए हैं। इसके लिए यह आवश्यक था कि ऊपरी गंगा के तटवर्ती क्षेत्र तथा मालवा पठार भी उ. का. ओ. मृ. काल की संस्कृति से संबद्ध भौतिक सुविधाएं भोग रहे थे।

परंतु, इस बात पर बल प्रदान किया जाना चाहिए कि उ. का. ओ. मृ. की उत्पत्ति चाहे जिस प्रकार और जहां भी हुई हो, इसके प्रयोगकर्ताओं ने मध्य गंगा के मैदानों को व्यापक पैमाने पर अपना निवास-स्थल बनाया, उ. का. ओ. मृ. के जमाव की ऊपरी गंगा के क्षेत्र के कुछ स्थलों में छवीं-पांचवीं शताब्दी ई. पू. तिथि होने के बावजूद उ. का. ओ. मृ. पूर्वी उत्तर प्रदेश तथा बिहार में अन्य क्षेत्रों की अपेक्षा बहुत अधिक एवं बड़े क्षेत्र में प्राप्त हुए हैं। पहली बार वे अनेक कृषक बस्तियों तथा प्रारंभिक पालि ग्रंथों में उल्लिखित अनेक गांवों के निर्माण का संकेत देते हैं। इसमें कोई संदेह नहीं है कि बुद्ध के काल अथवा उससे थोड़ा पहले के मध्य गंगा के तटवर्ती क्षेत्र में बड़े पैमाने पर बस्तियों के पुरातात्विक प्रमाण हमें उपलब्ध हैं। यह निश्चय ही स्वीकार किया जाना चाहिए कि लोहे के उपकरणों के प्रयोग तथा धान की रोपाई द्वारा ही यह महत्वपूर्ण जनसंख्या संबंधी विकास संभव हुआ था।

उ. का. ओ. मृ. की प्राप्ति कुछ महत्वपूर्ण सामाजिक विकास की भी द्योतक है। उ. का. ओ. मृ. तथा उससे संबद्ध वस्तुओं के विस्तार का स्थानिक तथा कालिक अध्ययन सूचित करता है कि 600-400 ई. पू. के मध्य न केवल मध्य गंगा के क्षेत्र में बल्कि ऊपरी गंगा के मैदानों तथा निकटवर्ती क्षेत्रों में भी लोगों के एक वर्ग ने विशिष्ट मृद्‌भांडों एवं अर्ध मूल्यवान पत्थरों का प्रयोग किया। साधनों तथा अधिशेष को अपना बनाने में एवं सामाजिक संगठन और राज्य के निर्माण में भी इस उभरते हुए वर्ग ने महत्वपूर्ण भूमिका निभाई होगी। अधिकांश षोडश महाजनपदों की भौतिक पृष्ठभूमि, उ. का. ओ. मृ. संस्कृति से सबद्ध थी। हम प्रमुख रूप से कुछ राज्यों का इस संदर्भ में उल्लेख कर सकते हैं—अंग, जिसकी राजधानी चंपा थी; मगध, जिसकी पहली राजधानी राजगृह तथा कालांतर में पाटलिपुत्र थी; काशी, जिसकी राजधानी वाराणसी थी; कोसल, जिसकी राजधानी श्रावस्ती थी; वत्स अथवा वंश, जिसकी राजधानी कौशाम्बी थी; शूरसेन, जिसकी राजधानी मथुरा थी; अवंति, जिसकी राजधानी उज्जैन थी। इन सभी के राजधानी-स्थलों का उत्खनन किया जा चुका है तथा अधिकांश के उ. का. ओ. मृ. जमाव की कार्बन 14 तिथियां लगभग 550 और 400 ई. पू. के अंतर्गत आती हैं। वज्जि की राजधानी वैशाली के उ. का. ओ. मृ. स्तर की कार्बन 14 तिथि उपलब्ध नहीं है, परंतु इन मृद्‌भांडों का प्रारंभ छठवीं शताब्दी ई. पू. में हुआ प्रतीत होता है। यों वज्जि षोडश महाजनपदों में सम्मिलित नहीं था। इस प्रकार उ. का. ओ. मृ. कृषि के विस्तार तथा वर्ग-विभिन्नता दोनों ही प्रक्रियाओं के अच्छे अभिसूचक हैं।

पूर्वी उत्तर प्रदेश तथा बिहार से प्राप्त 300 ई. पू. के पहले के भवन निश्चय ही प्रभावोत्पादक नहीं हैं। परंतु, पकाई हुई ईंटों के प्रयोग से पूर्व के भवनों के दयनीय अवशेषों के कारण पर्यावरण संबंधी हैं, और संभवतः हमें उन्हें ढूंढ़ निकालने के लिए अधिक परिष्कृत पुरातात्विक प्रवीणता तथा विधियों की आवश्यकता है।

परंतु वह समाज, जो उ. का. ओ. मृ. कहे जाने वाले विशिष्ट मिट्टी के बर्तनों तथा युद्ध और उत्पादन के लिए बड़ी संख्या में लोहे के उपकरणों का प्रयोग करता था, घरों के बिना नहीं रह सकता था, भले ही वे घर कितने ही छोटे क्यों न हों। अतः पकाई गई ईंटों के भवनों का अभाव आवश्यक रूप से नगरों के अभाव का सूचक नहीं है। इसके विपरीत साहित्यिक ग्रंथ नगरों के प्रारंभ की सूचना देते हैं।

कुछ संस्कृतज्ञ उत्तर वैदिक काल में नगरीकरण के विद्यमान होने की चर्चा करते हैं।[150] यदि उस काल को प्रथम सहस्राब्दी ई. पू. के मध्य में रखा जाए तो उनकी बात उचित ठहराई जा सकती है, परंतु इस काल को दो शताब्दी या इससे अधिक पीछे ले जाने पर पुरातत्व का समर्थन प्राप्त नहीं हो सकता। इसी प्रकार पकाई हुई ईंटों के भवनों के आधार पर हम नगरीकरण के प्रारंभ को लगभग 300 ई. पू. का नहीं स्वीकार कर सकते। साहित्यिक तथा पुरातात्विक साक्ष्यों का संयोजन लगभग छठी शताब्दी ई. पू. में मध्य गंगा के मैदानों में नगरों के प्रारंभ की सूचना देता है। प्रथम बात यह है कि नगरों के लोग लकड़ी के घरों में निवास करते थे। पाटलिपुत्र में इस उद्देश्य के लिए लकड़ी का प्रयोग पूर्णतया प्रमाणित है।[151] इस नगर की रक्षा के लिए दक्षिण में लगाए गए लकड़ी के खूंटों अथवा बाढ़ तथा आक्रमण के लिए अपनाई गई युक्ति की रेडियो-कार्बन तिथि लगभग 600 ई. पू. है।[152] वाराणसी में राजघाट में लकड़ी के तख्ते प्राप्त हुए हैं, और स्पष्टतः लकड़ी के चबूतरे पर बने लकड़ी के ही भवन मिट्टी के भवनों से पूर्वकालिक थे।[153] बिहार की सीमा पर नेपाल की तराई के मैदानों में अथवा दक्षिण पूर्वी एशिया के कुछ देशों में 'मचानों' (लकड़ी के खंभों पर बने लकड़ी के चबूतरे) पर लकड़ी के घर बनाने की वर्तमान परंपरा पुरातन मानी जा सकती है। यह स्पष्ट है कि बड़े पैमाने पर लकड़ी के भवन लौह उपकरणों के पर्याप्त प्रयोग के बिना संभव नहीं हो सकते थे। परंतु न तो ये लकड़ी के भवन और न ही इन्हें बनाने वाले उपकरण हमें बड़ी मात्रा में उपलब्ध हैं। स्पष्टतः, केवल सागौन, 'सिस्सो', 'शाला'[154] जैसी लकड़ियां बच पाई हैं। क्योंकि, घर 'शाला'[155] के बने होते थे, इसीलिए संभवतः 'शाला' शब्द इनका द्योतक बन गया।

इसमें कोई संदेह नहीं है कि बुद्ध के काल में मध्य गंगा के मैदानों के नगरों में मिट्टी के घर बनाए जाते थे। अनेक स्थलों से उ. का. ओ. मृ. काल के प्रारंभिक स्तरों के भवनों के प्रमाण द्वारा इसकी पुष्टि होती है। राजघाट में लगभग 500 ई. पू. का एक विशाल मिट्टी का तटबंध प्राप्त हुआ है।[156] वैशाली का मिट्टी का 'स्तूप' भली प्रकार ज्ञात है। सोनपुर में रसोई का द्योतक एक मिट्टी का चबूतरा तथा मिट्टी की दीवार के कुछ अंश प्राप्त हुए हैं।[157] राजघाट में अनेक गड्ढों से प्राप्त सरकंडों की छाप से युक्त मिट्टी के प्लास्टर इस बात के द्योतक हैं कि सरकंडों की दीवारों पर मिट्टी का प्लास्टर किया जाता था।[158] दो स्तंभ-गर्तों से युक्त जली हुई मिट्टी का एक मोटा फर्श भी हमें उपलब्ध है। परंतु, उ. का. ओ. मृ. काल के प्रारंभिक स्तर

न तो पकाई हुई ईंटों से और न ही धूप में सुखाई गई ईंटों से संबद्ध हैं। स्पष्ट रूप से फूस से छाए गए, लकड़ी अथवा मिट्टी के घरों का चिह्न प्राप्त करना कठिन है। मध्य गंगा के मैदानों में इसी प्रकार के घर प्राचीनतम नगरों की विशेषता थे।

प्रारंभिक पालि ग्रंथों में 'निगम', 'नगर' आदि शब्दों के उल्लेख हैं।[159] हमें 'नगरक', 'महानगर' तथा 'राजधानी' आदि की भी सूचना मिलती है।[160] पाणिनी ने प्राचीर से सुरक्षित नगरों की स्थापना का उल्लेख किया है; इन्होंने नगरों से संबंधित अनेक साक्ष्य प्रस्तुत किए हैं।[161] इन्होंने स्पष्ट रूप से कहा है कि पूर्व में 'ग्राम', 'नगर' से भिन्न था।[162] इसके अतिरिक्त प्रारंभिक धर्मसूत्रों से हमें 'नगरों' और 'गांवों' के मध्य बढ़ते हुए विरोध की जानकारी प्राप्त होती है। इनमें कहा गया है कि वह व्यक्ति, जो नगर में निवास करता है, न ही मोक्ष प्राप्त कर सकता है और न ही शुद्ध हवा में सांस ले सकता है।[163] यह सिद्ध करने के लिए कि उस काल में शिल्प, व्यापार तथा नगर विद्यमान थे, हमारे पास मौर्य-पूर्व काल के ग्रंथों के अनेक उल्लेख हैं। पुरातत्व की दृष्टि से भी तक्षशिला तथा श्रावस्ती के मध्य शीशे के मनकों के व्यापार के कुछ संकेत उपलब्ध हैं।[164] ये सब प्रमाण मौर्य-पूर्व काल में नगरों के विद्यमान होने का निश्चित साक्ष्य माने जा सकते हैं, यद्यपि, अब तक प्राप्त भवनों का प्रमाण नगण्यप्राय है, अथवा इसे पुरातत्ववेत्ताओं द्वारा उपेक्षित किया गया है।

इस विषय की मूल बात यह है कि बुद्ध के काल में कृषकों द्वारा सामाजिक अधिशेष का उत्पादन किया गया, तथा पशुपालकों और शिल्पकारों द्वारा इसकी पूर्ति की गई। इसी के परिणामस्वरूप सोलह महाजनपदों के रूप में राज्य-व्यवस्था का निर्माण भी हुआ। पुष्ट ग्रामीण आधार के अभाव में न तो हम जनपदीय राज्यों की कल्पना कर सकते हैं और न ही नगरों की। यह विचार कि राजा गांवों ('गाम') तथा बड़े जिलों ('रट्ठ') से प्राप्त राजस्व का उपभोग करते थे, *सुत्तनिपात* में स्पष्ट रूप से उल्लिखित है।[165] परंतु, अब तक लोगों के भरण-पोषण का प्रमुख स्रोत बन जाने वाली भूमि, अधिकतर कृषक परिवारों के अधिकार में ही प्रतीत होती है। वैदिक ग्रंथ संतति ('प्रजा') तथा पशुओं के आधिपत्य के लिए चिंता प्रकट करते हैं। परंतु, *सुत्तनिपात* पुत्रों ('पुत्त'), खेतों ('खेत्त') तथा संपत्ति ('वत्थु') के रूप में स्वामित्व के अंतर्गत आने वाली वस्तुओं की चर्चा करता है।[166] इन्हें चिंता का विषय माना गया है। खेतों पर व्यक्तिगत आधिपत्य निश्चित करने तथा कर निर्धारित करने के लिए माप का ज्ञान आवश्यक था। वृत्त, आयत आदि के क्षेत्र की गणना की विधियों अथवा वृत्तों को वर्गों में परिवर्तित करने की विधि का विकास संभवतः क्षेत्र-कृषि की आवश्यकताओं के उत्तर में हुआ होगा, यद्यपि शुल्वसूत्रों में इनका निर्धारण धार्मिक संदर्भ में किया गया है।

यद्यपि कोसल और मगध में कुछ ब्राह्मणों तथा सेट्ठियों को गांवों के राजस्व दिए जाने के कुछ उदाहरण हमें उपलब्ध हैं, तथापि अधिकांश प्रारंभिक पालि ग्रंथ

एक ऐसी उत्पादन-विधि का उल्लेख करते हैं जिसके अंतर्गत कृषक अपने खेतों में स्वयं काम करते हैं। पालि ग्रंथों के मौर्य-पूर्व स्तरों में उल्लिखित सेवकों ('दास'), किराए के मजदूरों ('कम्मकार') तथा संदेशवाहकों अथवा भारवाहकों ('पेसनिक')[167] की संख्या कम ही रही होगी। फिर भी, इस बात पर बल देना आवश्यक है कि अन्य लोगों के मूल्य पर कुछ कृषक परिवार भूमि पर आधिपत्य स्थापित करते थे। उन्हें इस भूमि पर किराए के मजदूरों की सहायता से कृषि करनी पड़ती थी। मजदूरों का यह वर्ग वैदिक ग्रंथों में विद्यमान नहीं है। मजदूरों को दैनिक मजदूरी नकद अथवा वस्तु के रूप में दी जाती थी,[168] जिसके लिए उनके कार्य की अवधि मापना आवश्यक था। इसके लिए 'तिथि' अथवा चंद्रमास के तीसवें भाग का ज्ञान सुविधाजनक रहा होगा। चंद्रमास सत्ताइस दिन का ही था, जिसका पहला उल्लेख हमें गृह्यसूत्रों में प्राप्त होता है।[169]

वर्ग-आधारित तथा राज्य-आधारित समाज के विकास के लिए उत्पादन की नवीन शक्तियों ने पर्याप्त अधिशेष प्रदान किया था। इस समाज में शासक वर्ग की धार्मिक तथा प्रशासनिक शाखाएं कर, शुल्क तथा धर्मशुल्क इकट्ठा कर सकती थीं। इस व्यवस्था से न केवल राजाओं तथा योद्धाओं को लाभ हुआ, बल्कि पुरोहित एवं भिक्षु भी लाभान्वित हुए। ब्राह्मण विचारकों ने इस विकासशील व्यवस्था पर वैधानिक तथा धार्मिक मुहर लगा दी। उन्होंने एक ऐसे सामाजिक तंत्र की स्थापना की तथा उसे विस्तार प्रदान किया, जिसके द्वारा बुद्ध के काल में आर्थिक विस्तार का फल कृषकों और मजदूरों को दूर रखकर राजाओं और पुरोहितों को प्राप्त हो सकता था। इस अद्वितीय सामाजिक संगठन को वर्ण व्यवस्था कहा जाने लगा। प्रथम बार चारों वर्णों के कार्यों को परिभाषित किया गया, जिससे जो लोग सामाजिक अधिशेष के वितरण और उसे आत्मसात कर लेने से संबंधित थे, उच्च वर्ण कहे जाने लगे, तथा जो लोग मूल उत्पादन में व्यस्त थे, निम्न वर्ग कहलाने लगे।[170] कृषकों, पशुपालकों तथा व्यापारियों के रूप में वैश्य मुख्य करदाता बन गए, एवं दास और किराए के मजदूरों के रूप में शूद्र प्रमुख शारीरिक श्रम करने वाले बन गए।

हमें मजदूरी पर कार्य करने वाले अनेक भूमिहीन लोगों की सूचना मिलती है, परंतु भरण-पोषण तथा उत्पादन के मुख्य स्रोत—भूमि, पशु एवं श्रम कुछ लोगों के हाथों में केंद्रित नहीं थे। ये दो उच्च वर्णों तक सीमित नहीं थे, यद्यपि हम, अपने स्वामियों की भूमि पर कार्य करने वाले शाक्य और कोलिय-प्रमुखों के दासों और मजदूरों की सूचना पाते हैं। प्रचलित धर्मशास्त्र मत के अनुसार, श्रम आपूर्ति के प्रमुख स्रोत तथा परिणामस्वरूप उत्पादन के एक प्रमुख साधन, शूद्र वर्ग, पर द्विज वर्गों के सदस्यों को सामान्य नियंत्रण प्रदान किया गया था। द्विजों को न केवल घरेलू कार्यों के लिए, वरन् अपनी भूमि तथा पशुओं की व्यवस्था के लिए भी श्रम की आवश्यकता थी। किंतु, अधिकतर भूमि तथा पशु वैश्यों के अधिकार के

अंतर्गत ही प्रतीत होते हैं; ये वैश्य मुख्य करदाता थे। क्षत्रिय अभिजातों तथा कुछ ब्राह्मण परिवारों को छोड़कर संपूर्ण रूप में दो उच्च वर्णों के सदस्य उत्पादन के साधनों पर प्रत्यक्ष नियंत्रण नहीं रखते थे, तथा इस नाते वे उन सुविधाओं का उपयोग नहीं करते थे, जिनका यूनान और रोम के समृद्ध नागरिक उपभोग करते थे। परंतु, फिर भी, वे श्रम शक्ति पर नियंत्रण रखते थे तथा कर-व्यवस्था और एक पक्षीय उपहारों को इस प्रकार संगठित करते थे कि शूद्रों को मजदूरों के रूप में कार्य करना पड़ता था, और कृषकों के मुख्य वर्ग वैश्यों को राज्य तथा पुरोहितों व अन्य धार्मिक व्यक्तियों की सदा विद्यमान रहने वाली तथा निरंतर बढ़ने वाली मांगों की पूर्ति के लिए अपने साधनों को बचा रखना पड़ता था।

बुद्ध के काल में उत्पादन की नवीन शक्तियों के विकास ने एक ओर कृषि को आगे बढ़ाने और दूसरी ओर सामाजिक असमानताओं द्वारा उत्पन्न कठिनाइयों पर विजय प्राप्त करने की आवश्यकता को जन्म दिया। पहली आवश्यकता ने बौद्ध धर्म के सामाजिक दृष्टिकोण का निर्धारण किया और दूसरी ने बौद्ध धर्म तथा ब्राह्मण धर्म दोनों की ही सामाजिक शिक्षाओं को प्रभावित किया। वैदिक धर्म के अनुसरणकर्ताओं में धर्म के बाने में पशुबलि की प्रचलित प्रथा तथा अवैदिक जनजातियों में आखेट अवस्था की अवस्थिति के रूप में प्रचलित परंपरा, कृषि के लिए पशुओं के संरक्षण की आवश्यकता के अनुरूप नहीं थी। प्रारंभिक पालि ग्रंथ बलि विरोधी मुद्रा अपनाते हैं, तथा *सुत्तनिपात* में *ब्राह्मण धम्मिक सुत्त* स्पष्टतः पशुबलि के बुरे परिणामों पर बल देता है और कहता है कि पशुओं का संरक्षण आवश्यक है, क्योंकि वे लोगों को भोजन, सौंदर्य एवं प्रसन्नता प्रदान करते हैं; वे ही पौधों के विकास के लिए उत्तरदायी हैं।[171] यह ध्यान देने योग्य है कि लोहे के हल के फाल पर आधारित कृषि के प्रारंभ के साथ ही साथ पशुधन के संरक्षण से संबंधित इसी प्रकार का दृष्टिकोण *अवेस्ता* भी अपनाता है।

प्रारंभिक बौद्ध धर्म सामाजिक असमानता की समस्या के लिए कुछ समाधानों का सुझाव देता है। *दीघनिकाय* का एक सुत्त पशुपालकों, कृषकों, व्यापारियों तथा सरकारी कर्मचारियों की सहायता की आवश्यकता पर बल देता है।[172] पालि ग्रंथ जनसाधारण के मन में दान के सद्गुण बैठाने का प्रयास करते हैं। इसका उद्देश्य न केवल भिक्षु और भिक्षुणियों के भरण-पोषण के निमित्त था, जिनका निर्वाह कृषकों द्वारा उत्पादित पर्याप्त अधिशेष के अभाव में नहीं हो सकता था, बल्कि माता-पिता, दास सहित आश्रित, किराए के मजदूर आदि तथा सभी जरूरतमंद लोगों के भोजन के निमित्त भी था।[173] उपहारों तथा दान द्वारा सामाजिक सामंजस्य को बनाए रखने की आवश्यकता गृह्यसूत्रों और धर्मसूत्रों के लेखकों द्वारा भी महसूस की जाती थी। नृयज्ञ के अंत में,[178] तथा अनेक अन्य अवसरों पर, सभी अतिथियों, यहां तक कि कुत्ते अथवा 'श्वपाक' (निम्नतम समझी जाने वाली जाति) को भोजन कराने की आवश्यकता पर भी वे भल प्रदान करते हैं। एक

विधि ग्रंथ कहता है कि एक गृहस्थ अपने भोजन का एक छोटा सा भाग किसी को दिए बिना कदापि भोजन नहीं करेगा।[175]

संदर्भ और टिप्पणियां

1. मज्झिमदेस शब्द के अंतर्गत, *डिक्शनरी आफ पालि प्रापर नेम्स;* कजंगल की पहचान के लिए देखिए, एन. एल. डे, *ज्याग्राफिकल डिक्शनरी,* पृ. 83.
2. थूण शब्द के अंतर्गत, *डिक्शनरी आफ पालि प्रापर नेम्स.*
3. एक जातक के अनुसार मज्झिमदेस के अंतर्गत 14 महाजनपद थे; केवल गंधार तथा कंबोज ही इसके बाहर थे। मज्झिमदेस शब्द के अंतर्गत. *डिक्शनरी आफ पालि प्रापर नेम्स.*
4. ओ. एच. के. स्पेट तथा ए. टी. ए. *लेयरमंथ, इंडिया एंड पाकिस्तान,* तृतीय आवृत्ति, लंदन, 1967, पृ 564.
5. वही, पृ. 98-9.
6. वही, पृ. 564.
7. वही.
8. वही, पृ. 565.
9. वही, पृ. 99.
10. व्यक्तिगत अवलोकन के आधार पर.
11. ऊपर उल्लिखित, पृ. 115.
12. भौतिक संस्कृति की दृष्टि से इस ग्रंथ में बहुत कुछ ऐसी सामग्री है, जो प्राचीनतम पालि ग्रंथों में भी पाई जाती है। यहां पर हम विदेघ माथव की कथा का उल्लेख कर सकते हैं.
13. के. के. सिन्हा, 'सेशन आन एन. बी. पी.', *पुरातत्व*, भाग 5, 1971-72, पृ. 38. कुछ अन्य विद्वानों के अनुसार काले स्लिप वाले मृद्भांडों से इसका विकास हुआ.
14. *सुत्तनिपात,* भिक्षु धर्मरक्षित द्वारा संपादित तथा अनूदित (हिंदी), वाराणसी, 1977, को इस लेख के लिए देखा गया है. इन दो 'वग्गों' के मध्य नजदीकी संबंध के लिए 'सुत्तनिपात' शब्द के अंतर्गत, जी. पी. मलालशेखर, *डिक्शनरी आफ पालि प्रापर नेम्स,* जि. 2, लंदन, 1974.
15. ए. के. वार्डर, *पालि मीटर,* पालि टेक्स्ट सोसाइटी, 1967.
16. एम. विंटरनित्स, *ए हिस्ट्री आफ इंडियन लिटरेचर,* जि. 2, द्वितीय आवृत्ति, दिल्ली, 1972, पृ. 92-3.
17. वही, पृ. 35.
18. वासुदेवशरण अग्रवाल, *पाणिनीकालीन भारतवर्ष* (हिंदी), वाराणसी, 1969, पृ. 468.
19. ज्यार्ज ब्यूलर, *सेक्रेट बुक्स आफ द ईस्ट,* जि. 2, प्रस्तावना, पृ. 42. ब्यूलर के विचार में *आपस्तम्ब गृहयसूत्र* तथा *धर्मसूत्र* का लेखक एक ही व्यक्ति है. वही, पृ. 13 तथा आगे.
20. *आई. ए. आर.*, 1965-66. पृ. 92.
21. बी. बी. लाल, 'डिड पेंटेड ग्रे वेयर कंटिन्यू अप टू द मौर्य टाइम्स ?', *पुरातत्व,* भाग 9, 1977-78, पृ. 68-78. पृ. 68-78.

22. एक प्राचीन तिथि 500 ± 105 ई. पू. के लिए अंशशोधित मान दिया गया है (वही), यद्यपि कुछ कम अर्ध आयु के आधार पर उसी नमूने के लिए एक बाद की तिथि 435 ± 100 ई. पू. भी उपलब्ध है.
23. *आई. ए. आर.*, 1976-77, पृ. 88.
24. इस विषय पर मुझे एम. सी. जोशी के लेख की एक प्रति से जानकारी प्राप्त हुई. यह लेख जनवरी, 1981 में नई दिल्ली में संपन्न मथुरा संबंधी परिसंवाद में प्रस्तुत किया गया.
25. प्रकाश तथा सिंह, *कॉयनेज इन एंशियंट इंडिया*, नई दिल्ली, 1969, पृ. 528-32. सभी छः नमूने चौथी शताब्दी ई. पू. के निर्धारित किए गए हैं. इसी प्रकार प्रकाश से प्राप्त लोहे की सभी सात वस्तुएं लगभग पूर्णतया जंग लगी हैं; जहां की काली मिट्टी अत्यधिक नमी धारण करने वाली है, *एंशियंट इंडिया*, भाग 20 तथा 21, पृ. 9 एवं 139.
26. अपनी पुस्तक, *एन इंट्रोडक्शन टु द स्टडी आफ इंडियन हिस्ट्री*, बंबई, 1956, में इस बात पर जोर देने वाले डी. डी. कोसांबी पहले विद्वान थे.
27. रोमिला थापर, *एंशियंट इंडियन सोशल हिस्ट्री*, दिल्ली, 1978, पृ. 236-7. आर. एस. शर्मा, 'आयरन एंड अर्बनाइज़ेशन इन द गंगा बेसिन', *द इंडियन हिस्टारिकल रिव्यू*, जि. 1 भाग, 1, 1974, पृ. 98-103.
28. आर. एस. शर्मा, 'मेटिरियल बैकग्राउंड आफ द ओरिजिन आफ बुद्धिज़्म', *दास केपिटल सेंटेनरी वाल्यूम* संपा. एन. सेन तथा एम. राव, नई दिल्ली, 1968, पृ. 58-66.
29. निहाररंजन राय, 'टेक्नालाजी एंड सोशल चेंज इन अर्ली इंडियन हिस्ट्री, ए नोट पोज़िंग ए थ्योरिटिकल क्वेश्चन', *पुरातत्व*, भाग 8, 1975-76, पृ. 132-8.
30. निहाररंजन राय, ऊपर उल्लिखित, पृ. 134.
31. यह सूचना दिल्ली विश्वविद्यालय के हिंदू कालेज के डाक्टर ज्ञानचंद से प्राप्त हुई.
32. निहाररंजन राय, ऊपर उल्लिखित, पृ. 134.
33. 'अयनंगल' शब्द के अंतर्गत, टी. डब्ल्यू. राइस डेविड्स तथा विलियम स्टेड, *पालि-इंगलिश डिक्शनरी*, पालि टेक्स्ट सोसाइटी, लंदन, 1921.
34. *कोकालिक सुत्त*.
35. वही.
36. 'अयोघन' शब्द के अंतर्गत, *पा. इं. डि.*, लोहे की गदा के अर्थ में 'अयोघन' शब्द *'उदान'*, पृ. 93 में आया है.
37. अग्रवाल, ऊपर उल्लिखित, पृ. 224.
38. पाणिनी, 4.1.42; तु. की. अग्रवाल, ऊपर उल्लिखित, पृ. 224. लोहे का हल का फाल गृह्यसूत्रों को भी ज्ञात है. रामगोपाल, *इंडिया आफ वैदिक कल्पसूत्राज़*, दिल्ली, 1959, पृ. 134.
39. *'उच्छु'* शब्द के अंतर्गत, *पा. इं. डि.*
40. अग्रवाल, ऊपर उल्लिखित, पृ. 48 में 'इक्षुवन' शब्द का प्रयोग हुआ है. पाणिनी द्वारा उल्लिखित 'गुड़' स्पष्टतः गन्ने के रस का बना होता था. वही, पृ. 234; तु. की., रामगोपाल, ऊपर उल्लिखित, पृ. 134.
41. मुझे सूचना मिली है कि गोरखपुर जिले की मुलायम मिट्टी में दो बार हल चलाना पर्याप्त होता है.
42. 'सौ चास तोरी
    पचास चास मोरी
    ओकर आधा गंडा
    ओकर आधा बंडा'.
    मुझे ये पंक्तियां पटना के एक किसान कामता सिंह से प्राप्त हुई हैं.
43. *बौधायन धर्मसूत्र*, 3. 2. 5. 6.
44. कलकत्ता विश्वविद्यालय के प्रो. बी. बनर्जी ने मुझे बताया कि धान-उत्पादन के लिए अम्लीय मिट्टी उपयुक्त है.

45. जे. आर. पार्टिंगटन, *ए टेक्स्ट बुक आफ इनआर्गेनिक केमिस्ट्री,* छठी आवृत्ति, लंदन, 1963, पृ. 924.
46. वही.
47. एस. पी. रायचौधुरी तथा अन्य, *सॉयल्स आफ इंडिया,* नई दिल्ली, 1963, पर आधारित.
48. वही.
49. एम. एस. रंधावा, *ए हिस्ट्री आफ एग्रिकल्चर इन इंडिया,* नई दिल्ली, 1980, पृ. 14.
50. पटना, 1977, पृ. 123-9.
51. *वैशाली एक्सकेवेशंस,* पटना, 1969, पृ. 199-200, में टूटी हुई वस्तुओं का उल्लेख है.
52. ए. के. नारायण तथा टी. एन. राय, *द एक्सकेवेशंस एट प्रह्लादपुर* (मार्च-अप्रैल, 1963), वाराणसी, 1968, पृ. 63.
53. निहाररंजन राय, ऊपर उल्लिखित, पृ. 135.
54. एच. सी. भारद्वाज, 'आस्पेक्ट्स आफ अर्ली टेक्नालाजी इन इंडिया,' *रेडियो-कार्बन एंड इंडियन आर्क्योलाजी,* संपा. डी. पी. अग्रवाल तथा ए. घोष, बंबई, 1973, पृ. 397.
55. वही, पृ. 393-6.
56. रोपड़ 25, रजि. नं. 32, भारतीय पुरातत्व सर्वेक्षण, सफदरजंग गेट हाउस, नई दिल्ली में रखा गया संग्रह.
57. जखेड़ा के काल II बी की तुलना अतरंजीखेड़ा के काल III से की जा सकती है. यहां से प्राप्त लोहे की वस्तुओं में कुदाल (?), दरांत, राड, भाले के अग्र तथा वाणाग्र भी सम्मिलित हैं; *इंडियन आर्क्योलाजी, ए रिव्यू.* 1974-75 की अप्रकाशित सामग्री, भारतीय पुरातत्व सर्वेक्षण के सौजन्य से प्राप्त. *इंडियन आर्क्योलाजी, ए रिव्यू,* 1975-76 की अप्रकाशित प्रति में कुल्हाड़ी, दरांत का एक टुकड़ा, छेनी आदि की चर्चा है.
58. इन तीन वस्तुओं को प्रो. जी. आर. शर्मा ने मुझे दिखाया.
59. यह एक अत्यधिक जंग लगा छोटा सा टुकड़ा है. रजि. नं. 865, *सोनपुर एक्सकेवेशंस,* पृ. 139; रजि. नं. 935, अत्यधिक जंग लगी छेनी का उल्लेख करता है, वही, पृ. 130. एक उत्खननकर्ता एल. ए. एन. प्रसाद के विचार में इन वस्तुओं की तिथि लगभग 400 ई. पू. है.
60. *आई. ए. आर.,* 1974-75 की अप्रकाशित सामग्री भारतीय पुरातत्व सर्वेक्षण के सौजन्य से प्राप्त.
61. बीरेंद्रप्रताप सिंह, 'सम आस्पेक्ट्स आफ लाइफ इन एंशियंट वाराणसी एज रिवील्ड थ्रू द आर्क्योलाजिकल सोर्सेज', पी-एच. डी. निबंध, का. हि. वि. वि., 1980. के. के. सिन्हा का सुझाव है कि अंतिम तिथि लगभग 300 ई. पू. तक आ सकती है (21 अगस्त 1981 की व्यक्तिगत बातचीत).
62. वही, चार्ट 2.
63. वही.
64. वही, पृ. 484.
65. ये वस्तुएं का. हि. वि. वि. के प्राचीन भारतीय इतिहास, संस्कृति तथा पुरातत्व विभाग में देखी जा सकती हैं.
66. व्यक्तिगत अवलोकन पर आधारित.
67. एच. सी. भारद्वाज, ऊपर उल्लिखित, पृ. 397.
68. अग्रवाल, ऊपर उल्लिखित, पृ. 157.
69. 'भस्ता', *पा. इं. डि.*
70. 'कुथारी' तथा 'वासि' शब्दों के अंतर्गत, *पा. इं. डि.; सुत्तनिपात* के *वासेट्ठ सुत्त* में आरी ('आरग्ग') उल्लिखित है.
71. यह शब्द प्रारंभिक पालि ग्रंथों में अनेक बार आया है, 'नंगल' शब्द के अंतर्गत, *पा. इं. डि.*
72. यह गांव *सुत्तनिपात* के *वासेट्ठ सुत्त* के गद्य भाग में उल्लिखित है, परंतु 'नंगल' शब्द इसी ग्रंथ के *कासिभारद्वाज सुत्त* के पद्य भाग में आता है.

73. अग्रवाल, ऊपर उल्लिखित, पृ. 199.
74. वही, पृ. 201.
75. रामगोपाल, ऊपर उल्लिखित, अध्याय 19.
76. यह सूचना प्रो. जी. आर. शर्मा से प्राप्त हुई.
77. 'रोपन' तथा 'रोपेति' शब्दों के अंतर्गत, *पा. इं. डि.*
78. वी. एस. अग्रवाल, ऊपर उल्लिखित, पृ. 204.
79. वही.
80. आर. एल. टर्नर, ऊपर उल्लिखित, नं. 12415.
81. *अंगुत्तरनिकाय,* 1, पृ. 239-40. यह ध्यान देने योग्य है कि कुछ बिहारी-आर्य बोलियों में रोपनी के निमित्त पौधों के लिए भी 'बिया' शब्द (जोधपुरी तथा मैथिली के कुछ प्रकारों में) प्रयुक्त होता है.
82. 'पतिट्ठापेति' शब्द के अंतर्गत (*दीग्घनिकाय,* 1, 20बी; *संयुत्तनिकाय* 1, 90) = स्थापित करना, प्रतिष्ठापित करना, स्थिर करना, में रख देना, संस्थापित करना; *पा. इं. डि.*
83. *अंगुत्तरनिकाय,* 4, पृ. 237-8.
84. वही.
85. 'रूह' (*संयुत्तनिकाय,* 20) के अंतर्गत, *पा. इं. डि.*
86. *अंगुत्तरनिकाय,* 1, पृ. 239-40.
87. वही.
88. प्रारंभिक पालि ग्रंथों में केले से संबंधित उपमाओं का अनेक बार प्रयोग हुआ है. 'कदली' शब्द के अंतर्गत, *पा. इं. डि.*.
89. संपा. एन. वी. वैद्य, पूना, 1940, VII, 68 (पृ. 86); कुछ पांडुलिपियों में 'उक्कय-णिहए' और 'उक्खय-निक्खए' पाठ भी मिलता है (वही, पृ. 235). यह भी देखिए—गुस्ताव राथ, 'द सिमिलीज़ आफ द एंट्रस्टड फाइव राइस-ग्रेन्स एंड देयर पैरेलल्स', *जर्मन स्कालर्स इन इंडिया,* जि. 1, द चौखंबा संस्कृत सीरिज आफिस, वाराणसी, 1973, पृ. 237.
90. *सेक्रेड बुक्स आफ द ईस्ट,* जि. 22 (जैनसूत्राज़, भाग 1, पुनर्मुद्रित, दिल्ली, 1980, प्रस्तावना, पृ. 39-44). याकोबी (वही, पृ. 43) कहते हैं : 'जैन धर्मग्रंथ संग्रह की रचना-तिथि लगभग चौथी शताब्दी के अंत अथवा तीसरी शताब्दी ई. पू. के प्रारंभ में कहीं पड़ेगी.'
91. *ए हिस्ट्री आफ इंडियन लिटरेचर,* जि. 2, द्वितीय आवृत्ति, नई दिल्ली, 1972, पृ. 434.
92. वही.
93. एम. विंटरनित्स, ऊपर उल्लिखित, पृ. 473.
94. वही, पृ. 473-74.
95. वही, पृ. 474. विंटरनित्स आगे कहते हैं कि *उत्तराज्झयण* अथवा *उत्तराध्ययन सूत्र* का प्राचीनतम भाग कविताओं में निहित है, जो हमें *सुत्तनिपात* की अत्यधिक याद दिलाता है (वही, पृ. 466).
96. लायमान के मतानुसार *उत्तराध्ययन* की सामग्री छठे अंग अर्थात् *ज्ञाताधर्मकथा* के साथ निकट का संबंध प्रदर्शित करती है (वही, पा. टि. 2), जिसे इस प्रकार एक प्राचीनतम जैन ग्रंथ माना जा सकता है.
97. जी. राथ, ऊपर उल्लिखित, पृ. 237.
98. रोहिणी नाम महत्त्वपूर्ण है, क्योंकि इस नक्षत्र में गंगा के मैदानों में बोआई प्रारंभ होती है.
99. *नायाधम्मकहाओ,* भाग 7, 68, (पृ. 85). इस संदर्भ में 'पुरिसे' का अधिक उपयुक्त अर्थ कृषि मजदूर हो सकता है, न कि 'सेवक', जैसा कि राथ, ऊपर उल्लिखित, पृ. 235 तथा 237 में किया गया है. ग्रंथ (भाग 7, 68) के अन्य स्थान में सेवकों को 'कुडुम्बिया' कहा गया है, जिसका तात्पर्य गृहस्थ अथवा कृषक भी है.
100. खुड्डागम् केयारम् सुपरिकम्भियम् करेन्ति ··· ते पंच सालिमक्खए वावन्ति, *नायाधम्मकहाओ,* VII. 68 (पृ. 86).

101. वही, 'उक्खायणिहए' शब्द का भी प्रयोग हुआ है.
102. स्पष्टतः, 'उक्खायणिहए' शब्द का अर्थ मात्र रोपाई नहीं है, वरन् दूसरी अथवा तीसरी रोपाई भी है, जिसकी ओर मैथिली के विविध प्रकारों में 'खरहन' अथवा 'खर्लगाइ' शब्द से संकेत होता है.
103. स्पष्टतः शैली, शब्द भंडार, भूगोल तथा उसकी सामाजिक, आर्थिक और सिद्धांत संबंधी सामग्री के आधार पर इस ग्रंथ के विविध स्तरों का विद्वानों द्वारा अब तक निर्धारण नहीं किया गया है.
104. *सुत्तनिपात* के *कोकालिक सुत्त* के गद्यांश श्रौतसूत्रों में जौ, चावल, तिल, कोदों (Panic Seed), ज्वार, गेहूं, सरसों तथा इस प्रकार की फलियां जैसे–'माष', 'मुद्ग' तथा 'कुलत्थ' का उल्लेख है. रामगोपाल, ऊपर उल्लिखित, पृ. 134; तथा पृ. 147, पा. टि. 10 भी.
105. *संयुत्तनिकाय,* 4, 314-17.
106. *अंगुत्तरनिकाय,* 4, 237 तथा आगे.
107. दूध, भिक्खवे, खेत्तम् अनुन्नामानिन्नामि च होति, अनूसरम् च होति, गम्भीरसितम् होति, आयसम्पन्तम् होति, अपायसम्पन्नम् होति, मातिका सम्पन्नम् होति, मरियाद सम्पन्नम् होति. एवं अट्ठंगसमनागते, भिक्खवे, खेत्ते बीजम् वुत्तम् महप्फलम् होति महस्सादम् फातिसेय्यम् । वही, 237-8.
वाराणसी, 1976, पृ. 22.
108. अग्रवाल, ऊपर उल्लिखित, पृ. 202-3; रामगोपाल, ऊपर उल्लिखित, पृ. 133.
109. अग्रवाल, ऊपर उल्लिखित, पृ. 212-13.
110. *शांखायन गृहयसूत्र,* IV, 13. 1; तु. की. *आश्वलायन गृहयसूत्र,* II. 13.3.
111. डि. पा. प्रा. ने., जि. 1, पृ. 149-63 में 'अम्ब' से व्युत्पन्न अनेक व्यक्तिवाचक नाम दिए गए हैं; इनमें से कुछ उपवन एवं उद्यान तथा कुछ गांव हैं। अम्बपालि वेश्या निश्चय ही सर्वविदित है.
112. 'साल' शब्द के अंतर्गत, *पा. इं. डि.*
113. जातकों में यह उल्लिखित है, 'जम्बु' शब्द के अंतर्गत, *पा. इं. डि.*
114. *शांखायन गृहयसूत्र* में उल्लिखित, 'मधूक' शब्द के अंतर्गत, मोनियर-विलियम्स, ऊपर उल्लिखित.
115. 'पलाश' शब्द के अंतर्गत, मोनियर-विलियम्स, ऊपर उल्लिखित.
116. दिलीप के. चक्रवर्ती, 'बिगनिंग आफ आयरन एंड सोशल चेंज इन इंडिया', *इंडियन स्टडीज़ : पास्ट एंड प्रेजेंट,* जि. 14, न. 4, 1973, पृ. 329-38.
117. मई 1981 की अपनी चिरांद यात्रा तथा उत्खननकर्ता बासुदेव नारायण से हुई बातचीत से मैंने ये सब जानकारी प्राप्त की. परंतु, यदि कुछ नमूने कार्बन-14 तिथि-निर्धारण के लिए उपलब्ध हो जाएं तभी कुछ निश्चित तिथियां प्राप्त हो सकती हैं.
118. बी. पी. सिन्हा तथा एस. आर. राय, *वैशाली एक्सकेवेशंस,* 1958-62, पटना, 1969, पृ. 6-7.
119. ए. के. नारायण तथा टी. एन. राय, *एक्सकेवेशंस एट राजघाट (1957-58; 1960-65),* भाग 1 वाराणसी, 1976, पृ. 22.
120. 'कजंगल' ('कजंगला') शब्द के अंतर्गत, *डि. पा. प्रा. ने ;* कंकजोल, भागलपुर से 67 मील पूर्व में एक स्थान है. एन. एल. डे, द ज्याग्राफिकल डिक्शनरी, पृ. 83.
121. *दीग्घनिकाय,* 2, 134; *मज्झिमनिकाय,* 1, 124 तथा *संयुत्तनिकाय,* 1, 157; 'साल' शब्द के अंतर्गत, *पा. इं. डि.* में उद्धृत.
122. 'थूण' शब्द के अंतर्गत, *डि. पा. प्रा. ने :* मगही में ताड़ वृक्ष के खूंठ के लिए 'टोन' शब्द प्रयुक्त होता है.
123. महाजनक जातक के अंतर्गत, *डि. पा. प्रा. ने.*
124. 'खाणुमत' शब्द के अंतर्गत, वही.
125. *संयुत्तनिकाय,* 4, 193, 'खाणु' शब्द के अंतर्गत, *पा. इं. डि.* में उद्धृत.
126. 'झामखेत्त' शब्द जातक, I, 238, में आया है; 'झाम' शब्द के अंतर्गत, *पा. इं. डि.*
127. *मज्झिमनिकाय,* 1, 370; *संयुत्तनिकाय,* 1, 69, 4, 84; *अंगुत्तरनिकाय,* 1, 135, 2, 38–ये सभी 'ताल'

शब्द के अंतर्गत, *पा. इं. डि.* में उद्धृत. यदि हम 'पहिन' शब्द के बिहारी आर्य बोलियों में अवशेष 'पाहना' को आधार बनाएं तो इसका अर्थ होना चाहिए 'काट कर निकाला गया'

128. 'एकनाळा' शब्द के अंतर्गत, *डि. पा. प्रा. ने.*
129. 'वेलुद्वार' शब्द के अंतर्गत, 1-3, 'वेळुवन' के अंतर्गत, वही.
130. यह 'उरुवेल' तथा 'बेलुव' जैसे नामों पर लागू हो सकता है; दोनों *डि. पा. प्रा. ने.* में उल्लिखित हैं.
131. 'अरञ्ञ' शब्द के अंतर्गत, वही.
132. जी. आर. शर्मा, *हिस्ट्री टु प्री-हिस्ट्री,* पृ. 78.
133. यह सूचना मुझे डा. आर. सी. पी. सिंह से प्राप्त हुई.
134. ए. के. नारायण तथा टी. एन. राय, ऊपर उल्लिखित, पृ. 22.
135. जी. आर. शर्मा, *हिस्ट्री टु प्री-हिस्ट्री,* पृ. 80.
136. वही पृ. 110-11.
137. वही, पृ. 83-7.
138. वही पृ. 87.
139. वही.
140. *अथर्ववेद,* 1, 3; 15.
141. 17.1.2.
142. मुख्यतः, 1975-76 तक *आई. ए. आर.* में प्रकाशित विवरणों के आधार पर डिप्टी कोहिली ने 428 स्थलों की गणना की है. *आई. ए. आर. 1976-77,* पृ. 12 तथा 53 में उल्लिखित बिहार और उत्तर प्रदेश के 13 स्थलों, तथा *आई. ए. आर.*, 1977-78, पृ. 15-16, 54, तथा 57-9 में उल्लिखित इन दोनों राज्यों के 25 स्थलों को इस सूची में जोड़ा जा सकता है. कुल योग 466 आता है.
143. ए. के. नारायण तथा पी. सी. पंत, 'ए समरी एकाउंट आफ आर्क्योलाजिकल एक्सप्लोरेशंस इन ईस्ट यू. पी. 1962-63', *भारती,* जि. 8, भाग 1, 1964-65, पृ. 115-35. पृष्ठ 130-2 तथा 134-5 में दी गई सूची का विश्लेषण डा. विदुला जायसवाल द्वारा किया गया है.
144. *आई. ए. आर., 1978-79* की अप्रकाशित प्रति में यू. पी. तथा बिहार में 29 उ. का. ओ. मृ.-स्थल तथा 1979-80 की इसी प्रकार की प्रति में यू. पी. के 38 और बिहार के 1 स्थल उल्लिखित हैं. 1980-81 की इसी प्रकार की रिपोर्ट में उत्तर प्रदेश के 27 स्थलों का उल्लेख है. अधिकांश स्थल बिहार एवं पूर्वी उत्तर प्रदेश के हैं.
145. डिप्टी कोहिली द्वारा बनाई गई सूची में उत्तर प्रदेश और बिहार के लगभग 350 स्थलों की गणना की जा सकती है; इसमें विभिन्न स्रोतों से ज्ञात अन्य 100 स्थल हम और जोड़ सकते हैं.
146. रोपड़ से दो कार्बन-14 तिथियां उपलब्ध हैं—390 ई. पू. (*आई. ए. आर., 1965-66,* 90) तथा 325 ई. पू. (*रेडियोकार्बन,* जि. 8, 1966, 420).
147. अहिच्छत्रा से एक कार्बन-14 तिथि 475 ई. पू. (*आई. ए. आर.*, 1965-66, 91) है तथा दूसरी 410 ई. पू. है (*रेडियो-कार्बन,* जि. 8, 1966, 444), यद्यपि इसी स्थान से हमारे पास दो तिथियां 200 ई. पू. के बाद की भी हैं.
148. उज्जैन से हमें दो कार्बन-14 तिथियां ज्ञात हैं—450 ई. पू. (*आई. ए. आर., 1967-68,* 70) और 385 ई. पू. (*रेडियो-कार्बन,* जि. 11, 1969, 192).
149. बेसनगर से हमें चार कार्बन-14 तिथियां उपलब्ध हैं—310 ई. पू. (*आई. ए. आर., 1976-77, 87);* 470 ई. पू. (वही. 1965-66, 88); 320 ई. पू. (वही, 1977-78, 88); तथा 400 ई. पू. (*रेडियो-कार्बन,* जि. 10, 1968, 132). पाद टिप्पणी 149 में दी गई एक तिथि को छोड़कर पा. टि. 146-9 में दी गई सूचनाएं मुझे डिप्टी कोहिली से प्राप्त हुई हैं. यहां पर ये तिथियां बिना भिन्नताओं तथा बिना अंश-शोधित मूल्यों के दी गई हैं.

150. के. म्यूलिउस, *एथनोलोगिष-आर्क्योलोगिषे त्साइतश्रिफ्ट,* बर्लिन, 1969, पृ. 33, तथा *मिट्टाइलुंगेन देस इंस्टीट्यूट फ्यूर ओरिएंटफोर्षुंग,* जि. 17, बर्लिन, 1972, पृ. 369; डब्ल्यू. राउ, *स्टाट उंड गेज़ेलषाफ्ट इम आल्टेन इंडिएन,* वीसबाडेन, 1957. दोनों ही लेखकों को जे. गोंडा, *द रिचुअल सूत्राज़,* पृ. 623, पा. टि. 23 में उद्धृत किया गया है.
51. नदी-तटों अथवा समुद्र-तटों पर स्थित नगर लकडी के बने होते थे; यह सूचना हमें मेगास्थनीज तथा उन यूनानी लेखकों से प्राप्त होती है, जो उसे उद्धृत करते हैं. के. ए. नीलकांत शास्त्री (संपा.), *एज आफ द नंदाज़ एंड मौर्याज,* दिल्ली, 1967, पृ. 118 तथा उसी पृष्ठ पर पा. टि. 1.
152. प्रारंभिक तिथि 605 ई. पू. (*आई. ए. आर., 1971-72,* पृ. 82) से 530 ई. पू. (*रेडियो-कार्बन,* जि. 15, 1973, पृ. 578) तक परिवर्तित होती है.
153. ए. के. नारायण तथा टी. एन. राय, *एक्सकेवेशंस एट राजघाट,* भाग 1, वाराणसी, 1977, पृ. 22.
154. लकड़ी के तख्तों, प्राचीर, आदि का अभी सावधानीपूर्वक परीक्षण करना शेष है.
155. कुछ यूरोपीय भाषाओं में इसी प्रकार का शब्द प्राप्त होता है, परंतु इसका भारतीय 'शाल्' से कोई संबंध प्रतीत नहीं होता. यह शब्द संस्कृत में बाद में आया है. 'शाल्' शब्द के अंतर्गत, मोनियर-विलियम्स, *सं. इं. डि.*
156. ए. के. नारायण तथा टी. एन. राय, ऊपर उल्लिखित, पृ. 22-23 तथा 49..
157. बी. पी. सिन्हा तथा बी. एस. वर्मा, *सोनपुर एक्सकेवेशंस* (1956 तथा 1959-62), पटना, 1977, पृ. 9.
158. ए. के. नारायण तथा टी. एन. राय, ऊपर उल्लिखित पृ. 23.
159. *अंगुत्तरनिकाय* (पा. टे. सो.), 1, 178.
160. बाद के समझे जाने वाले *दीग्घनिकाय* ग्रंथ के *महापरिनिब्बान सुत्त* में उल्लेख है. दीग्घनिकाय, 2, 87-8 में पाटलिपुत्र के लिए अग्गनगरम और पुट्टभेदनम नाम दिए गए हैं.
161. अग्रवाल, ऊपर उल्लिखित, पृ. 76-87.
162. 'प्राचाम् ग्रामनगराणाम्', 7.3.14.
163. *बौधायन धर्मसूत्र,* 2.3.6. 33-34; *आपस्तम्ब,* 1, 2.32.32.
164. के. के. सिन्हा, *एक्सकेवेशंस एंट श्रावस्ती-1959,* वाराणसी, 1967, पृ. 8-9.
165. वासेट्ठ सुत्त.
166. पुरभेद सुत्त.
167. वे उल्लेख, जिनमें अनेक दासों और किराए के मजदूरों की चर्चा है, परवर्ती पालि ग्रंथों में मिलते हैं. उल्लेखों के लिए देखिए, देवराज चनाना, *स्लेवरी इन एंशिएंट इंडिया,* नई दिल्ली, 1960, पृ. 42 तथा पृ. 156 की पा. टि.; पृ. 168 में दी गई पा. टि. 60 भी देखिए.
168. पाणिनी, दैनिक तथा मासिक दोनों ही आधारों की चर्चा करते हैं. अग्रवाल, ऊपर उल्लिखित, पृ. 226
169. ए. ए. मैक्डोनेल तथा ए. बी. कीथ, *वैदिक इंडेक्स आफ नेम्स* एंड सब्जेक्ट्स, जि. 1, 309.
170. पूर्ण विवरण के लिए देखिए लेखक का *शूद्राज़ इन एंशिएंट इंडिया,* द्वितीय संस्करण, दिल्ली, 1980, पृ. 95-98, 315-16.
171. 'गावो नो परमा मित्ता यासु जायन्ति ओसधा, अन्नदा बलदा चेता, वण्णदा सुखदा तथा.'
172. *दीग्घनिकाय,* 1, 135 तथा आगे.
173. *दीग्घनिकाय,* 1, 142 दासों तथा किराए के मजदूरों के प्रति अच्छे व्यवहार के लिए चिंता प्रकट करता है, जिस पर बाद में अशोक ने भी बल दिया था. *दीग्घनिकाय,* 3, 65 तथा आगे, कहता है कि राज्य में निर्धनता का विस्तार चोरी बढ़ाता है, जिससे अन्य बुराइयां भी उत्पन्न होती हैं.
174. रामगोपाल, ऊपर उल्लिखित, पृ. 392.
175. *बौधायन धर्मसूत्र,* 2.3.5.17.

अध्याय सात

बौद्ध धर्म की उत्पत्ति का भौतिक वातावरण

मगध तथा कोसल राज्यों में पूर्वी उत्तर प्रदेश एवं बिहार में बौद्ध धर्म का उदय और विकास हुआ। बुद्ध का अधिकांश समय बिहार में बीता, तथा उनकी मृत्यु के उपरांत राजगृह, वैशाली व पाटलिपुत्र में क्रमशः तीन बौद्ध-संगीतियां संपन्न हुईं। क्या कारण है कि छठी से चौथी शताब्दी ई. पू. तक उत्तर-पूर्वी भारत बौद्ध धर्म का अवलंब बना? क्या परंपराविरुद्ध संप्रदायों का उदय केवल वैदिक लोगों के कर्मकांडों से युक्त धर्म की प्रतिक्रिया के रूप में हुआ था? परंतु कर्मकांड पूर्वी उत्तर प्रदेश तथा बिहार, जहां के लोगों में इसके विरुद्ध प्रतिक्रिया थी, की अपेक्षा पश्चिमी उत्तर प्रदेश में कहीं अधिक संस्थापित थे। हमारे मन में नवीन धार्मिक आंदोलनों के उदय को समझने की वास्तविक कुंजी लोगों के भौतिक जीवन में आए हुए महत्वपूर्ण विकास में निहित है।

लगभग 700 ई. पू. में पूर्वी उत्तर प्रदेश और बिहार के लोगों के भौतिक जीवन में क्रांति का मुख्य कारण था, इसके द्वितीय काल में लोहे के प्रयोग का प्रारंभ। पश्चिमी उत्तर प्रदेश में एटा जिले में अतरंजीखेड़ा की एक कार्बन-14 तिथि लोहे के प्रारंभ को लगभग 1000 ई. पू. में इंगित करती है, परंतु, फिर भी गंधार क्षेत्र में लोहे के उपकरणों का प्रयोग लगभग 900 ई. पू. तथा पश्चिमी उत्तर प्रदेश में लगभग 800 ई. पू. में हुआ था। इनके उपयोग का शनैः शनैः पूर्वी उत्तर प्रदेश में विस्तार हुआ, तथा राजघाट में प्राप्त लौह-मल यह संकेत देता है कि लगभग 700 ई. पू. में यहां उपकरण निर्माण के लिए लौह-अयस्क लाया गया था। इसी प्रकार वाराणसी जिले के प्रहलादपुर में संभवतः लगभग 500 ई. पू. में उ. का. ओ. मृ. काल में लोहे के प्रारंभ का संकेत मिलता है। सातवीं-छठी शताब्दी ई. पू. में बिहार के सारण जिले के चिरांद नामक स्थल में हमारे पास लोहे का साक्ष्य है, तथा लगभग छठी शताब्दी ई. पू. के अनेक लौह-मल एवं लगभग पांच उपकरण, जिनमें अधिकांश को पहचाना नहीं जा सकता, वैशाली में प्राप्त हुए हैं। गया जिले के सोनपुर में काले व लाल मृद्भांड से संबद्ध उ. का. ओ. मृ. पूर्व काल के सबसे ऊपर के स्तरों में लौह अयस्क के पिंड एवं लौह-मल प्राप्त हुए हैं। दक्षिण बिहार में काले

व लाल मृदभांडों के साथ लोहे का एक प्राचीनतम संसग है । इस स्थल के उ. का. ओ. मृ. काल में बल्लम, भाले के अग्र भाग, वाणाग्र, छुरे, कुल्हाड़ी, कील, छेनी, ब्लेड आदि अनेक लोहे के उपकरण मिले हैं । भागलपुर जिले में चंपा के प्राचीन स्थल में अनेक लौह-मल के पिंड प्राप्त हुए हैं । ये उ. का. ओ. मृ. काल के प्रारंभिक स्तरों के हैं तथा यहां इस प्रकार के मिट्टी के बर्तन बहुत बड़ी संख्या में प्राप्त हुए हैं । यह सब इस बात की ओर संकेत करते हैं कि छठी से पांचवीं शताब्दी ई. पू. में लौह धातु अभियांत्रिकी में पर्याप्त विकास हुआ था ।

पश्चिमी उत्तर प्रदेश में हल की कृषि, संभवतः लोहे के फाल की सहायता से, लगभग 600 ई. पू. अथवा कुछ बाद में प्रारंभ हुई थी । चि. धू. मृ. के अंतिम काल का (संभवतः प्रथम सहस्राब्दी ई. पू. के मध्य अथवा कुछ बाद का) एक लोहे का फाल एटा जिले में जखेड़ा से प्राप्त हुआ है । एक अन्य फाल कौशाम्बी में उ. का. ओ. मृद्भांड स्तर से मिला है । इन नवीन कृषकों ने आगे बढ़ने के साथ-साथ लगभग 600-300 ई. पू. में अपने ज्ञान का विस्तार पूर्वी उत्तर प्रदेश तथा बिहार में भी किया । जैसा कि पहले स्पष्ट किया जा चुका है, मौर्य-पूर्व काल से साहित्यिक ग्रंथों में 'लोहे का फाल' के द्योतक अनेक शब्द हैं । *विनयपिटक,* जो थोड़ा बाद का ग्रंथ है, इसकी अधिक स्पष्ट रूप में चर्चा करता है । इसके अनुसार : 'जिस प्रकार संपूर्ण दिन गर्म किया जाने वाला हल का फाल जब पानी में डाला जाता है तो कड़कड़ाता और सिसकारता है तथा भाप व धुआं निकालता है, उसी प्रकार यह शक्कर जब पानी में डाली जाती है तो कड़कड़ाती और सिसकारती है तथा भाप व धुआं निकालती है ।'[1] लोहे की कुल्हाड़ी, फाल, दरांत तथा अन्य उपकरणों का प्रयोग जंगलों के साफ करने एवं बड़े पैमाने पर बस्तियों की स्थापना के कारण बने, और इन्होंने नवीन कृषि तकनीकों को जन्म दिया, परंतु पूर्वी उत्तर प्रदेश तथा बिहार के विद्यमान सामाजिक एवं वैचारिक संगठन ने इस विकास का समर्थन नहीं किया । ऊंचे स्थानों पर विरल बस्तियों में रहने वाले तथा कुदाल से कृषि करने वाले आदिम लोगों द्वारा कृषि की इन नवीन विधियों को अपनाए जाने के लिए बहुत उपक्रमात्मक कार्य करना पड़ा होगा ।

पूर्वोत्तर में आर्य संस्कृति के सीमांत क्षेत्रों में रहने वाले लोगों की सामाजिक तथा भौतिक संस्कृति के मध्य विरोध की हम कल्पना कर सकते हैं । एक ओर बहुत सीमित मात्रा में तांबे तथा मुख्य रूप से पत्थर के ओपदार उपकरण एवं हथियारों का उपयोग करने वाले लोग थे और दूसरी ओर लोहे का प्रयोग करने वाले लोग । नवपाषाण-ताम्र पाषाण संस्कृति के पूर्व में रहने वाले लोग, जो आदिवासी और अनार्य थे, जंगलों को जलाकर व तदुपरांत वृक्षों को काटकर ऊंचे क्षेत्रों में छोटे-छोटे भूमिखंडों में खेती करते थे । बिना बैलों, गोबर, गाड़ी आदि की सहायता के, केवल कुशल तथा छिद्र-रोपण-दंड की सहायता से ये लोग चावल तथा कोंदो उत्पन्न करने में समर्थ थे । दूसरे शब्दों में इनकी कृषि पशुपालन से

संबंद्ध नहीं थी । ये दूध अथवा दूध की बनी वस्तुओं और कृषि के निमित्त गाय-बैल नहीं पालते थे, वरन् मांस खाने के लिए पालते थे, जैसा कि पलामू की नगेसिया जनजाति द्वारा आज भी किया जाता है । इलाहाबाद क्षेत्र के महाश्म बनाने वाले कुछ लोग भी इसी परंपरा का अनुसरण करते थे । बेलन नदी के तट पर स्थित कोटिया के महाश्म शवाधानों में बैल, भेड़ तथा सुअर सहित अनेक पालतू पशुओं की हड्डियां बड़ी संख्या में प्राप्त हुई हैं ।[2] 'कुछ हड्डियों पर काटे जाने के चिह्न हैं, जो आयोजित पशुबलि के द्योतक हैं ।'[3]

पश्चिमी उत्तर प्रदेश में कुरु-पंचाल क्षेत्र में यज्ञों में बलि द्वारा पशुधन का एक बड़ा भाग नष्ट हो रहा था, जो संभवतः क्षेत्रपूर्व कृषि अवस्था की भोजन संबंधी आवश्यकताओं की पूर्ति की परिष्कृत विधियां थीं । यही बात पूर्वी उत्तर प्रदेश और बिहार में भी थी, जैसा कि शतपथ ब्राह्मण से संकेत मिलता है । परंतु एक बार धर्म द्वारा अनुमोदित हो जाने के उपरांत ये यज्ञ पशुधन के नष्ट करने का अर्थहीन साधन हो गए, और परिणामस्वरूप कृषि के विकास में बाधा बन गए । उत्तर वैदिक ग्रंथों में अनेक प्रकार के गाय-बैलों तथा बकरियों को विभिन्न देवताओं के प्रति बलि के लिए निर्धारित किया गया है । इंद्र के लिए 'वृषभ' की बलि दी जाती थी, मरुतों के लिए चितकबरी गाय तथा अश्विनों के लिए ताम्रवर्णीय गाय की बलि दी जाती थी । मित्र तथा वरुण के लिए भी गाय की बलि दी जाती थी ।[4] लोक अनुष्ठानों में अनेक अवसरों पर गाय-बैल की बलि दी जाती थी, तथा 'अश्वमेध' यज्ञ में अनेक प्रकार के 600 पशुओं को काट दिया जाता था ।[5] 'अश्वमेध' का अंत एक नवीन यज्ञ से होता था, जिसमें 21 बांझ गायों को मारा जाता था ।[6] अश्वमेध बार-बार घटित नहीं होता होगा, परंतु अनेक अन्य यज्ञों में, जो सामान्य और कम खर्चीले थे, गायों की हत्या की जाती थी । 'अग्न्याधेय' धार्मिक विधि में भी गाय की बलि दी जाती थी, जो सभी लोक अनुष्ठानों से पूर्व संपन्न की जाती थी ।[7] हम 'शूलगव' अथवा 'छड़ पर बैल' की बलि,[8] बांझ गाय की बलि अथवा 'अग्निष्टोम' में 11 पशुओं की बलि[9] के विषय में सूचना प्राप्त करते हैं । एक परवर्ती वैदिक अनुष्ठान में अंत्येष्टि के अवसर पर लपटों से सुरक्षा के निमित्त एक गाय के प्रत्येक अंग से शव के प्रत्येक अंग को अलंकृत किया जाता है ।[10] एक ग्रंथ के अनुसार 'श्राद्ध' में एक चौराहे पर गाय की बलि दी जाती है, तथा उसके अवयवों को छोटे-छोटे टुकड़ों में काटा जाता है और राहगीरों को दिया जाता है ।[11] अधिकांश विद्वानों के विचार में पितरों के लिए कुछ पशुओं का मांस सुख देने वाला है, तथा एक विशिष्ट अतिथि के लिए, जिसे 'गोघ्न' अथवा गायों का हत्यारा कहा जाता है, गो-मांस एक सुस्वादु भोज्य पदार्थ समझा जाता है ।[12]

वैदिक तथा संबद्ध ग्रंथों में हमें अनेक ऐसे शब्द मिलते हैं, जो गौ-हत्या की प्रथा के द्योतक हैं । उदाहरणार्थ, हम 'गोविकर्त'[13] (गौ हत्यारा), 'गव्यच्छ'[14] (वह

व्यक्ति, जो गाय की हत्या करता है या यातना देता है), 'गोसव'[15] (गौ-बलि), तथा 'गोयज्ञ'[16], का उल्लेख कर सकते हैं। *अथर्ववेद* तथा *कौशिक सूत्र* में अनेक शब्द ऐसे हैं, जो विविध वर्गों के गाय-बैलों की बलि का संकेत देते हैं। हम एक सफेद बछड़े ('कर्की'), युवा बैल ('अनुडुट'), चितकबरी गाय ('पृश्नि'), सांड़, ('ऋषभ') तथा बांझ गाय ('वशा') की सूचना प्राप्त करते हैं।[17] यह सुझाव दिया गया है कि केवल चितकबरी और बांझ गायों की बलि दी जाती थी; अन्यथा अन्य सभी प्रकार की गायें ब्राह्मणों को दे दी जाती थीं, और बांझ और चितकबरी गाएं भी दी जाती थीं।[18] हमारे विचार में प्रारंभ में संभवतः इन सभी प्रकारों के गाय-बैलों की बलि दी जाती थी, परंतु कृषि की बढ़ती हुई आवश्यकताओं के साथ इन्हें ब्राह्मणों को दिया जाने लगा होगा।

शतपथ ब्राह्मण में, जिसकी रचना लगभग 600 ई. पू. में हुई थी, हम गौ-मांस भक्षण के संबंध में एक विवाद देखते हैं। प्रथम उदाहरण में यह तर्क दिया गया था कि उस व्यक्ति को, जो यज्ञ के लिए निश्चित है, गौ-मांस नहीं खाना चाहिए। यह स्पष्ट किया गया था कि दूध देने वाली गायों तथा युवा बैलों को नहीं खाया जाना चाहिए, परंतु याज्ञवल्क्य ने यह तर्क दिया कि वह निश्चित ही गौ-मांस खाएगा, क्योंकि उससे शरीर मोटा होता है।[19] ऐसा प्रतीत होता है कि प्रथम सहस्राब्दी ई. पू. के मध्य के उपरांत लगभग दो शताब्दी अथवा इससे अधिक तक दूसरा दृष्टिकोण प्रचलित था, जिसके परिणामस्वरूप यज्ञों में गायों सहित अनेक पशुओं की बलि दी जाती रही तथा यज्ञकर्ताओं द्वारा उनके मांस को खाया जाता था।[20]

प्रारंभिक पालि ग्रंथों में गौ-हत्या के अनेक उल्लेख हैं। *मज्झिमनिकाय* में ऐसी उपमाओं का बार-बार प्रयोग किया गया है, जिनमें कुशल गाय काटने वाले कसाइयों अथवा नौसिखियों से लेकर चौराहों पर कार्य करने वाले कसाइयों तक की चर्चा है।[21] *सुत्तनिपात* में हम मृत्यु के प्राणियों को आत्मसात करने की चर्चा सुनते हैं, जिनकी तुलना उन गायों से की गई है, जो वध के निमित्त हैं।[22] यही ग्रंथ हमें यह भी सूचना देता है कि ब्राह्मणों के सुझाव पर इक्ष्वाकु ने एक यज्ञ किया, जिसमें उसने सैकड़ों तथा हजारों गायों की हत्या की।[23] ग्रंथ इस बात पर दुःख प्रकट करता है कि राजा ने गाय को सींग से पकड़ कर मार डाला। वह आगे कहता है कि गाएं अपने पैरों अथवा सींगों अथवा किसी भी अन्य अंग से किसी प्रकार की हिंसा नहीं करतीं, वे भेड़ों के समान निरीह हैं और इतना दूध देती हैं कि उससे पात्र भर जाता है।[24]

उत्खनन वैदिक परंपरा का समर्थन करते हैं, क्योंकि अतरंजीखेड़ा से प्राप्त पशुओं की अधिकांश अस्थियां गाय-बैलों की हैं। उन पर काटने के स्पष्ट चिह्न हैं, तथा अधिकतर की तिथि 500 ई. पू. से पहले की है। अतएव, वैदिक धार्मिक विचारधारा लोहे के हल के फाल की कृषि के अनुकूल नहीं थी। इस प्रकार की कृषि

मुख्यतः पशुपालन पर निर्भर थी । अतः वैदिक तथा अवैदिक, दोनों ही परंपराओं में गाय-बैलों को मारने का प्रबंध था, जबकि हल के लोहे के फाल की खेती की आवश्यकताओं की पूर्ति के लिए अब इनकी सुरक्षा आवश्यक थी । *सुत्तनिपात* में कृषि तथा गाय पालन को समान समझा गया है । यह कहा गया है कि वह व्यक्ति, जो गाय-बैल पालता है, उसकी पहचान कृषक के रूप में की जानी चाहिए ।[25] प्रारंभिक पालि ग्रंथ हल द्वारा खेती को कितना महत्व देते थे, यह बात उनमें दिए गए हल जोतने और बीज बोने के विवरणों से जानी जा सकती है । कृषक ('गहपति') को शिक्षा दी गई है कि वह भूमि सावधानी से तैयार करे, भली प्रकार विचार की गई विधि से बीज बोए, तथा समय पर भूमि में पानी दे ।[26] कृषि का महत्त्व निम्नलिखित उपमा से भी स्पष्ट होता है, जिसका बुद्ध ने कृषक भारद्वाज को दिए गए अपने धार्मिक उपदेश में प्रयोग किया है—

> धर्म बीज है, तथा वृष्टि अनुशासन ।
> जूए में लगा हल मेरे लिए अंतर्दृष्टि है,
> मेरी बल्ली विवेक है, और ज्ञानेंद्रिय बंध,
> तथा मेरा हल का फाल और मेरा अंकुश सतर्कता है ।[27]

एक संदर्भ में एक कृषक के कार्यों को एक ऐसा लाक्षणिक प्रारूप बनाने वाला समझा गया है, जिसका एक भिक्षु द्वारा अनुसरण किया जाना चाहिए । एक कृषक गृहस्थ अपने खेत को भली प्रकार जोतता है, शीघ्रता से उसकी मिट्टी कृषि-योग्य बनाता है, पौध की शीघ्र रोपाई करता है, पानी पहुंचाता है तथा शीघ्रता से उसे बाहर निकालता है । ये तीन उसके अत्यावश्यक कर्तव्य हैं ।[28] इसी प्रकार से एक भिक्षु को सलाह दी जाती है कि वह उच्च नैतिकता, उच्च विचार तथा उच्च अंतर्दृष्टि में शिक्षा ग्रहण करे ।[29] इसके अतिरिक्त, जब एक कृषक गृहस्थ का धान का खेत पक कर तैयार हो जाता है, तो वह उसे शीघ्रता से काटता है, एकत्र करता है, खलिहान में रखता है, पैरों से कुचलता है, डंठलों को निकालता है, भूसा उड़ाता है, धान इकट्ठा करता है, उसे कूटता है, तथा भूसी अलग करता है । इस प्रकार, उसकी फसल पूर्णता को प्राप्त होती है ।[30] आर्य शिष्य को भी सलाह दी गई है कि वह अपने आध्यात्मिक उत्थान तथा जंजीरों से अंतिम मुक्ति पाने के लिए इसी प्रकार से क्रियाशील और सावधान रहे ।[31] ये उपमाएं स्पष्ट करती हैं कि बौद्ध कृषि कार्यों को अत्यधिक महत्वपूर्ण मानते थे ।

बौद्धों द्वारा पशुबलि का बहिष्कार तथा पशुओं की अहिंसा पर बल नव-कृषि की आवश्यकताओं के संदर्भ में नवीन महत्व प्राप्त करते हैं । बलि के विरुद्ध एक हल्का विरोध कुछ उत्तर वैदिक उल्लेखों में भी दृष्टिगोचर है । *ऋग्वेद* में 'अघन्या' शब्द अथवा 'न मारने योग्य' बहुधा दूध देने वाली गाय के लिए प्रयुक्त

हुआ है, और यह शब्द, साधारणत: ग्रंथ के बाद के अंशों में प्राप्त होता है।[32] गाय-बैलों के लिए यह शब्द अनेक बार *अथर्ववेद*[33] में भी प्रयुक्त हुआ है, जिसमें कृषि के भी पर्याप्त साक्ष्य हैं। परंतु, पशुबलि के अनेक उल्लेख प्रदर्शित करते हैं कि अनेक गाय-बैलों सहित पशुओं को मारना साधारणत: वैदिक विचारधारा द्वारा समर्थित था। इसके विरुद्ध गौतम बुद्ध इस बात पर बल देते हैं कि पशुबलि से किसी प्रकार का पुण्य-फल नहीं प्राप्त होता। वे ऐसे यज्ञ का समर्थन करते हैं, जिसमें हिंसा नहीं होती। उनके अनुसार महानतम यज्ञ है दान देना। हमारे पास उग्गतसरीर नामक एक धनाढ्य ब्राह्मण की कथा है, जिसने बलि के निमित्त अनेक पशुओं को इकट्ठा किया था, परंतु बुद्ध के सुझाव पर उन्हें छोड़ दिया। इस ब्राह्मण से कहा गया कि वह माता-पिता के लिए याज्ञिक अग्नि प्रज्वलित करे; पत्नी, बच्चों, सेवकों तथा परिचरों ('गहपतग्गि') के लिए, तथा पवित्र व्यक्तियों और संन्यासियों के लिए अग्नि प्रज्वलित करे।[34]

गौतम बुद्ध ने लक्ष्य करके तथा विशेष रूप से उन वैदिक यज्ञों की आलोचना की जिनमें पशुबलि दी जाती थी। यह कहा जाता है कि जब एक बार वे श्रावस्ती गए तो कोसल के राजा प्रसेनजित ने एक महायज्ञ प्रारंभ किया। इस यज्ञ में 500 बैल, 500 बछड़े, 500 बछिए तथा 500 भेड़ें, बलि के निमित्त यज्ञ स्तंभ से बांधे गए थे।[35] राजा के सेवक, दूत, तथा किराए के मजदूर, जो भय तथा बल से आतंकित थे, आंखों में अश्रु भरकर इस यज्ञ के लिए तैयारियां कर रहे थे।[36] जब स्वामी को इसका पता चला तो उन्होंने कहा कि 'अश्वमेध', 'पुरुषमेध', 'वाजपेय' आदि से अच्छे परिणाम नहीं निकलते। अच्छे आचरण के ऋषि ऐसे यज्ञों की अनुशंसा नहीं करते, जिनमें बकरी, भेड़ तथा गाय-बैल-जैसे विविध जीवों को मारा जाता था।[37] अच्छे आचरण वाले महान ऋषि उन यज्ञों की अनुशंसा करते थे, जिनमें बकरी, भेड़ तथा गाय-बैलों की हत्या नहीं की जाती थी।[38]

प्रारंभिक पालि ग्रंथों में पशुबलि के विरुद्ध बहुत जोरदार ढंग से विरोध प्रकट किया गया है। प्राचीनतम बौद्ध ग्रंथ *सुत्तनिपात,* अहिंसा को महानतम गुण मानता है, जिसे 'उपासकों' के मन में बैठाना भी आवश्यक है। इसके बाद आने वाला अन्य गुण है, किसी व्यक्ति द्वारा न दी गई किसी वस्तु को न स्वीकार करना; दूसरे शब्दों में व्यक्तिगत संपत्ति का आदर करना। *सुत्तनिपात* के ब्राह्मण धम्मिक सुत्त की एक कथा के माध्यम से बुद्ध उपदेश देते हैं कि पशुओं की रक्षा होनी चाहिए। प्राचीन समय के आदर्श ब्राह्मणों का उल्लेख करते हुए वे बताते हैं कि उनके यज्ञ में पशु उपस्थित रहते थे किंतु उनकी हत्या नहीं की जाती थी।[39] माता, पिता, बंधु तथा अन्य नातेदारों की भांति पशु हमारे मित्र हैं; और उन्हीं की वजह से पौधे विकसित होते हैं। वे भोजन, शक्ति, सौंदर्य तथा प्रसन्नता देने वाले हैं। बुद्ध आगे बताते हैं कि ब्राह्मणों ने इन सब बातों का अनुभव किया और इसीलिए वे गायों को नहीं मारते थे।[40] इस तरह स्पष्ट समझा जाता था कि पशुधन पर कृषि निर्भर थी।

पशुरक्षा पर बल दिया जाना ऐसे समय में निश्चित रूप से एक क्रांतिकारी उपदेश था, जब भोजन और धर्म अथवा दोनों ही कार्यों के लिए पशुहत्या की जाती थी। यह भी उल्लेखनीय है कि जैन धर्म ने भी वेद विहित पशुहत्या को जोरदार ढंग से अस्वीकार किया। जैन धर्म के प्राचीनतम धर्मगृहीत ग्रंथों में माने जाने वाले *उत्तराध्ययन सूत्र* के 25वें अध्याय में हमें निम्नलिखित बातें उपलब्ध हैं: 'सभी वेदों में पशु-हत्या निर्दिष्ट है, और इसमें पापकर्म सम्मिलित है। यज्ञकर्ता के ये पापकर्म उसकी रक्षा नहीं कर सकते।'[41] यह सर्वविदित है कि जैनियों ने बौद्धों की अपेक्षा अधिक कठोर अहिंसा के पालन का प्रयास किया। जो भी हो, यदि हम पशुपालन की आवश्यकताओं को ध्यान में रखें, तो हम इन जैन तथा बौद्ध शिक्षाओं की सार्थकता का महत्त्व समझ सकते हैं।

'गोरक्खा' अथाव गाय-बैलों की रक्षा को गृहस्थ (गहपति) के मुख्य कार्यों में प्रमुख माना जाता है तथा 'गोरक्षा' पर ब्राह्मण परंपरा का बल संभवतः जैन एवं बौद्ध शिक्षाओं से लिया गया है। प्रारंभिक पालि ग्रंथ में गाय-पालन गहपतियों और कुलपुत्रों का एक महत्वपूर्ण कार्य प्रतीत होता है, तथा *मज्झिमनिकाय* में गौ-पालक की ग्यारह विशेषताएं गिनाई गई हैं।[42] एक गौ-पालक भौतिक आकारों को भली प्रकार जानने वाला, चिह्नों में अंतर करने में निपुण समझा जाता है। वह मक्खियों के अंडों को हटाने में समर्थ होता है तथा जानता है कि घावों की कैसे देखभाल की जाए, और वह धूम्रीकरण कर सकता है। उसके लिए घाटों, पानी पीने के स्थानों तथा चरागाहों से परिचित होना आवश्यक है, और उसे ऐसे सांडों की पहचान होनी चाहिए, जो समूह का पथ-प्रदर्शन कर सकें।[43]

कृषि के लिए पशुधन की सुरक्षा आवश्यक थी, परंतु भोजन की आवश्यकताओं की पूर्ति भी आवश्यक थी।[44] बौद्ध संभवतः गौ-मांस की अपेक्षा सुअर का मांस पसंद करते थे। इस परिकल्पना के समर्थन में कम से कम दो संदर्भों का उल्लेख किया जा सकता है। कहा जाता है कि वैशाली के एक गृहस्थ उग्ग ने बुद्ध को चावल, रोटी, सुअर का मांस तथा काशी के वस्त्र अर्पित किए थे।[45] सुअर का मांस खाने के परिणामस्वरूप हुई बुद्ध की मृत्यु से संबंधित कथानक सर्वविदित है।

लोहे के फाल, दरांत, फावड़ा आदि के प्रयोग पर आधारित कृषि के परिणामस्वरूप बड़ी मात्रा में उत्पाद अधिशेष उपलब्ध होने लगा, जो पत्थर अथवा तांबे के उपकरणों से प्राप्त करना संभव नहीं था। इसने उत्तर-पूर्वी भारत में लगभग 600 ई. पू. में नगरीय बस्तियों के विकास की पृष्ठभूमि तैयार की। पालि ग्रंथों में 20 नगरों की चर्चा है, जिनमें से छः बुद्ध की मृत्यु से संबंधित थे। पुरातत्व द्वारा मध्य-गंगा क्षेत्र में इस काल के अनेक नगर प्रकाश में लाए गए हैं। कम से कम दस नगरीय स्थलों, यथा—चंपा, राजगृह, पाटलिपुत्र (यद्यपि यह नगर बाद का है), वैशाली, वाराणसी, कौशाम्बी, कुशीनगर तथा श्रावस्ती का समर्थन न केवल

प्रारंभिक पालि ग्रंथों बल्कि पुरातत्व से भी होता है। इनके अतिरिक्त हम चिरांद, श्रृंगवेरपुर, पिपरहवा तथा तिलौराकोट का भी उल्लेख कर सकते हैं। लौरियानंदगढ़ के अवशेष भी प्रकट करते हैं कि यह एक नगर था। नगर की उत्पत्ति चाहे जो भी रही हो, अंततोगत्वा यह एक मंडी बन गया। प्रत्यक्षतः, दस्तकार तथा सेट्ठि कहे जाने वाले व्यापारी नगर की जनसंख्या का एक बड़ा भाग थे, और वे व्यापार एवं उद्योग में संलग्न रहते थे। आहत मुद्राओं के प्रयोग से व्यापार में सुगमता आ गई। स्तर विन्यास की दृष्टि से आहत मुद्राएं पांचवीं शताब्दी ई. पू. की मानी जाती हैं, और इनका प्रचलन कुछ पहले भी संभावित है। आहत मुद्राओं के 300 से अधिक जखीरे ज्ञात हैं।[46] और इनमें से बहुत से मध्य गंगा क्षेत्र में प्राप्त हुए हैं। यद्यपि, उत्तर वैदिक साहित्य के कुछ शब्दों की व्याख्या सिक्कों के प्रयोग के अर्थ में की गई है, तथापि बुद्ध के काल के पहले के वास्तविक सिक्के प्राप्त नहीं हुए हैं। उत्तरी काले ओपदार मृद्भांड कहे जाने वाले एक नवीन प्रकार के मिट्टी के बर्तन पहली बार इस काल में प्राप्त होते हैं। इन बर्तनों का अनुष्ठानों अथवा खान-पान के निमित्त प्रयोग होता रहा होगा और इन्होंने व्यापार में सहायता पहुंचाई होगी। बड़ी सुगढ़ बनावट वाले ये चिकने तथा चमकदार मृद्भांड, संभवतः समाज के धनाढ्य वर्गों के प्रयोग में आते थे। अतएव, ये मृद्भांड भी व्यापार की सामग्री रहे होंगे। लौह-मल की प्राप्ति इस बात का संकेत करती है कि विभिन्न नगरीय-स्थलों में लोहे के उपकरणों का निर्माण किया जाता था, तथा ये यातायात और व्यापार व निर्माण के अन्य पक्षों के विकास में महत्वपूर्ण कारण रहे होंगे।

जैसा कि धर्मसूत्रों से विदित है, व्यापार के प्रति ब्राह्मण-दृष्टिकोण बहुत सहायक नहीं था। प्राचीनतम विधि-ग्रंथ वैश्यों के लिए व्यापार और कृषि निर्धारित करते हैं। वैश्यों को समाज में तीसरा स्थान दिया गया था, जबकि पहले दो स्थान ब्राह्मणों तथा क्षत्रियों के लिए सुरक्षित थे। आपत्ति के काल में ब्राह्मणों को व्यापार की अनुमति थी, परंतु यह बहुत सीमित था। वे मनुष्यों, तरल पदार्थों, सुगंधियों, कपड़े, चमड़े, अनाज आदि का व्यापार नहीं कर सकते थे।[47] स्पष्टतः ब्राह्मण समाज में उन व्यापारियों को ऊंची दृष्टि से नहीं देखा जाता था, जो इन वस्तुओं का व्यापार करते थे। बिहार के, मगध तथा अंग के निवासियों का इसीलिए तिरस्कार किया जाता था, क्योंकि वे कुछ विशिष्ट वस्तुओं का व्यापार करते थे। एक प्राचीन विधिवेत्ता बौधायन, उत्तर वैदिक काल के अंत के अंग और मगध के निवासियों तथा आर्य-क्षेत्र के अन्य सुदूर सीमावर्ती भागों के रहने वाले लोगों की मिश्रित उत्पत्ति मानते हैं। वे यह भी घोषणा करते हैं कि ये लोग मदिरा-पान, ऊन, घोड़े जैसे पशुओं तथा अस्त्र-शस्त्रों के व्यापार एवं समुद्र-यात्रा के दोषी हैं। मानवशास्त्री तटीय समुद्र-यात्रा की कला का श्रेय द्रविड़ों को देते हैं, परंतु बौधायन द्वारा समुद्र-यात्रा ('समुद्र-संयान') की एक पाप कर्म के रूप में

भर्त्सना की गई है।[48] इसके विरुद्ध प्रारंभिक बौद्ध ग्रंथ समर्थन के भाव में समुद्र-यात्रा के अनेक उदाहरण देते हैं।

यद्यपि. भिक्षु-संघ का निर्माण करने वाले तथा 'पंचवर्गीय भिक्षु'[49] कहे जाने वाले पांच व्यक्ति ऐसे धर्मान्तरित थे, जिन्होंने मठ-जीवन में प्रवेश किया, तथापि प्रारंभिक ग्रंथों से उनके पूर्ववृत्त के विषय में अधिक जानकारी उपलब्ध नहीं है। *जातक निदानकथा* तथा अन्य भाष्यों में इन्हें ब्राह्मण कहा गया है,[50] परंतु इसमें संदेह है कि वे प्रथम वर्ण के लोग थे।[51] यह महत्वपूर्ण है कि बौद्ध धर्म में धर्मान्तरित होने वाले पहले सामान्य लोग व्यापारिक वर्ग के थे। उत्कल के तपस्स तथा भल्लिक, पहले सामान्य शिष्य कहे गए हैं, और ये व्यापारी ('वाणिजा') थे।[52] प्रारंभिक धर्मगृहीत पालि ग्रंथों के अनेक संवादों में बुद्ध अनेक ब्राह्मणों के साथ पशुबलि की उपयोगिता तथा जाति-व्यवस्था में आनुवंशिक तत्व की वैधता पर शास्त्रार्थ करते हैं, तथा अंततोगत्वा वे अपने दृष्टिकोण से उनका संदेह दूर करने में सफल होते हैं। यह स्वाभाविक है कि पांच ब्राह्मणों को प्राचीनतम भिक्षु बतलाया गया है, परंतु प्रारंभिक अवस्था में भिक्षुओं की सर्वाधिक संख्या व्यापारी वर्ग एवं कृषकों ('गहपति') की प्रतीत होती है। प्राचीनतम भिक्षुओं में से एक यस था, जो बनारस का गृहस्थ था। उसके मित्रों—विमल, सुबाहु, पूर्णजिन, तथा गवाम्पति ने उसका अनुसरण किया। ये सब भी, स्पष्टतः सेट्ठि थे। जब यह विदित हो गया कि ये लोग बौद्ध धर्म में धार्मान्तरित हो गए, तब पचास अन्य गृहस्थ ('गिहिसहायक') सामने आए और उन्होंने बुद्ध से शिक्षा ग्रहण की।[53] यदि हम व्यापार के प्रति ब्राह्मण-दृष्टिकोण को ध्यान में रखें, तो हम अनाथपिंडिक तथा अन्य सामान्य धनाढ्य व्यापारियों द्वारा बुद्ध तथा उसके संघ को दिए गए बड़े दानों के महत्त्व को भली प्रकार समझ सकते हैं।

व्यापार में धन का उपयोग होता था, जिसने ऋण देने की प्रथा तथा सूदखोरी को जन्म दिया। वैदिक ग्रंथों में ऋण का भाव उपलब्ध है, परंतु सूद का विचार स्पष्ट रूप से नहीं प्राप्त होता। सरल समाजों में पारस्परिक सहायता तथा परस्पर लेन-देन के रूप में ऋण की प्रथा विद्यमान होती है। चाहे जो हो, सिक्कों के अभाव में वैदिक समाज में ऋण के रूप में धन देने की प्रथा नहीं रही होगी; अधिक से अधिक 'निष्क' अथवा सोने के कंठहारों को सम्मानपूर्वक वस्तुओं के रूप में जनजातीय प्रमुखों तथा उनके पुरोहितों के मध्य आदान-प्रदान किया जाता होगा। परंतु, छठी शताब्दी ई. पू. में धातु के सिक्कों के प्रचलन के साथ-साथ सूदखोरी की प्रथा आरंभ हो गई। तथापि, सूद पर ऋण देने की प्रथा, प्रचलित सामाजिक विचारधारा के अनुरूप नहीं थी। एक प्राचीन विधिवेत्ता आपस्तम्ब कहते हैं कि ब्राह्मणों को ऐसे व्यक्ति का भोजन नहीं स्वीकार करना चाहिए जो सूद ('वार्धुषिकः') लेता है तथा जो बंधुआ मजदूरों के श्रम पर जीवन यापन करता है।[54] संभवतः, ये व्यक्ति ऋण पर दिए जाने वाले सूद के कारण मजदूरी करते थे।

कुछ विद्वानों का कथन है कि ऋणदाता को एक वर्ष तक किसी प्रकार भी सूद नहीं लेना चहिए;[55] इससे प्रकट होता है कि सूद लेने की प्रथा को केवल अनिच्छा से ही स्वीकृति प्रदान की गई थी।

पालि ग्रंथ ऋणी, ऋणदाता, ऋण तथा ब्याज का बार-बार उल्लेख करते हैं। अपने पूर्व जन्म के विषय में बतलाते हुए एक भिक्षुणी शिकायत करती है कि एक गाड़ीवान के परिवार में एक लड़की के रूप में जन्म लेकर वह ऋणदाताओं द्वारा बहुत सताई गई थी। ब्याज के बहुत अधिक जमा हो जाने के कारण एक कारवां के मुखिया ने उसे उसके पारिवारिक घर से बाहर खींच लिया।[56] पासे के खेल के संदर्भ में वैदिक ग्रंथ ऋणों का उल्लेख करते हैं, परंतु पालि ग्रंथ प्रदर्शित करते हैं कि व्यापार स्थापित करने के निमित्त ऋण लिए जाते थे। ऋण की सहायता से एक व्यक्ति अपने व्यापार को आगे बढ़ा सकता था, अपने पुराने ऋण का भुगतान कर सकता था, तथा अपने परिवार के निर्वाह के लिए कुछ बचा भी सकता था।[57] यह महत्वपूर्ण है कि बौद्ध ग्रंथ ऋण देने की प्रथा की भर्त्सना नहीं करते। बौद्धधर्मगृहीत साहित्य अनेक न करने योग्य बातों को निर्धारित कर उचित जीविका ('सम्मा आजीव') तथा उचित कर्म ('सम्मा कम्मन्त') को परिभाषित करता है,[58] परंतु वर्जित कार्यों की सूची में सूदखोरी सम्मिलित नहीं है। दूसरी ओर बुद्ध गृहस्थों को अपने ऋणों को चुकाने का सुझाव देते हैं, तथा संघ में ऋणी व्यक्ति के प्रवेश को वर्जित करते हैं। ऋण से मुक्त व्यक्ति को अपने भोजन का आनंद उठाते हुए प्रदर्शित किया गया है,[59] जिसका तात्पर्य यह है कि अपने ऋणों को लौटाने के लिए लोगों को उत्साहित किया जाता था। *दीघनिकाय* संकेत करता है कि ऋणों को वापस करने से बड़ी राहत मिलती है। ऋण से मुक्त कारवां का एक आदर्श मुखिया, एक वीर विजेता के समान संसार में भ्रमण करता है।[60] गृहस्थ के लिए संस्तुत अनेक प्रकार के आनंद में एक वह है, जो ऋणमुक्ति से प्राप्त होता है ('आणन्यसुखम्')। यदि एक व्यक्ति कम या अधिक किसी का ऋणी नहीं है तो वह सुख तथा मानसिक शांति का आनंद लेता है।[61] यह तथ्य कि ऋणमुक्ति के गुणों पर एक भिन्न 'सुत्त' ही है, ऋणों को लौटाने की आवश्यकता प्रदर्शित करता है। अधिक महत्वपूर्ण यह है कि एक व्यापारी से कहा गया है कि वह दूसरों में यह विश्वास उत्पन्न करे कि वह ब्याज सहित ऋण लौटाने में समर्थ है।[62] अतएव, बुद्ध न केवल ऋण लौटाने पर बल्कि ब्याज देने पर भी बल प्रदान करते हैं। इस प्रकार, बौद्ध धर्म ब्याज पर धन न देने को अप्रत्यक्ष समर्थन तथा प्रत्यक्ष प्रोत्साहन भी देता था। इसको ब्राह्मण विधि ग्रंथों ने हतोत्साहित किया तथा इसकी भर्त्सना भी की।

इण्णसुत्त में उपलब्ध कुछ बौद्ध शिक्षाएं निहितार्थ द्वारा सुझाव देती हैं कि न तो निर्धनता और न ही ऋणी होना वांछनीय है। यह कहा गया है कि ऋण लेने वाला एक निर्धन व्यक्ति दुःख में जीवन व्यतीत करता है; इसका तत्पर्य यह हुआ

कि निर्धनता तथा ऋणी होना, दोनों ही दुःख के कारण हैं।[63] इसके अतिरिक्त, ऋणी व्यक्ति को ऋणदाता के इशारों व आवाज पर रहना पड़ता है, तथा उसे श्रम करना पड़ता है अथवा कारागार में रहना होता है, और परिणामस्वरूप दुःख अवश्यंभावी होता है।[64] इस शिक्षा के अनुसार धम्म पर समर्पित न रहने वाले भिक्षु की तुलना एक ऋण लेने वाले निर्धन व्यक्ति से की जा सकती है।[65] किंतु इस शिक्षा का यह भी तात्पर्य हो सकता है कि व्यक्ति को ऋणी नहीं होना चाहिए, और यदि वह ऋण लेता है तो उसे उसको वापस करना चाहिए।

बौद्ध शिक्षाओं में कुछ अंश तक एक आदर्श व्यापारी के व्यावहारिक प्रतिमान को एक भिक्षु के लिए एक आदर्श के रूप में संस्तुत किया गया है। प्रथम पपणिक सुत्त के अनुसार अपने कर्तव्यों की प्रातः, मध्याह्न तथा सायंकाल अवहेलना करने वाला दुकानदार उन्नति नहीं करता, और यही बात एक ऐसे भिक्षु के लिए भी सत्य है, जो अपने दैनिक कार्यों को नहीं करता।[66] यह और अधिक महत्त्वपूर्ण है कि प्रारंभिक बौद्ध शिक्षाएं व्यापार में सफलता के लिए अनेक सुझावों की अनुशंसा करती प्रतीत होती हैं। एक व्यापारी में तीन गुणों की आवश्यकता है—दृष्टि, चतुरता तथा विश्वास उत्पन्न करने की योग्यता।[67] दृष्टि, उसे वस्तु के स्वभाव, उसकी प्राप्ति के मूल्य तथा लाभ देने वाले मूल्य को परखने के योग्य बनाती है।[68] वस्तुओं को खरीदने तथा बेचने में उसकी निपुणता चतुराई पर आधारित है।[69] न केवल ऋण में लिए गए धन से व्यापार द्वारा, वरन् अपने पुत्र और पत्नी के भरण-पोषण तथा ब्याज सहित ऋण में प्राप्त धन को समय पर लौटाने के द्वारा भी विश्वास उत्पन्न किया जाता है।[70] इस प्रकार का दुकानदार शीघ्र ही महान् और धनवान बनता है। दुकानदार के इन गुणों के अनुसरण का सुझाव भिक्षुओं को भी दिया गया है, जिससे वे दुःख के स्वभाव को समझ सकें, धम्म में निपुणता प्राप्त कर सकें तथा बाहर से आने वाले भिक्षुओं की भली प्रकार देखभाल कर सकें।[71] इन सभी विषयों में एक छोटा व्यापारी अथवा दुकानदार भिक्षुओं के लिए एक आदर्श के रूप में उपस्थित किया गया है, यद्यपि पहला व्यक्ति पूर्णतया सांसारिक कार्यों में लिप्त है, और दूसरा उन्हें त्यागने वाला है।

बुद्ध के समय में नगरीय वातावरण ने नागरिक जीवन की कुछ ऐसी विशेषताओं को जन्म दिया, जिनका साधारण कृषक समाज द्वारा प्रतिबंधित ब्राह्मण दृष्टिकोण ने समर्थन नहीं किया। नागरिक जीवन की सामान्य विशेषता है भोजनालय, जिन्हें वांछित नहीं समझा गया। उच्च वर्ग के लोगों को (संभवतः ब्राह्मणों को) आपस्तम्ब द्वारा सुझाव दिया गया कि वे दुकानों में बनाए गए भोजन को न ग्रहण करें,[72] यद्यपि कुछ पदार्थों को अपवाद माना गया है।[73] यह स्पष्ट करता है कि नवीन दुकानदार वर्ग तथा नगरों की सामान्य जीवन-पद्धति के विरुद्ध कुछ पक्षपात था। किंतु बौद्ध ग्रंथ इस प्रकार का दृष्टिकोण नहीं प्रकट करते।

नगर परिवेश तथा प्राचीन जनजातीय परिवार के टूटने से परित्यक्त स्त्रियों के

एक वर्ग का जन्म हुआ, जिन्होंने भरण-पोषण के साधन के रूप में वेश्यावृत्ति को अपना लिया। प्राचीन पालि ग्रंथ नगरों में रहने वाली वेश्याओं का उल्लेख करते हैं। वैशाली नगर आम्रपाली के कारण प्रसिद्ध हो गया, जो अपने संरक्षकों से एक रात का पचास 'कहापण' लेती थी। बुद्ध के समकालीन मगध के राजा बिंबिसार को इसने अपने नगर राजगृह के लिए एक वेश्या प्राप्त करने के लिए प्रेरित किया।[74] परंतु, ब्राह्मण विधिवेत्ताओं द्वारा वेश्यावृत्ति की भर्त्सना की गई है। बौधायन के अनुसार एक वेश्या ('गणिका') द्वारा दिया गया भोजन निषिद्ध है, तथा विधिवेत्ता गौतम[75] एक ब्राह्मण से कहता है कि वह एक वेश्या अथवा चरित्रहीन स्त्रियों द्वारा प्रस्तुत भोजन न ग्रहण करे। इसकी तुलना आम्रपाली के प्रति बुद्ध के दृष्टिकोण से की जा सकती है, जिसके साथ वे ठहरे थे। स्त्रियां, संघ में प्रवेश पा सकती थीं, तथा वेश्याओं के विरुद्ध भी कोई निषेध नहीं था। इस प्रकार नगरीय समाज की एक विशेषता वेश्यावृत्ति के प्रति बौद्ध उदार थे, परंतु ब्राह्मणों का दृष्टिकोण इसके विपरीत था।

लोहे के हथियारों के प्रयोग से सैन्य सामग्री में एक क्रांति आ गई, तथा पुरोहितों की तुलना में योद्धाओं का राजनैतिक महत्व बढ़ गया। स्वाभाविक रूप से वे अन्य क्षेत्रों में समानता की स्थिति का दावा करने लगे। अनेक ग्रंथों में ब्राह्मणों तथा क्षत्रियों के हितों के मध्य संघर्ष स्पष्ट है। गौतम तथा महावीर की क्षत्रियोत्पत्ति की यह आंशिक रूप से व्याख्या करता है, और इस तथ्य को भी स्पष्ट करता है कि प्राचीन बौद्ध ग्रंथ क्षत्रियों को पहला स्थान तथा ब्राह्मणों को दूसरा क्यों प्रदान करते हैं। करों के नियमित भुगतान द्वारा ही क्षत्रिय राजा संपोषित हो सकते थे। बुद्ध के काल के बौद्ध तथा ब्राह्मण दोनों ग्रंथ इस आधार पर कृषकों के उत्पाद में राज्य-अंश को उचित ठहराते हैं कि राजा लोगों को संरक्षण प्रदान करता है। परंतु बौद्ध धर्म गृहीत ग्रंथ *दीघनिकाय* ऐसा प्राचीनतम भारतीय स्रोत प्रतीत होता है, जो क्षत्रिय शासक वर्ग की उत्पत्ति के लिए तर्कयुक्त औचित्य प्रतिपादन करता है। यह क्षत्रिय शासन की स्थापना द्वारा दुःख की अवस्था के अंत का विस्तृत रूप से चित्रण करता है। बुद्ध के काल में उत्तर-पूर्वी भारत में व्यक्तियों के आधिपत्य के खेतों के रक्षक के रूप में स्पष्टतः क्षत्रिय को प्रस्तुत किया गया है।[76] करों के भुगतान कर सकने की योग्यता को बुद्ध द्वारा संपत्ति के पांच फलों में से एक माना गया है।[77] यह नियमित करों पर आधारित राजनैतिक व्यवस्था को चलाने के लिए भी आवश्यक है।

एक ओर मध्य गंगा क्षेत्र में लोहे के फाल की कृषि तथा धान की रोपाई पर आधारित पर्याप्त संख्या में बस्तियों के निर्माण तथा दूसरी ओर सामाजिक और धार्मिक परिवर्तनों के मध्य समय के व्यवधान को स्पष्टतया प्रदर्शित करना कठिन है। गौतम बुद्ध की निश्चित तिथि चाहे जो भी हो, उनकी शिक्षाएं अथवा जो बातें मूल बौद्ध धर्म का निर्माण करती हैं, जिन पुस्तकों के रूप में संपादित की गईं, उन्हें

पांचवीं तथा चौथी शताब्दी ई. पू. का काल दिया जाता है। पशु-बलि की बौद्धों द्वारा अस्वीकृति तथा गाय-बैलों को न मारने पर बल *सुत्तनिपात* में स्पष्ट है, जिसके अधिकांश भाग मौर्य-पूर्व काल के हैं। किंतु *विनयपिटक,* जिसके आधार पर हम बुद्ध के सामान्य अनुगमन एवं बौद्ध संघ में प्रविष्टि के सामाजिक आयामों का परीक्षण करते हैं, लगभग 300 ई. पू. अथवा मौर्य काल का ग्रंथ हो सकता है। *विनय* में वैशाली संगीति के काल के बाद की ऐतिहासिक घटनाएं नहीं हैं,[78] और यह संगीति बुद्ध की मृत्यु के 100 अथवा 110 वर्ष पश्चात् बुलाई गई थी; दूसरे शब्दों में इसका काल लगभग 386 ई. पू. अथवा 376 ई. पू. प्रतीत होता है।[79] जैसा हम *विनय* तथा अन्य पूर्ववर्ती ग्रंथों से जानते हैं, बौद्ध धर्म की सामाजिक-आर्थिक प्रकृति मध्य गंगा के तटवर्ती क्षेत्र में विकसित भौतिक जीवन से स्पष्ट संबंध प्रदर्शित करती है। लगभग 300 ई. पू. से पहले इस क्षेत्र में लोहे के प्रभावकारी उपयोग के विषय में व्यक्त संदेहों पर हम विश्वास नहीं करते हैं।[80] चाहे जो हो, हमारे द्वारा विवेचित बौद्ध धर्म के सामाजिक-आर्थिक पक्ष उन पुस्तकों में उपलब्ध हैं, जो लगभग 300 ई. पू. से बहुत अधिक प्राचीन नहीं हैं। भौतिक तथा धार्मिक क्षेत्रों में जो कुछ भी घटित हुआ, उसके मध्य लगभग एक शताब्दी अथवा उससे कुछ अधिक का समय का व्यवधान रहा होगा। बौद्ध धर्म को लौह-काल के द्वितीय चरण द्वारा निर्मित भौतिक वातावरण के उत्पाद के रूप में माना जा सकता है। इसका नकारात्मक पक्ष यह है कि इसने नवीन भौतिक संस्कृति के विकास में व्यवधान डालने वाली सामाजिक तथा धार्मिक परंपराओं को महत्त्वहीन बना दिया, और द्वितीय लौह चरण में पोषित अजनजातिकृत वर्ग-आधारित एवं राज्य-आधारित सामाजिक-आर्थिक संरचना को सकारात्मक समर्थन प्रदान किया।

नवीन कृषि-प्रणाली, व्यापार तथा सिक्कों के प्रचलन ने स्वाभाविक रूप से धन संचय में शासकों और व्यापारियों, दोनों को सक्षम बना दिया, एवं इस प्रकार आर्थिक असमानताओं को जन्म दिया। बौद्ध-जन्मकथाओं में अस्सी 'कोटि' की संपत्ति वाले व्यक्तियों का अनेक बार उल्लेख है। बौद्ध धर्म निर्धनता के प्रतिकार के कुछ सुझाव देता है। *दीघनिकाय* में एक राजा को उस वस्तु को अपनाने का सुझाव दिया गया है, जो उसे दी नहीं गई है। इस ग्रंथ में यह कहा गया है कि यदि निर्धन संपत्ति-उत्पादन में अयोग्य हैं तो इससे उस निर्धनता का जन्म होता है, जो अनैतिकता, चोरी, असत्य, हिंसा, घृणा, निर्दयता आदि की जड़ में है। इन अपराधों को समाप्त करने के लिए बुद्ध सुझाव देते हैं कि कृषकों को अनाज तथा अन्य सुविधाएं, व्यापारियों को पूंजी एवं मजदूरों को उचित मजदूरी प्रदान की जानी चाहिए। इस संसार में एक व्यक्ति के जीवन से निर्धनता समाप्त करने के लिए बुद्ध द्वारा इन उपायों की संस्तुति की गई है। दूसरे लोक में भी निर्धनों के लिए संभावनाएं व्यक्त की गई हैं। यह कहा गया है कि यदि निर्धन भिक्षुओं को भिक्षा

देते हैं, तो उनका दूसरा जन्म धनाढ्य के रूप में होता है।[81]

अंततः, हम भिक्षुओं तथा उनके अनुयायियों के लिए निर्धारित आचरण-संहिता पर विचार कर सकते हैं। भिक्षुओं के व्यक्तिगत आचरण तथा संघ में उनके सामूहिक कार्य कलापों को व्यवस्थित करने के लिए नियम बनाए गए थे। यह आचरण-संहिता उत्तर-पूर्वी भारत में छठी-पांचवीं शताब्दी ई. पू. के मध्य की भौतिक पृष्ठभूमि द्वारा निर्धारित की गई प्रतीत होती है। इस आचरण-संहिता ने भिक्षुओं के वेश, भोजन, मकान तथा यौन-व्यवहार पर सीमाएं निर्धारित कीं। भिक्षुओं के वस्त्रों के विषय में गौतम बुद्ध विस्तृत नियम निर्धारित करते हैं। ये नियम बुनाई, कताई तथा रंगाई के क्षेत्रों में हुए विकास के अनुरूप हैं। इन सभी क्षेत्रों में इस काल में अत्यधिक निपुणता प्राप्त कर ली गई थी। *विनयपिटक*, सूती और ऊनी वस्त्रों सहित चार प्रकार के वस्त्रों तथा रंगाई के निमित्त दस प्रकार के रंगों की चर्चा करता है।[82] वस्त्र इतने महत्वपूर्ण माने गए हैं कि *विनयपिटक* में इन पर एक पूरा अध्याय है। धान के खेतों की क्यारियों की तरह एक भिक्षु के वस्त्र में अनेक टुकड़े जुड़े होते हैं, जिसमें छोटे-छोटे कपड़े के टुकड़ों को सिला गया होता है। इस वस्त्र का रंग पकी हुई धान की फसल की तरह होता है। भिक्षुओं के वस्त्रों को निर्धारित करने वाले नियम उन नवीन प्रकार के वस्त्रों तथा चमड़े की वस्तुओं के प्रयोग की संभावनाओं के विरुद्ध एक प्रकार के विरोध को परिलक्षित करते हैं, जिन्हें प्रारंभिक लौह-युग के संदर्भ में स्वाभाविक रूप से विलास की सामग्रियां समझा गया होगा। परंतु, इन नियमों का तात्पर्य सभी वस्त्रों की अस्वीकृति नहीं है। प्रचलित परंपरा के अनुसार ब्राह्मण संन्यासी 'वल्कल' धारण करते थे तथा जैन संन्यासी नग्न रहते थे। परंतु, बौद्ध भिक्षुओं के लिए बुद्ध तीन वस्त्रों की संस्तुति करते हैं।[83] स्पष्टतः यही वस्त्र एक साधारण व्यक्ति द्वारा भी पहने जाते थे। भोजन तथा वस्त्र, दोनों के ही विषय में बुद्ध सुझाव देते हैं कि भिक्षुओं की आवश्यकताएं वही होनी चाहिए जो एक साधारण निर्धन व्यक्ति की हैं, न कि एक धनाढ्य व्यक्ति की। इस प्रकार, वस्त्र के प्रयोग को सीमित मात्रा में स्वीकार किया गया, और यह परिस्थिति की वास्तविकताओं के साथ एक समझौते को प्रतिबिंबित करता है। जैसा कि *विनयपिटक* से स्पष्ट होता है,[84] कालांतर में सूती, ऊनी तथा सन के बने वस्त्रों सहित 68 प्रकार के कपड़ों से निर्मित वस्त्र के उपयोग की भिक्षुओं को अनुमति थी।

भिक्षुओं की व्यक्तिगत संपत्ति—वस्त्र, कटोरा, शय्या तथा औषधि तक सीमित थी। स्पार्टा के नागरिकों के समान वे कार्य-संपादन में स्वर्ण एवं चांदी स्वीकार नहीं कर सकते थे, तथा ब्राह्मणों के समान वे क्रय और विक्रय में संलग्न नहीं हो सकते थे। बुद्ध की मृत्यु के एक शताब्दी पश्चात् इन नियमों को शिथिल बना दिया गया, परंतु प्रारंभिक नियम क्षेत्र-पूर्व कृषि, तथा व्यापार-पूर्व एवं जनजातीय जीवन के निम्न स्तरों पर आधारित एक प्रकार के आदिम साम्यवाद की

ओर संकेत करते हैं। कुछ सीमा तक भिक्षुओं के लिए निर्मित आचरण-संहिता, भौतिक जीवन के नवीन तत्वों के विरुद्ध एक प्रतिक्रिया परिलक्षित करती है। नवीन तत्वों के अंतर्गत मुद्रा का प्रयोग, व्यक्तिगत संपत्ति, उच्चतर जीवन-स्तर आदि आते हैं। उन दिनों के संदर्भ में इन बातों को विलासिता माना जाएगा। तथापि, ये नियम पशुपालन तथा क्षेत्र-पूर्व कृषक जीवन की ओर पूर्ण वापसी की कल्पना नहीं करते। *विनयपिटक* का पातिमोक्ख भाग बुद्ध द्वारा निर्धारित नियमों के उलंघन के अनेक उदाहरण प्रस्तुत करता है। परिवार तथा संपत्ति और राजा द्वारा शासित सामाजिक व्यवस्था के विरुद्ध किए गए अपराधों के लिए भिक्षुओं को दंडित किया जाता है, तथा ऐसे साधारण जनों को संघ में प्रवेश नहीं दिया जाता, जो अपने सामाजिक कर्तव्यों से अथवा सामाजिक आदर्शों को तोड़ने के लिए दिए गए दंड से मुक्त होना चाहते हैं। संघ में ऋणी व्यक्तियों, दासों, लुटेरों, चोरों, सैनिकों, अपराधियों, माता-पिता के हत्यारों तथा बीस वर्ष से कम आयु के लोगों के लिए कोई स्थान नहीं है।[85] अपने माता-पिता की अनुमति के बिना सामान्य गृहस्थों को भी संघ में प्रवेश नहीं प्राप्त था।[86]

यह ध्यान देने योग्य है कि जिन वर्गों का जैन श्रमण-संघ में प्रवेश वर्जित था, वे लगभग वही हैं, जो बौद्ध धर्म में हैं। जैन धर्म, बच्चों, वृद्धों, नपुंसकों,[87] मूर्खों, रोगियों, चोरों, राज्य के विरुद्ध अपराधियों, शराबियों, दार्शनिक विषयों की समझ के अयोग्य व्यक्तियों, दासों, दुष्टों, अज्ञानियों, ऋणी व्यक्तियों, अछूतों ('जुंगित'), कैदियों, भयभीत व्यक्तियों तथा अपहृत शिष्यों का प्रवेश वर्जित करता है।[88] ऐसा प्रतीत होता है कि परवर्ती भाष्यों में 'जुंगित' शब्द की व्याख्या के अंतर्गत वे व्यक्ति भी आते हैं, जो अपनी जाति, कर्म तथा शरीर के कारण विकृत हो गए हैं।[89] इस वर्ग के अंतर्गत न केवल 'मातंग', मछुआरे ('कोलिक'), 'वरुड', दर्जी, रंगरेज, आदि, जैसे अछूत वरन् कुछ ऐसी छूत जातियां भी आती हैं, जो पक्षी पालने तथा बांस के कार्य करने व कलाबाजी आदि में संलग्न हैं; इस वर्ग में विकलांग भी सम्मिलित हैं।[90] यह संभावित है कि मौर्य-पूर्व काल में 'जुंगित' शब्द के अंतर्गत आने वाली सभी जातियां व व्यवसाय विद्यमान नहीं थे, यद्यपि कुछ अछूत इस काल में भी थे। संघ में प्रवेश के विषय में बौद्ध धर्म अधिक उदार प्रतीत होता है। तथापि, असंतुष्टों के पलायन के लिए कुछ अवसर छोड़ने के द्वारा जैन धर्म तथा बौद्ध धर्म, दोनों में ही प्रवेश के आधारों ने वैदिकोत्तर काल में विकसित वर्ग-विभाजित सामाजिक संरचना के आधारभूत तत्वों को दृढ़ बनाने में सहायता की। जैन तथा बौद्ध, दोनों के ही नियमों ने नवीन स्थिति को स्पष्टतः स्वीकार किया। इस नवीन स्थिति में कुछ व्यक्तियों के लाभ तथा कुछ अन्य की हानि होते हुए भी सामाजिक दायित्वों को पूर्ण करना आवश्यक था।

बौद्ध धर्म के सामान्य अनुयायियों के लिए निश्चित नियम तथा शिक्षाएं नवीन परिवर्तनों को पूर्ण रूप से ध्यान में रखती थीं और उन्हें वैचारिक रूप से दृढ़ बनाती

थीं। 'उपासक' के दैनंदिन आचरण में गौतम बुद्ध अहिंसा पालन को सर्वाधिक महत्त्व देते हैं। यह कहा जाता है कि उपासक को पांच यज्ञों को संपन्न करना चाहिए—संबंधियों के लिए, अतिथियों तथा पितरों के लिए, राजा और देवताओं के लिए। इसके अतिरिक्त एक गृहस्थ से अपने गोत्र, परिवार, मित्रों, दासों एवं किराए के मजदूरों की सहायता तथा स्वयं की रक्षा के लिए भी कहा गया है।[91] शिल्पों को सीखना गृहस्थ का एक बारंबार संस्तुत महत्त्वपूर्ण कर्तव्य है; *सुत्तनिपात* के महामंगलसुत्त में इस विषय का प्राचीनतम उल्लेखों में से एक उल्लेख उपलब्ध है। गृहिणी के आर्थिक कार्यों को भी बुद्ध निर्धारित करते हैं। कन्याओं तथा पतिगृह जाने वाली बहुओं से कहा गया है कि वे माता-पिता, श्रमणों एवं ब्राह्मणों का सम्मान करें। उन्हें सुझाव दिया गया है कि वे अपने पतियों द्वारा उत्पादित कपास अथवा ऊन से संबंधित शिल्प को अपनाएं। इसके अतिरिक्त उनसे इन शिल्पों अर्थात् बुनाई और कताई में पूर्ण निपुणता प्राप्त करने के लिए कहा गया है, एवं उन्हें शिक्षा दी गई है कि इन शिल्पों की व्यवस्था में वे अपना पूरा सहयोग प्रदान करें। उनसे यह भी कहा गया है कि वे अपने पतियों के सेवकों के कार्यों से पूर्णतया अवगत रहें।[92] गौतम बुद्ध एक विधवा के कर्तव्यों को भी निर्धारित करते हैं। उनके अनुसार एक विधवा को बुनाई तथा ऊन के गोले बनाने में दक्ष होना चाहिए, जिससे अपने पति की मृत्यु के पश्चात् वह अपने बच्चों का पालन कर सके।[93] गृहस्थों तथा उनकी पत्नियों के लिए बुद्ध द्वारा संस्तुत कार्यों का आर्थिक पक्ष स्पष्टतः, उस सामाजिक संगठन को सुदृढ़ बनाने का लक्ष्य प्रस्तुत करता है, जो लौह-काल के द्वितीय चरण में विकसित हुआ था।

क्योंकि, बौद्ध शिक्षाओं को विशुद्ध भिक्षुओं द्वारा प्रचारित किया गया था, उन्होंने सामान्य लोगों पर अधिक प्रभाव डाला। भिक्षुओं के विशुद्ध दैनिक आचरण से वे सामान्य अनुयायी निश्चित रूप से प्रभावित हुए, जो इसमें तथा ब्राह्मणों के लालचपूर्ण जीवन के मध्य स्पष्ट विरोध सरलता से देख सकते थे। इस प्रकार, यद्यपि भिक्षुओं के लिए निर्धारित आचरण-संहिता सामान्य जनों की आचरण-संहिता से भिन्न थी, तथापि, दोनों सम्मिलित रूप से एक ही उद्देश्य की पूर्ति करते थे—छठी तथा पांचवीं शताब्दी ई. पू. में मध्य गंगा के मैदानों में लोगों के भौतिक जीवन में नवीन तत्वों को दृढ़ करना तथा आगे बढ़ाना।

निस्संदेह, बुद्ध की शिक्षाओं का उद्देश्य व्यक्ति को निर्वाण प्राप्त कराना था। प्राचीन जीवन-पद्धति में अभ्यस्त कुछ व्यक्तियों के लिए नवीन भौतिक परिस्थितियों द्वारा लाई गई प्राचीन जनजातीय समाज में टूटन की स्थिति में स्वयं को अनुकूल बनाना कठिन था। इस नवीन व्यवस्था ने घोर सामाजिक असमानताओं को जन्म दिया। ऐसे व्यक्तियों के लिए इस दुःख की स्थिति में स्थायी पलायन के रूप में एक मार्ग था। परंतु यह मार्ग, मुख्यतः भिक्षुओं के लिए था न कि बौद्ध धर्म के सामान्य अनुयायियों के लिए। बौद्ध धर्म के चरम उद्देश्य चाहे जो भी

रहे हों, सामान्य लोग, जिनका समर्थन नए धर्म के लिए वास्तव में महत्वपूर्ण था, इसकी ओर निश्चय ही आकर्षित हुए। इस आकर्षण का कारण यह था कि लोहे के उपयोग, हल द्वारा खेती तथा सिक्कों के प्रयोग द्वारा उत्पन्न सामाजिक विकास, तथा पूर्वी उत्तर प्रदेश और बिहार में विकसित नगरों द्वारा जो चुनौतियां सामने आई थीं, उनका सफल उत्तर बौद्ध धर्म के पास था। इसके लिए उन्हें केवल इतना ही मूल्य चुकाना पड़ता था कि वे अपने उत्पाद का एक भाग भिक्षुओं की भिक्षा के रूप में सुरक्षित रखें। भिक्षुओं ने उत्पादन कार्यों को तो त्यागा था, परंतु उत्पादन के फलों को नहीं। बौद्ध धर्म ने उत्पादन की नवीन शक्तियों को बढ़ाया, तथा इनके परिणामस्वरूप विकसित उस राज्य-व्यवस्था तथा समाज को समर्थन दिया, जो भरण-पोषण के लिए पर्याप्त भिक्षा दे सकने में सक्षम थे।

संदर्भ और टिप्पणियां

1. *द बुक आफ डिसिप्लिन (विनयपिटक),* IV *(महावग्ग),* अनु. आई. बी. हार्नर, *सेक्रेड बुक्स आफ द बुद्धिस्ट्स,* जि. 14, लंदन, 1951, पृ. 307.
2. जी. आर. शर्मा, *हिस्ट्री टु प्री-हिस्ट्री,* इलाहाबाद 1980, पृ. 85-7.
3. वही, पृ. 87. बुद्ध के काल में उत्पादन शक्तियों की प्रकृति के विवरण के लिए पूर्ववर्ती अध्याय देखिए.
4. ये सभी विवरण, ए. बी. कीथ, *द रिलिजन एंड फिलासोफी आफ द वेद (एंड उपनिषद्स),* हार्वर्ड ओरियंटल सीरीज, जि. 31, I, हिंदी अनुवाद—सूर्यकांत, दिल्ली, 1963, पृ. 348-9 में उपलब्ध हैं.
5. लुई रेनू, *वैदिक इंडिया,* वाराणसी, 1971, पृ. 109.
6. वही.
7. वही, पृ. 101-2.
8. वही, पृ. 113-14.
9. वही, पृ. 105.
10. वही, पृ. 118.
11. वही, पृ. 120.
12. धर्मसूत्रों में गाय-बैलों की हत्या के उल्लेखों के स्वभाव के लिए देखिए, एस. सी. बनर्जी, *धर्मसूत्राज,* कलकत्ता, 1962, पृ. 139. कुछ धर्मसूत्र गाय-बैलों की हत्या वर्जित भी करते हैं. 'गोघ्न' शब्द पाणिनी, 3. 4. 73 में प्रयुक्त है; तु. की., लुई रेनू, ऊपर उल्लिखित, पृ. 113.
13. *मैत्रायणि संहिता,* II. 6. 5; IV. 3; तु. की . *शतपथ ब्राह्मण,* V. 3. 1.
14. *काठक संहिता,* XV. 4.
15. 'गोसव' *(तैत्तिरीय ब्राह्मण,* II; *लाट्यायन, कात्यायन श्रौतसूत्र)* शब्द के अंतर्गत, मोनियर-विलियम्स, *सं. इं. डि.*
16. 'गोयज्ञ' *(गोभिल, पारस्कर गृह्यसूत्र)* शब्द के अंतर्गत, मोनियर-विलियम्स, ऊपर उल्लिखित.
17. राजछत्र मिश्र, ऊपर उल्लिखित, पृ. 88-9.

18. वही, पृ. 89.
19. 'तदुहोवाच याज्ञवल्क्य श्नाम्येवाहम् मांसलम् चेद्भवतीति', *शतपथ ब्राह्मण,* III. 1. 2. 21—यह उद्धरण, धर्मानंद कोसांबी, *भगवान बुद्ध,* मराठी से अनूदित, अनु.—श्रीपाद जोशी, दिल्ली, 1956, पृ. 272 तथा पा. टि. 1, में उपलब्ध है.
20. *खदिर गृह्यसूत्र,* III. 4; *गोभिल गृ. सू.,* II. 10. 6; *बौधायन गृ. सू.,* II. 11. 51; *हिरण्यकेशिन् गृ. सू.,* II. 15. 1; *वैखानस गृ. सू.,* IV. 3; *आश्वलायन गृ. सू.,* IV. 9. 10; *शांखायन गृ. सू.* IV. 17. 1; V. 15. 1.
21. 'दक्खो गोघातको वा गोघातकंतेवासि वा गाविम् वधित्वा चतुमहापथे बिलसो विभजित्वा निसिन्नो अस्स', *मज्झिम निकाय,* (नालंदा संस्करण), III. 153.
22. 'गोवज्झो विय निय्यति', *सुत्तनिपात,* संपा. तथा हिंदी अनु.—भिक्षु धर्मरक्षित, वाराणसी, 1977, सल्ल-सुत्तम्, 7, (पृ. 156).
23. 'ततो च राजा सञ्ञत्तो ब्राह्मणेहि रथेसभो, नेकसतसहस्सियो गावो यञ्ञे अघातयि', वही, ब्राह्मणधम्मिक-सुत्तम, 25 (पृ. 76).
24. 'न पादा न विसाणेन नास्सु हिंसन्ति केनचि, गावो एलकसमाना सोरता कुम्भदुहन, ता विसाणे गहेत्वान राजा सत्थेन घातयि', वही, 26 (पृ. 76). द्रष्टव्य है कि ब्राह्मणधम्मिक सुत्त तथा सल्ल-सुत्त, दोनों ही *सुत्तनिपात* के मौर्य-पूर्व-स्तर के माने जाते हैं.
25. 'यो हि कोचि मनुस्सेसु गोरक्खम् उपजीवति, एवम् वासेट्ठ जानाहि कस्सको सो न ब्राह्मणो', वही, वासेट्ठ-सुत्तम, 19 (पृ. 164).
26. *अंगुत्तरनिकाय* (पा. टे. सो.), I, 230.
27. *संयुत्तनिकाय* (पा. टे. सो.), I, 217.
28. 'कस्सको गहपति सीघम् सीघम् खेत्तम् सुकट्ठम् करोति सुमतिकतन्⋯सीघम सीघम् बीजानि पतिट्ठापेति ⋯ सीघम् सीघम् उदकम् अभिनेति वा अपनेति वा', अंगुत्तरनिकाय, I, 239-40. जैसा कि इसकी परवर्ती संबद्ध व्युत्पत्तियां प्रदर्शित करती हैं, 'पतिट्ठापेति' शब्द का अर्थ 'रोपाई' है. जल का खेत में लाया जाना व निकाला जाना रोपाई वाले धान उत्पादन के द्योतक हैं.
29. वही, पृ. 239-40.
30. वही, पृ. 241-42. *बुक आफ ग्रेजुअल सेयिंग्स,* पा. टे. सो., लंदन, 1951, I, 221, में उपलब्ध अनुवाद पर आधारित.
31. वही, पृ. 221-22.
32. *ऋ. वे.,* I. 164. 27; VII. 68. 9; IX. 80. 2; X. 60. 11, 87. 16.
33. *अथर्ववेद,* III. 30. 1; तु. की. XVIII. 3. 4, 4. 49.
34. 'उग्गतसरीर', *डि. पा. प्रा. नेम्स,* I. 337.
35. 'पंच च वसभसतानि पंच च वच्छतर सतानि पंच च वच्छतरिसतानि पंच च अजसतानि पंच च उरभ्भसतानि थूणूपनितानि होन्ति यञ्ञत्थाय', *संयुत्तनिकाय,* I, 75-76.
36. वही, 76.
37. 'अस्समेधम् पुरुसमेधम् सम्मापासम् वाजपेयम् निग्गलम् महारंभा न ते होन्ति महप्फला. अजेलका च गावो च विविधा यत्थ रज्जरे, न तम् सम्मग्गता यञ्ञम् उपयन्ति महेसिनो', वही.
38. वही, 76.
39. *सुत्तनिपात* (वाराणसी संस्करण), ब्राह्मणधम्मिक सुत्तम, 12 (पृ. 74).
40. 'यथा माता पिता भाता अञ्ञे वापि च ञाटका गावो नो परमा मित्ता यासु जायन्ति ओसधा, अन्नदा बलदा चेता वन्नदा सुखदा तथा, एतमथवसम् जत्वा नास्सु गावो हनिम्सु ते', वही, 13-13 (पृ. 74).

41. 'पसुबन्धा सव्वे वेया जट्ठम् च पावकम्मुणा, न तम् तायन्ति दुस्सीलम् कम्माणि बलवन्तिहि', इसे धर्मानंद कोसांबी, ऊपर उल्लिखित, पृ. 224, में उद्धृत किया गया है.
42. *मज्झिमनिकाय,* (पा. टे. सो.), I, 220.
43. *अंगुत्तरनिकाय,* II, 49-51.
44. मुझे डाक्टर प्रेमसिंह से सूचना मिली है कि परवर्ती *अवेस्ता* (लगभग 600 ई. पू.) लोहे के बने कृषि उपकरणों का उल्लेख करता है, तथा इस बात पर बल देता है कि पशुधन की रक्षा करनी चाहिए.
45. *अंगुत्तरनिकाय,* II, 49-51.
46. मुझे यह सूचना डा. प्रतिपाल भाटिया से प्राप्त हुई है.
47. एस. सी. बनर्जी, ऊपर उल्लिखित, पृ. 158, 182.
48. वही, पृ. 185. गोविंदस्वामिन् द्वारा 'समुद्र-संयान' शब्द की व्याख्या नाव द्वारा दूसरे द्वीप में जाने के रूप में की गई है (वही).
49. धर्मानंद कोसांबी, ऊपर उल्लिखित, पृ. 147.
50. वही, पृ. 145-6.
51. वही, पृ. 146.
52. *महावग्ग* (ओल्डेनबर्ग का सस्करण), पृ. 4. मुझे यह संदर्भ प्रोफेसर महेश तिवारी से प्राप्त हुआ. और भी देखिए, *अंगुत्तरनिकाय,* I, 26.
53. *महावग्ग,* पृ. 15-20.
54. I. VI. 18. 20-2.
55. *गौतम धर्मसूत्र,* II. 3. 27 = XII. 27.
56. *द एल्डर्स वर्सेस II थेरीगाथा,* अनु. के. आर. नार्मन, पा. टे. सो., लंदन, 1971, पृ. 44.
57. 'सोहम् यानि च पोराणानि इण-मूलानि तानि च व्यन्ति-अकासिम्, अत्थि च मे उत्तरिम् अवसिट्ठम् दारभरणायाति', *दीघनिकाय* (पा. टे. सो.), I. 71-2.
58. वालपोल राहुल, *व्हाट द बुद्ध टॉट,* न्यूयार्क, 1962, पृ. 47.
59. 'अन्-अणो भुज्जामि भोजनम्', *मज्झिम निकाय,* II. 116.
60. 'उट्ठेहि वीर विजित-संगाम सत्थवाह अनण विचरे लोके,' *दीघनिकाय,* II, 39.
61. 'सो न कस्सचि किंचि धारेमि अप्पम् बहुम् वाति अधिगच्छति सुखम्, अधिगच्छति सोमनस्सम् इदम् वुच्चति, गहपति, आणनय-सुखम्,' *अंगुत्तरनिकाय,* II, 69.
62. भागचंद्र जैन, *बौद्ध संस्कृति का इतिहास,* नागपुर, 1972, पृ. 254, में *अंगुत्तरनिकाय* का उद्धरण.
63. 'दालिद्दियम् दुखम् लोके इणादानम् च वुच्चति, दलिद्दो इणामादाय मुञ्जमानो विहञ्ञति,' *अंगुत्तर-निकाय,* III, 353.
64. 'ततो अनुचरन्ति नम् बन्धनम् पि निगच्छति, एतम् हि बन्धनम् दुखम् कामलाभाभिजप्पिनम्.'
65. वही, 352.
66. *अंगुत्तरनिकाय,* I, 115-16.
67. 'पापणिको चखुमा च होति विधुरो च निस्सयसम्पन्नो च', वही, 116.
68. 'इदम् पणियम् एवम् कीतम्, एवम् विक्कयमानम्, एत्तकम्, मूलम् भविस्सति, एनको उदयो'ति, वही.
69. 'पापणिको कुसलो होति केतुम् च विक्केतुम् च', वही.
70. 'इतो, सम्म पापणिक, भोगे करित्वा पुत्तदारम् च पोसेहि, अम्हाकम् च कालेन कालम् अन्नुपडेहि'ति. एवम् खो भिक्खवे, पपणिको निस्सयसम्पन्नो होति', वही, 117. अध्याय में जो सारांश दिया गया है, वह *ग्रेजुअल सेयिंग्स,* I, 100-1, में दिए गए अनुवाद पर आधारित है. 'भोगे करित्वा' वाक्यांश को व्यापार के अर्थ में समझा गया है (वही, 101, पा. टि. 2); स्पष्टतः यह भाव भाष्य पर आधारित है. इसी प्रकार के एक

पूर्ववर्ती गद्यांश में 'अनुप्पदातुम्' शब्द आया है, जिसकी भाष्य में 'गहित-धन-मूलिकम् वड्ढिम् अनुप्प' के रूप में व्याख्या की गई है. उल्लेखनीय है कि इस शब्द की *पालि इंगलिश डिक्शनरी* में व्याख्या की गई है.

71. *अंगुत्तरनिकाय,* I, 117.
72. 'ना पणीयमन्नमश्नियाति', *आपस्तम्ब धर्मसूत्र,* I. V. 17. 14.
73. वही, I. V. 17. 15-19.
74. 'अम्बपालि' शब्द के अंतर्गत, *डि. पा. प्रा. नेम्स,* I, 156.
75. XVII, 17.
76. दीघनिकाय, III, 93 और आगे.
77. 'अनाथपिण्डिक' शब्द के अंतर्गत, *डि. पा. प्रा. नेम्स,* I, 70.
78. ए. के. वार्डर, *इंडियन बुद्धिज्म,* पृ. 212.
79. वही, पृ. 208.
80. पूर्ववर्ती अध्याय में हमने इन प्रतिबंधों पर विचार किया है.
81. इन गद्यांशों को डब्ल्यू. राहुल, ऊपर उल्लिखित, पृ. 81-82, में उद्धृत किया गया है.
82. चीवरखन्धक, *महावग्ग,* पृ. 268-311.
83. वही.
84. वही.
85. *महावग्ग,* पृ. 73-93.
86. वही, पृ. 83.
87. इस शब्द के अंतर्गत 'क्लीब' तथा 'नपुंसक', दोनों के ही भाव आते हैं.
88. धर्मानंद कोसाम्बी, ऊपर उल्लिखित, पृ. 258.
89. 'तथा जाति-कर्म-शरीरादिभिर्दूषितो जुंगितः', वही.
90. वही, पृ. 258-59.
91. *अंगुत्तरनिकाय,* II, 45-46.
92. *अंगुत्तरनिकाय,* III, 37-38.
93. वही.

अध्याय आठ

महाकाव्यों में सामाजिक विकास की प्रवृत्तियां

रामायण तथा महाभारत, और साथ में पुराणों ने, (जिनमें *भागवत पुराण* मुख्य है), सामंतवाद-पूर्वकालीन तथा सामंतवादी समाजों के मूल्यों में भारतीय अनपढ़ जनता को शिक्षित करने में महत्वपूर्ण भूमिका निभाई है। जैसा आज भी है, प्राचीन काल में जनता में स्त्रियों और शूद्रों की संख्या बहुत अधिक थी। इनके लिए वेदों का अध्ययन तथा मंत्रोच्चारण वर्जित थे, परंतु गुप्त काल से उन्हें महाकाव्यों एवं पुराणों की कथाओं व शिक्षाओं को सुनने की अनुमति प्राप्त हो गई थी। *रामायण* लोगों को शिक्षा देती है कि पुत्र को पिता का, पत्नी को पति का, अनुज को अग्रज का, शिष्य को गुरु का, तथा प्रजा को राजा का अवश्य आज्ञाकारी होना चाहिए, और धर्मशास्त्रों में निर्धारित धर्म का प्रत्येक व्यक्ति को आज्ञाकारी होना चाहिए। धर्म की यह मांग थी कि किसी वर्ण अथवा सामाजिक वर्ग का सदस्य सामाजिक संगठन द्वारा अपने लिए निर्धारित कर्तव्यों का अवश्य पालन करे। *रामायण* में एक शूद्र संन्यासी शंबूक की कथा है, जिसकी राम ने इसलिए हत्या कर दी क्योंकि उसने संन्यासी जीवन अपना लिया था जिसका वह अधिकारी नहीं था। वह संन्यासी बनने का अधिकारी नहीं था। समग्रतः, यह महाकाव्य एक वर्ग विभाजित पितृसत्तात्मक समाज के मूल्यों का प्रतीक है।

वृहत् महाकाव्य *महाभारत* की शिक्षाएं इतनी महत्वपूर्ण बन गई थीं कि इसे वेद कहा जाने लगा। इसके विश्वकोशीय स्वरूप के कारण यह कहा गया कि ज्ञान का कोई ऐसा पक्ष नहीं है, जो महाभारत में विद्यमान न हो; जो इसमें नहीं है, उसका अस्तित्व ही नहीं है। महाभारत धार्मिक मूल्यों की रक्षा करने वाले पांडवों तथा अनेक अर्थों में उनके विरोधी कौरवों के मध्य लंबे संघर्ष की कथा प्रस्तुत करता है। पांडवों के नेता युधिष्ठिर को धर्मराज अथवा धर्म का प्रबल समर्थक कहा गया है; दूसरी ओर कौरवों का नेता दुर्योधन, सभी प्रकार के अधार्मिक कृत्यों से, जो संभवतः विगतकालीन हैं, संबद्ध है। *महाभारत* के मुख्य विवरण का एक महत्वपूर्ण उपोत्पादन (बाईप्रोडक्ट) *भगवद्‌गीता* है। इसमें कृष्ण, वर्ण-धर्मों के गुण तथा उनके पालन की आवश्यकता पर इतना अधिक बल देते हैं कि उनके

अनुसार एक व्यक्ति के लिए निर्धारित कर्तव्यों के पालन में जीवन की आहुति दे देना भी श्रेयस्कर है। वे इस बात पर भी बल देते हैं कि फल अथवा परिणाम की चिंता किए बिना भी व्यक्ति को अपने कर्तव्य-पालन को महत्व देना चाहिए। संतोष, सुख का सबसे बड़ा साधन है। महाकाव्य, राजा के शासन को इस आधार पर विधिसंगत ठहराते हैं कि वह पितृसत्तात्मक परिवार की मर्यादा बनाए रखता है, व्यक्तिगत संपत्ति की रक्षा करता है, तथा वर्ण-धर्म को लागू करता है, और इसीलिए राजा को यदा-कदा विष्णु कहा गया है। राजा के कर्तव्यों से समरूपता रखने के कारण इस देवता (विष्णु) के संरक्षण एवं सुरक्षा के कार्यों की स्पष्टतः कल्पना की गई थी।

जैसा आगे स्पष्ट किया जाएगा, महाकाव्यों के शिक्षात्मक अंश एक विकसित तथा जटिल समाज की विशेषताओं को प्रतिबिंबित करते हैं। परंतु, महाकाव्यों के अन्य भागों में ऐसी अनेक बातें हैं, जो इस प्रकार के समाज से मेल नहीं खाती हैं। जनजातीय तथा राज्यहीन समाज की आदिम प्रथाओं के पितृ-सत्तात्मक, वर्णविभाजित तथा राज्य पर आधारित समाज की परंपराओं में मिल जाने के परिणामस्वरूप महाकाव्यों में अनेक असंगतियां आ गई हैं। एक सर्वविदित उदाहरण है द्रौपदी के पांच पति होना। इसका तात्पर्य यह हुआ कि पांडव बहुपति प्रथा को मानने वाले पहाड़ी लोग थे और कौरवों के निकट संबंधी नहीं भी हो सकते थे। यह एक प्रकार के मातृसत्तात्मक समाज के अस्तित्व की ओर संकेत करता है, जो इस महान् महाकाव्य के पितृ-सत्तात्मक स्वरूप से मेल नहीं खाता। नियोग द्वारा पांच पांडव भाइयों की उत्पत्ति की कथा में भी मातृसत्तात्मक परंपराओं के अवशेष निहित हैं। यही बात उस काल्पनिक गौतमी अथवा जटिला के संदर्भ में भी सच हो सकती है, जिसके सात पति थे।[1]

अपने वर्तमान रूपों में महाकाव्य ईसा सन् की प्रथम चार शताब्दियों के जान पड़ते हैं। इनके अंतर्गत मुख्य कथा, वर्णनात्मक अंश तथा शिक्षात्मक सामग्री आती है। मुख्य कथा के बीच-बीच में अनेक मिथक आए हैं। *महाभारत* की मुख्य कथा में प्राचीन कालों की सच्ची प्रतिध्वनियां निहित हो सकती हैं। यह उत्तर-वैदिक काल की जनजातीय कार्यप्रणाली को प्रतिबिंबित कर सकती है, परंतु इसके वर्णनात्मक एवं शिक्षात्मक विवरण मौर्यकाल के बाद के तथा गुप्त काल के विकसित समाजों से संबंधित हैं। इस प्रकार *महाभारत* के *शांति पर्व* एवं *अनुशासन पर्व* को हापकिंस द्वारा नकली महाकाव्य कहा गया है।[2] उसने चौदहवें-पंद्रहवें पर्वों को भी यही संज्ञा दी है।[3] उसने *हरिवंश* तथा अंतिम दो पर्वों को भी अलग कर दिया है।[4] इसके अतिरिक्त हापकिंस प्रथम पर्व के बड़े भाग को उसी सूची में रखने का पक्षधर है, जिसमें वह अंतिम पर्व को रखता है।[5] इसी प्रकार, *रामायण* के *बालकांड* तथा *उत्तरकांड* भी गुप्तकालीन प्रतीत होते हैं।

जिसे कालांतर में *महाभारत* कहा जाने लगा, उसमें मूलतः केवल 8,800

श्लोक थे, तथा ग्रंथ को *जय* अथवा *इतिहास* कहा जाता था। कालांतर में इसका 24,000 श्लोकों में विस्तार हुआ, और इसे *भारत* कहा जाने लगा। अंततः इसमें 1,00,000 श्लोक हो गए और गुप्त काल में इसे *महाभारत* का स्वरूप मिला। चालीस वर्षों के परिश्रम के उपरांत चालीस हस्तलिखित प्रतियों को मिलाकर इस महाकाव्य का एक आलोचनात्मक संस्करण तैयार किया गया है और इसमें 78, 675 श्लोक हैं। इनमें से केवल 20,000 श्लोक ऐसे हैं जो कौरवों तथा पांडवों के संघर्ष से संबद्ध हैं। 'इतिहास-पुराण' के रूप में जिसका प्रारंभ हुआ, उसका अंत एक महान् काव्य अथवा एक कृत्रिम काव्य-ग्रंथ के रूप में हुआ। इसलिए, जब तक इस ग्रंथ के विभिन्न स्तरों को एक-दूसरे से अलग नहीं किया जाता, तब तक किसी प्रकार के सामाजिक अथवा सांस्कृतिक क्रम-निर्माण के लिए इस वृहद् महाकाव्य का प्रयोग करना कठिन होगा।

हाल ही में *आदि-महाभारत* (Ur-Mahabharata) अथवा, *जय संहिता* (आगे ज. सं.) शीर्षक के अंतर्गत 8,800 श्लोकों वाले एक मूल महाकाव्य का पुनर्निर्माण किया गया है।[6] *रामायण* की मूल कथा *महाभारत* की कथा से प्राचीन हो सकती है, परंतु संपूर्ण ग्रंथ बाद का है। अपने मूल स्वरूप में रामायण में 6,000 श्लोक थे, जो बाद में बढ़ कर 12,000 हो गए; गुप्तकाल तक ग्रंथ का आकार और बढ़ गया और इसमें 24,000 श्लोक हो गए। साधारणतः प्राचीन भारतीय ग्रंथों में प्रारंभ तथा अंत में अंश जोड़े जाते थे, परंतु इन महाकाव्यों के मध्य भाग भी इनसे अछूते नहीं रह पाए। इन महाकाव्यों तथा पुराणों में प्रचुर मात्रा में प्रक्षिप्त अंश हैं। विषयवस्तु, शैली तथा शब्द भंडार के आधार पर इन अंशों को पहचाना जा सकता है। जहां महाकाव्यों में घटनाओं को भूतकाल में वर्णित किया गया है, वहां पुराणों में घटनाओं के घटित होने के बहुत समय उपरांत भी इन्हें भविष्य काल में वर्णित किया गया है। प्रक्षिप्त अंशों को जोड़ने की प्रक्रिया उन्नीसवीं शताब्दी के अंतिम चरण तक चलती रही। *भविष्यत् पुराण* का एक संस्करण लिखता है कि रानी विक्टोरिया भारत में राज्य करेंगी। अतः महाकाव्य तथा इसी प्रकार के अन्य ग्रंथ अपने वर्तमान स्वरूप में उन आलोचक विद्वानों के समक्ष एक बड़ी चुनौती उपस्थित करते हैं, जो इन ग्रंथों के विभिन्न स्तरों को स्पष्ट करने में संलग्न हैं। *आदि-महाभारत* अथवा *जय संहिता,* अनेक अर्थों में आदिम वातावरण के पुनर्निर्माण का प्रयास करता है, किंतु सामाजिक विकास के विद्यार्थी *महाभारत* के उन अंशों को भी नहीं नकार सकते, जिन्हें इस ग्रंथ के अथवा ग्रंथ के आलोचनात्मक संस्करण के निर्माण में छोड़ दिया गया है।

रामायण के संदर्भ में मुख्य वर्णन की ऐतिहासिकता प्रमाणित करना कठिन है। संपूर्ण ग्रंथ बंदरों और राक्षसों के मिथकों से इतना अधिक भरा हुआ है कि उन्हें तर्कसंगत ठहराना इतिहासकारों के लिए सरल कार्य नहीं है। जो विद्वान, *रामायण* के मिथकों पर कुछ इस प्रकार का मानवशास्त्रीय सिद्धांत लागू करना चाहते हैं कि

मिथकों तथा अनुष्ठानों का आधार वास्तविक है और ये मनुष्य के मनुष्य से अथवा प्रकृति से संपर्क के मानवीय अनुभव के भ्रामक प्रतिवेदन हैं, उन्हें विश्लेषण एवं व्याख्या की कठिनाइयों का सामना करना पड़ सकता है।

जहां *महाभारत* के शिक्षात्मक तथा वर्णनात्मक अंशों का प्रयोग मौर्य-पूर्व, मौर्योत्तर एवं गुप्त-कालों की सामाजिक व सांस्कृतिक प्रवृत्तियों को प्रदर्शित करने के लिए किया जा सकता है, वहां कौरवों और पांडवों के संघर्ष से संबद्ध मुख्य कथा की ऐतिहासिकता एवं इसका निश्चित काल निर्धारित करना कठिन है। महाभारत युद्ध के समर्थन में परंपरा ही केवल एक साक्ष्य है, तथा उत्तर वैदिक स्रोत इसका विरोध नहीं करते। परंतु, इस महान् युद्ध के लिए स्वतंत्र और स्पष्ट साक्ष्य का अभाव है।

अनेक इतिहासकारों ने यह स्वीकार किया है कि महाभारत का युद्ध वास्तव में हुआ था। इसकी तिथि निर्धारित करने के लिए अनेक विधियां भी अपनाई गई हैं। यह युद्ध कब हुआ, इससे संबद्ध खगोलशास्त्रीय विवरण प्रस्तुत किए गए हैं, जिनके द्वारा लगभग 3120 तथा 2449 ई. पू. की तिथि निर्धारित की गई है। इन विवरणों की कल्पना बहुत बाद में की गई, और स्पष्टतः एक ही घटना के लिए दो तिथियां नहीं हो सकतीं। *महाभारत* के कुछ प्रमुख व्यक्तियों के उत्तर वैदिक साहित्य में उल्लेख को युद्ध की अति प्राचीनता के साक्ष्य के रूप में स्वीकार किया गया है, परंतु, ये ग्रंथ 700-600 ई. पू. के हैं। इसके अतिरिक्त पुराणों द्वारा प्रस्तुत राजाओं तथा गुरु-शिष्यों की सूचियों के आधार पर युद्ध की तिथि 1400 ई. पू. और 950 ई. पू. के मध्य निश्चित की गई है, किंतु सभी ग्रंथों में समान सूचियां उपलब्ध नहीं हैं, और हम इस संभावना को भी नकार नहीं सकते कि ये वंशावलियां काल्पनिक हैं। संतुलित इतिहासकार दसवीं शताब्दी ई. पू. के मध्य में इस घटना को स्थिर करते हैं। इससे अधिक तिथि के विषय में कुछ नहीं कहा जा सकता।

ऋग्वेद की तिथि निर्धारित करने में पश्चिमी एशिया से प्राप्त अभिलेख सहायता प्रदान करते हैं, परंतु भारत-युद्ध की तिथि निर्धारित करने के लिए इस प्रकार की कोई सहायता उपलब्ध नहीं है। अर्ध-शताब्दी से भी अधिक समय पहले हड़प्पा संस्कृति के अभिलेखों को खोजा गया था, लेकिन इन्हें अभी तक पढ़ा नहीं जा सका। हड़प्पा संस्कृति का अंत 18वीं शताब्दी ई. पू. में हुआ था, जबकि अशोक के अभिलेख तीसरी शताब्दी ई. पू. के हैं। इन दोनों के मध्य के 1500 वर्षों के काल में इस देश में कोई भी अभिलेख ज्ञात नहीं है। मिस्र तथा मेसोपोटामिया के इतिहास की तुलना में यह एकदम विरोधी स्थिति है। वहां अभिलेखों की निरंतरता दृष्टिगोचर होती है। 634-35 ई. का चालुक्य राजा पुलकेशिन का ऐहोल अभिलेख ही ऐसा अकेला अभिलेख है, जिसमें महाभारत युद्ध की चर्चा है। इसमें कहा गया है कि महाभारत-युद्ध को बीते हुए उस समय 3735 वर्ष हो चुके थे। इसके अनुसार युद्ध की तिथि 3102 ई. पू. आएगी, परंतु, एक ऐसी परंपरा पर

विश्वास नहीं किया जा सकता जिसे सातवीं शताब्दी में लिपिबद्ध किया गया था।

घटना घटित होने अथवा उसकी निश्चित तिथि की समस्या को पुरातत्त्व द्वारा भी नहीं सुलझाया जा सकता। कुरु-पंचाल क्षेत्र में किए गए लंबवत् उत्खनन प्रथम सहस्राब्दी ई. पू. के पूर्वार्ध की उस क्षेत्र की भौतिक संस्कृति के विषय में कुछ सूचनाएं प्रदान करते हैं। यदि हम यह मान लें कि महाभारत-युद्ध लगभग 1000 ई. पू. में लड़ा गया था, तो पुरातत्व द्वारा प्रकाश में लाई गई भौतिक संस्कृति तथा इस वृहद् महाकाव्य के शिक्षात्मक और वर्णनात्मक अंशों से उपलब्ध भौतिक संस्कृति के मध्य सामंजस्य स्थापित करना हमारे लिए कठिन होगा। यह समस्या मुख्य रूप से शिल्पों तथा हथियारों के प्रयोग के संदर्भ में आती है। ग्रंथ के शिक्षात्मक तथा वर्णनात्मक अंश नगरों के विद्यमान होने की पूर्व-कल्पना करते हैं, जबकि दसवीं शताब्दी ई. पू. में पुरातात्विक अन्वेषणों के अनुसार नगर विद्यमान नहीं थे। इसी प्रकार, *महाभारत* के एक बड़े अंश में वर्णित भौतिक संस्कृति उत्तर वैदिक ग्रंथों में उपलब्ध भौतिक संस्कृति से मेल नहीं खाती। यह युद्ध हरियाणा के कुरुक्षेत्र में लड़ा गया था, तथा इसमें मुख्यतः पश्चिमी उत्तर प्रदेश, दिल्ली, पंजाब और राजस्थान के समीपवर्ती क्षेत्रों के राजाओं एवं जनजातियों ने भाग लिया था, यद्यपि ग्रंथ में लगभग समस्त देश के राजाओं का युद्ध में भाग लेना दर्शाया गया है। दसवीं शताब्दी ई. पू. में एक इतने बड़े युद्ध के संपन्न होने पर विश्वास करने के पूर्व हमारे लिए यह जानना आवश्यक है कि क्या उस काल में समस्त उत्तरी भारत में बस्तियां स्थापित हो गई थीं, तथा उस काल में क्या इस प्रकार के आवागमन के साधन विद्यमान थे, जिनके कारण सुदूर क्षेत्रों व वहां के राजाओं का इस युद्ध में भाग लेना संभव हो सका होगा ? कुरु-पंचाल-मद्र-शूरसेन-मत्स्य क्षेत्र में बड़ी संख्या में बस्ती-निर्माण का प्रथम प्रमाण उन लोगों के अवशेषों से प्राप्त होता है, जो चित्रित धूसर मृद्भांड नामक एक विशिष्ट प्रकार के मिट्टी के बर्तनों तथा लोहे के बने भाले के अग्र भागों व वाणाग्रों का प्रयोग करते थे। अब तक 700 से भी अधिक चि. धू. मृ. स्थलों का सर्वेक्षण द्वारा पता लगाया गया है, यद्यपि इनमें से केवल कुछ का ही लंबवत् उत्खनन किया गया है।

संगत कार्बन-14 तिथियां प्रदर्शित करती हैं कि 1000 ई. पू. से पहले बड़ी संख्या में बस्तियों की स्थापना नहीं हुई होगी। महाभारत के क्षेत्रों में युद्ध के निमित्त इसी काल में हम पहली बार लोहे का प्रयोग देखते हैं। अफगानिस्तान के सीमावर्ती क्षेत्रों तथा पाकिस्तान में लोहे के उपयोग विषयक साक्ष्य से यह लगभग मेल खाता है। यदि महाभारत-युद्ध की तिथि लगभग 950 ई. पू. निर्धारित की जाए, तो हम कह सकते हैं कि महाभारत के योद्धाओं ने लोहे के हथियारों का प्रयोग किया था। हम यह सुझाव दे सकते हैं कि इन हथियारों ने ऊपरी गंगा के तटवर्ती क्षेत्रों के कुरु-पंचाल राजाओं को न केवल उन लोगों से कर इकट्ठा करने में समर्थ बनाया, जिन पर वे राज्य करते थे, बल्कि उपहारों तथा बलि की हिस्सेदारी के लिए परस्पर

युद्ध करने में भी समर्थ बनाया। किंतु, पुरातत्व से इससे अधिक जानकारी नहीं प्राप्त की जा सकती।

अब तक शोध के उद्देश्य से प्रत्येक महाकाव्य को एक समरूप तथा तर्कसंगत इकाई के रूप में माना गया है, और इसी के अनुरूप अनेक अध्ययन प्रस्तुत किए गए हैं। प्राचीन भारत पर लिखी गई अनेक पाठ्य पुस्तकों में महाभारत काल नामक एक अध्याय सम्मिलित किया गया है। परंतु, महाकाव्यों की सामग्री की विषम प्रकृति यह प्रदर्शित करती है कि महाकाव्य-काल एक अयथार्थ नामकरण है तथा महाकाव्यों का सर्वोत्तम अध्ययन स्तरीकरण के आधार पर एवं सामान्य रूप से ज्ञात सामाजिक विकास की प्रवृत्तियों के परिप्रेक्ष्य में हमारे मत में अधिक लाभप्रद रूप में किया जा सकता है। सामाजिक विकास की अवस्थाओं तथा उन्हें स्थापित करने की तुलनात्मक विधियों पर उन्नीसवीं शताब्दी के अंतिम चरण में हुए निरंतर आक्रमणों के बावजूद विकासवादी सिद्धांत अब भी मान्य है। 'दल', 'जनजाति', 'प्रमुखत्व', 'राज्य' आदि की अवधारणाओं की विस्तृत व्याख्या द्वारा विकासक्रम में अब अधिक परिष्करण लाया गया है, तथा अधिक पूर्ण क्षेत्र-कार्य के कारण जनजातीय अर्थव्यवस्था की समतावादी प्रकृति के विषय में कुछ प्रतिबंध व्यक्त किए गए हैं। जनजातीय अर्थव्यवस्था को अब साम्यवादी नहीं कहा जाता। जनजातीय लोगों के संगठन के विषय में भी हमारी जानकारी बढ़ी है, जिन्हें अब आदिम नहीं कहा जाता। नातेदारी की बहु-कार्यमूलक भूमिका पर अब इतना अधिक बल दिया जाता है, जितना पहले कभी नहीं दिया गया था। यद्यपि, बहुत कम सामाजिक मानवशास्त्री ऐसे हैं, जो उन प्रक्रियाओं के विषय में चिंतित हैं, जिनके द्वारा समाज की एक अवस्था दूसरे में परिवर्तित हो जाती है, या उसका स्थान ले लेती है, तथापि अनेक विद्वान विकास के सामान्य तथ्य को स्वीकार करते हैं एवं यह मानते हैं कि मातृ-सत्तात्मक समाज के बाद पितृ-सत्तात्मक समाज, और जनजातीय समाज के बाद वर्ग-विभाजित व राज्य-आधारित समाज अस्तित्व में आया। वर्ग और राज्य की मार्क्सवादी अवधारणाओं तथा उनके आविर्भाव के विचारों की कभी-कभी आलोचना की जाती है, और कभी जनजातीय अध्ययनों के नवीन परिणामों को प्रस्तुत कर उनका समर्थन किया जाता है,[8] किंतु उन्हें नकारा कभी नहीं जाता। अनेक मानवशास्त्री एवं समाजशास्त्री केवल दो अवस्थाओं वाले विकास को ही देखते हैं। वे पदस्थितिक व संविदात्मक समाजों, पवित्र व धर्मनिरपेक्ष समाजों, परंपरावादी और नौकरशाही वाले समाजों, लोक-समाज एवं नगरीय सभ्यता के मध्य अंतर करते हैं।[9] परंतु, ये सभी श्रेणियां उन इतिहासकारों के लिए बहुत सामान्य हैं, जो उत्पादन-विधि के परिप्रेक्ष्य में सामाजिक संरचनाओं की प्रकृति का अध्ययन करने का प्रयास करते हैं। उनके तुलनात्मक अध्ययनों से इस बात पर कोई संदेह नहीं रह जाता कि सामाजिक विकास की दो से अधिक अवस्थाएं थीं।

अब हम यह देखने का प्रयास करेंगे कि क्या महाकाव्यों में सामाजिक विकास की कुछ प्रवृत्तियों को ढूंढा जा सकता है। समस्त संसार में वंश परंपरा का मातृ-सत्तात्मक रूप अर्थव्यवस्था तथा शासन के जटिल प्रकारों के आविर्भाव सहित पितृ-सत्तात्मक रूप में परिवर्तित हो गया,[10] यद्यपि मातृ-सत्तात्मक समाजों में भी पुरुष तत्व प्रबल होता है। द्रौपदी द्वारा अपनाई गई बहु-पति प्रथा तथा 'नियोग' का उदाहरण, जिसके द्वारा पांच पांडव भाइयों का जन्म हुआ, निश्चित रूप से समाज की एक ऐसी अवस्था की ओर इंगित करते हैं, जिसमें मातृ-सत्तात्मक परंपराओं को महत्त्वपूर्ण समझा जाता था। निश्चय ही *महाभारत* और मुख्य रूप से *रामायण* में ऐसे उल्लेखों का कोई अभाव नहीं है, जो पितृ-सत्तात्मक परिवार के महत्त्व को प्रदर्शित करते हैं। बृहत् महाकाव्य में विवाह की कुछ जनजातीय परंपराएं प्राप्त होती हैं। उदाहरणार्थ, विवाह द्वारा जन्य' ('जन' अथवा जनजाति की सदस्यता से भिन्न) नामक एक बाहरी व्यक्ति के साथ संबंध स्थापित करने के लिए भुगतान की हम सूचना प्राप्त करते हैं। यह भुगतान समस्त नातेदारी ('ज्ञातिदेवम्') का उत्तरदायित्व था,[11] जो एक बार फिर उस मानवशास्त्रीय मत का समर्थन करता है, जिसके अनुसार विवाह नातेदारी पर आधारित समूहों के मध्य एक प्रकार का स्त्रियों का आदान-प्रदान था, यद्यपि कुछ मातृ-सत्तात्मक समाजों में यह आदान-प्रदान पुरुषों का रहा होगा।

महाभारत में दो प्रकार के समाजों की स्पष्ट झलक मिलती है—एक, जनजातीय तथा दूसरा, क्षेत्रीय और वर्ण-विभाजित, राज्य पर आधारित समाज, जिसमें कर-व्यवस्था, व्यावसायिक सेना, तथा मंत्रि-परिषद् और स्थानीय प्रशासकों पर आधारित एक प्रशासन-तंत्र की व्यवस्था है। दूसरे प्रकार के समाज के विवरण मुख्यतः *शांतिपर्व* एवं *अनुशासनपर्व* में उपलब्ध हैं,[12] यद्यपि *महाभारत* के अन्य पर्वों में भी इससे संबंधित कुछ उल्लेख प्राप्त होते हैं। इस बात को भली प्रकार समझा जाता था कि कर राज्य के आधार हैं तथा उन्हें ग्रामीण एवं नगरीय बस्तियों से प्राप्त किया जा सकता है; अतः राज्य की सामर्थ्य के अनुसार उन पर अनुकूल ध्यान दिया जाना चाहिए[13] (इसका तात्पर्य कर में छूट प्रतीत होता है)। अतएव इस अर्थ में राज्य के क्षेत्रीय पक्ष को महत्वपूर्ण समझा जाता था। वर्ण-विभाजन इस अर्थ में महत्वपूर्ण हो गया था कि सामान्यतः वही लोग सभी करों के स्रोत थे, जो कृषि तथा पशुपालन में संलग्न थे और व्यापार करते थे। इन्हें सामूहिक रूप से वैश्य कहा जाता था और ये ही पूर्ण रूप से करदाता के पर्यायवाची थे। *महाभारत* के शिक्षात्मक अंशों के संदर्भ में इस तथ्य की ओर ध्यान आकर्षित करने वाला संभवतः पहला व्यक्ति हापकिंस था,[14] परंतु साक्ष्य के विवरण की पुनरावृत्ति आवश्यक प्रतीत होती है। उदाहरणार्थ, यह कहा गया है कि जो वैश्य अपने कृषि-उत्पादों के छठे भाग को अलग निकालने के उपरांत (स्पष्टतः राज्य को कर देने के निमित्त) उसका एक भाग ब्राह्मणों को देता है. वह पाप से मुक्त हो

जाता है ।[15] यह महत्वपूर्ण है कि इस प्रकार कृषक-वर्ग पर दोहरा बोझ था, क्योंकि उसे पुरोहितों तथा योद्धाओं, अधिकारियों व विविध प्रकार के राज्यकर्मचारियों सहित राजाओं का पोषण करना पड़ता था । किंतु, इस प्रकार का बोझ शूद्रों पर नहीं था, जिन्हें केवल पुरोहितों को ही 'अन्न' देने के लिए कहा गया है ।[16] करदाताओं के रूप में केवल वैश्य ही प्रतीत होते हैं, जबकि अन्य तीनों वर्ण इससे मुक्त थे, तथा एक संदर्भ में उपहार देने वाले राजाओं की तुलना करदाता वैश्यों से की गई है ।[17] इसके अतिरिक्त हमें यह भी सूचना मिलती है कि वैश्य 'द्विजाति' को भोजन परोसते थे (अथवा, उनके भरण-पोषण के साधन प्रदान करते थे) ।[18] 'द्विजाति' से यहां तात्पर्य संभवतः ब्राह्मणों से है, परंतु क्षत्रिय भी इसके अंतर्गत आ सकते थे । प्रारंभिक पालि ग्रंथों में उल्लिखित 'गहपति' को वैश्य का ही प्रतिरूप माना जा सकता है, तथा उसका एक कृषक के रूप में उल्लेख है, जो कर देता है और अन्न उत्पादन को बढ़ाने में योगदान देता है ।[19] हार्पकिंस ने इस समस्या का सावधानीपूर्वक गहन अध्ययन किया है, और उसका यह निष्कर्ष ठीक प्रतीत होता है कि सैनिक, कर से लगभग पूर्णतया मुक्त थे तथा ब्राह्मण (यदि वे पतित नहीं हो गए हैं तो) दैवीय विधान द्वारा इससे मुक्त थे ।[20] उसका यह निष्कर्ष कि सभी कर 'तृतीय वर्ण अथवा सामान्य लोगों (वैश्य) से लिए जाते हैं,'[21] तर्कसंगत प्रतीत होता है । क्योंकि वैश्यों द्वारा किए जाने वाले कृषि, पशुपालन तथा व्यापार राज्य की आय के स्रोत थे. यह आदेश दिया गया था कि ऐसे सभी उपाय किए जाने चाहिए, जिनसे अनेक किराए के मजदूरों सहित लोगों द्वारा किए जाने वाले ये सभी कार्य संपन्न हो सकें ।[22] यह भी आदेश था कि यदि इन व्यवसायों को करने वाले लोग अपने प्रयासों में शिथिल हो जाते हैं तो इसका दोष राजा पर मढ़ा जाएगा ।[23]

ऐसा जान पड़ता है कि बुद्ध के समय तथा आगे गुप्त काल तक, कृषि मुख्यतः वैश्यों से संबद्ध थी, जो प्रधान करदाता थे । इसके अतिरिक्त विभिन्न अवसरों पर उन्हें भिक्षुओं एवं ब्राह्मणों को भी धन देना पड़ता था । इस सब के ऊपर धार्मिक अनुष्ठानों के आधार पर राजा वैश्यों तथा शूद्रों से कर इकट्ठा कर सकता था । *शांतिपर्व* के *आपद्धर्म* खंड में यह कहा गया है कि यदि अनेक गाय-बैल होते हुए भी एक वैश्य यज्ञ संपन्न नहीं करता है, तो यज्ञ के उद्देश्य के लिए राजा उसके परिवार की संपत्ति दखल कर लेगा ।[24] इस उद्देश्य के लिए राजा को शूद्र के घर से भी अनाज छीन लेने का सुझाव दिया गया है ।[25] साधारणतः यह निर्धारित किया गया है कि स्पष्टतः धार्मिक दृष्टिकोण से निम्न व्यवसायों को करने वाले सभी लोगों से ('हीनकर्मणः') उनके खलिहान, खेत, गोदाम, अथवा वह स्थान जहां वस्तुएं उपलब्ध हैं, अनाज जबर्दस्ती छीना जा सकता है ।[26] इस प्रकार, यह प्रतीत होता है कि राजा को कष्टकर कर प्राप्त करने के लिए धर्म से एक बहाना मिल गया था ।

स्पष्टतः, कृषकों, पशुपालकों तथा व्यापारियों से प्राप्त करों एवं पराजित राजाओं से प्राप्त अतिरिक्त आय की सहायता से एक व्यावसायिक सेना रख सकना

संभव था। हापकिंस ने ठीक ही संकेत किया है कि 'स्थायी सेना तथा भृतक सैनिकों की टुकड़ियों द्वारा सिपाहीगिरी की जाती थी।'[27] उनके अनुसार सामान्य जन (स्पष्टतः वैश्य तथा शूद्र) 'प्रतिरोधी जनसमूह' का भाग हो सकते थे, परंतु 'योद्धाओं के समान वे व्यक्तिगत तौर पर सैनिकों के रूप में नहीं पहचाने जा सकते थे।'[28] *सभापर्व* में प्राप्त अनेक आदेश सैनिकों को उचित वेतन तथा खाद्य-सामग्रियां देने की आवश्यकता पर बल देते हैं।[29] यह कहा गया है कि यदि कर्मचारियों को समय पर भुगतान नहीं किया जाता है तो उनकी दुखद स्थिति के कारण नियुक्ति-कर्ता को उनके असंतोष अथवा विरोध का सामना करना पड़ता है।[30] यह भी सुझाव दिया गया है कि युद्ध-स्थल में मरने वाले व्यक्तियों की पत्नियों के भरण-पोषण के लिए राजा को प्रबंध करना चाहिए।[31] कुछ परिस्थितियों में यह भी अनुशंसित है कि सैनिकों को अग्रिम भुगतान किया जाना चाहिए।[32]

हमारा उद्देश्य शिक्षात्मक अंशों में उल्लिखित प्रशासन-तंत्र का वर्णन करना नहीं है। केवल इतना कहना पर्याप्त होगा कि न केवल अधिकारियों के भुगतान के लिए वरन् ऐसे व्यक्तियों को अधिक सम्मान तथा वेतन दिए जाने के लिए भी चिंता व्यक्त की गई थी, जिनका कार्य प्रशंसनीय समझा जाता था।[33] जो कुछ भी ऊपर कहा जा चुका है, वह *महाभारत* में एक वर्ग-विभाजित तथा राज्य पर आधारित समाज के शक्तिशाली तत्त्वों का अस्तित्व प्रदर्शित करने के लिए पर्याप्त है।

परंतु, शिक्षात्मक तथा अन्य *पर्वों* में प्राप्त अनेक उल्लेखों में जनजातीय समाज के भी अवशेष हैं। कालक्रम की दृष्टि से इस प्रकार का समाज एक विकसित समाज से पूर्वकालिक रहा होगा। अनेक श्लोकों में राजा को 'विशाम्पति' अथवा जनजाति का मुखिया/संरक्षक कहा गया है।[34] राजा के लिए प्रयुक्त यह उपाधि तथा 'जनेश्वर'[35] उपाधि राजसी प्रभुत्व के जनजातीय स्वभाव को स्पष्ट रूप से प्रकट करते हैं। राजा का पद जनजाति-प्रमुख के समान दृष्टिगोचर होता है। महाभारत युद्ध में यदि हम राजाओं के गुटों को देखें तो हम पाएंगे कि ये कौटिल्य के *अर्थशास्त्र* अथवा *महाभारत* के शिक्षात्मक अंशों द्वारा प्रतिपादित अंतर्राज्यीय संबंधों के 'मंडल'-सिद्धांत पर आधारित नहीं थे। पांडवों तथा कौरवों का पक्षधर प्रत्येक गुट, मुख्यतः उनके नातेदारों एवं मातृ व पितृ पक्ष के संबंधियों से निर्मित था।[36] एक ओर अपने निकट संबंधियों के साथ अत्यधिक लगाव व दूसरी ओर क्षत्रिय वर्ण अथवा योद्धा वर्ग के सदस्य के रूप में अपने कर्तव्यों का निर्वाह करने की आवश्यकता के कारण अर्जुन एक प्रकार की नैतिक दुविधा में पड़ गया था, जिसका अंततोगत्वा नातेदारी के संबंधों के मूल्य पर ही समाधान हो सका। चाहे जो हो, महाभारत युद्ध के विरोधी गुटों के सैन्य-संगठन में नातेदारी के तत्व की महत्त्वपूर्ण भूमिका थी, तथा कूटनीतिक विचारों पर आधारित समझौते/मित्रता की संस्था इतनी दृढ़ नहीं हो सकी थी कि वह इसमें महत्त्वपूर्ण भूमिका निभा सके। इस प्रकार

यह स्पष्ट है कि 'मंडल'-सिद्धांत जनजातीय राज्य-व्यवस्था एवं समाज की विशेषता नहीं था, बल्कि यह एक जटिल अ-जनजातीय वैदिकोत्तर काल के राज्य-समाज का लक्षण था।

केवल वर्ण-विभाजित समाज की स्थापना के साथ ही युद्ध करना और प्रशासन, क्षत्रिय कहे जाने वाले वर्ग के एकमात्र कर्तव्य समझे जाने लगे। महाकाव्यों में उपलब्ध अनेक अनुष्ठान इंगित करते हैं कि राजा कृषि भी करते थे। जनक ने यज्ञ-क्षेत्र पर हल चलाया तथा दुर्योधन को भी यही कार्य करने का सुझाव दिया गया।[37] अत्यधिक बुद्धिमान समझे जाने वाले विदुर ने राजा को सलाह दी कि राजा कृषि को अपनाए, जबकि उसके पिता, माता,[38] मित्र, पुत्रों तथा सेवकों से कहा गया कि वे अन्य व्यवसायों का अनुसरण करें। यद्यपि यह सुझाव एक जनजातीय समाज पर पूर्णतया लागू नहीं किया जा सकता, तथापि यह एक आदिम सामाजिक स्थिति की ओर अवश्य संकेत करता है, जिसमें, जहां तक शारीरिक श्रम के प्रति दृष्टिकोण का प्रश्न है, जनजातीय समानता को सुरक्षित रखा गया। दम्बोधव नामक राजा द्वारा अन्य वर्णों के सदस्यों को दी गई चुनौती से भी यह निष्कर्ष निकाला जा सकता है कि आरंभिक अवस्था में युद्ध करना किसी एक निश्चित सामाजिक वर्ग का एकमात्र कार्य नहीं था, बल्कि संपूर्ण समुदाय का था।[39] 'क्या कोई ऐसा व्यक्ति है, चाहे वह शूद्र, वैश्य, क्षत्रिय अथवा ब्राह्मण हो, जो शस्त्र धारण करता हो, और युद्ध में मेरे समान हो ?'[40] यह चुनौती उस काल का स्मरण कराती प्रतीत होती है, जब बिना किसी वर्ग भेद-भाव के जनजाति के सभी सदस्य युद्ध करते थे।

महाभारत के जनजातीय समाज में राजा आपत्ति काल में भी मंत्रिपरिषद की मंत्रणा द्वारा संचालित नहीं होता है। यह केवल *शांतिपर्व* के राज्य-आधारित समाज में ही दृष्टिगोचर होता है। दूसरी ओर, जनजातीय परंपरा के अनुरूप वह अपने नातेदारों तथा मित्रों से सलाह लेता है। यह भी महत्वपूर्ण है कि नातेदारी के एक सदस्य द्वारा लूटी गई संपत्ति में अन्य सभी नातेदार समान भाग का दावा करते हैं। अर्जुन द्वारा द्रौपदी को जीतने के प्रसंग से यह बात पूर्णतया स्पष्ट होती है। पंचाल-राजा से कहा गया कि किसी एक सदस्य द्वारा जीते गए रत्न पर सामूहिक स्वत्व होने का पांडवों का नियम था, तथा वे इस प्रथा का उल्लंघन नहीं करना चाहते।[41]

युधिष्ठिर द्वारा संपन्न 'राजसूय' यज्ञ उन भेंटों तथा उपहारों की प्रकृति को प्रदर्शित करता है, जिनका एक बड़ा जनजातीयप्रमुख अधिकारी था। इन्हें 'बलि' कहा जाता था, परंतु इनमें मुख्यतः 'रत्न'[42] अथवा प्रतिष्ठा की वस्तुएं होती थीं। युधिष्ठिर के राज्याभिषेक के अवसर पर संपन्न उपहार-समारोह में जनजातीय समुदाय के सदस्यों द्वारा मुखिया को भेंट देने की जनजातीय परंपरा के अवशेष स्पष्ट रूप से देखे जा सकते हैं। हमें यह भी सूचना मिलती है कि प्रेमवश ब्राह्मण,

क्षत्रिय, वैश्य तथा यहां तक कि सेवा करने वाले शूद्र भी युधिष्ठिर के पास गए तथा अत्यधिक श्रद्धा के प्रतीक के रूप में उन्हें उपहार दिए।[43] जो व्यक्ति इस उद्देश्य के लिए युधिष्ठिर के घर गए, उनमें 'म्लेच्छ', नीचे से ऊपर तक सभी वर्णों के सदस्य तथा विभिन्न जातियों व देशों के लोग सम्मिलित थे।[44] इस विवरण से स्पष्ट होता है कि जनजातीय समुदायों के विभिन्न जातियों और वर्गों में विघटित हो जाने के उपरांत भी, अपनी नई पहचान के बावजूद विभिन्न वर्गों के लोगों ने प्राचीन परंपरा को कायम रखा, जिसने स्पष्टतः संबद्धता तथा एकात्मकता के भाव को जन्म दिया।

जनजातीय समाज में कर-व्यवस्था, ऋण देने की परंपरा अथवा किसी भी वस्तु को ब्याज पर देने की प्रथा अथवा घूस देने की प्रथा के हमें कोई संकेत नहीं मिलते, यद्यपि ये सभी परंपराएं किसी न किसी रूप में पारस्परिक उपहार देने की मूल परंपरा से संबद्ध दृष्टिगोचर होती हैं। साथ ही जनजाति का मुखिया उन सभी वस्तुओं को, जो उसने प्राप्त की हैं, उदारतापूर्वक विभाजित करता था। 'राजसूय' के अवसर पर जनता के भोग के लिए युधिष्ठिर अपनी समस्त संपत्ति बांटने के लिए तत्पर थे,[45] तथा उस अवसर पर जो भी राजा एवं अन्य व्यक्ति इकट्ठा हुए थे, उनके सुख के लिए उन्होंने विस्तृत व्यवस्था की थी।[46] विजय के उपरांत संपन्न किए गए अश्वमेध में युधिष्ठिर ने यज्ञ की दक्षिणा के रूप में व्यास को संपूर्ण पृथिवी दान दी थी। ऋषि ने इस उपहार को स्वीकार किया, परंतु अंततोगत्वा उसे युधिष्ठिर को वापस कर दिया, क्योंकि यह उपहार एक संन्यासी के किसी प्रयोजन का नहीं था। जैसा आगे स्पष्ट किया जाएगा, *रामायण* में भी भूमि के उपहार को स्वीकार करने में पुरोहितों की इसी प्रकार की अरुचि हमें दृष्टिगोचर होती है। स्पष्ट रूप से विकास की प्रारंभिक अवस्था में इसे दान दी जा सकने योग्य संपत्ति के रूप में नहीं समझा जाता था। परंतु युधिष्ठिर ने ब्राह्मणों के मध्य धन बांटा, सभी को दक्षिणा तथा उपहार दिए और तदुपरांत स्नान किया।[47] यद्यपि इस 'पर्व' को बाद में जोड़ा गया माना जाता है,[48] तथापि, इसमें कुछ प्राचीन परंपराओं के उल्लेख हैं। यह संभव है कि ये परंपराएं उपहारों, भेंटों, लूट की संपत्ति, आखेट में प्राप्त पशु तथा उत्पादों को बांटने की प्रथा का अवशेष थीं, तथा इन्होंने समाज की आदान-प्रदान की व्यवस्था को बनाए रखने में सहायता की; दूसरी ओर मुखिया को बड़ा भाग देने की परंपरा एवं 'पाटलच' (विशेष उत्सव में भेंट देने की परंपरा) कहे जाने वाले विशिष्ट बंटवारे ने उसकी शक्ति, प्रतिष्ठा, प्रभाव एवं अनुसरण करने वालों की संख्या को आगे बढ़ाया। इस प्रक्रिया ने अंततोगत्वा उसे उसके सामान्य नातेदारों से ऊपर उठा दिया तथा शनैः शनैः उनसे अलग कर दिया।

सभापर्व में उपलब्ध 'राजसूय' का वर्णन प्रदर्शित करता है कि राजाओं ने युधिष्ठिर को स्वेच्छा से भेंट व उपहार दिए। यदि हम जनजातीय अनुरूपता को आधार मानें तो यह कहा जा सकता है कि उनके सामान्य नातेदार भी स्वेच्छा से ही

उपहार देते थे। दूसरी ओर, यह महत्वपूर्ण है कि राजा उपहार लेने के लिए कुछ नहीं कहते। यद्यपि, किसी वस्तु के लिए कुछ न कहना क्षत्रिय-धर्म के अनुकूल माना जाता है तथा यह विश्वास अनंत काल से विद्यमान है,[49] तथापि, यह स्पष्ट है कि यह समाज की जनजातीय अवस्था का अवशेष है, जब मुखिया उपहारों को मांगता नहीं था, बल्कि अपने नातेदारों से उनकी स्वेच्छा से प्राप्त करता था। वर्ण-विभाजित समाज में इस प्रकार की मान्यता ने निश्चय ही ब्राह्मणों की सहायता की, जिन्होंने अन्य तीनों वर्णों को बहिष्कृत कर सभी प्रकार के उपहारों को प्राप्त करने का लगभग एकाधिकार स्थापित कर लिया था।[50]

शांतिपर्व में एक वर्ण-विभाजित तथा राज्य पर आधारित समाज के कार्य-कलापों का प्रतिबिंब है। इसमें नियमित कर-व्यवस्था का विधान है, जिसे सैन्य-व्यवस्था का आधार समझा जाता है। यह कहा गया है कि धर्म, जो राज्य का आधार है, कोश से व्युत्पन्न है।[51] इस बात पर बल दिया गया है कि कोश तथा तलवार की शक्तियां एक-दूसरे से अभिन्न रूप से मिश्रित हैं। स्पष्ट रूप से यह प्रश्न उठाया गया है : एक शक्तिहीन व्यक्ति किस प्रकार कोश का अधिकारी हो सकता है, तथा किस प्रकार एक दरिद्र व्यक्ति शक्ति प्राप्त कर सकता है?[52] इसके अतिरिक्त, यह प्रश्न भी उठाया गया है कि एक शक्तिहीन व्यक्ति कहां से राज्य स्थापित करेगा और कैसे भूमि के बिना एक व्यक्ति प्रभाव स्थापित कर सकता है?

शांतिपर्व में हम एक भिन्न प्रकार का आदान-प्रदान तथा बंटवारा देखते हैं। यहां हमें एक नियमित कर-व्यवस्था दृष्टिगोचर होती है तथा कर-निर्धारण करने के लिए कुछ नियमों को प्रतिपादित किया गया है।[53] इसके अतिरिक्त यह भी महत्वपूर्ण है कि इसमें मजदूरों, चरवाहों आदि के वेतन के भुगतान के विषय में विस्तृत नियम दिए गए हैं। *महाभारत* में धातु के सिक्कों के प्रयोग के अनेक उल्लेख हमें उपलब्ध हैं। इनका प्रचलन एक ऐसे समाज की ओर संकेत करता है जिसमें विविध प्रकार की वस्तुओं के मूल्यांकन के लिए एक सामान्य विनिमय का माध्यम था। *सभापर्व* में उल्लिखित है कि 'रथियों' को मासिक वेतन के रूप में युधिष्ठिर से एक हजार सिक्के मिलते थे। *जय संहिता* के *आदिपर्व* में 'पुर', 'पौर' तथा 'नगर' की चर्चा है; ये सभी नगरीकरण के परिचायक हैं। इसी प्रकार, व्यापार तथा 'पत्तन' कहे जाने वाले बंदरगाहों के उल्लेख[54] एक इस प्रकार के समाज के द्योतक हैं, जिसमें उत्तर वैदिक ग्रंथों से ज्ञात सामाजिक संरचना के स्वरूप के कुछ भी समान नहीं है। यह उल्लेखनीय है कि *महाभारत* के मुख्य कथा-अंश को उत्तर वैदिक काल में ही रखा जाता है।

ऐसा प्रतीत होता है कि शांतिपर्व के मुख्य अंशों का संपादन ई. सन् की प्रारंभिक शताब्दियों में किया गया था। इनमें प्रतिबिंबित समाज में अ-जनजातीय विशेषताएं प्रमुख थीं। एक ऐसे समाज में आर्थिक कारणों द्वारा नातेदारी के बंधन दुर्बल हो जाते थे, जिसमें कृषि, विविध दस्तकारी, राज्य सेवा, व्यापार, सूदखोरी

आदि साधनों से व्यक्ति अपनी जीविका उपार्जित कर सकते थे तथा धन इकट्ठा कर सकते थे। यह कहा गया है कि पिता, माता, पुत्र, मामा, भांजे, संबंधी, नातेदार—सभी आर्थिक कारणों द्वारा संचालित होते थे।[55] दूसरे शब्दों में नातेदारी, आर्थिक संबंधों को संचालित नहीं करती, बल्कि आर्थिक संबंध, नातेदारी को जीवित रखते हैं। यदि, एक प्रिय पुत्र उसके लिए विधि-ग्रंथों अथवा संभवतः, उसके वर्ण द्वारा निर्धारित कर्तव्यों से विचलित होता है, तो माता-पिता उसे त्याग देते हैं। प्रत्येक व्यक्ति अपने स्वार्थ की रक्षा करता है; केवल स्वार्थ ही एक वास्तविकता है।[56] कारण के बिना प्रेम उत्पन्न नहीं होता, और न ही दुश्मनी। विश्व की समस्त मानव-जाति धन के पीछे है; कोई भी व्यक्ति सहज रूप से किसी को प्रिय नहीं होता।[57] एक ही मां से उत्पन्न भाई तथा पति और पत्नी, किसी कारण अथवा उद्देश्य के बिना एक-दूसरे से प्रेम नहीं करते। वास्तव में, कोई भी व्यक्ति ऐसा नहीं है, जो बिना किसी कारण के प्रेम करता हो।[58] यद्यपि, उपर्युक्त सभी उल्लेख *शांतिपर्व* के 'आपद्धर्म' भाग में मिलते हैं, तथापि ये कथन इतने शक्तिशाली ढंग से प्रस्तुत किए गए हैं कि यह नवीन धर्म एक ऐसे नवीन प्रकार के समाज की अपेक्षा करता है, जिसमें जीविकोपार्जन अथवा सामाजिक संगठन को बनाए रखने के लिए नातेदारी के बंधनों को बिल्कुल भी आवश्यक नहीं समझा जाता। सामान्य संदर्भ में अन्य स्थानों पर भी आर्थिक कारण के महत्व पर बल दिया गया है। यह कहा गया है कि एक व्यक्ति 'अर्थ' का दास है, न कि 'अर्थ' व्यक्ति का।[59] इस आधार पर युद्ध की संस्तुति की गई है कि 'अर्थ' के निमित्त इसका लड़ा जाना आवश्यक है।[60] इस प्रकार के सभी उल्लेख इस बात का कोई संदेह नहीं छोड़ते कि धन तथा जीविका की आवश्यकता द्वारा नातेदारी पर आधारित बंधनों को शिथिल किया जा रहा था, एवं यह भी कि अपने वर्ण के कर्तव्यों से अत्यधिक विचलित होने वाले व्यक्ति का परिवार व्यवस्था में कोई स्थान नहीं था।

यद्यपि, विभिन्न प्रजातीय तत्वों के मध्य अन्योन्यक्रिया तथा मिश्रण एक निरंतर प्रक्रिया थी, तथापि जब एक बार वर्ग-आधारित तथा राज्य-आधारित कृषक-समाज की स्थापना हो गई, तब जंगलों में रहने वाली जनजातियों को इसमें समेट कर इसका विस्तार करने का प्रयत्न किया जाने लगा। इस प्रकार के लोग बहुप्रयोजन शब्द 'दस्यु' के अंतर्गत आते हैं। इस बात की संस्तुति की गई है कि जंगलों में रहने वाले दस्युओं के साथ संयम एवं आदर का व्यवहार करना चाहिए। यह तर्क दिया गया कि दूसरों द्वारा की गई क्रूरताओं के विरुद्ध दस्युओं का अंतःकरण भी विद्रोह करता है।[61] इनके प्रति मैत्रीपूर्ण दृष्टिकोण अपनाने का जो अन्य कारण दिया गया है, वह यह है कि अपने हिंस्र क्रिया-कलापों के कारण इनसे सरलता से सेना बनाई जा सकती है।[62] किंतु इनका सरलता से सेना बना सकने का मुख्य कारण यह था कि इनके जनजातीय संगठन में प्रत्येक जनजातीय व्यक्ति का युद्ध

करने का अधिकार था। इन कारणों के आधार पर ही राजा को सुझाव दिया गया है कि वह दस्युओं को उपहार दे तथा उनके साथ आदर, अहिंसा, आदि का व्यवहार करे।[63] इस सबसे ऐसा प्रतीत होता है कि दस्युओं के साथ व्यवहार के लिए संस्कृतीकरण की एक भली प्रकार विचारित क्रियाविधि विकसित की गई थी।

महाभारत में जनजातियों के मध्य ब्राह्मण समाज के आदर्शों को विकसित करने का सर्वोत्तम उदाहरण कापव्य नामक दस्यु-निषादप्रमुख की कथा द्वारा प्राप्त होता हैं। जो एक क्षत्रिय से निषाद के रूप में उत्पन्न हुआ था, परंतु, फिर भी उसे क्षत्रिय-धर्म का पालनकर्ता कहा जाता था ('क्षात्रधर्मानुपालक:')।[64] एक दस्यु का जीवन व्यतीत करते हुए भी[65] उसने अपने धार्मिक क्रिया-कलापों के कारण[66] इच्छित लक्ष्य को प्राप्त किया। हजारों दस्यु-ग्रामवासी कापव्य के पास आए और उससे उनके ग्रामप्रधान बन जाने की प्रार्थना की। उन्होंने कहा : 'हम सब लोगों की सहमति से आप हमारे मुख्य ग्रामप्रधान बन जाएं।[67] आप हमसे जो कुछ भी करने के लिए कहेंगे हम उसी के अनुरूप कार्य करेंगे। आप माता-पिता के समान न्यायतः हमारी रक्षा कीजिए।'[68] कापव्य ने इस उत्तरदायित्व को स्वीकार कर लिया तथा उसने अपने लोगों को अनेक हिदायतें दीं। ये लोग संभवतः दस्यु थे और निश्चित रूप से जनजातीय थे। उसके अपने शब्दों में ये आदेश इस प्रकार थे :

> स्त्रियों, कायरों, बच्चों तथा संन्यासियों की हत्या न करो। न तो कोई युद्ध न करने वाला व्यक्ति मारा जाना चाहिए और न ही एक स्त्री को बलपूर्वक पकड़ा जाना चाहिए।[69] युद्ध के दौरान सब व्यक्तियों में स्त्री की हत्या कदापि नहीं की जानी चाहिए। गायों और ब्राह्मणों के हित की सदा रक्षा की जानी चाहिए, तथा इनके लिए युद्ध लड़ा जाना चाहिए।[70] खड़ी फसल बरबाद नहीं की जानी चाहिए तथा हल चलाने की क्रिया में व्यवधान नहीं डाला जाना चाहिए।[71]

ये हिदायतें जनजातीय लोगों को हल प्रयोग वाली कृषि पर आधारित ब्राह्मण सामाजिक-व्यवस्था में सम्मिलित करने में धर्मान्तरित कापव्य की भूमिका स्पष्ट करती हैं। यह महत्त्वपूर्ण है कि जनजातीय लोगों से न केवल वर्ण-विभाजित समाज के आनुष्ठानिक तथा वैचारिक ब्राह्मण नेताओं की रक्षा करने एवं आदर करने के लिए कहा गया, वरन् कृषि के लिए अति आवश्यक गाय-बैलों की रक्षा करने के लिए भी कहा गया है, क्योंकि जनजातीय लोग गौ-मांस भक्षण करने वाले थे। स्पष्टतः, वे कृषि के महत्त्व को नहीं समझते थे, तथा एक प्रकार से कापव्य ने उनसे हल पर आधारित कृषि के महत्व को समझने के लिए कहा।

वर्ण-विभाजित तथा राज्याधारित समाज की सीमाओं को अनुशासन, निग्रह-बल एवं सर्वोपरि राज्य के मूल्यों की जनजातीय लोगों को शिक्षा देकर और अधिक बढ़ाया गया। कापव्य द्वारा उनसे कहा गया है कि दंड अथवा अवपीड़क

शक्ति का उद्देश्य व्यवस्था तथा अनुशासन स्थापित करना है तथा यह लोगों की हत्या के लिए निश्चित रूप से नहीं है। केवल वही व्यक्ति धर्म के अनुसार मारे जाने योग्य हैं, जो अनुशासन भंग करते हैं।[72] कापव्य द्वारा कठोर शब्दों में दस्युओं को दी गई अपनी शिक्षाओं में उसने राज्य को सुरक्षित रखने के महत्व पर बल दिया है : 'वे लोग, जो राज्य को संकट में डाल कर अपनी जीविका अर्जित करते हैं, वे चाहे जो भी हों, राज्य का पतन करने के उपरांत स्वयं भी उसी प्रकार निश्चित रूप से नष्ट हो जाते हैं, जिस प्रकार शव को संजोए रखनेवाले कीड़े शव की समाप्ति के पश्चात् स्वयं नष्ट हो जाते हैं।'[73] दूसरी ओर जो दस्यु धर्मशास्त्रों में निर्धारित नियमों के अनुसार कार्य करते हैं, वे दस्यु होते हुए भी अपने इच्छित लक्ष्य को प्राप्त करते हैं।[74] इस प्रकार, यह देखा जा सकता है कि दस्युओं को वे धर्मशास्त्र पढ़ाए जाते थे, जो विद्यमान सामाजिक व्यवस्था के नैतिक तथा वैधानिक आधार का निर्माण करते थे। स्पष्टतः, जनजातीय लोगों के संस्कृति-संक्रमण की दृष्टि से कापव्य की कथा ('कापव्यचरित') बहुत महत्त्वपूर्ण समझी जाती है, और इसीलिए भीष्म इसके पाठ तथा इसमें प्रचारित शिक्षाओं के पालन की अनुशंसा करते हैं।[75]

मुख्यतः, *शांतिपर्व* तथा *अनुशासनपर्व* में वर्णित सामाजिक संरचना को ब्राह्मण-संस्कृति के अंतर्गत न लाए जा सकने वाले जनजातीय लोगों के लिए एक आदर्श समझा जाता था। इन जनजातियों को शनैः शनैः ब्राह्मण-संस्कृति के अंतर्गत लाया जा रहा था, परंतु स्वयं यह संस्कृति, आंतरिक तनाव तथा दबाव से मुक्त न थी। *आरण्यकपर्व, शांतिपर्व, हरिवंश* तथा पुराणों में उपलब्ध 'युगांत' अथवा कलियुग के प्रारंभ के वर्णन को कल्पना की उड़ान मानकर नकारा नहीं जाना चाहिए; ये वर्णन स्पष्टतः एक वास्तविक सामाजिक संकट के सूचक हैं। यहां हम *शांतिपर्व* में प्राप्त 'युगांत' के वर्णन पर विचार कर सकते हैं। यह वर्णन न केवल सूखा, नदियों, झीलों, कुओं आदि में जल के अभाव जैसी प्राकृतिक विपदाओं की चर्चा करता है,[76] बल्कि यह लुटेरों, सशस्त्र डाकुओं तथा लालची राजाओं द्वारा उत्पन्न मनुष्य-निर्मित विपदाओं का भी उल्लेख करता है।[77] *अनुशासनपर्व* में राजाओं को भयंकर रूप से चित्रित किया गया है, तथा उनकी हत्या करने का भी विधान किया गया है। यह कहा गया है कि प्रजा को इकट्ठा होना चाहिए और ऐसे दुष्ट तथा निंदनीय राजा की हत्या कर देनी चाहिए, जो सुरक्षा नहीं प्रदान करता अथवा उपहार नहीं देता, किंतु, संपत्ति छीन लेता है।[78] यह भी कहा गया है कि वह राजा, जो सुरक्षा का वचन देकर उससे विमुख हो जाता है, उसके साथ पागल कुत्ते जैसा व्यवहार करना चाहिए तथा उसे प्रहार करके मार डालना चाहिए।[79]

यह भी कहा गया है कि इस काल में कृषि, पशुपालन तथा बाह्य एवं आंतरिक व्यापार मिट जाएंगे; नागरिकों की सभा के नियम समाप्त हो जाएंगे और सभी आनंदोत्सव रुक जाएंगे।[80] कलपते हुए क्षीणकाय व्याकुल लोग स्वयं को केवल

अस्थिपंजर के रूप में पाएंगे; घनी आबादी वाले नगर खाली हो जाएंगे; तथा गांवों में घर जला दिए जाएंगे ।[81] आंशिक रूप से लुटेरों के कार्यों के कारण, आंशिक रूप से हथियारबंद डाकुओं के कृत्यों के कारण, आंशिक रूप से लालची राजाओं के कार्यों तथा पारस्परिक भय के कारण घनी आबादी वाले क्षेत्र खाली तथा निर्जन हो जाएंगे ।[82] इसी प्रकार की परिस्थिति में विश्वामित्र भूखे रहे थे और एक श्वपाक के घर में उन्होंने कुत्ते का मांस खाया था ।[83] यह वर्णन सूचित करता है कि व्यापार तथा कृषि-कार्यों को अवरुद्ध करने वाला एवं नगरों की अवनति वाला यह आर्थिक संकट लुटेरों, हथियारबंद डाकुओं व लालची राजाओं के आक्रमणों के कारण उत्पन्न सामाजिक संकट से निकट से संबंधित था ।

इस सामाजिक संकट का एक महत्वपूर्ण तत्व था उत्पादन तथा कर देने से संबंधित वर्णों के सदस्यों की विद्रोही मनोवृत्ति । इन वर्णों ने संभवतः वर्ण-व्यवस्था में अस्त-व्यस्तता अथवा 'वर्ण-संकर' के कारण विरोध भी किया था । ऐसे एक बड़े आदर्श राज्य की, जिसमें चारों वर्णों के लोग रहते थे,[84] चर्चा करते हुए यह कहा गया है कि इसमें 'वर्णों का मिश्रण नहीं था, तथा न ही इसमें कोई खान तथा कृषि मजदूर था ।'[85] इस श्लोक का यह शाब्दिक अर्थ हमें तब तक किसी निष्कर्ष तक नहीं पहुंचा सकता, जब तक हम यह न मान लें कि 'वर्ण-संकर' के अंतर्गत उच्च वर्णों के सदस्यों को खनन एवं कृषि को अपनाने के लिए मजबूर किया जाता था, जिसकी वे वैधानिक रूप से व्यवस्था तो कर सकते थे, परंतु उसका वास्तव में अनुसरण नहीं कर सकते थे । *हरिवंश* से भी 'युगांत' अथवा 'कलियुग' के विषय में कुछ सूचना मिल सकती है, यद्यपि यह कहना कठिन है कि इसके विवरण उसी काल के हैं, जिस काल के *शांतिपर्व* एवं *आरण्यकपर्व* में उल्लिखित विवरण हैं । उदाहरणस्वरूप, यह कहा गया है कि योद्धा ('राजन्य') वैश्य के रूप में कार्य करेंगे तथा कृषि एवं संपत्ति-उपार्जन के अन्य साधनों द्वारा जीवन-यापन करेंगे, क्योंकि स्पष्टतः उनके लिए वेतन प्राप्त करना तथा योद्धा व प्रशासक के रूप में भरण-पोषण करना कठिन था । स्पष्ट रूप से राजाओं एवं कृषकों से प्राप्त होने वाले उपहारों के अभाव के कारण ब्राह्मण भी वैश्यों के कार्य करेंगे ।[86] इसी स्रोत के एक श्लोक में कहा गया है कि 'अग्निहोत्र' संपन्न करने वाले, यज्ञ संपन्न होने के पूर्व ही आनुष्ठानिक उपादान अग्रिम रूप में प्राप्त कर उसका उपयोग करेंगे; हमारे मन में यह बात पुरोहितों के हितों के विरुद्ध है । इसी श्लोक में यह भी स्पष्ट रूप से अंतर्निहित है कि लोग न तो उपहार देंगे और न ही कर; दूसरी ओर वे स्वयं, दोनों का ही उपयोग करेंगे ।[87] हमारे मत में एक राज्य-आधारित वर्ण-विभाजित समाज में इन दोनों पर पुरोहितों और राजाओं का अधिकार था । ये सब एक प्रकार की ऐसी जन-क्रांति की ओर संकेत करते हैं, जिसमें कृषकों तथा दस्तकारों ने कर देने एवं मजदूरी करने से मना कर दिया था तथा इस प्रकार विद्यमान सामाजिक व्यवस्था को अस्त-व्यस्त कर दिया था । इसके कारण, कर इकट्ठा करना तथा सरकारी

कर्मचारियों को वेतन देना कठिन हो गया होगा। बड़ी मात्रा में भूमि-दान की परंपरा को अपना कर इस समस्या का निदान किया गया।

यह महत्त्वपूर्ण है कि ईसा सन् की प्रारंभिक शताब्दियों के अभिलेखों में महत्व प्राप्त करने वाले भूमिदानों का उल्लेख *महाभारत* में अनेक स्थलों में है, तथा इसमें गुप्त-कालीन कहे जाने वाले सामंती विकास के तत्व की संभवतः पूर्व-कल्पना विद्यमान है। हमें सूचना मिलती है कि प्रशासनिक अधिकारियों को राजस्व-दान के रूप में भुगतान किया जाता था। उदाहरणार्थ, 1000 गांव का कार्याधिकारी अपने भरण-पोषण के लिए एक छोटे नगर के अनाज, स्वर्ण तथा अन्य संपत्ति का उपभोग करता था।[88] पदानुक्रम में छोटे अधिकारियों के लिए यह कहा गया है कि 100 गांवों के कार्याधिकारी के जीवन-यापन के लिए उसके पास एक बड़ा गांव होना चाहिए,[89] अपने आर्थिक एवं प्रशासनिक कार्यों के लिए दस गांवों के कार्याधिकारी एवं 20 गांवों के कार्याधिकारी को भूमि-राजस्व का दान दिया जाता था।[90]

इस प्रकार *महाभारत* का शीघ्रता से किया गया परीक्षण भी संकेत करता है कि एक जनजातीय व राज्य-विहीन समाज एक ऐसे वर्ग-विभाजित व राज्य-आधारित समाज में परिवर्तित हो गया, जिसमें कर-व्यवस्था, प्रशासन-तंत्र, व्यावसायिक सेना आदि विद्यमान थे। कर व सेना पर आधारित राज्य की अवधारणा, *शांतिपर्व* में पूर्णतया विद्यमान है। यह समझा जाता था कि राज्य की जड़ें सेना तथा कोश में स्थित हैं, एवं सेना की जड़ें कोश अथवा कर-व्यवस्था में हैं।[81] यह बात एक ऐसे समाज की पूर्व-कल्पना की द्योतक है, जिसमें वैश्य तथा शूद्र, मुख्य उत्पादक एवं अधिशेष उत्पाद व श्रम प्रदान करने वाले प्रतीत होते हैं। *शांतिपर्व* सूचित करता है कि भूमि-राजस्व का विभाजन असमान था, परंतु यह असमान विभाजन स्वयं भूमि पर लागू नहीं था। तथापि, कुछ आर्थिक एवं प्रशासनिक व्यवस्थाएं एक ऐसे समाज के प्रारंभ को प्रतिबिंबित करती हैं, जिसमें भूमि-धर मध्यस्थ एक वर्ग के रूप में विकसित होते प्रतीत होते हैं।

यद्यपि, *रामायण* एक बाद का महाकाव्य है, तथापि इसके कुछ भाग जनजातीय काल की चर्चा करते हैं। 'अश्वमेध' यज्ञ का वर्णन,[92] जिसमें न केवल पूर्वी उत्तर प्रदेश और बिहार के राजा, बल्कि पश्चिमी व दक्षिणी भारत के राजा भी आमंत्रित थे, एक बड़ी सीमा तक उत्तर वैदिक साहित्य में वर्णित इस यज्ञ के विवरण से समानता प्रदर्शित करता है। राजाओं से भेंट के रूप में 'रत्न' तथा अन्य उपहार प्राप्त करने[93] की तुलना उत्सवों के अवसर पर जनजातीय प्रमुखों के मध्य प्रतिष्ठा की वस्तुओं के संचरण से की जाती है।[94] इसके अतिरिक्त, इस अवसर पर धन का पुनर्वितरण तथा लोगों के लिए आयोजित वृहद् भोज[95] की समानता उत्सवों पर आयोजित भोज तथा उपहार-वितरण की उस जनजातीय प्रथा से प्रदर्शित की जा सकती है, जिसको जनजातीय प्रमुखों ने न केवल अपनी संपत्ति की

अपने नातेदारों के साथ हिस्सेदारी करने के लिए अपनाया था, वरन् इसलिए भी कि वे प्रतिष्ठा, प्रभाव एवं अनुसरण-कर्ताओं को प्राप्त करने में अन्य जनजातीय प्रमुखों के साथ प्रतिस्पर्धा कर सकें। दशरथ के संबंध में यह कहा गया है कि उसने निर्धनों व द्विजों के मध्य इतना अधिक धन वितरित किया कि अंत में उसके पास हाथ के आभूषण ('हस्ताभरण') के अतिरिक्त कुछ नहीं बचा। इस आभूषण को भी उसने एक निर्धन ब्राह्मण को दे दिया।[96] दशरथ द्वारा दिया गया भोज केवल उसके नातेदारों तथा मित्रों तक ही सीमित नहीं था, बल्कि इसमें सभी वर्णों के सदस्यों, दस्तकारों, अयोध्या के नागरिकों एवं विभिन्न देशों के पुरुषों व स्त्रियों ने भी भाग लिया था।[97] दशरथ के वृहत् उपहार-वितरण-आयोजन में बहुत बड़ी संख्या में लोगों की भागीदारी की व्याख्या इस तथ्य से की जा सकती है कि अतीत की परंपरा के पुनर्स्मरण के प्रयास के बावजूद *रामायण* ने ईसा सन् की प्रारंभिक शताब्दियों के सामाजिक स्तरीकरण को प्रतिबिंबित किया; इसी काल में ग्रंथ को अंतिम रूप में संकलित किया गया था।

तथापि, *रामायण* के अधिकांश भाग एक ऐसे वर्ण-विभाजित एवं राज्य-आधारित समाज के आदर्शों को स्थापित करते हैं, जिसमें वैश्य प्रमुख उत्पादकों[98] तथा करदाताओं के रूप में उपस्थित होते हैं। राजा से यह अपेक्षा की जाती थी कि वह ब्राह्मणों व क्षत्रियों को बिना कष्ट पहुंचाए अपने कोश को समृद्ध करे।[99] स्पष्टतः, ब्राह्मण एवं क्षत्रिय कर से मुक्त थे। वास्तव में *अयोध्याकांड* में वर्णित राज्यप्रणाली में न केवल मंत्रियों, वरन् वेतन एवं भोजन ('भक्त') द्वारा संपोषित राज्य के अस्तित्व के लिए महत्त्वपूर्ण व्यावसायिक सेना की भी व्यवस्था की गई है।[100] सर्ग 100 में *अयोध्याकांड* के शिक्षात्मक भाग में वर्णित शक्ति-संरचना का प्रकार स्पष्ट रूप से सामाजिक विकास की ऐसी अवस्था की पूर्व-कल्पना करता है, जो वैदिक ग्रंथों में उपलब्ध नहीं हैं।

दूसरी ओर *रामायण* में ब्राह्मणों को भूमि-दान किए जाने के कारण, भूमि के असमान वितरण का सशक्त प्रमाण उपलब्ध नहीं है। एक स्थान पर यह कहा गया है कि कौशल्या 1000 गांवों के राजस्व का उपभोग करती थी, जो उसे अपने आश्रितों के भरण-पोषण के लिए प्राप्त हुआ था,[101] परंतु यह वैदिक परंपरा, कि सामान्यतः भूमि दान की वस्तु नहीं हो सकती थी, *रामायण* में भी मान्य है। अश्वमेध-यज्ञ के अवसर पर जब दशरथ ने 'होता' पुरोहित को अपने राज्य का पूर्वी भाग, 'अध्वर्यु' को पश्चिमी भाग, 'ब्राह्मण' को दक्षिणी भाग तथा 'उद्गाता' को उत्तरी भाग देना चाहा,[102] तो सभी ने इन उपहारों को अस्वीकार कर दिया और किसी अन्य प्रकार से क्षतिपूर्ति ('निष्क्रय') प्राप्त करनी चाही।[103] उनकी इच्छा के अनुरूप उन्हें हजारों गाएं तथा लाखों सोने व चांदी के टुकड़े दिए गए।[104] स्पष्टतः, यह वर्णन सामाजिक विकास की तीन स्थितियों के तीन क्रमिक तत्वों का मिश्रण है। यह प्रदर्शित करता है कि पशुपालन, जीवन-यापन का अब भी एक प्रमुख

प्रकार था, तथा भूमि अब भी सामान्यतः उपहार की वस्तु नहीं समझी जाती थी, और धातु की मुद्राएं संभवतः प्रयोग में आ गई थीं। एक उत्तर वैदिक कालीन परंपरा के अनुसार जब एक यज्ञ के अवसर पर भूमि को दान में दिया जा रहा था, तब उसने हस्तांतरित होना अस्वीकार कर दिया, और दोनों महाकाव्यों के अनुसार अश्वमेध-यज्ञ के अवसर पर पुरोहितों ने भूमि को उपहार के रूप में लेना अस्वीकार कर दिया। कुछ वैदिक तथा महाकाव्य के स्रोतों द्वारा समर्थित भूमि-हस्तांतरण का अभाव चित्रित धूसर मृद्भाण्ड-संस्कृति के भौतिक पक्ष की अपेक्षाकृत सामान्य प्रकृति के साथ आनुरूप्य प्रदर्शित करता है, एवं इस प्रकार एक सरल समाज को प्रतिबिंबित करता है। दूसरी ओर, धातु-मुद्राओं का उपयोग (यदि यह नहीं मान लिया जाता कि यह समस्त सोना व चांदी महत्त्वपूर्ण उत्सवों के अवसर पर प्रतिष्ठा की वस्तुओं के रूप में विनिमय के लिए प्रयुक्त होता था) वैदिकोत्तर काल के ऐसे समाज को प्रदर्शित करता है, जब व्यापार, नगर तथा आहत मुद्राओं का सामान्य रूप से प्रचलन हो गया था एवं जब मुद्राएं जीवन-यापन की अर्थव्यवस्था में प्रविष्ट हो गई थीं। इस प्रकार *रामायण* में अश्वमेध के उपहारों के कुछ तत्व सरल समाजों व अन्य जटिल समाजों के द्योतक थे। चाहे जो हो, इस प्रकार के विवरणों का सामाजिक विकास के लिए उनके महत्व के परिप्रेक्ष्य में परीक्षण किया जाना चाहिए।

'आश्रम' कही जाने वाली एक ऐसी आदिम संस्था के वर्णन के लिए भी *रामायण* महत्वपूर्ण है, जिसे एक विकसित समाज की आवश्यकताओं की पूर्ति के लिए रूपांतरित किया गया था। सामान्य बस्तियों की परिधि से बाहर जंगलों में स्थित 'आश्रम' अथवा ऋषियों के निवास-स्थान महाकाव्यों तथा पुराणों में महत्वपूर्ण भूमिका निभाते हैं। ये न तो मानवीय बस्तियों से अधिक दूर स्थित थे और न ही घोर जंगलों के मध्य। आश्रम-निवासी आंशिक रूप से फल, मूल, कंद आदि भोजन सामग्री इकट्ठा करने के कार्यों पर जीवन-यापन करते थे। जब सीता ने राम के साथ वन जाने का आग्रह किया, तब उन्होंने वन के कठिन जीवन की प्रकृति को उनके सम्मुख स्पष्ट किया और बताया कि वन में एक व्यक्ति को मूल, फल, पत्तियां आदि एकत्रित करके जीवन-यापन करना होता है।

यह कहा गया है कि वन में एक व्यक्ति को दैनिक क्षुधा का सामना करना पड़ता है।[105] इस प्रकार ऐसा लगता है कि राम के वनवास का तात्पर्य भोजन उत्पादकों के जीवन से भोज्य-सामग्री इकट्ठा करने वालों के जीवन में एक प्रकार का लौटना है।[106] परंतु, भोज्य-सामग्री इकट्ठा करने की स्थिति एक बड़ी सीमा तक राजाओं, धनाढ्य व्यक्तियों तथा सामान्य लोगों द्वारा दिए गए उपहारों से पूरी होती थी। जैन तथा बौद्ध गृहत्यागियों द्वारा बड़े पैमाने पर प्रारंभ की गई ग्रामीण तथा नगरीय लोगों से भिक्षा मांगने की परंपरा का अनुसरण आश्रम-वासियों द्वारा भी कियां जाता था। भिक्षा मांगने की यह प्रथा एक ऐसे समाज में ही संभव थी, जो

कृषि-अधिशेष का उत्पादन करता था। आश्रम जैन और बौद्ध धर्मों के प्रतिरूप और संभवतः पूर्ववर्ती थे। ये न केवल मुख्यतः उच्च वर्णों के संन्यासियों के आश्रय थे, बल्कि ये राजकुमारों तथा व्यवस्थित समाजों से आए अन्य व्यक्तियों के लिए शिक्षा-संस्थाओं का भी कार्य करते थे। अधिक महत्वपूर्ण यह है कि ये जंगलों में रहने वाले पिछड़े हुए जनजाति के लोगों के लिए ब्राह्मण-समाज के मूल्यों तथा जीवन पद्धति को प्रसारित करने वाले केंद्रों का भी कार्य करते थे। परंतु, आश्रम एक ऐसे समाज के अभिलक्षक भी प्रतीत होते हैं, जिसमें भूमि संबंधी अधिकार भली प्रकार स्थापित नहीं थे। अतः 'अग्रहारों' से भिन्न इन आश्रमों को किसी प्रकार के दान नहीं प्राप्त होते थे, जबकि 'अग्रहारों' को भूमि अथवा भूमिराजस्व दान में प्राप्त होते थे। परंतु, आश्रमों के समान ही 'अग्रहार' भी प्रमुख संस्कृति के तत्वों तथा शिक्षा को सुरक्षित रखते थे व ,प्रचारित करते थे। ऋषियों एवं संन्यासियों के ये निवास-स्थल समीपवर्ती अरण्य के किनारों पर बसे थे और जीवन की भोज्य-सामग्री एकत्रित करने की अवस्था का स्मरण कराने वाले थे। दूसरी ओर, 'अग्रहार' एक ऐसे सामंती वातावरण में व्यवस्थित गांवों तथा पिछड़े हुए क्षेत्रों, दोनों में ही स्थित थे, जिसमें भूभि को संपत्ति की एक मद के रूप में स्वीकार किया जाने लगा था। आश्रमों एवं 'अग्रहारों', दोनों में ही राज्य-प्रतिनिधि तथा सैनिकों का प्रवेश निषिद्ध था, यद्यपि आश्रमों के संदर्भ में इस सुविधा का कोई विशेष अर्थ नहीं था। महाकाव्यों तथा पुराणों में उपलब्ध आश्रमों के वर्णन में हमें भोजन-उत्पादकों की अर्थव्यवस्था की अनेक विशेषताएं दृष्टिगोचर होती हैं, परंतु यह स्पष्ट है कि आश्रम एक ऐसी जीवन-पद्धति को प्रकट करते हैं, जो पशुपालक एवं कृषक-समाज से पूर्ववर्ती थी।

हमने उस विधि को स्पष्ट करने का प्रयास किया है, जिसके द्वारा महाकाव्यों का अध्ययन किया जा सकता है। जो भी हो, इस तथ्य पर बल प्रदान किया जाना चाहिए कि *रामायण* तथा *महाभारत,* दोनों ही महाकाव्यों में आदिम तथा विकसित सामाजिक प्रथाएं प्राप्त होती हैं, जो भिन्न-भिन्न सामाजिक संरचनाओं से संबद्ध की जा सकती हैं। यह तथ्य कि हम एक प्रकार की सामाजिक परंपराओं को दूसरे प्रकार की सामाजिक परंपराओं से अलग करने में सफल नहीं हो सके हैं, जहां एक ओर महाकाव्यों के रचयिताओं की विदग्धता का द्योतक है, वहां दूसरी ओर भारतीय जीवन में निरंतरता के तत्वों का भी परिचायक है। परंतु साथ ही यह तथ्य हमारी अध्ययन विधियों एवं दृष्टिकोणों की अनुपयुक्तता की ओर भी संकेत करता है। प्रारंभिक वैदिक काल की काल्पनिक लंका एवं अयोध्या को ढूंढने में ही विद्वान फंसे हैं,[107] परंतु, यद्यपि भौगोलिक पृष्ठभूमि सदा सहायक होती है, संपूर्ण सामाजिक संबंधों के संदर्भ में मिथकों, विश्वासों, परंपराओं तथा प्रथाओं का परीक्षण अधिक उपयोगी सिद्ध होगा, जिससे कि इनका संबंध विभिन्न प्रकार की सामाजिक संरचनाओं से जोड़ा जा सके। महाकाव्यों में प्राप्त अनेक मिथक,

सामाजिक अधिकार-पत्र के समान हैं, जिनमें सामाजिक तथा आर्थिक शक्ति के विभिन्न वर्गों के अधिकारों एवं सुविधाओं को परिभाषित किया गया है ।[108] यद्यपि इन मिथकों में कुछ जनजातीय तत्व विद्यमान हो सकते हैं, तथापि, स्पष्टतः इनका विकास तथा परिष्करण एक ऐसे अ-जनजातीय सामाजिक वातावरण में हुआ था, जब वर्ग सुदृढ़ हो चुके थे, और राज्य एक दृढ़ आधार पर स्थापित हो चुका था ।

संदर्भ और टिप्पणियां

1. *आदिपर्व,* 188. 14.
2. एडवर्ड डब्ल्यू. हार्पकिस, *द सोशल एंड मिलिटरी पोजीशन आफ द रूलिंग कास्ट इन एंशियंट इंडिया, एज रिप्रजेंटेड बाइ द संस्कृत एपिक; विद एन एपेंडिक्स आन द स्टेटस आफ वुमेन,* 1889 में प्रथम आवृत्ति, द्वितीय मुद्रण, वाराणसी, 1972, पृष्ठ 2, पा. टि..
3. वही, पृ. 11.
4. वही.
5. वही.
6. *जय संहिता,* अर्थात् *ऊर- महाभारत,* 1, केशवराम के. शास्त्री द्वारा संपादित, गुजरात रिसर्च सोसाइटी, अहमदाबाद, 1977 (आगे ज. सं. के रूप में संक्षिप्तीकृत).
7. मारिस गोडेलियर, *पर्सपेक्टिव्स इन मार्क्सिस्ट एंथ्रोपोलॉजी,* कैंब्रिज, 1977, पृ. 50 तथा 217.
8. मारिस गोडेलियर, ऊपर उल्लिखित, भाग 2.
9. माक्स ग्लुकमान, *पालिटिक्स, ला एंड रिचुअल इन ट्राइबल सोसाइटी,* आक्सफोर्ड, 1977, पृ. 213.
10. मारिस गोडेलियर, ऊपर उल्लिखित, पृ. 106, में मर्डोक का 577 समाजों का उल्लिखित क्रमगुणित अध्ययन.
11. *ज. सं.,* I. 213. 40.
12. लगभग एक शताब्दी पूर्व ई. डब्ल्यू. हार्पकिस ने इस पक्ष का अध्ययन किया था (ऊपर उल्लिखित).
13. ...राष्ट्रं च कोशभूतं स्यात् कोशवेश्मगतस्तथा. पौरजानपदान् सर्वान् संश्रितोपाश्रितांस्तथा, यथाशक्त्य-नुकम्पेत् सर्वान् अभ्यंतरान् अपि. *शांतिपर्व,* 88. 21-22.
14. हार्पकिस, ऊपर उल्लिखित, पृ. 32-5.
15. षड्भागपरिशुद्धं च कृषेर् भागं उपार्जितम्,
वैश्यो ददद् द्विजातिभ्य : पापेभ्यः परिमुच्यते.
अनुशासनपर्व, 113. 16.
16. अवाप्य प्राणसंदेहं कार्कश्येन समराजितम्,
अन्नं दत्वा द्विजातिभ्यः शूद्रः पापात्प्रमुच्यते.
अनुशासनपर्व, XIII. 13. 17.
17. तथा हि रत्नान्यादाय विविधानि नृपा नृपम्,
उपतिष्ठन्ति कौन्तेयं नैश्या इव करप्रदाः.
सभापर्व, 43. 25.

18. यज्ञे तस्य महाराज पाण्डुपुत्रस्य धीमतः,
    वैश्या इव महीपाला द्विजातिपरिवेषकाः.
    ज. सं., II, 30. 30.
19. कस्सको गहपतिको कारकारको रासिबद्धके, *दीघनिकाय,* i. 61; 'कस्सक' शब्द के अंतर्गत, डेविड्स तथा स्टेड, *पालि-इंगलिश डिक्शनरी,* में *अंगुत्तरनिकाय,* i, 229; उद्धृत.
20. हार्पकिस, ऊपर उल्लिखित, पृ. 33.
21. वही.
22. कृषिगोरक्ष्यवाणियं येच्चान्यत् किंचिदीदृश्यम्.
    पुरुषैः कारयेत् कर्म बहुभिः सह कर्मभिः.।   *शांतिपर्व,* 89.23.
23. वही, 24.
24. कुटुम्बात्तस्य तद्द्रायं यज्ञार्थं पार्थिवो हरेत्.
    शांतिपर्व, 159. 7. तु. की., *मनु.,* XI. 12.
25. वही.
26. खलात्क्षेत्रात्तथागाराद्यतो वाप्युपलभ्यते। वही, 11. 'उपलभ्यते' शब्द को *मनु.,* XI. 16. के आधार पर अपनाया गया है.
27. हार्पकिस, ऊपर उल्लिखित, पृ. 38.
28. वही.
29. कश्चिद् बलस्य भक्तं च वेतनं च यथोचितम्,
    सम्प्राप्त कालं दातव्यं ददासि न विकर षसि.
    सभापर्व, 5. 38.
30. कालातिक्रमणाद् ध्येयते भक्तवेतनयोर्भृताः।
    भर्तुः कुप्यन्ति दौर्गात्यात्सो' नर्तः सुमहान् स्मृतः। वही, 39.
31. वही.
32. बलस्य च महाराज दत्त्वा वेतनमग्रतः, वही, 48.
33. किश्चिच्चत्पुरुषकारेण पुरुषः कर्म शोभयन्,
    लभते मानं अधिकं भूयो वा भक्तवेतनम्। वही, 42.
34. *ज. सं.,* I. 127. 15: 145. 4; 152.11; 176. 33; 187. 20; 22; 184. 4; 194. 113; 196. 23; 197. 25; 198. 13; 205. 5.
35. *ज. सं.,* I. 124. 1; 187. 15.
36. *भगवद्गीता,* I. 26-40.
37. आर. एस. शर्मा, *शूद्राज़ इन एंशियंट इंडिया,* द्वितीय संशोधित आवृत्ति, दिल्ली, 1980, पृ. 54.
38. पितुर् अन्तःपुरं दद्यान् मातुर दद्यान् महानसम्,
    गोषु चात्मसमं दद्यात् स्वयमेव कृषिम् व्रजेत्,
    भृत्यैर्वाणिज्याचारं च पुत्रैः सेवेत ब्राह्मणान्.
    उद्योगपर्व 38. 12.
39. *उद्योगपर्व,* 94. 5-6.
40. अस्ति कश्चिद् विशिष्टो वा मद् विधो वा भवेद् युधि,
    शूद्रो वैश्यः क्षत्रियो वा ब्राह्मणो वापि शस्त्रभृत्
    उद्योगपर्व, 94.7.
41. पार्थेन विजिता चैषा रत्नभूता च ते सुता,
    एषः नः समयो राजन् रत्नस्य सहभोजनम्,

न च तं हातुमिच्छामः समयं राजसत्तम.

ज. सं., I. 187. 23-24.

42. *ज. सं.* II. 43. 25; तु. की., 45. 15 तथा आगे.

43. प्रीत्यर्थं ब्राह्मणाश्चैव क्षत्रियाश्च विनिर्जिताः,
उपाजह्नुर्विशश्चैव शूद्राः शुश्रूषवोऽपि च,
प्रीत्या च बहुमानाच्च अभ्यगच्छन् युधिष्ठिरम्.

सभापर्व, 48. 32.

44. सर्वेम्लेच्छाः सर्ववर्णा आदिमध्यान्तजास्तथा,
नानादेशसमुत्थैश्च नानाजातिभिरागतैः,
पर्यस्त इव लोकोऽयं युधिष्ठिरनिवेशने. वही, 33.

45. *ज. सं.,* II. 32. 2.

46. *ज. सं.,* II. 30. 26 तथा आगे; 31. 18 तथा आगे.

47. आश्वमेधिक पर्व (पी. सी. राय संस्करण), अ. 88 पृ. 168; तु. की., *ज. सं.,* प्रस्तावना, पृ. 16.

48. *जय संहिता* में केवल 606 श्लोक रखे गए हैं. देखिए, प्रस्तावना, पृ. 23.

49. न हि माचन्ति राजान् एष धर्मः समातनः,
न चाहं हातुमिच्छामि क्षात्रधर्मं कथंचन.

आरण्यकपर्व, 152. 9.

50. हार्पकिंस, ऊपर उल्लिखित, पृ. 36, पा. टि..

51. कोशाद्धि धर्मः कौन्तेय राज्यमूलः प्रवर्तते.

शांतिपर्व, 131. 1.

52. अबलस्य कुतः कोशो ह्यकोशस्य कुतो बलं,
अबलस्य कुतो ह्यराज्ञः श्रीः कुतो भवेत्.

शांतिपर्व, 131. 4.

53. डी. एन. झा, *रेवेन्यू सिस्टम इन पोस्ट-मौर्य एंड गुप्त टाइम्स,* कलकत्ता, 1967, पृ. 22-4, 28, 32.

54. *ज. सं.,* I. 143. 24; तु. की., 177. 12.

55. अर्थयुक्त्या हि दृश्यन्ते पिता माता सुतास्तथा,
मातुला भागिनेयाश्च तथा सम्बन्धिबान्धवाः.

शांतिपर्व, 136. 139.

56. पुत्रं हि मातापितरौ त्यजतः पतितं प्रियम्,
लोको रक्षति चात्मानं पश्य स्वार्थस्य सारताम्. वही, 140.

57. कारणात्प्रियतामेति द्वेष्यो भवति कारणात्,
अर्थार्थि जीवलोकोऽयं न कश्चित्कश्चित्प्रियः. वही, 145.

58. सख्यं सोदरयोर्भ्रात्रोर्दम्पत्योर्वा परस्परम्,
कस्यचिन्नाभिजानामि प्रीतिं निश्कारणमिह. वही, 146.

59. अर्थस्य पुरुषो दासो दासस्त्वार्थो न कस्यचित्.

महाभारत, VI. 41. 36, 51. 77.

60. तेषामर्थे महाराज योद्धव्यमिति मे मतिः. वही, 67, 77.

61. दस्यवोऽप्युपशंकन्ते निरनुक्रोशकारिणः.

शांतिपर्व, 131. 11.

62. दस्यूनां सुलभा सेना रौद्रकर्मसु भारत. वही, 10.

63. वही, 14.
64. *शांतिपर्व,* 133. 3.
65. वही
66. *शांतिपर्व,* 133. 10-11.
67. ग्रामणीर्भव नो मुख्यः सर्वेषामेव सम्मतः. वही, 11.
68. यथा यथा वक्ष्यसि नः करिष्यामस्तथा तथा,
    पालयास्मन्यथान्यायं यथा माता तथा पिता. वही, 12.
69. मा वधिस्त्वं स्त्रियं भिरूं मा शिशुं मा तपस्विनम्.
    नायुध्यमान हंतव्य न च ग्राह्या बलात्स्त्रियः.।
    शांतिपर्व, 133. 13.
70. सर्वथा स्त्री न हन्तव्या सर्वसत्त्वेषु युध्यता.
    नित्यं गोब्राह्मणे स्वस्ति योद्धव्यं च तदर्थतः.। वही, 14.
71. सस्यं च नापहृन्तव्यं सीरविघ्नं च मा कृथाः. वही, 15.
72. शिष्ट्यर्थं विहितो दण्डो न वधार्थं विनिश्चयः.
    ये च शिष्टान् प्रबाधन्ते धर्मस्तेषां वधः स्मृतः. वही, 20.
73. वही, 21.
74. वही, 22.
75. वही, 23-6.
76. *शांतिपर्व,* 139. 14-18.
77. वही, 21.
78. अरक्षितारं हर्तारं विलोप्तारं अदायकम्.
    तं स्म राजकलिं हन्युः प्रजाः सम्भूये निर्घृणम्.।
    अनुशासनपर्व, 60. 20 (?)
    इस श्लोक का नंबर 19 होना चाहिए, क्योंकि यह 18 के बाद आता है.
79. अहं वो रक्षितेत्युक्त्वा यो न रक्षति भूमियः.
    स संहत्य निहन्तव्यः श्वेव सोन्माद आतुरः.
    वही, XIII. 60. 20.
80. उत्सन्नकृषिगोरक्ष्या निवृतविपणापणा.
    निवृतपुगसमया सम्प्रणष्टमहोत्सवा. *शांतिपर्व,* 139. 19.
    एक ओर *हरिवंश* कहता है कि कलियुग में सभी लोग व्यापारी बन जाएंगे, क्योंकि ऊसर भूमि की अधिकता है (उषराबहुला भूमिः पन्थानो नगरान्तरा, सर्वे वाणिजकाश्चैव भविष्यन्ति कलौ युगे. 116.19). इसका अर्थ कुषाण तथा सातवाहन कालों में उन्नत वाणिज्य हो सकता है.
81. वही, 20.
82. क्वचिच्चोरैः क्वचिच्छस्त्रैः क्वचिद्राजभिरातुरैः.
    परस्परभयाचैवः शून्यभूयिष्ठनिर्जना.। वही, 21.
83. वही, 26-27.
84 *आदिपर्व* (आलोचनात्मक संस्करण), 62. 3-5.
85. न वर्णसंकरो न कृष्याकरकृज्जनः. *महाभारत,* I. 68. 6. (बंबई संस्करण), उद्धरणकर्ता ई. डब्ल्यू. हार्पकिंस, ऊपर उल्लिखित, पृ. 30, पा. टि.. आलोचनात्मक संस्करण में दिए गए श्लोक की अपेक्षा हार्पकिंस द्वारा उद्धृत श्लोक अधिक अर्थपूर्ण है. आलोचनात्मक संस्करण का श्लोक इस प्रकार है--न वर्णसंकरकरो नाकृष्यकरकृज्जनः. *आदिपर्व* (आलोचनात्मक संस्करण), 62.6.

86. वैश्याचाराश्च राजन्या धनधान्योपजीविनः
युगापक्रमणे पूर्वं भविष्यन्ति द्विजातयः.। *हरिवंश,* 116, 27.
87. अकृताग्राणि भोक्ष्यन्ति नराश्चैवाग्निहोत्रिणः.
भिक्षां बलिमदत्त्वा च भोक्ष्यन्ति पुरुषाः स्वयम्.।
हरिवंश, 116. 39 (?)
इस श्लोक पर कोई नंबर नहीं है, परंतु इसका नंबर 38 होना चाहिए, क्योंकि पूर्ववर्ती श्लोक का 37 नंबर है.
88. *शांतिपर्व* (आलोचनात्मक संस्करण), 87. 708.
89. वही.
90. वही, 87. 6.
91. राज्ञः कोशबलं मूलं कोशमूलं पुनर्बलम्. *शांतिपर्व* (आ. सं.), 128. 35.
92. *बालकांड,* सर्ग 13 तथा 14.
93. वही, 13. 35.
94. माक्स ग्लुकमान, ऊपर उल्लिखित, पृ. 67-70 तथा आगे.
95. *बालकांड,* 14. 11-18.
96. वही, 14. 54-55.
97. वही, 13. 11, 13-15; 14. 12-13, 16.
98. *अयोध्याकांड,* 100. 47-48.
99. *बालकांड* 7. 13.
100. *अयोध्याकांड,* 100. 32-33. ये दो श्लोक—32-33 एकदम उसी प्रकार के हैं, जैसे कि *सभापर्व* (आ. सं.), II. 5. 38-39 में हैं. स्पष्टतः, प्राचीन विचारकों द्वारा राज्य के अस्तित्व के लिए वेतनभोगी स्थायी सेना का भरण-पोषण अनिवार्य समझा जाता था.
101. अयोध्याकांड, 31. 22.
102. *बालकांड,* 14. 43-44.
103. वही, 47. 49.
104. वही, 50-51.
105. *अयोध्याकांड,* सर्ग 30-31.
106. वही, सर्ग 18.
107. हाल के उत्खनन प्रदर्शित करते हैं कि छठी शताब्दी ई. पू. अर्थात्, उ. का. ओ. मृ. संस्कृति के प्रारंभ से पहले अयोध्या नहीं बसा था.
108. तु. की., ग्लुकमान, ऊपर उल्लिखित, पृ. 36.

उपसंहार

हमने वैदिक तथा वैदिकोत्तर कालों में भौतिक जीवन के प्रकारों एवं समाज की अवस्थाओं के मध्य संबंधों के स्वरूप के सर्वेक्षण का प्रयास किया है। पुरातत्व द्वारा प्रदत्त किसी भौतिक संस्कृति की प्रारंभिक वैदिक-काल अथवा ऋग्वैदिक-काल से संतोषप्रद पहचान कर पाना संभव नहीं हो सका है। यद्यपि पंजाब, पाकिस्तान तथा अफगानिस्तान के कुछ भाग ऋग्वेद के भौगोलिक क्षेत्र का प्रतिनिधित्व करते हैं, तथापि हड़प्पा-संस्कृति के काल तथा चित्रित धूसर मृद्भाण्ड संस्कृति के प्रारंभ के मध्य इस क्षेत्र में किन्हीं नए लोगों के आगमन को प्रदर्शित करने वाले पुरातात्त्विक अवशेष अब तक बहुत सीमित मात्रा में ही प्राप्त हुए हैं। परवर्ती हड़प्पा-काल में अन्य स्थानिक संबंध प्रदर्शित करने वाले अनेक अवशेष विद्यमान हैं, परंतु, हड़प्पा संस्कृति के तथा ऋग्वैदिक लोगों के मध्य बड़ी मात्रा में संघर्ष के पुरातात्त्विक चिह्न अनुपलब्ध हैं। पंजाब तथा हरियाणा के कुछ उत्खनित स्थल लौह रहित चित्रित धूसर मृद्भाण्ड-संस्कृति को परवर्ती हड़प्पा परंपरा के मृद्भांडों से गुंथा हुआ प्रदर्शित करते हैं, परंतु, ये खोजें यों तो महत्वपूर्ण हैं, तथापि ऋग्वेद द्वारा प्रदर्शित भौतिक संस्कृति का संतोषप्रद पुरातात्त्विक प्रतिरूप इन्हें नहीं कहा जा सकता। हम रथों के भाग तथा साज-सामान, घोड़ों के पर्याप्त अवशेष तथा अस्थियों सहित गाय-बैलों के बहुत अधिक संख्या में अवशेष एवं गोबर की राख मिलने की अपेक्षा उन स्थलों से यथोचित रूप में कर सकते हैं, जो ऋग्वैदिक लोगों के कार्य-कलापों से संबद्ध थे, परंतु इस प्रकार की खोजें अब तक नहीं हो पाई हैं[1]। अतः हमने मुख्यतः उन बातों पर विश्वास किया है, जो हमें ऋग्वेद में भरण-पोषण के प्रकारों तथा बंटवारे की विधियों के विषय में उपलब्ध हैं। यह अध्ययन तुलनात्मक भारोपीय तथा भारतीय आर्य भाषाशास्त्र की सहायता एवं जनजातीय समाजों के विषय में की गई महत्वपूर्ण खोजों को दृष्टि में रखकर किया गया है।

हमारे अध्ययन से कोई चकाचौंध करने वाले रहस्योद्घाटन नहीं हुए हैं। हमारे मत में सर्वप्रथम वेद के मध्य भागों में प्रतिबिंबित ऋग्वैदिक समाज मूलतः पशुपालक था। लोग अर्ध-यायावर थे; उनकी मुख्य संपत्ति गाय-बैल तथा घोड़े थे। गाय-बैलों को संपत्ति अथवा धन का पर्यायवाची समझा जाता था, तथा एक

समृद्ध व्यक्ति को 'गोमत्' कहा जाता था। गाय-बैलों के लिए ही युद्ध लड़े जाते थे, और इसीलिए युद्ध को 'गविष्टि', 'गवेषण' आदि कहा जाता था। राजा का मुख्य कार्य गायों की रक्षा करना था और उसे 'गोप' अथवा 'गोपति' कहा जाता था। परिवार में गाय इतनी महत्त्वपूर्ण थी कि पुत्री को 'दुहितृ' अथवा दूध दुहने वाली कहा जाता था। गाय के साथ वैदिक लोगों की पहचान इतनी निकट से थी कि जब वे भारत में भैंस के संपर्क में आए तो उन्होंने उसे 'गोवल' अथवा गाय जैसे रोएं वाली कहा। गायों के उल्लेखों की तुलना में कृषि के उल्लेख *ऋग्वेद* में कम हैं। *ऋग्वेद* में प्राप्त कृषि के इक्कीस उल्लेखों में केवल कुछ ही मूल अंश में उपलब्ध हैं। चौथे मंडल में हल के उपयोग की चर्चा है, परंतु इसे वंश मंडलों में बाद में जोड़ा गया माना जाता है। ऋग्वेद में हल द्वारा कृषि भरण-पोषण का गौण साधन प्रतीत होती है। यद्यपि, संभवतः कुदाल अथवा लकड़ी के फाल द्वारा की जाने वाली कृषि ज्ञात थी तथापि इसमें कोई संदेह नहीं है कि पशुपालन भरण-पोषण का मुख्य स्रोत था। यह कहा गया है कि विश्व संदर्भ में कृषि पशुपालन से पूर्ववर्ती है, मुख्यतः वह यायावरी जीवन, जिसमें गायों और घोड़ों को संयुक्त रूप से पाला जाता था, परंतु भारोपीय भाषाशास्त्रीय प्रमाण इस विषय पर कोई संदेह नहीं छोड़ते कि अपने छितराव से पूर्व आर्य कृषि से अवगत नहीं थे। प्रारंभिक वैदिक साक्ष्य लगभग इसी ओर संकेत करते हैं।

गाय तथा घोड़े को पालने के बाद भी ऋग्वैदिक लोग यायावरी जीवन की उस विकसित अवस्था को प्राप्त नहीं कर सके थे, जो मंगोलों की विशेषता थी। मंगोल बहुत अच्छे घुड़सवार थे तथा धातु-निर्मित रकाब का प्रयोग करते थे, परंतु, घुड़सवारी *ऋग्वेद* में अत्यधिक प्रचलित नहीं प्रतीत होती। वैदिक लोगों के नायक, मुख्यतः रथों पर चढ़ते थे और अंतर-जनजातीय तथा जनजाति के भीतरी युद्धों में निरंतर व्यस्त रहते थे। युद्ध भरण-पोषण का एक मुख्य स्रोत था, एवं पशुपालन से जो कुछ भी प्राप्त होता था, उसके अतिरिक्त उनके भरण-पोषण का अन्य मुख्य साधन केवल लूट की संपत्ति थी। सब मिलाकर प्रारंभिक वैदिक समाज की भोज्य-पदार्थ उत्पन्न न करने वाली अर्थव्यवस्था थी। 'अन्न' शब्द ऋग्वेद में अनेक स्थलों में प्रयुक्त हुआ है, परंतु इसे खाने योग्य अथवा खाई जाने वाली वस्तुओं के अर्थ में समझा जाना चाहिए, न कि अनाज के अर्थ में; इस शब्द को यह अर्थ तब प्रदान किया गया, जब परवर्ती काल में लोग अनाज उत्पन्न करने लगे थे। पशुपालन पर आधारित, कृषि से पूर्ति की जाने वाली तथा लूट की संपत्ति से पुष्ट की गई अर्थव्यवस्था में जनजाति के लोग केवल विशिष्ट अवसरों पर ही अपने मुखियाओं को कुछ दे सकने में समर्थ थे। न तो जनजातीय समुदाय और न ही जनजातीय मुखिया उपहार रूप में भूमि देते थे। वास्तव में भूमि-उपहार का कोई भी उल्लेख उपलब्ध नहीं है। मुखिया अथवा राजा की मुख्य आय युद्ध में लूट की संपत्ति से होती थी। वह शत्रुजनजातियों से लूट प्राप्त करता था तथा विरोधी

जनजातियों और अपनी जनजाति के सदस्यों से उपहार प्राप्त करता था। उसे मिलने वाले उपहार को 'बलि' कहा जाता था। ऐसा प्रतीत होता है कि जनजातीय नातेदार जनजाति के मुखिया को निष्ठा एवं स्वेच्छा से उपहार प्रदान करते थे। इसके बदले में मुखिया एक के बाद एक विजयों में उनका नेतृत्व करता था तथा संकट के समय में उनकी सहायता करता था। जनजाति के लोगों द्वारा अपने राजा को सम्मान तथा विशिष्ट अवसरों पर उपहार देना वैदिक काल में एक पारंपरिक कार्य बन गया होगा, परंतु पराजित विरोधी जनजातियों को उपहार देने के लिए बाध्य किया जाता था। समय-समय पर संपन्न किए जाने वाले यज्ञ, इन उपहारों और भेंटों के वितरण के लिए प्रमुख अवसर थे। अपने संरक्षकों की ओर से देवताओं से प्रार्थना करने के बदले, पुरोहितों को एक बड़ा भाग प्राप्त होता था। *ऋग्वेद* में एक स्थान पर आह्वान किए गए देवता से केवल पुरोहितों, राजाओं एवं यज्ञकर्ताओं को ही धन देने की प्रार्थना की गई है। यह असमान वितरण के प्रयास की ओर संकेत करता है। अपने अन्य जनजातीय लोगों के मूल्य पर राजा तथा पुरोहित अधिक हड़पना चाहते थे, यद्यपि अपनी श्रद्धा तथा मुखियाओं और राजाओं की सैन्य विशेषताओं एवं कार्यों के कारण जनजाति के लोग उन्हें स्वेच्छा से बड़ा भाग प्रदान करते थे। जनजाति के सामान्य सदस्यों को मिलने वाले भाग को 'अंश' अथवा 'भाग' कहा जाता था। संपत्ति का विभाजन लोक सभाओं में किया जाता था। राजा एवं उनके गोत्र सहयोगी इन सभाओं में भाग लेते थे।

यद्यपि, दस्तकारों, कृषकों, पुरोहितों तथा योद्धाओं के उल्लेख *ऋग्वेद* के प्रारंभिक भागों में भी उपलब्ध होते हैं, तथापि संपूर्ण समाज जनजातीय, पशु पालक, अर्ध-यायावरी तथा अधिकांश रूप में समतावादी था। जनजातीय स्वभाव की प्रमुखता, न केवल 'पंचजनाः' अथवा पांच जनजातियां शब्द से, बल्कि इसी प्रकार के अन्य शब्दों से भी प्रकट होती है। जैसा पहले स्पष्ट किया जा चुका है, 'जन', 'विश्' आदि शब्द वर्ण की तुलना में बार-बार प्रयुक्त हुए हैं। कालांतर में वर्ण को सामाजिक वर्ग के अर्थ में समझा जाने लगा। यह संभव है कि किसी अवस्था में जनजातीय समाज से पूर्व समूह-समाज (band society) विद्यमान था। *ऋग्वेद* में प्रयुक्त अनेक शब्द युद्ध तथा संभवतः आखेट के उद्देश्यों के लिए अज्ञात लोगों के एक साथ मिल जाने की ओर संकेत करते हैं। ये शब्द हैं—'व्र', 'व्रात', 'शर्ध', 'ग्राम' आदि। 'गोत्र', 'व्रात' तथा 'व्राज' शब्द प्रदर्शित करते हैं कि लोग गाय-बैल पालने के लिए एक साथ आए। 'गोत्र' शब्द के अर्थ का इतिहास स्पष्ट रूप से प्रदर्शित करता है कि भरण-पोषण की आवश्यकता ने समूहों के निर्माण को अंततोगत्वा प्रारंभ किया। इस शब्द का शाब्दिक अर्थ है—गायों का बाड़ा। ऐसा प्रतीत होता है कि जो लोग पशुपालन के निमित्त एक साथ आए थे, उन्होंने अंततोगत्वा समूह अथवा गोत्र कही जाने वाली नातेदारी पर आधारित इकाई के निर्माण को सुविधाजनक पाया। इसकी तुलना पूर्व-माध्यमिक काल में

व्यावसायिक श्रेणियों के जातियों में परिवर्तन से की जा सकती है। 'समूह' ('band') के अस्तित्व के संबंध में साक्ष्य का चाहे जो भी स्वभाव हो, इसमें कोई संदेह नहीं है कि प्रारंभिक वैदिक समाज मुख्यतः जनजातीय था।

युद्ध में प्राप्त लूट तथा गाय-बैल संपत्ति के दो प्रमुख प्रकार थे। गाय-बैलों, घोड़ों तथा दासियों को सामान्यतः भेंट रूप में दिया जाता था। अनाज के उपहार में देने के उल्लेख लगभग अनुपलब्ध हैं, क्योंकि इनका उत्पादन बड़ी मात्रा में नहीं होता था। अतः युद्धों में लूट की संपत्ति के अतिरिक्त राजाओं एवं पुरोहितों के भरण-पोषण का कोई अन्य आधारभूत साधन नहीं था। इनमें से कुछ के पास बड़ी संख्या में घोड़े तथा गाएं थीं, और वे रथों पर चढ़ते थे, एवं इसी कारण वे 'मघवन्' थे। ब्राह्मणों तथा क्षत्रियों के कुछ उल्लेख *ऋग्वेद* में प्राप्त होते हैं, एवं इन्हीं से उच्च श्रेणियों का प्रारंभ होता है। राजा तथा पुरोहित घरेलू कार्यों के लिए दासियां रखते थे, परंतु उनकी संख्या बड़ी नहीं रही। समाज में शूद्रों के रूप में कोई सेवक वर्ग नहीं था। निरंतर युद्ध तथा पशुपालन के परिणामस्वरूप पितृ सत्तात्मक तत्व उभर गया एवं स्त्रियों का स्तर निम्न हो गया। परंतु यदि हम *ऋग्वेद* के मूल भागों में उपलब्ध भरण-पोषण के साधनों के आधिपत्य एवं वितरण के साक्ष्य पर विचार करें तो स्पष्ट होगा कि ऋग्वैदिक समाज मूलतः समतावादी समाज था, जो अनुसमर्थक बड़े यज्ञों से मुक्त था तथा, यह अधिक महत्वपूर्ण प्रतीत होता है कि वह वर्ण कहे जाने वाले परवर्ती कालों के सामाजिक वर्गों की संस्था से भी मुक्त था।

लगभग 1000-500 ई. पू. के उत्तर वैदिक काल में पश्चिमी उत्तर प्रदेश तथा पंजाब, हरियाणा एवं राजस्थान के निकटवर्ती क्षेत्र भौतिक व सांस्कृतिक गतिविधियों का केंद्र बन गए। लोहे का उपयोग करने वाले चि. धू. मृ. संस्कृति के लोग उत्तर वैदिककालीन लोगों का प्रतिनिधित्व करते हैं। भौगोलिक तथा कालक्रम की दृष्टि से उत्तर वैदिक काल चि. धू. मृ. संस्कृति के लौह काल से मेल खाता है, वैदिक ग्रंथों से उपलब्ध भौतिक संस्कृति चि. धू. मृ.-और लौहकालीन पुरातत्व से ज्ञात भौतिक संस्कृति के समान है। उत्तरी भारत में लगभग 1000 ई. पू. से, मुख्यतः युद्ध एवं आखेट के निमित्त, हम लोहे के उपयोग का प्रारंभ देखते हैं। यद्यपि उत्तर वैदिक समाज कृषक तथा ग्रामीण था तथापि दस्तकारी और कृषि की प्रगति में लोहे का योगदान मुख्य नहीं प्रतीत होता। चि. धू. मृ. संस्कृति के लौह काल से भारत में नगरीकरण का युग प्रारंभ नहीं होता। इस काल की कुछ पकाई हुई ईंटें कुछ स्थलों से अवश्य उपलब्ध हैं, परंतु सामान्यतः हड़प्पा संस्कृति के अंत के पश्चात लगभग 300 ई. पू. तक उत्तरी भारत में पकाई हुई ईंटें प्राप्त नहीं होतीं।

अफगानिस्तान तथा पंजाब से ले कर गंगा के दोआब क्षेत्र और गंगा के ऊपरी मैदानों में स्थानांतरण के काल तक वैदिक लोगों ने कृषि को बड़ी मात्रा में अपना लिया था। उत्तर वैदिक काल में हम दो तीन शताब्दियों तक निरंतर चलने वाली

बस्तियों को देखते हैं, जैसा कि चि. धू. मृ. संस्कृति की लौहकालीन बस्तियों से स्पष्ट होता है । चि. धू. मृ. स्थलों के उत्खनन से प्राप्त विविध प्रकार के मृद्भांड, धान तथा अन्य अनाज इस बात के स्पष्ट प्रमाण हैं कि यह भी ग्रामीण बस्तियां थीं । इसके परिणामस्वरूप क्षेत्रीय प्रमुखत्व का उदय हुआ । लोहे के हथियार इन स्थलों से बड़ी संख्या में प्राप्त हुए हैं । स्पष्टतः यह प्रमुख अपने विरोधियों से युद्ध करने के लिए तथा संभवतः अपनी ही जनजातिं के लोगों से उपहार इकट्ठा करने के लिए भी इन लोहे के हथियारों का उपयोग करते थे; लोहे के उपकरणों का दस्तकारी, जंगल साफ करने एवं कृषि के उद्देश्यों के लिए बड़े पैमाने पर उपयोग नहीं होता था । अतः अनाजों के रूप में उपहारों की मात्रा बड़ी नहीं हो सकती थी । परंतु राजाओं द्वारा यज्ञ संपन्न करने तथा अपने पुरोहितों को उपहार देने के लिए यह पर्याप्त थे । उत्तर वैदिकग्रंथों में निर्धारित 'अश्वमेध', 'राजसूय', 'वाजपेय' जैसे विशाल सार्वजनिक यज्ञों को इन ग्रंथों एवं महाकाव्यों के अनुसार विभिन्न राजाओं द्वारा संपन्न किया गया था । ये यज्ञ न केवल प्रमुखों के प्रभुत्व को वैधता प्रदान करते थे, बल्कि इस अवस्था में जो कुछ भी भौतिक संपत्ति के अंतर्गत समझा जाता था उसका आडंबरपूर्ण प्रदर्शन भी करते थे। गाय-बैल, अनाज तथा विभिन्न भौतिक वस्तुओं की निरंतर पूर्ति के अभाव में इन्हें संपन्न करना संभव नहीं था। ये यज्ञ अधिकतर मुखिया के नातेदारों तथा उसके पुरोहितों के लिए लाभप्रद होते थे । स्वाभाविक रूप से पुरोहित 'विश्' के अन्य सदस्यों से अधिक प्रतिष्ठित हो गए थे। उत्तर वैदिककालीन कृषक 'राजन्य' कहे जाने वाले अभिजातों एवं योद्धाओं को उपहार देते थे, जो स्वयं पुरोहितों को भेंटें दिया करते थे। इसके अतिरिक्त कृषक पुरोहितों को याज्ञिक दक्षिणा भी दिया करते थे । कृषक धातुकारों, रथकारों तथा बढ़इयों के भोजन की भी आपूर्ति करता था जबकि ये लोग मुख्यतः नवोदित योद्धा वर्ग की ही सेवा करते थे। परंतु उत्तर वैदिककालीन कृषक अथवा वैश्य व्यापार तथा नगरों के विकास में योगदान नहीं दे सके; यह विशेषता बुद्ध के काल में बलवती हुई । उत्तर वैदिक समाज धातु निर्मित सिक्कों के उपयोग से अनभिज्ञ था ।

वैदिक समाज ने न तो कर-व्यवस्था और न ही व्यावसायिक सेना स्थापित की थी । राजा के नातेदारों के अतिरिक्त नियमित कर इकट्ठा करने वाले अधिकारी भी नहीं थे । राजा को प्राप्त होने वाला भुगतान देवताओं को प्राप्त होने वाली याज्ञिक भेंट से बहुत भिन्न नहीं था । पशुपालक समाज की जनजातीय नागरिक सेना का स्थान कृषक समाज की कृषकों की नागरिक सेना ने ले लिया था । 'विश्' अथवा जनजातीय कृषक ही सेना अथवा हथियार युक्त दल थे । उत्तर वैदिक काल में कृषक वर्ग को 'बल' कहा जाता था । 'अश्वमेध' के घोड़े की रक्षा के निमित्त सेना" में क्षत्रिय तथा 'विश्' दोनों ही थे । धनुष, तूणीर तथा ढालों से युक्त क्षत्रिय सेनानायकों के रूप में कार्य करते थे, जबकि डंडों से युक्त 'विश्' सामान्य सैनिक

थे । विजय के लिए प्रमुख अथवा अभिजात से 'विश्' के साथ उसी पात्र में भोजन करने के लिए कहा जाता था । जनजातीय परंपराओं के अनुरूप राजाओं से कृषि का विकास अपेक्षित था, और उनसे आशा की जाती थी कि वे हल भी चलाएं जिससे राजन्य तथा वैश्य के मध्य अंतर अधिक न हो सके ।[2] अपने सगोत्रीय व्यक्तियों की सहमति के बिना राजा अथवा महान जनजातीय प्रमुख भूमि-दान नहीं कर सकता था । ये सगोत्रीय व्यक्ति स्पष्टतः कृषक वर्ग के ही थे । स्पष्ट रूप से शासकों तथा शासितों के मध्य अंतर बहुत अधिक नहीं था । अनुष्ठानों के माध्यम से पुरोहित कृषक वर्ग अथवा 'विश्' पर योद्धा-अभिजातों के आधिपत्य को बल देते थे, परंतु इस अवस्था में जनजातीय लोगों को करदाता कृषकों में परिवर्तित करने की प्रक्रिया बहुत शिथिल थी ।

लकड़ी के हल के फाल के प्रयोग तथा यज्ञों में पशुओं की अंधाधुंध हत्या के कारण कृषक अपनी आवश्यकताओं से अधिक पैदावार नहीं करते थे । उत्पादन पर उनके लिए अन्य सीमाएं भी थीं । यद्यपि लोहे का उपयोग ज्ञात था, तथापि इसका प्रयोग मुख्यतः युद्ध के उद्देश्यों के लिए ही होता था । उत्पादन में लोहे का योगदान अधिक नहीं हो सका था, क्योंकि गंगा के ऊपरी तट के समीपवर्ती क्षेत्र में कच्चे लोहे की पूर्ति के सीमित स्रोत थे । दूसरी बात यह है कि लोहे में कार्बन मिश्रण की कला बहुत विकसित नहीं थी, जिसके परिणामस्वरूप लोहे के बने हथियार बहुत प्रभावशाली नहीं थे । निष्कर्ष यह निकलता है कि उत्पादन में लोहे की भूमिका संभवतः बहुत सीमित थी । इसके अतिरिक्त, यद्यपि उत्तर वैदिक काल के लोग धान का उत्पादन करते थे, तथापि 'व्रीहि' वर्षा ऋतु की एक फसल थी और खेत में यूं ही बो देने के कारण इसका उत्पादन सीमित था । स्पष्टतः लोग धान की रोपाई की कला से परिचित नहीं थें, जिसका परवर्ती काल में शरद ऋतु की एक फसल के रूप में विकास हुआ । ऐसी परिस्थितियों में कृषि से प्राप्त उपज सीमित थी, और इसी प्रकार कृषकों की राजाओं तथा पुरोहितों को भेंट देने की सामर्थ्य भी सीमित थी । स्वाभाविक रूप से कृषक नियमित कर देने में असमर्थ थे ।

उत्तर वैदिक काल कृषि तथा लोहे के सीमित प्रयोग पर आधारित था । इस काल में जनजातीय राज्यों का क्षेत्रीय राज्यों में परिवर्तन तथा जनजातीय समाज का वर्गों में एवं व्यावसायिक समूहीकरण में क्रमिक परिवर्तन प्रारंभ हुआ । महान प्रमुखों की सार्वजनिक यज्ञों को संपन्न करने की योग्यता के अतिरिक्त उत्तर वैदिक समाज की एक प्रमुख विशेषता है पुरोहितों का प्रभुत्व, जो सोलह वर्गों में विभाजित थे और शीर्ष स्थान ब्राह्मण का था । संभवतः यह वैदिक लोगों के अवैदिक लोगों से एकीकरण का परिणाम था । अवैदिक लोगों में जादू टोना करने वाले पुरोहितों की महत्त्वपूर्ण भूमिका थी । *अथर्ववेद* में इनके अनेक उल्लेख हैं ।

बुद्ध के काल में पूर्वी उत्तर प्रदेश तथा बिहार पिटवा लोहे के निर्माण, सिक्कों के बनाने एवं उत्तरी काले ओपदार मृद्भांडों के प्रयोग के केंद्र बन गए थे । स्पष्टतः

ये मृद्भांड समाज के संपन्न वर्गों के निमित्त थे। इन सभी नवीनताओं ने लोगों के भौतिक जीवन को परिवर्तित कर दिया था। लोहे के कुछ उपकरण प्रयोगकर्ताओं की सिंहभूम एवं मयूरभंज के कच्चे लोहे की जानकारी के द्योतक हैं। इसका तात्पर्य यह हुआ कि लगभग प्रथम सहस्राब्दी ई. पू. के मध्य तक लोग दक्षिण बिहार की सर्वाधिक समृद्ध लोहे की खानों का उपयोग करने लगे थे। लोहार लोहे के उपकरणों में अधिक कार्बन मिश्रित करने की कला जान गए थे, जिसके परिणामस्वरूप ये उपकरण अधिक उपयोगी बन गए थे। एक प्रकार से बुद्ध का काल लोहे के उपयोग के इतिहास में द्वितीय चरण का प्रारंभ करता है, जब इसका उपयोग एक बड़ी सीमा तक दस्तकारी, जंगलों को साफ करने एवं कृषि में किया जाने लगा। यद्यपि इस प्रकार के लोहे के उपकरणों का उल्लेख प्रारंभिक पालि तथा संस्कृत ग्रंथों में उपलब्ध है, तथापि मध्य गंगा के मैदानी क्षेत्र में ये पर्याप्त संख्या में उपलब्ध नहीं हुए हैं। परंतु इनके संक्षारण एवं यहां तक कि पूर्ण समाप्ति की उस नम मिट्टी द्वारा सरलता से व्याख्या की जा सकती है जिसमें ये उपकरण विद्यमान थे। लोहे के व्यापक उपयोग से मध्य गंगा के तटवर्ती भाग के घने जंगलों को साफ करने में सहायता मिली, और लोहे के बने हल के फाल के उपयोग से उत्पादों के प्रचुर अधिशेष प्राप्त होने लगे। लोग रोपाई द्वारा धान उत्पन्न करने लगे जिसके कारण उत्पादन दोगुना हो गया। इन सबके परिणामस्वरूप मध्य गंगा के तटवर्ती क्षेत्र अथवा मज्झिमदेश में लगभग छठी शताब्दी ई. पू. में बड़ी ग्रामीण बस्तियों की स्थापना हुई, तथा नगरों की स्थापना का मार्ग खुल गया। हमारी दृष्टि से जो बात लगभग 500-300 ई. पू. के संदर्भ में अत्यधिक महत्वपूर्ण है वह ताम्र-पाषाणकालीन बस्तियों के भौतिक जीवन की मूल विशेषताओं से पूर्ण विच्छेद नहीं है, बल्कि जंगलों के साफ करने के उपरांत ग्रामीण बस्तियों का मुकुलित होना है। इन बस्तियों का प्रमाण मध्य गंगा तथा इसके चतुर्दिक क्षेत्र में प्राप्त लगभग 450 उ. का. ओ. मृ. स्थलों के रूप में है।[3] यों भी मध्य गंगा क्षेत्र की ताम्र-पाषाणकालीन बस्तियां दीर्घजीवी नहीं थीं, तथा इनकी संख्या भी सीमित थी।

कृषि के क्षेत्र में नवीन प्रविधियों तथा शक्ति के प्रयोग से कुछ लोगों ने बड़े भूमि खंड प्राप्त कर लिए थे, जिनके लिए उन्हें बड़ी संख्या में मजदूरों की आवश्यकता थी। वैदिक काल में अपने परिवार के सदस्यों की सहायता से लोग अपने खेतों पर काम करते थे; वैदिक साहित्य में वेतनभोगी के लिए कोई शब्द नहीं है। परंतु बुद्ध के काल में कृषि कार्यों में लगे दासों एवं वेतनभोगियों जैसे आधीन मजदूर नियमित विशेषता बन गए थे। मौर्य काल में ये वृहद् राजकीय फार्मों में कार्य करते थे। अशोक द्वारा कलिंग में लगभग 1,50,000 बंदी बनाए गए लोगों को संभवतः फार्मों एवं खानों में कार्य करने के लिए लगा दिया गया था। परंतु सब मिलाकर मौर्य-पूर्व भारत में दास घरेलू सेवक के रूप में होते थे। सामान्यतः छोटे

कृषक उत्पादन में महत्वपूर्ण भूमिका का निर्वाह करते थे, यद्यपि कुछ समृद्ध भूस्वामी दासों एवं किराए के मजदूरों की सेवाओं का उपयोग करते थे।

वैदिकोत्तर काल में कृषक अपने भरण पोषण की आवश्यकताओं से बहुत अधिक उत्पादन करते थे। इसके फलस्वरूप 'महाजनपद' कहे जाने वाले बड़े क्षेत्रीय राज्यों के उदय तथा अनुरक्षण की अनुकूल परिस्थितियां उत्पन्न हो गईं। राजाओं एवं पुरोहितों द्वारा कृषकों से कृषि उत्पादों का एक बड़ा भाग प्राप्त किया जाने लगा। नियमित रूप से कर इकट्ठा करने के लिए प्रशासनिक तथा धार्मिक विधियां निकाली गईं। राजा कर निर्धारण तथा उसे इकट्ठा करने के लिए कर-संग्रहकर्ता अधिकारियों की नियुक्ति करता था। जनजातीय नागरिक सेना को व्यावसायिक सेना में परिवर्तित कर के कर तथा प्रशासनिक तंत्र को समर्थन प्रदान किया गया। परंतु इस सब को भी करदाताओं एवं अन्य व्यक्तियों को आज्ञापालक बनाने के लिए पर्याप्त नहीं समझा गया। यह भी उचित पाया गया कि राज्य के प्रतीक के रूप में राजा के समर्थन के लिए सामान्य राय बनाई जाए तथा एक प्रकार की सर्वसम्मति विकसित की जाए और उन लोगों से, जिनकी समानता की जनजातीय विशेषता अब तक पूर्णतया समाप्त नहीं हुई थी, मनवाया जाए कि राजा की आज्ञाओं का पालन करना और उसे कर देना तथा पुरोहितों को उपहार देना आवश्यक था। इस उद्देश्य के लिए वर्ण व्यवस्था का आविष्कार किया गया। सामाजिक नियंत्रण की इस व्यवस्था ने ऊंच-नीच, हीनता तथा आधीनता की विचारधारा को आगे बढ़ाया। ये सभी वर्ग-विभाजित समाज की विशेषताएं हैं। इसके अतिरिक्त तीन उच्चतम वर्णों के सदस्यों को अनुष्ठानों द्वारा चौथे वर्ण के सदस्यों से अलग किया गया। द्विज वेदाध्ययन एवं यज्ञोपवीत धारण करने के अधिकारी थे, जबकि चतुर्थ वर्ण अथवा शूद्र इन सबसे अलग रखे गए। उनका कार्य था उच्च वर्णों की सेवा करना, और उन्हें जन्मजात दास घोषित किया गया। इस प्रकार यूनानी-रोमन संदर्भ में द्विज को मोटे तौर पर नागरिक (citizens) तथा शूद्रों को अनागरिक (Non-citizens) कहा जा सकता है।

द्विजों में ही विभिन्न श्रेणियों के नागरिकों के मध्य अंतर बढ़ने लगा। ब्राह्मण व्यवस्था में द्वितीय आनुष्ठानिक श्रेणी वाले क्षत्रियों ने जैन तथा बौद्ध ग्रंथों में अपनी प्रमुखता पर बल दिया। क्षत्रिय ब्राह्मणों के मिथ्याभिमान से आहत थे, तथा करों, उपहारों, भेंटों एवं कृषकों व दस्तकारों द्वारा प्रदान किए गए श्रम के बड़े भाग को अपने लिए बनाए रखने के लिए आतुर थे। फलस्वरूप क्षत्रिय-प्रमुख तथा राजा कभी कभी पुरोहितों के साथ बैर कर लेते थे, परंतु सामान्यतः दोनों उच्च वर्ण अपने झगड़ों को अपने पारस्परिक हित में सुलझा लेते थे। यद्यपि राजाओं के हल जोतने के आनुष्ठानिक संदर्भ में हमारे पास अनेक उदाहरण हैं तथा बुद्ध के काल और बाद तक भी 'वप्प-मंगल' के रूप में यह परंपरा चलती रही, तथापि जैसे जैसे समय बीतता गया,दोनों उच्च वर्णों को, विशेष रूप से ब्राह्मणों को, हल चलाने व अन्य

शारीरिक कार्य करने की अनुमति नहीं दी जाती थी। शनैः शनैः शारीरिक कार्य के लिए उच्च वर्णों की घृणा इस सीमा तक बढ़ गई कि दस्तकारी करने वाले लोगों को ही वह घृणा करने लगे और इस प्रकार कुछ शारीरिक श्रम करने वाले लोगों को अस्पृश्य माना जाने लगा। जितना ही एक व्यक्ति शारीरिक श्रम से दूर होता गया उतना ही अधिक वह पवित्र समझा जाने लगा। यद्यपि वैश्य द्विज वर्ग के सदस्य थे, परंतु वे कृषक, पशुपालक तथा दस्तकारों और कालांतर में व्यापारियों के रूप में कार्य करते थे। अधिक महत्वपूर्ण यह है कि वे प्रमुख करदाता थे और उन्हीं के द्वारा किए गए भुगतान से क्षत्रियों तथा ब्राह्मणों का भरण-पोषण होता था। इन दोनों ही बातों में वे यूनानी-रोमन नागरिकों (citizens) से भिन्न थे, क्योंकि इस परंपरा में सामान्य नियम के रूप में उन्हें न तो कर देने की आवश्यकता थी और न ही स्वयं को मूलभूत उत्पादन में संलग्न करने की। वर्ण व्यवस्था ने क्षत्रियों को कृषकों से कर प्राप्त करने तथा व्यापारियों व दस्तकारों से चुंगी प्राप्त करने का अधिकार दिया था। इसी धन से वे अपने पुरोहितों व कर्मचारियों को नकद व वस्तु के रूप में भुगतान करते थे।

वर्ण संबंधी ब्राह्मण विचारधारा उत्पादन, कर/उपहार इकट्ठा करने तथा वितरण को नियंत्रित करने के लिए बनाई गई एक बुद्धिमत्तापूर्ण युक्ति थी। परंतु इस युक्ति से भेदमूलक विधान को बहुत दूर तक ले जाया गया, जिसके परिणामस्वरूप यह नवीन भौतिक परिवर्तनों की अवरोधक बन गई। इसकी तुलना में महत्वपूर्ण सामान्य बौद्ध शिक्षाओं ने नवीन भौतिक एवं सामाजिक व्यवस्था को सहायता प्रदान की, और वर्ण व्यवस्था की कठिनाइयों को कम करने में भी सहायता की। लौह फल वाली कृषि की प्रगति पशु धन की सुरक्षा तथा वृद्धि पर आधारित थी। परंतु वैदिक अनुष्ठान बड़ी संख्या में पशुबलि का विधान करते थे, और आर्यों के पूर्ववर्ती लोग दूध निर्मित वस्तुओं व कृषि के लिए नहीं, बल्कि मांस भक्षण के लिए पशुपालन करते थे। अतः पशुओं की हत्या के विरोध पर बल देना बौद्ध ग्रंथों के लिए आवश्यक हो गया। प्राचीनतम पालि ग्रंथ *सुत्तनिपात* कहता है कि पशुओं की रक्षा करनी चाहिए, क्योंकि ये भोजन, बल, सौंदर्य तथा सुख प्रदान करते हैं ('अन्नदा', 'बलदा', 'वन्नदा' एवं 'सुखदा')।

नगरों के विकास के साथ साथ पांचवीं शताब्दी ई. पू. के पश्चात धातु निर्मित सिक्कों, मुख्यतः चांदी के सिक्कों का प्रयोग होने लगा। सिक्कों के प्रयोग ने व्यापार को सुविधाजनक बना दिया, तथा वणिजों और व्यापारियों के विकास में सहायता की। लगभग 300 ई. पू. में उ. का. ओ. मृ. संस्कृति के मध्य काल में नगरीकरण को और अधिक प्रोत्साहन मिला, जब हम दस्तकारी व कृषि के लिए अधिक लोहे के उपकरण, अधिक आहत मुद्राएं, तथा आग में पकाई गई ईंटों एवं मिट्टी के चक्रों से निर्मित कुओं के उपयोग का प्रारंभ देखते हैं। परंतु ब्राह्मण विचारधारा न तो वाणिज्य का और न ही सिक्कों के प्रयोग का समर्थन करती थी। ब्याज पर धन

देने वाले ब्राह्मण की कड़े शब्दों में निंदा की गई थी । बौद्ध भिक्षुओं में वास्तविकता को पहचाना गया था । बौद्ध ग्रंथों में धन ऋण में देने की भर्त्सना नहीं की गई, तथा बुद्ध ने गृहस्थों को ऋण चुकानें का सुझाव दिया और ऋणी व्यक्ति का 'संघ' में प्रवेश निषिद्ध कर दिया । अपने दायित्वों से भाग कर दासों को भी संघ में प्रवेश की अनुमति नहीं थी । इस प्रकार बौद्ध धर्म ने ऋण देने तथा दास रखने दोनों का ही समर्थन किया, और सामान्य उपासकों के निमित्त इसकी शिक्षाओं ने नवीन सामाजिक तथा आर्थिक परिवर्तनों का मार्ग सरल बना दिया ।

परंतु बौद्ध धर्म ने अपने भिक्षुओं के आचरण पर सीमाएं लगाईं । उनकी व्यक्तिगत संपत्ति चोलों, कटोरों, धान तथा औषधियों तक सीमित थी । स्पार्टा के नागरिकों के समान ही वे आदान-प्रदान में स्वर्ण और चांदी स्वीकार कर सकते थे । वे न तो खरीद सकते थे,न ही बेच सकते थे । एक प्रकार से भिक्षुओं से ऐसे आदिम जनजातीय जीवन पर लौट जाने के लिए कहा गया था जिसमें बुद्ध के काल के भौतिक जीवन से संबद्ध सिक्कों का प्रयोग, व्यक्तिगत संपत्ति तथा भोग विलास की वस्तुओं का अभाव था । स्पष्टतः भिक्षुओं के अतिनैतिकतापूर्ण जीवन ने बौद्ध धर्म की सामान्य शिक्षाओं के पक्ष में वातावरण का निर्माण किया । इन शिक्षाओं ने वैदिकोत्तर काल के भौतिक जीवन में हुई प्रगति को दृढ़ बनाने में लोगों की सहायता की । ब्राह्मणवादी वर्ण-विचारधारा तथा पशुओं के संरक्षण के लिए बौद्धों का आग्रह, दोनों ने ही परवर्ती कालों में हुई परिवर्तित भौतिक परिस्थितियों के अंतर्गत उत्पादन को अवरुद्ध किया । प्रमुख भारतीय अर्थशास्त्रियों ने अर्थव्यवस्था पर बोझ समझे जाने वाले व्यर्थ और अनुत्पादक गाय-बैलों को रखने की निरर्थकता की ओर हमारा ध्यान आकर्षित किया है ।

इस प्रकार, यह स्पष्ट होता है कि मध्य गंगा के मैदानों और चतुर्दिक क्षेत्र के लोगों के भौतिक तथा सामाजिक जीवन ने अनेक प्रकार से पूर्ववर्ती जीवन-क्रम के साथ पूर्ण विच्छेद का सूत्रपात किया । यह निष्कर्ष वैदिक साहित्य, प्रारंभिक पालि ग्रंथों, तथा पुरातात्विक व मानवशास्त्रीय सामग्री के सम्मिलित साक्ष्य के आधार पर निकाला गया है । महाकाव्यों का अध्ययन भी इसी प्रकार के सामाजिक विकास की प्रवृत्तियों की ओर संकेत करता है । महाकाव्यों में आदिम तथा विकसित दोनों ही प्रकार की परंपराएं हैं, जो विभिन्न सामाजिक संरचनाओं एवं भौतिक वातावरणों से संबद्ध प्रतीत होती हैं । यद्यपि *महाभारत* में 'दल' (Band) अवस्था के विद्यमान होने के अधिक प्रमाण नहीं प्राप्त होते, तथापि यह बृहत् महाकाव्य जनजातीय एवं राज्यहीन समाज के ऐसे वर्ग-विभाजित व राज्य- आधारित समाज में परिवर्तन की ओर संकेत करता है, जिसमें कर व्यवस्था, प्रशासनिक तंत्र, लंबे समय तक कार्य करने वाली व्यावसायिक सेना आदि विद्यमान थीं । यद्यपि *रामायण* में जनजातीय तत्व पूर्णतया अनुपलब्ध नहीं है, तथापि इसके अधिकांश अंशों में एक ऐसी वर्ण-विभाजित व राज्य-आधारित सामाजिक संरचना के आदर्शों को

स्थापित किया गया है जिसमें वैश्य प्रमुख उत्पादक एवं करदाता के रूप में उपस्थित होते हैं । इसी प्रकार की स्थिति *महाभारत* में भी है, और प्रारंभिक पालि ग्रंथों के 'गहपति' भी इसी प्रकार के प्रतीत होते हैं ।

हमारा सीमित अध्ययन प्रगट करता है कि वर्ण, 'जनपद' आदि अनेक प्रकार की सामाजिक संस्थाएं ऐसी परिस्थिति में उत्पन्न नहीं हो सकती थीं, जब लोग युद्ध में लूट के माल तथा पशुपालन पर जीवन निर्वाह करते थे । भरण-पोषण प्राप्ति के निमित्त जो संगठन थे वे दल के सामूहिक कृत्यों जैसे प्रतीत होते हैं और ये जनजातीय प्रकार के अधिक थे । वे सात नदियों के क्षेत्र के विविध भागों में कार्य करते थे, जिसमें पशुचारण के लिए चरागाहों व जल-स्रोतों का अभाव नहीं था । परंतु ऋग्वैदिक लोगों के पास कोई ऐसी प्रभावी प्रविधि नहीं थी जिसको अपना कर वे इस क्षेत्र की क्षमताओं को और अधिक उपयोग में ला सकें । लूट के माल, मुख्यतः गाय-बैलों, के विभाजन ने विभेदीकरण के तत्व को जन्म दिया, जिसके अंतर्गत जनजातीय समुदायों के अन्य अंगों की अपेक्षा जनजातीय प्रमुखों एवं पुरोहितों की स्थिति ऊंची थी । क्योंकि कृषि इतनी महत्त्वपूर्ण नहीं थी कि वह भोज्य-पदार्थ-उत्पादन की अर्थव्यवस्था को जन्म दे सके, पूर्व वैदिक समाज वर्ग तथा राज्य व्यवस्थाओं को विकसित नहीं कर सका ।

ऊपरी गंगा के क्षेत्रों एवं सतलज के मैदानों के लगभग 700 चि. धू. मृ. स्थलों की स्थिति स्पष्ट करती है कि प्रथम सहस्राब्दी ई. पू. के प्रथमार्ध में लोहे के सीमित प्रयोग एवं वर्षा ऋतु के रोपाईविहीन धान की कृषि पर आधारित भोज्य-पदार्थ उत्पादन की अर्थव्यवस्था, जिसमें पूरक के रूप में जौ की खेती भी की जाती थी, आधारभूत विशेषता थी । गाय-बैलों तथा कृषि-उत्पादनों में प्राप्त भागों ने बड़े प्रमुखों को महान यज्ञ संपन्न करने में समर्थ बना दिया था । इन अनुष्ठानों ने प्रमुखों के आधिपत्य को वैधानिकता प्रदान की और उनकी बढ़ती हुई शक्ति एवं प्रतिष्ठा का प्रदर्शन भी किया । परंतु ग्रामीण जनता पर शासन करने वाले ये बड़े प्रमुख भी व्यावसायिक सेना, नियमित कर व्यवस्था, अथवा स्थायी प्रशासन-तंत्र विकसित नहीं कर सके । अधिक भेंट तथा दक्षिणा प्राप्त करने के कारण राजन्य एवं विविध प्रकार के पुरोहित, जिनमें ब्राह्मण प्रमुख थे, महत्वपूर्ण बन गए । परंतु संपूर्ण जनजातीय समुदाय अब भी 'सेना' का निर्माण करता था, तथा भूमि पर उसी का प्रभुत्व था । जनजातीय प्रमुखों एवं पुरोहितों के पास इतनी अधिक भूमि नहीं थी कि उन्हें अधीनस्थ मजदूरों की सेवाओं की आवश्यकता पड़ती ।[4]

प्रथम सहस्राब्दी ई. पू. के मध्य तथा उसके बाद, मुख्यतः पूर्वी उत्तर प्रदेश तथा बिहार में, राज्य संरचना एवं सामाजिक स्तरीकरण की प्रक्रियाओं को गति मिली, और वे महत्त्वपूर्ण बन गईं । ये दोनों तथ्य एक-दूसरे से बहुत अधिक गुंथे हुए थे । इन दोनों का विकास नवीन कृषि की सामर्थ्य के कारण हुआ था । यह नवीन कृषि न केवल कृषकों के बल्कि ऐसे अन्य अनेक लोगों के भरण-पोषण में समर्थ थी,

जो मूल उत्पादन के महत्त्वपूर्ण कार्य में प्रत्यक्ष रूप से संलग्न नहीं थे। भोज्य-पदार्थ उत्पादन की अर्थव्यवस्था को लोहे के फाल व अन्य उपकरणों के प्रयोग, धान की रोपाई, तथा गाय-बैलों के संरक्षण के लिए धार्मिक समर्थन द्वारा अपरिमित बल मिला। इस सबसे कृषकों की आय में वृद्धि हुई। ये कृषक बड़ी संख्या में राजाओं, सैनिकों, पुरोहितों,[5] संन्यासियों, दस्तकारों, व्यापारियों आदि का पोषण करते थे। मूल उत्पादक शनैः शनैः सामाजिक और राजनैतिक रूप से उन लोगों से अलग होने लगे, जो करों, भेंटों, उपहारों आदि को इकट्ठा करते थे, और उनका भोग करते थे। श्रम विभाजन के रूप में प्रस्तुत इस अलगाव को वर्ण व्यवस्था के रूप में वैधानिक एवं वैचारिक अभिव्यक्ति मिली। यही वर्ण व्यवस्था वैदिकोत्तर कालों में राज्य तथा समाज का प्रमाण चिह्न बनी।

संदर्भ और टिप्पणियां

यदि हम पंजाब तथा आसपास के क्षेत्रों में चित्रित धूसर मृद्भाण्ड काल के पूर्व के धूसर मृद्भांडों के स्तरों के विषय में अधिक सूचना प्राप्त कर लेते हैं, तो इससे हमें सहायता होगी.

2. प्रोफेसर बी. एन. एस. यादव ने निम्नलिखित की ओर मेरा ध्यान आकर्षित किया है : ''' इंद्र आसीत् सीरपतिः शतक्रतुः किनाशा आसन् मरुतः सुदानवः. V, VI, 30, 1. सरस्वती के तट पर जौ की खेती के संदर्भ में इंद्र हल अथवा उसकी बनाई रेखा के स्वामी के रूप में प्रतीत होते हैं, और उनके सहयोगी मरुत उदार कृषकों के रूप में. इसका तात्पर्य यह हुआ कि इंद्र ने पहले युद्ध में अपने अनुयायियों का नेतृत्व किया, और बाद में भूमि जोतने में भी उन्हें नेतृत्व प्रदान किया. इस प्रकार खेत जोतना एक सामुदायिक कृत्य था.
3. उ. का. ओ. मृ. के स्थलों का सर्वेक्षण योजनाबद्ध रूप में अब भी किया जाना शेष है; जो कुछ अब तक किया गया है वह कुछ खंडों तक ही सीमित है, तथा प्रारंभिक व अत्यधिक अपर्याप्त है.
4. अपने पद तथा कार्यों के कारण प्रमुखों एवं पुरोहितों के पास अधिक गाय-बैल थे, एवं वे विभिन्न भेंट व उपहार प्राप्त करते थे. परंतु उनके पास इतनी अधिक भूमि नहीं थी कि उन्हें आधीन मजदूरों की आवश्यकता होती.
5. यदि हम उत्तर बिहार में प्रमुख गोत्र-आधारित गांव (यथा, बामन अथवा ब्राहमण, 'बरहगामा') में प्रचलित परंपराओं को प्राचीन काल में आरोपित करें तो यह संभव है कि प्रमुखों एवं पुरोहितों के वरिष्ठ तथा अग्रणी परिवार अधिक प्रभावशाली थे. इस प्रभाव ने कृषकों से अधिक धन प्राप्त करने में उन्हें सहायता दी होगी. परंतु जो भी हो, धन प्राप्त करना, भुगतान कर सकने तथा भुगतान वसूल कर सकने की क्षमता पर आधारित था.

परिशिष्ट-1

वैदिक ग्रंथों का काल-निर्धारण

वैदिक ग्रंथों के काल पर वैदिक विद्वानों के मध्य उस समय व्यावहारिक मतैक्य हो गया था जब इस उद्देश्य के लिए पुरातत्व के उपयोग के विषय में मुश्किल से ही सोचा जाता था। पिछले लगभग तीस वर्षों में पाकिस्तान तथा उत्तरी भारत में हुए पुरातात्विक उत्खननों के परिणामस्वरूप गांधार शवाधान, धूसर मृद्‌भांड तथा चित्रित धूसर मृदभांड संस्कृतियाँ प्रकाश में आईं, जो काल तथा क्षेत्र की दृष्टि से पूर्ववर्ती एवं परवर्ती वैदिक लोगों से संबद्ध की जा सकती हैं। ऋग्वैदिक काल के लोग शवाधान तथा शवदाह दोनों ही प्रथाओं का अनुसरण करते थे।[1] एक संपूर्ण मंत्र ही शव गाड़ने की प्रथा को समर्पित है।[2] ऋग्वेद के प्राचीनतम भागों में भी शवाधानों का उल्लेख है।[3] इसका तात्पर्य ऋग्वैदिक जनों तथा उन गांधार शवाधानों के मध्य संबंध हो सकता है, जिनका प्रारंभ 1000 ई. पू. से पहले स्वीकार किया जाता है। कुछ पुरातत्ववेत्ता सिकोड़कर रखे गए शवोंवाले शवाधानों को भारोपीय संस्कृति की एक विशेषता मानते हैं।[4] शव जलाने की प्रथा का मध्य यूरोप में उत्तर कांस्य-युग में प्रचलन था, जिसका काल 1250 ई. पू. से 750 ई. पू. माना जाता है। इस संस्कृति के लोगों को भारोपीय स्वीकार किया जाता है।[5] अतएव, यह संभव है कि इस प्रथा का प्रचलन भारत में लगभग 1200-1000 ई. पू. में हुआ होगा, परंतु अंततः इसने शवाधानों की प्रथा का स्थान ले लिया।

धूसर मृद्‌भांड गांधार शवाधानों से संबद्ध हैं, और यह विश्वास किया जाता है कि धूसर मृद्‌भांड प्रयोग करनेवाले भारोपीय उत्तरी ईरान में लगभग 1900 ई. पू. में बड़ी संख्या में प्रकट हुए थे।[6] यूनान तथा अनातोलिया में भी धूसर मृद्‌भांड संस्कृतियों के विद्यमान होने की हमें सूचना है।[7] जम्मू में मांडा के उत्खनन में धूसर मृद्‌भांड प्राप्त हुए हैं, जिनमें कटोरे तथा थालियाँ बड़ी संख्या में विद्यमान हैं।[8] जब हम भारत में उत्तर-पश्चिम से दक्षिण-पूर्व की ओर जाते हैं, तो हम देखते हैं कि इस मृद्‌भांड के ठीकरे क्रमशः कम होते जाते हैं। इस प्रकार धूसर मृद्‌भांड संस्कृति के 109 स्थल पंजाब में. 46 हरियाणा में, 24 उत्तरप्रदेश में तथा 8 राजस्थान में

विदित हैं ।[9] इस धूसर मृद्भांड संस्कृति को 1700-1000 ई. पू. का काल दिया जाता है ।[10] यह काल लगभग वही है जो अन्य आधारों पर *ऋग्वेद* के संदर्भ में सुझाया जाता है ।

भाषाविज्ञान तथा अभिलेखों के आधार पर *ऋग्वेद* की तिथि निर्धारित की गई थी तथा इसके विभिन्न स्तरों को शैली एवं सामाजिक विकास की स्थितियों के माध्यम से पहचाना गया था । वैदिक ग्रंथों का जीवन-पर्यंत अध्ययन करनेवाले फ्रांसीसी विद्वान लुई रेनू ने मैक्स म्यूलर के उस मत को स्वीकार किया, जिसके अनुसार आर्य 15वीं तथा 16वीं शताब्दी ईस्वी पूर्व में भारत में आए, तथा उन्होंने *ऋग्वेद* के मंत्रों को भी लगभग यही तिथि प्रदान की ।[11] यह संभव है कि कुछ आर्य भारत में थोड़ा पहले आए थे ।[12] हम जानते हैं कि उन हित्ती लोगों की संस्कृति में कुछ योरोपीय तत्व पाए जाते हैं, जिन्होंने अनातोलिया अथवा वर्तमान टर्की पर लगभग 2000 ई. पू. में शासन किया था । हम यह भी जानते हैं कि उन कैस्साइटों द्वारा प्रयुक्त भाषा में कुछ भारोपीय शब्द पाए जाते हैं, जिन्होंने बेबिलोनिया पर 18वीं शताब्दी ई. पू. में आक्रमण किया था । इनके अतिरिक्त, सिंधु सभ्यता के नगरीकरण के काल का अंत लगभग 1700 ई. पू. अथवा इससे कुछ पहले हो गया था । यद्यपि, अपने वर्तमान रूप में *ऋग्वेद* 5 शताब्दियों से भी अधिक की सामाजिक एवं भौतिक विकास की अनेक स्थितियों को प्रदर्शित करता है, तथापि इसमें वर्णित पशु-चारण, जिसकी पूर्ति कृषि द्वारा की जाती थी, हड़प्पा-संस्कृति के नगरीकरण से कदापि अनुकूलता प्रदर्शित नहीं करता ।[13]

कुछ महत्वपूर्ण अभिलेख भारोपीयों के बिखराव पर प्रकाश डालते हैं । *ऋग्वेद* में उल्लिखित इंद्र, वरुण तथा नासत्यों (= अश्विनों) के नाम पश्चिमी एशिया के लगभग 1350 ई. पू. के उन अभिलेखों में प्राप्त होते हैं, जिनमें हित्तियों तथा भित्तानियों के मध्य हुई संधि का वर्णन है ।[14] लगभग 1400-1200 ई. पू. के यूनानी बोली में लिखे गए कुछ छोटे अभिलेख क्रीट एवं यूनान की मुख्य भूमि में प्राप्त हुए हैं ।[15] इसके आधार पर यह स्वीकार किया जाता है कि यूनान में भारोपीय संस्कृतीकरण लगभग 1600 ई. पू. में प्रारंभ हुआ ।[16] अनातोलिया तथा उत्तरी ईरान में इंडो-यूरोपियनों के बड़े पैमाने पर प्रकट होने का उल्लेख हम पहले ही कर चुके हैं । इस सामान्य संदर्भ में आर्यों का अपेक्षाकृत बड़ी संख्या में भारत-आगमन लगभग 1600 ई. पू. अथवा इससे कुछ पहले माना जा सकता है, और इसी प्रकार *ऋग्वेद* की रचना का प्रारंभ भी लगभग 1500 ई. पू. स्वीकार किया जा सकता है ।[17]...

यद्यपि *ऋग्वेद* को एक पुस्तकालय न कि एक पुस्तक कहा जाता है, तथापि यह स्वीकार किया जाता है कि इसके प्राचीनतम भाग (संभवतः वंशमंडल) *ऋग्वेद* के बाद के संकलनों से पूर्व के हैं ।[18] *अथर्ववेद* का संकलन 'संभवतः *ऋग्वेद* के बहुत

बाद में' हुआ था, क्योंकि भाषायी स्तर अपेक्षाकृत बाद का है, और इसमें उपलब्ध मिथकों एवं कल्पनाओं के समान ही इसमें वर्णित सामाजिक व भौगोलिक विवरण अधिक विकसित अवस्था के द्योतक हैं ।[19] इसमें उपलब्ध आदिम अनुष्ठानों के बावजूद इस ग्रंथ में कृषि जीवनयापन के एक प्रमुख साधन के रूप में प्रतीत होती है । अनेक चित्रित धूसर मृद्‌भांड-संस्कृति की बस्तियों[20] के आधार पर यह माना जा सकता है कि कृषि लगभग 1000 ई. पू. में प्रचलित हुई होगी । यजुशाखा के ग्रंथों के लिए भी समान तिथि का सुझाव दिया जा सकता है, क्योंकि इनमें उपलब्ध अनुष्ठान कृषि और इसके द्वारा उत्पादित अनाजों के अनुष्ठानों में प्रयोग की पूर्व कल्पना करते हैं । वर्तमान जानकारी के आधार पर यह कहा जा सकता है कि गंगा द्वारा विभाजित क्षेत्र तथा गंगा के ऊपरी तटवर्ती क्षेत्र में, जहाँ यजु-ग्रंथों एवं ब्राह्मण व उपनिषद-ग्रंथों का संकलन किया गया था, में लोहे का प्रयोग 1000 ई. पू. के पहले नहीं ले जाया जा सकता । अनेक ग्रंथों को यह धातु ज्ञात थी । रेनू के विचार में ब्राह्मण-ग्रंथों को 10वीं तथा 7वीं शताब्दी ई. पू. के मध्य रखा जा सकता है ।[21] कीथ ब्राह्मणों के लिए 800 से 600 ई. पू. की तिथि निर्धारित करते हैं ।[22] सामान्यतः, ब्राह्मण-ग्रंथों की रचना की अंतिम तिथि 600 ई. पू. से 500 ई. पू. के रूप में दी जाती है,[23] और 800 ई. पू. की तिथि प्राचीनतम ब्राह्मणों की रचना की तर्कसंगत अधिकतम तिथि मानी जाती है ।[24] इन प्राचीनतम ब्राह्मणों में *शतपथ ब्राह्मण* तथा प्रारंभिक 5 अध्यायों को छोड़कर *ऐतरेय-ब्राह्मण* सम्मिलित नहीं हैं ।[25] *शतपथ ब्राह्मण* सांस्कृतिक सामग्री की दृष्टि से समृद्धतम है, परंतु यह ग्रंथ वैदिक से वैदिकोत्तर संस्कृति में परिवर्तन के काल का प्रतिनिधित्व करता प्रतीत होता है । मैक्डोनेल एवं कीथ प्राचीनतम प्रमुख उपनिषदों को लगभग 500 ई. पू. की तिथि प्रदान करते हैं ।[26] रेनू भी उपनिषदों के लिए 'बहुधा सुझाई गई' 500 ई. पू. की तिथि को तर्कसंगत स्वीकार करते हैं ।[27] इस प्रकार *ऋग्वेद* के बाद संकलित वैदिक ग्रंथों को लगभग 1000 ई. पू. का सामान्यतः स्वीकार किया जाता है, और विन्टरनित्स द्वारा 500 ई. पू. की तिथि को वैदिक साहित्य के संकलन की अंतिम तिथि माना गया है, परंतु यह विद्वान लगभग 2000 ई. पू. को वैदिक साहित्य के प्रारंभ की तिथि स्वीकार करने के पक्ष में हैं ।[28] परंतु, वे प्राचीनतम सीमा के संबंध में बहुत दृढ़ नहीं हैं, और मानते हैं, कि 'वैदिक संस्कृति' को कम से कम द्वितीय सहस्राब्दी ई. पू. तक ले जाया जा सकता है ।[29] वैदिक ग्रंथों की संपूर्ण शृंखला, जिसमें प्रमुख उपनिषद भी सम्मिलित हैं, उन पालिग्रंथों से पूर्ववर्ती हैं, जिनमें वैदिक विचारों एवं अनुष्ठानों की तीव्र आलोचना की गई है, और जिनका संकलन 5वीं शताब्दी ई. पू. अथवा थोड़ा बाद में किया गया था । स्पष्टतः, इन तथ्यों को देखते हुए वैदिक साहित्य को लगभग 1500 ई. पू. और 500 ई. पू. के मध्य रखना पड़ेगा । परंतु सब मिलाकर वैदिक शोधों से प्राप्त निष्कर्ष *ऋग्वेद* की सामान्यतः

1500-1000 ई. पू. की तिथि की ओर संकेत करते हैं, तथा भाषाशास्त्रीय, ऐतिहासिक एवं पुरातात्त्विक अन्वेषण, उत्तर वैदिक ग्रंथों को लगभग 1000-500 ई. पू. का निर्धारित करते हैं। जैसाकि पहले कहा जा चुका है, उत्तर वैदिक संस्कृति की लोहे का प्रयोग करनेवाली चित्रित धूसर मृद्भांड-संस्कृति से पहचान के लिए पर्याप्त आधार उपलब्ध हैं।

संदर्भ

1. *वै. इं.,* जिल्द 1, 8-9; जिल्द 2, 175-76.
2. *ऋ.,* मंडल 10, 18 को *वै. इं.,* जिल्द 1, 8, पा. टि. 7 में उल्लिखित किया गया है।
3. *ऋ.* 7.89.1. में प्रयुक्त शब्द 'भूमि-गृह' है। *वै. इं.* जिल्द 1,8 तथा पा. टि. 9 में उल्लिखित।
4. कुछ पुरातत्त्ववेत्ताओं का विचार है कि काले सागर के उत्तर तथा दक्षिणी रूस में स्थित एवं युद्ध में प्रयुक्त परशु से युक्त कुरगन अथवा स्तूप-शवाधान संस्कृति आदि—भारोपीय भौतिक जीवन का प्रतिनिधित्व करती है, और यह भी कि इस संस्कृति के निर्माताओं ने लगभग 2000 ई. पू. में प्राचीन पश्चिमी एशिया पर आक्रमण किया था, यद्यपि उनकी घुसपैठ लगभग 1000 वर्ष पूर्व ही प्रारंभ हो गई थी। मरिजा गिबुटस, 'प्रोटो-इंडो-योरोपीयन कल्चर: द कुरगन कल्चर ड्यूरिंग द फिफ्थ, फोर्थ, एंड थर्ड मिलेनिया बी. सी. *इंडो-योरोपीयन एंड इंडो-योरोपीयन्स,* संपा. ज्यॉर्ज कार्डोना तथा अन्य, फिलाडेल्फिया, 1970, पृ. 155-97, तथा पृ. 190-93 भी देखिए। परंतु कुछ अन्य विद्वानों का मत है कि कुरगन-संस्कृति के अतिरिक्त, सिकुड़े हुए शव वाले शवाधान (शव बहुधा गेरू पर रखे गए थे), डोरी द्वारा चिह्नित अलंकरण वाले मृद्भांड तथा युद्ध में प्रयुक्त परशु योरोप में प्रारंभिक भारोपीय संस्कृतियों की विशेषताएँ हैं। वही, पृ. 202-3.
5. मरिजा गिबुटस, *ब्रौंज एज कल्चर्स इन सेंट्रल एंड इस्टर्न योरोप हंग,* 1965, पृ. 3.
6. *इंडो-योरोपीयन एंड इंडो-योरोपीयन्स,* पृ. 200 .
7. वही, पृ. 212, परंतु इन संस्कृतियों की उत्पत्ति तथा पारस्परिक संबंधों को निर्धारित किया जाना आवश्यक है।
8. मुझे यह सूचना भारतीय पुरातत्त्व सर्वेक्षण की कुमारी मधुबाला से प्राप्त हुई। इन मृद्भांडों में चि. धू. मृ. के विशिष्ट कटोरे व थालियाँ उपलब्ध हैं, यद्यपि इनमें पर्याप्त संख्या में कलश (Vases) भी प्राप्त हुए हैं।
9. मुझे यह सूचना भारतीय पुरातत्त्व सर्वेक्षण की कु. मधुबाला से प्राप्त हुई।
10. टी. एन. खज़ांची तथा के. एन. दीक्षित, 'द ग्रेवेयर कल्चर ऑफ नॉर्दर्न पाकिस्तान जम्मू एंड कश्मीर, एंड पंजाब', *पुरातत्त्व,* नं. 9 (1977-78), 47-61 स्तरीकरण के तथा आनुमानिक आधारों पर तिथि का सुझाव दिया गया है, क्योंकि धूसर मृद्भांड संस्कृति तथा उत्तर हड़प्पा संस्कृति परस्पर व्याप्त हैं। धूसर मृद्भांड संस्तर के लिए कोई भी रेडियो-कार्बन तिथि उपलब्ध नहीं है।
11. रेनू, *वैदिक इंडिया,* पृ. 10.
12. वही
13. वैदिक विद्या के प्रमुख विद्वान के. सी. चट्टोपाध्याय ने उन विद्वानों के मतों का भलीभाँति खंडन किया है, जो हड़प्पा संस्कृति की आर्य उत्पत्ति स्वीकार करने के पक्ष में हैं। 1937 में दिए गए उनके तर्क आज भी पुष्ट माने जा सकते हैं। देखिए, के. सी. चट्टोपाध्याय, *स्टडीज़ इन वैदिक एंड इंडो-इरानियन रिलिजन एंड लिटरेचर,* जिल्द 2, संपा. वी. एन. मिश्र, वाराणसी, 1978, पृ. 41-50.
14. वही, पृ. 38-40.

15. इन्हें 'लीनियर बी टेब्लेट' कहा जाता है, तथा इन्हें एम. वेंट्रिस एवं जे. चडविक द्वारा पढ़ा गया है, देखिए, इन्हीं लेखकों का ग्रंथ, *डॉक्यूमेंट्स इन माइसीनियन ग्रीक,* कैंब्रिज, 1956. विस्तृत तर्कों के लिए देखिए, विलियम एफ. व्याट, कनिष्ठ, 'द इंडो-योरोपीयनाइज़ेशन ऑफ ग्रीस', *इंडो-योरोपीयन एंड इंडो-योरोपीयन्स,* पृ. 89-111.
16. व्याट, ऊपर उल्लिखित, पृ. 95, 107. कुछ पुरातत्त्ववेत्ता इस प्रक्रिया को लगभग 500 वर्ष पीछे ले जाने का प्रयास करते हैं।
17. वैदिक साहित्य पर लिखे गए एक हाल के ग्रंथ में पुरातात्त्विक आधारों पर 1500 ई. पू. का भी उल्लेख है, परंतु इसके लेखक के मत में प्राचीनतम भागों के लिए 'तेरहवीं शताब्दी ईस्वी पूर्व वास्तव में अधिक अनुशंसा करने योग्य है'। जान गोंडा, *वैदिक लिटरेचर (संहिता एंड, ब्राह्मणाज़),* जान गोंडा द्वारा संपादित, *ए हिस्ट्री ऑफ इंडियन लिटरेचर,* वीज़बाडेन, 1975 के जिल्द 1, पुस्तिका 1, के रूप में प्रकाशित, पृ. 22-3 तथा पृ. 22 में पा. टि. 23.
18. चट्टोपाध्याय, ऊपर उल्लिखित, पृ. 16, 24.
19. रेनू, ऊपर उल्लिखित, पृ. 23.
20. अब तक प्राप्त उन प्राचीन स्थलों की संख्या 719 है, जहाँ से चित्रित धूसर मृद्भांडों के ठीकरे प्राप्त हुए हैं। यह सूचना भारतीय पुरातत्त्व सर्वेक्षण के जे. पी. जोशी तथा कु. मधुबाला से प्राप्त हुई।
21. ऊपर उल्लिखित, पृ. 29. गोंडा ने *वैदिक लिटरेचर,* पृ. 360 में इस मत को पुनः बल प्रदान किया है। *कौशीतकी* तथा *ऐतरेय ब्राह्मण* पाणिनी (5.1.62) को ज्ञात थे तथा इनकी भाषा निश्चित रूप से पाणिनी-पूर्व काल की है (वही)।
22. *कैंब्रिज हिस्ट्री ऑफ इंडिया,* जिल्द 1, पृ. 131-2.
23. पद्मा मिश्र, इवोल्यूशन ऑफ द ब्राह्मण क्लास, वाराणसी, 1978, पृ. 43.
24. वही, पा. टि. 2.
25. वही, पृ. 42 एवं पा. टि. 4.
26. वही, पृ. 42-4 तथा पृ. 44 में पा. टि.।
27. रेनू, ऊपर उल्लिखित, पृ. 38.
28. विंटरनित्स, ऊपर उल्लिखित, जि.I, पृ. 288.
29. वही, पृ. 287-8.

परिशिष्ट-2

मानचित्रों का विवरण

मानचित्र संख्या–2

चित्रित धूसर मृद्भांड का सघनक्षेत्र एक बड़ी सीमा तक भारत के गंगा द्वारा विभाजित भाग तथा गंगा के ऊपरी मैदानों तक सीमित है। इसके अंतर्गत पंजाब का एक भाग, हरियाणा के उत्तर-पूर्वी तथा पूर्वी क्षेत्र, पश्चिमी उ. प्र. एवं राजस्थान के समीपवर्ती उत्तर-पूर्वी क्षेत्र आते हैं। चि. धू. मृ. बस्तियों का सबसे बड़ा समूह सरस्वती नदी के मैदानों/प्राचीन तलों, तथा यमुना[1] नदी के दोनों पार्श्वों के उस भाग में विद्यमान है, जहाँ वह पूर्व की ओर मुड़ जाती है। यों तो कुरु-पांचालों के प्राचीन क्षेत्र में ही मुख्यतः चि. धू. मृ. प्राप्त होते हैं, तथापि ये मद्रों, शूरसेनों एवं मत्स्यों के क्षेत्र में भी मिलते हैं। इस मानचित्र का संबंध चि. धू. मृ. के प्रारंभिक और मुख्यतः मध्यकाल से है, क्योंकि लगभग 500 ई. पू. के बाद भी ये विशिष्ट मृद्भांड लगभग दो शताब्दियों तक प्रचलित थे।

अब तक कुल 719 चि. धू. मृ. स्थलों की सूची हमें उपलब्ध है, और इनमें से अधिकांश मानचित्र में दिखाए गए परिबद्ध क्षेत्र में विद्यमान हैं। पंजाब, हरियाणा तथा दिल्ली-क्षेत्र सहित इस परिबद्ध भाग का एक बड़ा हिस्सा 250 मीटर से अधिक और यहाँ तक कि 300 मीटर व उससे भी अधिक ऊँचाई पर है (कृपया मानचित्र संख्या-1 देखिए)। स्थलों के नामों को स्पष्ट करने के उद्देश्य से ही इस क्षेत्र को छायित नहीं किया गया है। संभवतः अधिक ऊँचाई पर स्थित क्षेत्रों के जंगलों को साफ करना उस काल में कम कठिन था, जब इस उद्देश्य के लिए लोहे का बहुत अधिक प्रयोग नहीं किया जाता था। चि. धू. मृ. संस्कृति के 43 एकल अथवा मुख्य स्थलों के क्षेत्र-अध्ययन के अनुसार,[2] 48.84 प्रतिशत स्थलों का क्षेत्र 10000 वर्गमीटर से कम था, तथा उनमें रहने वाले लोगों की संख्या 200 से कम थी[3]; एक स्थल में जनसंख्या लगभग 30 ही थी[4]। 30.23 प्रतिशत स्थलों की जनसंख्या 200-500 के मध्य, 13.95 प्रतिशत स्थलों की 500-1000 के मध्य, 4.65 प्रतिशत की 1000-1500 के मध्य, तथा 2.33 प्रतिशत की 1500-2000 के मध्य थी।[5] अंतिम श्रेणी के स्थलों का क्षेत्र 75000-100000 वर्गमीटर के बीच

था[6]। चि. धू. मृ. संस्कृति की पूर्वगामी संस्कृति के रूप में धूसर मृद्भांड संस्कृति की पहचान अभी तक दृढ़तापूर्वक स्थापित नहीं हो पाई है। परंतु ऐसा प्रतीत होता है कि इन मृद्भांडों के प्रयोगकर्ता चित्रित धूसर मृद्भांडों के निर्माताओं से पूर्ववर्ती थे। चि. धू. मृ. में विशेष रूप से पाए जानेवाले कटोरे व थाली-जैसे पात्र जम्मू के निकट मांडा के धूसर मृद्भांडों में भी विद्यमान हैं। हरियाणा के कुरुक्षेत्र जिले के भगवानपुरा स्थल में एक संस्तर का निर्माण करनेवाले धूसर मृद्भांडों के स्थलों की अधिकतम संख्या पंजाब में है (109)। इसके उपरांत हरियाणा आता है (46), जबकि पश्चिमी उत्तर प्रदेश तीसरे क्रम में आता है। (24)। राजस्थान में इस प्रकार के स्थलों की संख्या केवल 8 है। अब तक खोजे गए तथा उत्खनित चि. धू. मृ. स्थलों की सर्वाधिक संख्या हरियाणा में विद्यमान है (258)[7], इस क्रम में दूसरा स्थान उत्तर प्रदेश का है (218) तथा पंजाब तीसरे स्थान पर है (101)। राजस्थान में इस मृद्भांड के 81 स्थल ज्ञात हैं।[8]

अधिकांश चि. धू. मृ. स्थलों से उपलब्ध पुरातात्त्विक सामग्री में मुख्यतः युद्ध तथा आखेट में प्रयुक्त लोहे के उपकरण सम्मिलित हैं। हस्तिनापुर, आलमगीरपुर, अतरंजीखेड़ा तथा कौशांबी के उन स्तरों से चाकू, छुरे, बाणाग्र एवं भाले के अग्रभाग प्राप्त हुए हैं, जिनकी तिथि 7वीं शताब्दी ई. पू. निश्चित की गई हैं, परंतु इनकी संख्या बहुत कम है।[9] भगवानपुरा, नगर, कटपलों तथा दधेरी से अब तक लोहे के प्रमाण प्राप्त नहीं हुए हैं। इन सभी स्थलों में चि. धू. मृ. तथा हड़प्पा-संस्कृति की पुरातात्त्विक सामग्री के परस्पर व्यापन के साक्ष्य उपलब्ध हुए हैं। परंतु, जो भी हो, मानचित्र में अंकित मोटी सीमारेखा, उन मैदानों को परिबद्ध करती है, जिनमें पहली बार बहुत बड़ी संख्या में चि. धू. मृ. बस्तियों की स्थापना हुई।

मानचित्र संख्या–3

पूर्वी उत्तर प्रदेश तथा बिहार में गंगा की सहायक नदियों द्वारा निर्मित विभिन्न मैदानों के विषय में सूचना देने के उद्देश्य से यह मानचित्र बनाया गया है। पिछली 25 शताब्दियों अथवा इससे कुछ अधिक समय में अनेक नदियों ने अपना मार्ग परिवर्तित किया होगा। इस दृष्टि से घाघरा तथा कोसी मुख्य रूप से जानी जाती हैं, तथा अपने बाढ़ द्वारा निर्मित मैदानों में विध्वंसक प्रभाव डालने के लिए ये विख्यात हैं, परंतु साधारणतः बुद्ध के काल में जो नदियाँ विद्यमान थीं, वे आज भी हैं।

तथापि, भू-चित्र पहचान से परे परिवर्तित हुआ प्रतीत होता है। 40 से 70 इंच वर्षा वाले इस क्षेत्र में हम बस्ती-पूर्व काल में सघन वनस्पति के अस्तित्व की कल्पना कर सकते हैं। पालि-ग्रंथ, बुद्ध द्वारा भ्रमण किए गए नगरों के समीप भी जंगलों के विद्यमान होने की चर्चा करते हैं। यह सत्य है कि वर्तमान काल में

सुनियोजित ढंग से लगाए गए बगीचों अथवा दक्षिण बिहार के मैदानों में बड़ी संख्या में दिखाई पड़नेवाले ऊँचे ताड़-वृक्षों के अतिरिक्त मध्य गंगा के तटवर्ती क्षेत्र में वनस्पति लगभग पूर्णतया समाप्त हो गई है।

मध्य गंगा के मैदान, विश्व के सर्वाधिक उपजाऊ क्षेत्रों में से एक माने जाते हैं, यद्यपि एक भाग से दूसरे भाग में मिट्टी की भिन्नता दृष्टिगोचर होती है। पूर्वी उत्तर प्रदेश में निम्न गंगा के मैदानों के निचले भाग ''ढाँकर'' मिट्टी के लिए जाने जाते हैं। ये मिट्टी दुमट्ट और चिकनी-दुमट्ट होने के कारण काफी कड़ी है, तथा इसमें बीच-बीच में कंकड़ का निर्माण भी हुआ है। कंकड़-निर्माण के कारण वृक्षों की जड़ें चारों ओर फैलती हैं और खेत बनाते समय कृषकों के लिए समस्या उपस्थित करती हैं। तथापि धान की कृषि के लिए ये मिट्टी बहुत अच्छी है। आरा, पटना और गया जिलों में हमें ''केवल'' (जिसे ''करैल'' भी कहा जाता है) प्राप्त होती है। यह मिट्टी काली तथा चिकनी मिट्टी युक्त है। भीगने पर ये काफी फूल जाती है तथा सूखने पर सिकुड़ जाती है, और इसमें बड़ी-बड़ी दरारें पड़ जाती हैं। इस प्रकार की मिट्टी को तोड़ना कठिन है। यह बहुत उपजाऊ है, और न केवल धान की खेती के लिए, बल्कि गेहूँ तथा चने के लिए भी बहुत अच्छी है।

लवणीय और क्षारीय मिट्टियों को ऊसर और रेह कहा जाता है, तथा ये कानपुर एवं लखनऊ में मुख्य रूप से प्राप्त होती हैं। ये मिट्टियाँ कृषि के लिए अनुपयुक्त हैं। पालि-ग्रंथों द्वारा इस क्षेत्र में नगरों का उल्लेख न करने का एक प्रमुख कारण संभवतः यही था।

मध्य गंगा के मैदानों के अनेक भागों में पानी इकट्ठा होना एक सामान्य बात है। उत्तरी बिहार में ऐसे स्थलों को 'चउर' कहा जाता है, और इनमें से कुछ बड़ी झीलों के समान दिखाई पड़ते हैं। इनका उपयोग धान की खेती के लिए होता है, परंतु इनमें धान की रोपाई नहीं होती। इनमें से बहुत से स्थल अब स्वयं सूख गए हैं, अथवा इनका पानी निकाल दिया गया है।[10]

मानचित्र संख्या—4

मध्य गंगा के मैदानों में लगभग 300 ई. पू. के आस-पास अथवा कुछ पहले लोहे की वस्तुओं के उपयोग को इस मानचित्र में प्रदर्शित करने का प्रयास किया गया है। 28 स्थल ऐसे हैं, जिनका उत्खनन किया गया है। महाबीर घाट, बेगम हवेली (जिसे 'बेगम की हवेली' भी लिखा जाता है) तथा गुलज़ार बाग राजकीय मुद्रणालय के खेल के मैदान के संदर्भ में स्थानों के आधार पर लोहे की वस्तुओं का विभाजन नहीं किया गया है,[11] परंतु लाला आदित्यनारायण ने मुझे (10 मई, 1982 को) सूचना दी कि इन सभी स्थानों से प्राचीनतम उ. का. ओ. मृ. स्तरों में ये वस्तुएँ प्राप्त हुई थीं।[12] मैदानों के काले तथा लाल मृद्भांडों के स्तरों में भी लोहे की वस्तुएँ देखी

गई हैं किंतु इनमें से अनेक स्थल मध्यप्रदेश तथा पश्चिमी बंगाल के सुदूरवर्ती क्षेत्रों में स्थित हैं। स्पष्टतः, मध्य गंगा के मैदानों में लोहे की वस्तुओं का उ. का. ओ. मृ. जमाओं के साथ अधिक दृढ़ एवं विस्तृत संबंध दृष्टिगोचर होता है। उदाहरणार्थ, राजघाट में उ. का. ओ. मृ.-पूर्व काल में केवल 4 लोहे की वस्तुएँ प्राप्त हुईं, परंतु प्रारंभिक उ. का. ओ. मृ. स्तरों में, जिसे '1 ब' काल कहा गया है, 16 वस्तुएँ प्राप्त हुईं। प्रह्लादपुर, चिराँद तथा सोनपुर के उ. का. मृ. स्तरों में भी इन वस्तुओं की संख्या में महत्वपूर्ण वृद्धि दिखाई पड़ती है।

संभवतः, विंध्य पर्वत स्कंधों की समीपता तथा कम वर्षावाली जलवायु के परिणामस्वरूप कौशांबी एवं राजघाट से सर्वाधिक संख्या में लोहे की वस्तुएँ प्राप्त हुई हैं। परंतु इन स्थानों में भी अधिकांश लोहे की वस्तुएँ जंग लगी हुई हैं, तथा 'आकारहीन और अनिर्धारित टुकड़े' प्रतीत होती हैं। यह महत्त्वपूर्ण है कि अनेक लौह उपकरण उत्पादन अथवा घरेलू कार्यों के निमित्त थे। इनमें कुदाल तथा कुल्हाड़ी, बसुली, छेनी, चाकू, जैसे सॉकेट युक्त उपकरण सम्मिलित हैं। कौशांबी से प्राप्त हल का फाल परवर्ती—उ. का. ओ. मृ.—काल का है, और वैशाली जिले में रघुआसोई स्थल से परीक्षण-उत्खनन के समय प्राप्त हल के फाल के संदर्भ में भी यही निष्कर्ष उचित प्रतीत होता है। कौशांबी से उपलब्ध एक बैल की नाल उ. का. ओ. मृ. काल की है।[13] यह कहा गया है कि छठी तथा चौथी शताब्दी ई. पू. के मध्य हथियारों के उत्पादन में अत्यधिक वृद्धि हुई, और मुख्यतः महत्त्वाकांक्षी एवं परस्पर विरोधी महाजनपदों की सैन्य आवश्यकताओं की पूर्ति के लिए ही लौह उद्योग का विकास किया गया।[14] हथियारों की संख्या में अत्यधिक वृद्धि हुई प्रतीत होती है, परंतु वे उन उपकरणों से संख्या में अधिक हैं या नहीं, जिनका उपयोग उत्पादन तथा अन्य कार्यों में किया जाता है, केवल गणना एवं तुलना के आधार पर ही कहा जा सकता है। इस पर भी विचार किया जाता है कि उत्खननों से स्पष्ट होता है कि चौथी शताब्दी ई. पू. तक बीच में आयताकार एवं वर्गाकार छेनियों, सीधे पार्श्ववाले चाकू, हल के फाल, दराँत, कील, समानांतर पार्श्वोंवाली तलवार और यहाँ तक कि कटोरे और थाली सहित बड़ी संख्या में नवीन हथियार तथा उपकरण प्रयोग में आने लगे थे।[15] यद्यपि हेरोडोटस तथा सिकंदर ने भारत की लौह वस्तुओं के गुणों की बहुत प्रशंसा की थी,[16] तथापि पाँचवीं तथा चौथी शताब्दी ई. पू. में इस्पात बनाने का कोई भी तकनीकी प्रमाण अब तक उपलब्ध नहीं है। यह कहना कि 'चौथी शताब्दी ई. पू. तक लौह प्रौद्योगिकी का ज्ञान समस्त देश में फैल गया था'[17] संभवतः अतिरंजना होगी, परंतु इसके 'अत्यधिक फैलाव तथा देश में विस्तृत धातुकीय क्रिया कलापों,[18]' के विषय में कोई संदेह नहीं है। सिंहभूमि, मयूरभंज तथा कोयनझार के क्षेत्रों में देश की समृद्धतम लोहे की खानों के अस्तित्व ने मध्य गंगा के मैदानों में इस प्रकार के कार्य-कलापों को मुख्य रूप से सुविधाजनक बना दिया होगा।

मानचित्र संख्या-5

प्रारंभिक उ. का. ओ. मृ. काल लगभग 600-300 ई. पू. के काल को इंगित करता है, परंतु मानचित्र में प्रदर्शित अनेक स्थलों में मानव-बस्तियों का प्रारंभ 600 ई. पू. के पहले हो गया था, और ये 300 ई. पू. के बाद तक भी चलती रहीं। यह मत कि उ. का. ओ. मृ. 8वीं शताब्दी ई. पू. में प्रारंभ हुए थे,[19] मध्यगंगा के मैदानों में उ. का. ओ. मृ. स्तरों की अंशशोधित रेडियो-कार्बन तिथियों द्वारा भी समर्थित नहीं है। इस क्षेत्र के बाहर मथुरा की तीन रेडियो-कार्बन तिथियों को बहुत अधिक महत्त्व दिया गया है,[20] परंतु मथुरा के 14 स्थलों से उपलब्ध पुरातात्त्विक सामग्रियों के आधार पर निर्धारित स्तर विन्यास-क्रम[21] इन तिथियों को अत्यधिक संदेहास्पद प्रमाणित करता है। इसके अतिरिक्त वह नमूना, जिसकी तिथि 730 ई. पू. आँकी गई है, तृतीय काल के मध्य स्तरों का है; इस काल की तिथि लगभग 200 ई. पू. से पहली शताब्दी ई. पू. के अंत तक निर्धारित की गई है।[22] दो अन्य नमूने, जिनकी रेडियो-कार्बन तिथि क्रमशः 660 एवं 610 ई. पू. है, उसी खत्ती के परवर्ती स्तरों से प्राप्त हुई है। इससे पूर्ववर्ती स्तर की रेडियो-कार्बन तिथि 300 ई. पू. है,[23] जो परवर्ती स्तरों से प्राप्त रेडियो-कार्बन तिथियों से बाद की है। यह महत्त्वपूर्ण है कि मथुरा में उ. का. ओ. मृ. स्तरों से प्राप्त अधिकांश रेडियो-कार्बन तिथियाँ स्तर विन्यास के आधार पर निर्धारित द्वितीय काल की हैं, जिसका प्रारंभ मृत्तिका वृत्तों से होता है।[24] यह उस काल की विशिष्टता है, जिसका प्रारंभ लगभग 300 ई. पू. अथवा कुछ बाद में होता है।

उ. का. ओ. मृ. स्थलों की खोज, क्योंकि सुनियोजित ढंग से नहीं की गई है, इनकी संख्या अब तक केवल लगभग 585 है।[25] अधिकांश खोजे गए तथा उत्खनित स्थल पूर्वी उ. प्र. एवं बिहार में स्थित हैं। इसका तात्पर्य यह हुआ कि ये वत्स, कोसल, मल्ल, काशी, वज्जि, मगध, तथा अंग प्राचीन महाजन पदों में स्थित हैं। मानचित्र के परिबद्ध क्षेत्र में 31 उत्खनित स्थलों को प्रदर्शित किया गया है। ये ऐसे स्थल नहीं हैं, जिनसे केवल उ. का. ओ. मृ. मिले हों, परंतु अनेक स्थानों में उ. का. ओ. मृ. का जमाव 2 से 3 मीटर मोटा है। पाटलीपुत्र 3 उ. का. ओ. मृ. स्थलों को प्रदर्शित करता है। इस प्रकार इन स्थलों की कुल संख्या 33 होगी। बिहार की अपेक्षा पूर्वी उ. प्र. तथा दक्षिण-पूर्वी दोआब के समीपवर्ती भागों में खोजे गए स्थलों की संख्या बहुत अधिक है। दरभंगा, सहरसा, मधेपुरा तथा पूर्णिया जिलों से बहुत कम स्थल ज्ञात हैं। ये जिले कोशी के मैदानों अथवा प्राचीन विदेह का प्रतिनिधित्व करते हैं। उ. का. ओ. मृद्भांडों का मुख्य केंद्रीकरण इलाहाबाद मे भागलपुर तक गंगा के दोनों तटवर्ती क्षेत्रों में प्रतीत होता है।

इस मानचित्र का उद्देश्य उ. का. ओ. मृद्भांडों की उत्पत्ति तथा फैलाव प्रदर्शित करना नहीं है। मोटी सीमा रेखा उस क्षेत्र को इंगित करती है, जिसमे

बुद्ध-काल में बड़ी संख्या में बस्तियों का निर्माण हुआ। अनेक उत्खनित स्थलों में काले तथा लाल मृद्भांडों का एक पतला स्तर ही प्राप्त हुआ है, जो उ. का. ओ. मृ. काल के पूर्व बस्तियों के प्रारंभ को प्रदर्शित करता है। परंतु ये स्थल बहुधा विंध्यपर्वत श्रेणी अथवा हिमालय के अधिक समीप हैं। चिराँद की अनेक खत्तियों में प्राप्त काले तथा लाल मृद्भांड बस्तियों के लंबे काल को प्रदर्शित करते हैं, तथा यहाँ उ. का. ओ. मृ. लगभग 300 ई. पू. में प्रारंभ हुए प्रतीत होते हैं, क्योंकि इनके साथ पक्की ईंटें तथा मृत्तिकावृत्त संबद्ध हैं। चाहे जो हो, अधिकांश उत्खनित स्थलों में उ. का. ओ. मृद्भांडों का जमाव काफी मोटा है, तथा सुनियोजित उपक्रम के अभाव के बावजूद मध्य गंगा क्षेत्र के जलोढ़ मैदानों में खोजे गए स्थलों की संख्या, मौर्य-काल के प्रारंभ से पहले की दो या तीन शताब्दियों के प्रथम जनसंख्या विस्फोट को प्रदर्शित करने के लिए पर्याप्त है।

संदर्भ

1. ब्रहमदत्त, 'सेटेलमेंट्स ऑफ द पेंटेड ग्रे वेयर', पी-एच. डी. निबंध, कुरुक्षेत्र विश्वविद्यालय, कुरुक्षेत्र 1980, पृष्ठ 35 में हरियाणा के चि. धू. मृ. स्थलों को प्रदर्शित करानेवाला एक मानचित्र है, जिसके आधार पर हम इस प्रकार का अभिमत प्रकट कर सकते हैं।
2. वही, पृ. 177-81, तथा परिशिष्ट-2.
3. वही, पृ. 177.
4. वही, पृ. 338.
5. वही, पृ. 181.
6. वही, पृ. 177.
7. वही, पृ. 160.
8. धूसर मृद्भांड तथा चि. धू. मृ. स्थलों के विस्तार-संबंधी आँकड़े कु. मधुबाला, उप-अधीक्षण पुरातत्ववेत्ता, भारतीय पुरातात्त्विक सर्वेक्षण, नई दिल्ली, द्वारा इकट्ठे किए गए हैं। ये आँकड़े 30 अप्रैल, 1982 तक के हैं, तथा मुझे ये जे. पी. जोशी, निदेशक (सर्वेक्षण), भारतीय पुरातात्त्विक सर्वेक्षण के 19 मई, 1982 के पत्र के माध्यम से प्राप्त हुए हैं। कु. मधुबाला ने मुझे विभिन्न राज्यों के आँकड़े भी दिए हैं।
9. के. टी. एम. हेगडे. 'एंशिएंट इंडियन कॉपर आयरन मैटलर्जी', *इंडियन जर्नल ऑफ द हिस्ट्री ऑफ साइंस,* भाग 16, 1981, पृष्ठ 197.
10. इस भाग के विवरण, एस. पी. रायचौधरी, तथा अन्य, *स्वाइल्स ऑफ इंडिया,* भारतीय कृषि अनुसंधान परिषद, नई दिल्ली, 1963, पर आधारित हैं। परंतु अपने स्वयं के अवलोकन के आधार पर मैंने कुछ बातें जोड़ दी हैं। मैदानों का मानचित्र, आर. एल. सिंह. (संपा.), *इंडिया : ए रिजनल ज्यॉग्रफी,* वाराणसी, 1971, पृ. 191, चित्र 5.3, पर आधारित है।
11. बी. पी. सिन्हा तथा एल. ए. नारायण, *पाटलिपुत्र एक्सकेवेशन, 1955-56* पटना, 1970, पृष्ठ 56.
12. बुलंदीबाग (पटना) के 1912-13 में किए गए डी. बी. स्पूनर के उत्खनन में केंद्र के चारों ओर लोहे से युक्त रथ का पहिया, 200 अभिलेख रहित ढले हुए सिक्के, एक मुस्कराते हुए शिशु का मिट्टी का बना शीर्ष तथा मिट्टी की ही बनी एक नर्तकी प्रकाश में आई। वही, पृ. 7, इन सभी को लगभग 300 ई. पू. का काल दिया जा सकता है, परंतु लोहे का प्रयोग इस स्थल में पहले ही आरंभ हो चुका होगा।

13. मैंने इसे इलाहाबाद विश्वविद्यालय में प्राचीन इतिहास, संस्कृति एवं पुरातत्व विभाग के संग्रहालय में देखा था।
14. के. टी. एम. हेगड़े, "एंशियंट इंडियन कॉपर एंड आयरन मेटलर्जी," *इंडियन जर्नल ऑफ द हिस्ट्री ऑफ साइंस,* जि. 16. 1981, पृ. 197 तथा पा. टि. 23.
15. हेगड़े, ऊपर उल्लिखित, पृ. 197.
16. वही.
17. वही.
18. वही.
19. बी. बी. लाल, 'डेड पेंटेड ग्रे वेयर कंटिन्यू अप टू द मौर्य टाइम्स ?' *पुरातत्त्व,* जि. 9, 1977-78, पृ. 68-78.
20. वही.
21. एम सी. जोशी तथा ए. के. सिन्हा, *'क्रोनालॉजी ऑफ मथुरा एन एसेसमेंट', पुरातत्त्व* जि. 10, 1978-79, पृष्ठ 39.
22. वही.
23. वही, पृ. 42, पा. टि. 1. ये सभी तिथियाँ रेडियो-कार्बन की लंबी अर्ध-आयु 5730 + 40 वर्ष पर आधारित हैं।
24. वही, पृ. 43.
25. अधिकांश स्थलों की गणना डिप्टी कोहली द्वारा की गई है। ये उ. का. ओ. मृ. की समस्या पर कार्य कर रहे हैं। इनकी सूची में मैंने 100 से अधिक स्थलों को जोड़ दिया है। इस सूची में मार्च, 1981 के अंत तक ज्ञात स्थल सम्मिलित हैं। इस विषय पर कुछ अप्रकाशित सामग्री उपलब्ध कराने के लिए मैं भारतीय पुरातत्त्व सर्वेक्षण के डॉ. एच. सरकार का आभारी हूँ।

परिशिष्ट-3

ऊपरी गंगा के क्षेत्र के लौहयुक्त चित्रित धूसर मृद्भांड-स्थलों की रेडियो-कार्बन तिथियां

क. पुरातात्त्विक स्थलों को अंग्रेजी के वर्णानुक्रम में व्यवस्थित किया गया है।

ख. ई. पू./ई. के मान के लिए, 1950 को आधार-वर्ष माना गया है। संक्षिप्तीकृत बी. पी. का तात्पर्य वर्तमान से पूर्व, अर्थात् 1950 से पूर्व है।

ग. *रेडियोकार्बन* में प्रकाशित तिथियां रेडियोधर्मी कार्बन के 5568 + 30 वर्ष अर्ध-आयु मान पर आधारित हैं, *इंडियन आर्क्योलॉजी रिव्यू* में दी गई तिथियां 5730 + 40 वर्ष अर्ध-आयु मान पर, तथा *करेण्ट साइंस* की तिथियां दोनों मानों पर आधारित हैं।

स्थल	नमूना	काल/स्तर	टिप्पणी	रेडियोधर्मी कार्बन के 5568 + 30 वर्ष के अर्ध-आयु मान पर आधारित तिथि	रेडियोधर्मी कार्बन के 5730 + 40 वर्ष के अर्ध-आयु मान पर आधारित तिथि	संदर्भ
अहिच्छत्रा, जिला बरेली, उ. प्र.	टी. एफ-317 (कोयला)	उत्तर चि. धू. मृ. जमाव (?)	नमूना अव्यवस्थित स्तरों का है	2155 + 100 बी. पी. (205 ई. पू.)	2220 + 105 बी. पी. (270 ई. पू.)	*रेडियोकार्बन*, जि. 8, 1966, पृ. 444; *करेण्ट साइंस*, जि. 35, 1966, पृ. 277; *आइ. ए. आर.* 1965-66, पृष्ठ 91

आलमगीरपुर, जिला मेरठ, उ. प्र.	टी. एफ-51 (तीन हड्डियों का सम्मिश्र)	चि. धू. मृ. जमाव (?)	प्राप्त तिथि पुरातात्त्विक आकलन से अत्यधिक विसंगति प्रदर्शित करती है। इतना अधिक संदूषण असंभाव्य है। नमूने अव्यवस्थित स्तरों के प्रतीत होते हैं। अतः तलों की गलत पहचान की संभावना को नकारा नहीं जा सकता।	1060 + 95 बी. पी. (890 ई.)	1090 + 100 बी. पी. (860 ई.)	*रेडियोकार्बन,* जि. 6, 1964, पृ. 277; *करेण्ट साइंस,* जि. 33, 1964, पृ. 41
अल्लाहपुर, जिला मेरठ, उ. प्र.	पी. आर. एल-81 (कोयला)	चि. धू. मृ. -स्तर	कुछ नहीं	कुछ नहीं	2335 + 95 बी. पी. (385 ई. पू.)	*आइ. ए. आर.,* 1973-74, पृ. 65
	पी. आर. एल-83 (काष्ठ)	चि. धू. मृ. -उ. का. ओ. मृ.	कुछ नहीं	कुछ नहीं	2225 + 110 बी. पी. (275 ई. पू.)	*आइ. ए. आर..* 1973-74, पृ. 54
अतरंजीखेड़ा, जिला एटा, उ. प्र.	टी. एफ- 191 (कोयला)	चि. धू. मृ. जमाव	नमूना चि. धू. मृ. के प्रारंभिक स्तरों से संबंधित है	2890 + 105 बी. पी. (940 ई. पू.)	2975 + 110 बी. पी. (1025 ई. पू.)	*रेडियोकार्बन,* जि. 7, 1965, पृ. 291; *करेण्ट साइंस,* जि. 33. 1964, पृ. 267

स्थल	नमूना	काल/स्तर	टिप्पणी	रेडियोधर्मी कार्बन के 5568 + 30 वर्ष के अर्ध-आयु मान पर आधारित तिथि	रेडियोधर्मी कार्बन के 5730 + 40 वर्ष के अर्ध-आयु मान पर आधारित तिथि	संदर्भ
	टी. एफ-291 (कोयला)	चि. धू. मृ. जमाव	नमूना परवर्ती स्तरों का है	2415 + 100 बी. पी. (465 ई. पू.)	2485 + 100 बी. पी. (535 ई. पू.)	*रेडियोकार्बन*, जि. 8 1966, पृ. 444; *करेण्ट साइंस*, जि. 35, 1966, 5;
	टी. एफ -287 (कोयला)	चि. धू. मृ. जमाव (?)	स्थल उत्तरकालीन बाढ़ों से अव्यवस्थित है; नमूना बाद का प्रक्षेपित लगता है।	1605 + 95 बी. पी. (345 ई.)	कुछ नहीं	*आइ. ए. आर.* 1965-66, पृ. 91 *रेडियोकार्बन*, जि. 8, 1966. पृ. 444
बटेश्वर, जिला आगरा, उ. प्र.	अनुल्लेखित	काल-I (चि. धू. मृ द्वारा निरूपित	कुछ नहीं	5130 + 220 बी. पी. (3180 ई. पू.)	5280 + 240 बी.पी. (3330 ई. पू.)	*आई. ए. आर.*, 1975-76, पृ. 43
हस्तिनापुर, जिला मेरठ, उ. प्र.	टी. एफ-91 (कोयला)	काल-II (चि. धू. मृ. द्वारा निरूपित)	नमूना काल-II के ऊपरी तल से प्राप्त है।	2450 + 120 बी. पी. (500 ई. पू.)	2520 + 125 बी. पी. (570 ई. पू.)	*रेडियोकार्बन*, जिल्द 6, 1964, पृ. 228; *करेण्ट साइंस*, जि. 33, 1964, पृ. 267
	टी. एफ-85 (कोयला)	काल-II (चि. धू. मृ.	नमूना काल-II के ऊपरी तलों से	2385 + 125 बी. पी. (435 ई. पू.)	2455 + 130 बी. पी.	*रेडियोकार्बन*, जि. 6, 1964, पृ. 283

		द्वारा निरूपित)	संबंधित है।		(505 ई. पू.)	*करेण्ट साइंस,* जि. 33, 1964, पृ. 41
	टी. एफ-90 (कोयला)	काल-II (चि. धू. मृ. द्वारा निरूपित)	नमूना काल-II की सर्वोच्च परत से प्राप्त है, जो चि. धू. मृ. के अवसान को निर्दिष्ट करता है।	2270 + 110 बी. पी. (320 ई. पू.)	2335 + 110 बी. पी. (385 ई. पू.)	*रेडियोकार्बन,* जि. 6, 1964, पृ. 228; *करेण्ट साइंस,* जि. 33, 1964, पृ. 41
	टी. एफ-112 (हड्डी)	काल-II (चि. धू. मृ. द्वारा निरूपित)	नमूना काल-II के प्रारंभिक स्तर से प्राप्त है और स्थल के उस आप्लावन का काल बताएगा, जिसके कारण चि. धू. मृ प्रयोक्ता लोगों ने यहां से पलायन किया।	2260 + 95 बी. पी. (310 ई. पू.)	2325 + 100 बी. पी. (375 ई. पू.)	*रेडियोकार्बन,* जि. 6, 1964, पृ. 228; *करेण्ट साइंस,* जि. 33, 1964, पृ. 267
	टी. एफ-83 (कोयला)	काल-II (चि. धू. मृ. द्वारा निरूपित)	नमूना काल-II की उच्चतम परत से प्राप्त है, जो चि. धू. मृ. के अवसान का सूचक है।	2220 + 110 बी. पी (270 ई. पू.)	2285 + 110 बी. पी. (335 ई. पू.)	*रेडियोकार्बन,* जि. 6, 1964, पृ. 228; *करेण्ट साइंस* जि. 33, 1964, पृ.41
मथुरा, जिला मथुरा,	पी. आर. एल.-340 (कोयला)	उ. का. ओ. और चि. धू. मृ.	कुछ नहीं	कुछ नहीं	2460 + 150 बी. पी.	*आइ. ए. आर.,* 1976-77, पृ. 89

स्थल	नमूना	काल/स्तर	टिप्पणी	रेडियोधर्मी कार्बन के 5568 + 30 वर्ष के अर्ध-आयु मान पर आधारित तिथि	रेडियोधर्मी कार्बन के 5730 + 40 वर्ष के अर्ध-आयु मान पर आधारित तिथि	संदर्भ
उ. प्र.		परस्पर व्याप्त			(510 ई. पू.)	
	पी. आर. एल-342 (कोयला)	उ. का. ओ. और चि. धू. मृ. परस्पर व्याप्त	कुछ नहीं	कुछ नही	2250 + 160 बी. पी. (300 ई. पू.)	*आइ. ए. आर.*, 1976-77 पृ. 89
नोह, जिला भरतपुर, राजस्थान	यू. सी. एल. ए. 703 बी. (कोयला)	चि. धू. मृ. स्तर	कुछ नहीं	2480 + 250 बी. पी. (740 ई. पू.)	कुछ नहीं	*रेडियोकार्बन*, जि. 7, 1965, पृ. 355
	यू. सी. एल. ए.-703 बी. (कोयला)	चि. धू. मृ. स्तर	कुछ नहीं	2690 + 220 बी. पी. (740 ई. पू.)	कुछ नहीं	*रेडियोकार्बन*, जि. 7, 1965, पृ. 355
	टी. एफ-993 (कोयला)	चि धू. मृ. संवर्धन	कुछ नहीं	कुछ नहीं	2675 + 150 बी. पी. (725 इ. पू.)	*आइ. ए. आर.*, 1971-72, पृ. 86
	टी. एफ-1149 (कोयला)	चि. धू. भृ. संवर्धन	कुछ नहीं	कुछ नहीं	2440, 90 बी. पी. (490 ई. पू.)	*आइ. ए. आर.*, 1971-72, पृ. 86

परिशिष्ट-4

प्राक्-300 ई. पू. काल के मध्य गंगा मैदान के लोहे की वस्तुओं के प्राप्ति-स्थलों की रेडियो कार्बन तिथियां

क. पुरातात्त्विक स्थलों को अंग्रेजी के वर्णानुक्रम में व्यवस्थित किया गया है।

ख. ई. पू./ई. के मान के लिए 1950 को आधार-वर्ष माना गया है। संक्षिप्तीकृत बी. पी. का तात्पर्य वर्तमान से पूर्व अर्थात् 1950 से पूर्व है।

ग. केवल उन्हीं तिथियों का अंशशोधित मान दिया गया है जो रेडियोधर्मी कार्बन के 5568 = 30 वर्ष अर्ध-आयु मान पर आधारित हैं।

घ. आर. एम. क्लार्क, ***'ए कॅलीब्रेशन कर्व फॉर रेडियोकार्बन डेट्स', एण्टिक्विटी,*** जि. 49, 1975, पृ. 251-66, में दिए गए सूत्र के आधार पर अंशशोधित मान निकाले गए हैं।

ङ. ***रेडियोकार्बन*** में प्रकाशित तिथियां रेडियोधर्मी कार्बन के 5568 = 30 वर्ष अर्ध-आयु मान पर आधारित हैं,
इण्डियन आर्क्योलॉजी रिव्यू में दी गई तिथियां 5730 = 40 वर्ष अर्ध-आयु मान पर, तथा ***करेण्ट साइंस*** की तिथियां दोनों मानों पर आधारित हैं।

च. रेडियोकार्बन तिथि-निर्धारण के निमित्त लिए गए नमूने सदा उन स्तरों के नहीं हैं जिनमें लोहे की वस्तुएं भी पाई गई हैं।

स्थल	**काल/अवस्था/तल**	**नमूना**	**रेडियोधर्मी कार्बन के 5568 + 30 वर्ष के अर्ध-आयु मान पर आधारित तिथि**	**अंशशोधित मान**	**रेडियो कार्बन के 5730 + 40 वर्ष के अर्ध-आयु मान पर आधारित तिथि**	**संदर्भ**
कंकड़बाग, जिला पटना, बिहार	प्रारम्भिक ऐतिहासिक काल का लकड़ी का प्राकार	टी. एफ -1115 (काष्ठ)	2480 + 110 बी. पी. (530 ई. पू.)	= 2680 (730 ई. पू.)	2555 + 115 बी. पी. (605 ई. पू.)	***रेडियोकार्बन,*** जि. 15, 1973, पृ. 578; ***आइ. ए. आर.,*** 1971-72, पृ. 82

स्थल	काल/अवस्था/तल	नमूना	रेडियोधर्मी कार्बन के 5568 + 30 वर्ष के अर्ध-आयु मान पर आधारित तिथि	अंशशोधित मान	रेडियो कार्बन के 5730 + 40 वर्ष के अर्ध-आयु मान पर आधारित तिथि	संदर्भ
कौशाम्बी, जिला इलाहाबाद, उ. प्र.	उ. का. ओ. तल	टी. एफ-221 (कोयला)	2385 + 100 बी. पी. (435 ई. पू.)	= 2428 (478 ई. पू.)	2450 + 105 बी. पी. (500 ई. पू.)	*रेडियोकार्बन*, जि. 8, 1966, पृ. 449; *करेण्ट साइंस*, जि. 34, 1965, पृ. 396
	उ. का. ओ. तल	टी. एफ-226 (कोयला)	2110 + 95 बी. पी. (160 ई. पू.)	= 2119 (169 ई.पू.)	2170 + 100 बी.पी. (220 ई. पू.)	*रेडियोकार्बन*, जि. 8, 1966. पृ. 449; *करेण्ट साइंस*, जि. 34, 1965, पृ. 396
	उ. का. ओ. तल की प्रारम्भिक अवस्था	टी. एफ-225 (कोयला)	2285 + 105 बी. पी. (335 ई. पू.)	= 2367.5 (418 ई.पू.)	2350 + 110 बी. पी. (400 ई. पू.)	*रेडियोकार्बन*, जि. 8, 1966, पृ. 449; *करेण्ट साइंस*, जि. 34, 1965, पृ. 397
	उ. का. ओ. मध्य तल	टी. एफ-219 (कोयला)	2325 + 100 बी. पी. (375 ई. पू.)	= 2387.5 (538 ई. पू.)	2390 + 100 बी. पी. (440 ई. पू.)	*रेडियोकार्बन*, जि. 8, 1966, पृ. 449; *करेण्ट साइंस*, जि. 34, 1965, पृ. 397
	उ. का. ओ. तल की मध्य अवस्था	टी. एफ-105 (कोयला)	2210 + 110 बी. पी (260 ई.पू.)	= 2360 (410 ई. पू.)	2285 + 115 बी. पी.	*रेडियोकार्बन*, जि. 7, 1965, पृ. 294;

					(335 ई. पू.)	*करेण्ट साइंस*, जि. 34, 1965, पृ. 43
	उ. का. ओ. तल की मध्य अवस्था	टी. एफ-104 (कोयला)	2150 + 105 बी. पी. (200 ई. पू.)	= 2155 (205 ई. पू.)	2220 + 110 बी. पी. (270 ई. पू.)	*रेडियोकार्बन*, जि. 7, 1965, पृ. 293; *करेण्ट साइंस*, जि. 34, 1965, पृ. 43
कोटिया, जिला इलाहाबाद, उ. प्र.	महाश्म संस्कृति	टी. एफ-319 (कोयला)	2135 + 100 बी. पी. (185 ई. पू.)	= 2141.5 (192 ई. पू.)	–	*रेडियोकार्बन*, जि. 10, 1968, पृ. 136
कुमराहर, जिला पटना, बिहार	लकड़ी का घेरा	टी. एफ -169 (काष्ठ)	2005 + 95 बी. पी. (55 ई. पू.)	–	2065 + 100 बी. पी. (115 ई. पू.)	*रेडियोकार्बन*, जि. 8, 1966, पृ. 450; *करेण्ट साइंस*, जि. 34, 1965, पृ. 397
प्रह्लादपुर, जिला वाराणसी, उ. प्र.	उप-काल I ए	टी. एफ-186 (कोयला)	–	–	2715 + 500 बी. पी. (765 ई. पू.)	ए. के. नारायण तथा टी. एन. राय, *एक्सकेवेशन एट प्रह्लादपुर*, वाराणसी, 1968, पृ. 64
राजघाट, जिला वाराणसी, उ. प्र.	उ. का. ओ. तल, प्रारम्भिक अवस्था, काल I बी	टी. एफ-293 (कोयला)	2370 + 105 बी. पी. (420 ई. पू.)	= 2416 (466 ई. पू.)	2440 + 110 बी. पी. (490 ई. पू.)	*रेडियोकार्बन*, जि. 8, 1966, पृ. 450; *करेण्ट साइंस*, जि. 35, 1965, पृ. 5; *आइ. ए. आर.*, 1965-66, पृ. 92

स्थल	काल/अवस्था/तल	नमूना	रेडियोधर्मी कार्बन के 5568 + 30 वर्ष के अर्ध-आयु मान पर आधारित तिथि	अंशशोधित मान	रेडियोकार्बन के 5730 + 40 वर्ष के अर्ध-आयु मान पर आधारित तिथि	संदर्भ
	काले लेपयुक्त मृद्भांडों का जमाव, काल I ए	टी. एफ-292 (कोयला)	2350 + 95 बी. पी. (400 ई. पू.)	= 2400 (450 ई. पू.)	2420 + 100 बी. पी. (470 ई. पू.)	*रेडियोकार्बन*, जि. 8, 1966, पृ. 450; *करेण्ट साइंस*, जि. 34 1965, पृ. 397
राजगीर, जिला नालंदा, बिहार	प्रारम्भिक ऐतिहासिक काल I	टी. एफ-45 (कोयला)	2150 + 100 बी. पी. (200 ई. पू.)	= 2155 (205 ई. पू.)	–	*रेडियोकार्बन*, जि. 5, 1963, पृ. 281
	प्रारम्भिक ऐतिहासिक काल I	टी. एफ-46 (कोयला)	2150 + 100 बी. पी. (200 ई. पू.)	= 2155 (205 ई. पू.)	–	*रेडियोकार्बन*, जि. 5, 1963, पृ. 280
सोहागौरा, जिला गोरखपुर, उ. प्र.	कालIII प्रारम्भिक उ. का. ओ. अवस्था	पी. आर. एल-182 (कोयला) (नमूना संख्या 6 ए 6 बी)	–	–	2190 + 90 बी. पी. (240 ई. पू.)	*आइ. ए. आर.*, 1974-75, पृ. 77
					2360 + 150 बी. पी. (410 ई. पू.)	वही
सोनपुर, जिला गया, बिहार	काल I बी काले और लाल मृद्भांड अवस्था	टी. एफ-376 (झुलसा चावल)	2510 + 105 बी. पी. (560 ई. पू.)	–	2588 + 105 बी. पी. (635 ई. पू.)	*रेडियोकार्बन*, जि. 8, 1966, पृ. 451

तक्ियापर, जिला वाराणसी, उ. प्र.	काल I उ. का. ओ. तल	पी. आर. एल. 47 (काष्ठ)	–	–	4730 + 125 बी. पी. (2780 ई. पू.)	***आइ. ए. आर.***, 1973-74, पृ. 54
	उ. का. ओ. जमाव	पी. आर. एल-184 (कोयला)	– –	– –	2130 + 110 बी. पी. (180 ई. पू.)	***आइ. ए. आर.***, 1974-75, पृ. 77

परिशिष्ट-5

प्राक्-300 ई. पू. के मध्य गंगा के मैदान के लौह-उपकरण, उत्तरी काले ओपदार तथा अन्य मृद्भांडों से युक्त स्थल

क. पुरातात्त्विक स्थलों को अंग्रेजी के वर्णानुक्रम में व्यवस्थित किया गया है, परंतु सूची पूर्ण नहीं है। पटना नगर में स्थित महाबीर घाट, बेगम की हवेली तथा गुलज़ारबाग राजकीय प्रेस के क्रीड़ा मैदान का ब्योरा इसमें नहीं दिया गया है। हुलासखेड़ा तथा श्रृंगवेरपुर का भी इसमें उल्लेख नहीं है।

ख. मृद्भांडों, लोहे की वस्तुओं तथा उनके कालों से संबंधित सूचनाएं प्रकाशित सामग्री पर आधारित हैं। अनेक बार इन वस्तुओं का रिपोर्टों में कोई ब्योरा नहीं है।

ग. अनेक प्रकाशनों में स्तरविन्यास पर आधारित कालक्रमिक कोष्ठक बहुत बड़ा है, परंतु प्रारंभिक उत्तरी काले ओमदार मृद्भांडों के स्थलों की रेडियोकार्बन तिथियां परिशिष्ट-4 में उल्लिखित हैं।

स्थल	**काल/अवस्था**	**भाण्डकर्म**	**स्तर वैन्यासिक तिथि**	**लोहे की वस्तुएं**	**संदर्भ**
अयोध्या, जिला फैज़ाबाद, उ. प्र.	प्रारंभिक संवर्धन काल	उ. का. ओ. मृ., अपरिष्कृत धूसर, और लाल मृद्भांड	कुछ नहीं	लौह वस्तु	***आइ. ए. आर.***, 1969-70, पृ. 40-1

स्थल	काल/अवस्था	भाण्डकर्म	स्तर वैन्यासिक तिथि	लोहे की वस्तुएं	संदर्भ
बक्सर, जिला भोजपुर, बिहार	काल II	उ. का. ओ., लाल, काला और धूसर मृद्भांड	कुछ नहीं	लौह-उपकरण	*आइ. ए. आर.,* 1963-64, पृ. 8
	काल I	उ. का. ओ., काला, धूसर और लाल मृद्भांड	कुछ नहीं	लौह-उपकरण	*आइ. ए. आर.,* 1965-66, पृ. 11
चम्पा, जिला भागलपुर, बिहार	अवस्था I ए	उ. का. ओ., काला, काला और लाल, सुस्पष्ट लाल और धूसर मृद्भांड	कुछ नहीं	लौह-वस्तु	*आइ. ए. आर.,* 1971-72, पृ. 5
	उ. का. ओ. मृ. की मध्य अवस्था	–	कुछ नहीं	छुरा	*आइ. ए. आर.,* 1974-75, पृ. 9
चेचरकुतुबपुर, जिला वैशाली बिहार	काल II	उ. का. ओ., और काला तथा लाल मृद्भांड	कुछ नहीं	लौह-चुन्नी	*आइ. ए. आर.,* 1977-78, पृ. 18
चिरांद, जिला सारण, बिहार	काल II	उ. का. ओ., काला और लाल, धूसर और काले मृदभांड	लगभग 600-100 ई. पू.	लौह-वस्तु	*आइ. ए. आर.,* 1962-63, पृ. 6
	काल I बी (पूर्व-उ. का. ओ.)	काले और लाल, सुस्पष्ट और चित्रित काले मृद्भांड, कठोर धूसर और लाल मृद्भांड	कुछ नहीं	लौह-वस्तु	*आइ. ए. आर.,* 1963-64, पृ. 8
	काल I बी	काले और लाल, काले लेपयुक्त, तथा सादे लाल मृद्भांड	कुछ नहीं	लौह-वस्तु	*आइ. ए. आर.,* 1968-69, पृ. 5
	काल II	उ. का. ओ., और काले तथा लाल मृद्भांड	कुछ नहीं	फलक	*आइ. ए. आर.,* 1968-69, पृ. 6

गँवरिया, जिला बस्. उ. प्र.	उ. का. ओ. अवस्था	–	लगभग छठी शताब्दी ई. पू. से दूसरी शताब्दी ई. पू.	लौह-वस्तुएं	के. एम. श्रीवास्तव, ***कपिलवस्तु–ए रिप्लाई टू द चैलेंज टू द आइडेण्टीफिकेशन ऑफ कपिलवस्तु,*** नागपुर, 1978, पृ. 5
जाजमऊ, जिला कानपुर, उ. प्र.	काल I	उ. का ओ. मृद्भांड	कुछ नहीं	कांटा, छल्ला, कील, बाणाग्र और भाले का अग्रभाग	***आइ. ए. आर.,*** 1976-77, पृ. 54
कंकड़बाग, जिला पटना, बिहार	रक्षाभित्ति/लकड़ी का घेरा	उ. का. ओ. मृद्भांड	मौर्यकाल	कील	***आइ. ए. आर.,*** 1970-71, पृ. 6
कौशाम्बी	वास्तु-काल 3 से III, 13 तक	काले और लाल मृद्भांड, चि. धू. मृ., काले और *उ. का. ओ. मृद्भांड*	लगभग 1095 ई. पू. से 225 ई. पू. तक	कील, बाणाग्र, और लौह-खंड	जी. आर. शर्मा, ***दी एक्सकेवेशन्स ऐट कौशाम्बी, 1957-59***, इलाहाबाद, 1960, पृ. 22, 45-6, 56
	काल II	उ. का. ओ. मद्भांड	500 ई. पू.	बाणाग्र	***आइ. ए. आर.,*** 1957-58, पृ. 48
कोलडिहवा, जिला इलाहाबाद, उ. प्र.	महाश्म तल	–	कुछ नहीं	लोहे के टुकड़े	***आइ. ए. आर.,*** 1971-72, पृ. 44
	लौह-युग	लाल, काले और लाल, तथा काले लेपयुक्त मृद्भांड	ताम्र पाषाणोत्तर काल	कुल्हाड़ी और बाणाग्र (धातु-मल और घरिया भी)	***आइ. ए. आर.,*** 1973-74, पृ. 27
	लौह-युग	सादे तथा लेपयुक्त लाल, काले लेपयुक्त, तथा काले व लाल मृद्भांड	ताम्र पाषाणोत्तर काल	अनुल्लिखित	***आइ. ए. आर.,*** 1975-76, पृ. 45
कोटिया, जिला इलाहाबाद, उ. प्र.	महाश्म 1-5	काले व लाल, लाल, धुँधले-काले, तथा धूसर मृद्भांड	आठवीं से चौथी शताब्दी ई. पू.	भाले का अग्रभाग, बाणाग्र, हँसिया और बसूला	***आइ. ए. आर.,*** 1963-64, पृ. 41

स्थल	काल/अवस्था	भाण्डकर्म	स्तर वैन्यासिक तिथि	लोहे की वस्तुएं	संदर्भ
कुमराहर, जिला पटना, बिहार	काल I	उ. का. ओ., और धूसर मृद्‌भांड	लगभग 150 ई. पू. तथा पहले	कील और काँटी	ए. एस. अल्तेकर और वी. के. मिश्र, ***रिपोर्ट ऑन कुम्राहर एक्सकेवेशन्स, 1951-55,*** पटना, 1959, पृ. 19, 140 तथा 141
मसौन, जिला गाजीपुर, उ. प्र.	उप-काल I ए	काले लेपयुक्त, पतले धूसर, लेपयुक्त धूसर, काले व लाल. तथा सादे लाल मृद्‌भांड	कुछ नहीं	लौह-वस्तुएं	***आइ. ए. आर.***, 1965-66, पृ. 51
	उप-काल I बी	उ. का. ओ. मृ.	कुछ नहीं	बाणाग्र और भाले का अग्रभाग	***आइ. ए. आर.***, 1965-66, पृ. 51
	उप-काल I बी	उ. का. ओ., धूसर और लाल मृद्‌भांड	कुछ नहीं	लौह-वस्तु	***आइ. ए. आर.***, 1971-72, पृ. 38-9.
ओरियुप, जिला भागलपुर, बिहार	काल II	उ. का. ओ., काले लेपयुक्त, धूसर, तथा लाल भृद्‌भांड	कुछ नहीं	भाले का अग्रभाग	***आइ. ए. आर.***, 1966-67 पृ. 6
पाटलिपुत्र, जिला पटना, बिहार	काल I	उ. का. ओ., काले और लाल, काले, धूसर और लाल मृद्‌भांड	लगभग 600 ई. पू. से 500 ई. पू.	लौह-वस्तुएं	बी. पी. सिन्हा, और एल. ए. नारायण, ***पाटलिपुत्र एक्सकेवेशन्स, 1955-56.*** पटना, 1970, पृ. 14-20 तथा 55
प्रह्लादपुर, जिला वाराणसी, उ. प्र.	उप-काल I ए	काले लेपयुक्त, काले व लाल, सादे धूसर, सादे लाल, तथा लेपयुक्त लाल मृदभांड	लगभग 673 ई.पू. से 500 ई. पू.	बाणाग्र	ए. के. नारायण और टी. एन. राय, . ***दी एक्सकेवेशन्स ऐट प्रह्लादपुर : मार्च-अप्रैल, 1963,*** वाराणसी, 1968 पृ. 13, 18 तथा 63

	उप-काल I बी	उ. का. ओ., काले लेपयुक्त, काले व लाल, धूसर, मोटे लाल, तथा लाल लेपयुक्त मृद्भांड	प्रारंभिक उ. का. ओ. अवस्था लगभग 500 ई. पू. से 163 ई. पू.	लौह-चून	वही, पृ. 13, 21-2, 63
राजगीर, जिला नालंदा, बिहार	काल I	उ. का. ओ. और चित्रित लाल मृद्भांड	लगभग छठी-पाँचवी शताब्दी ई. पू. तथा पहले	लौह-वस्तुएं	***आइ. ए. आर.***, 1961-62, पृ. 7-8
	काल II	उ. का. ओ., और लाल मृदभांड	तीसरी-दूसरी शताब्दी ई. पू.	कील और छुरी	***आइ. ए. आर.***, 1974-75, पृ. 10-11
राजघाट, जिला वाराणसी, उ. प्र.	उप काल I ए	काले लेपयुक्त, सादे काले व लाल, लाल लेपयुक्त, तथा मोटे कँकड़ीले लाल मृद्भांड	लगभग 800-600 ई. पू.	लौह-चून	***आइ. ए. आर.***, 1964-65, पृ. 44
	उप-काल I बी	उ. का. ओ., काले लेपयुक्त, काले व लाल, गेरुए लाल, लाल तथा धूसर मृद्भांड	लगभग 600 400 ई. पू.	लौह-चून	***आइ. ए. आर.***, 1960-61, पृ. 68
	उप-काल I ए	सादे एवं चित्रित काले-लेपयुक्त, सादे एवं चित्रित काले व लाल, सादे एवं लेपयुक्त लाल	लगभग आठवीं से छठी-पांचवी ई. पू.	लौह-उपकरण	ए. के. नारायण और टी. एन. राय, ***एक्सकेवेशन्स ऐट राजघाट, (1957-58, 1960-65)***, *भाग* II, वाराणसी, 1977, पृ. 5-6, 9
	उप-काल I ए		कुछ नही	खण्डित और बुरी तरह जंग लगी लौह-वस्तुएं	एच. सी. भारद्वाज, ***एस्पेक्ट्स ऑफ एन्सिएण्ट इंडियन टेक्नोलॉजी***, बनारस हिंदू विश्वविद्यालय, 1979. पृ. 144

स्थल	काल/अवस्था	भाण्डकर्म	स्तर वैन्यासिक तिथि	लोहे की वस्तुएं	संदर्भ
	उप-काल I बी		लगभग 600-400 ई. पू	बाणाग्र, छुरी, कील, फीते, छेनी और खण्डित तथा आकारहीन टुकड़े	वही, पृ. 144
सराय-मोहना, जिला वाराणसी, उ. प्र	उप-काल I बी	सादे और चित्रित मृद्भांड	कुछ नहीं	लौह-वस्तुएं	***आइ. ए. आर.***, 1967-68, पृ. 49
सोहगौरा, जिला गोरखपुर, उ. प्र.	काल III	उ. का. ओ., लाल, काले और लाल, काले लेपयुक्त, और धूसर मृद्भांड	कुछ नहीं	बाणाग्र	***आइ. ए. आर.***, 1974-75,पृ. 47
सोनपुर, जिला गया, बिहार	काल II	उ. का. ओ., काले और लाल, काले तथा लाल मृद्भांड	600 ई. पू. से 200 ई. पू.	छेनी, छुरी-फलक, फलक, बाणाग्र भाला, मध्यम आकार का छल्ला, कुल्हाड़ी और बल्लम	बी. पी. सिन्हा और बी. एस. वर्मा, ***सोनपुर एक्सकेवेशन्स (1956 और 1959-62)*** पटना, 1977, पृ. 8, 13, 128 तथा 129
	काल III	उ. का. ओ., सादे और चित्रित लाल मृद्भांड, और काले तथा लाल मृद्भांड	कुछ नहीं	कील और फलक	***आइ. ए. आर.***, 1956-57, पृ. 19
	काल II	उ. का. ओ., काले और लाल, तथा काले मृद्भांड	कुछ नहीं	कील और फलक	***आइ. ए. आर.***, 1959-60, पृ. 14

	काल II	उ. का. ओ., काले और लाल, और चित्रित मृद्भांड	कुछ नहीं	बल्लम, भाले का अग्रभाग, बाणाग्र और छुरा	***आइ. ए. आर.,*** 1961-62, पृ. 4-5
	काल II	उ. का. ओ., काले और लाल, संपूर्ण काले, लाल और धूसर मृद्भांड	कुछ नहीं	लौह वस्तुएं	***आइ. ए. आर.,*** 1970-71, पृ. 6
श्रावस्ती, जिला बहराइच, उ. प्र.	काल I	चि. धू.मृ., काले और लाल, उ. का. ओ., ओपदार काले, और लाल मृद्भांड	छठी शताब्दी ई. पू. से 300 ई. पू. के मध्य	हाथी का अंकुश, कील, और बाणाग्र	के. के. सिन्हा, ***एक्सकेवेशन्स ऐट श्रावस्ती-1959,*** वाराणसी, 1967, पृ. 14, 21, 67 तथा 68
तकियापुर, जिला वाराणसी, उ. प्र.	काल I	उ. का. ओ., काले व लाल, तथा काले लेपयुक्त मृद्भांड	कुछ नहीं	लौह वस्तुएं	***आइ. ए. आर.,*** 1971-72,पृ. 49
तिलौराकोट, जिला तौलिहवा, नेपाल	अवस्था I ए	उ. का. ओ., काले और लाल, तथा अन्य मृद्भांड	तीसरी-दूसरी शताब्दी इ. पू.	कील, छेनी, भाले का अग्रभाग, जंजीर की कड़ी, अस्पष्ट तथा खंडित टुकड़े	देबाला मित्र, ***एक्सकेवेशन्स ऐट तिलौरकोट एण्ड कोदन एण्ड एक्सप्लोरेशन्स इन द नेपालीज़ तराइ,*** पुरातत्व विभाग, नेपाल, 1972, पृ. 16, 18, 147-8
वैशाली, जिला वैशाली, बिहार	काल I ए	उ. का. ओ., और काले तथा लाल मृद्भांड	लगभग 500 300 ई. पू.	मूठयुक्त चाकू और बल्लम का अग्रभाग	कृष्णदेव और विजयकान्त मिश्र, ***वैशाली एक्सकेवेशन्स. 1950*,** वैशाली, 1961, पृ. 5 और 66
	काल II	चि. धू. मृ., उ. का. ओ., काले मृद्भांड, पाण्डु मृद्भांड, धूसर मृद्भांड, और लाल मृद्भांड	लगभग 600-200 ई. पू.	छुरा और छुरी (उस्तरा)	बी. पी. सिन्हा और सीताराम राय, ***वैशाली एक्सकेवेशन्स : 1958-62,*** पटना, 1969, पृ. vii, 7 और 200

Bibliography

VEDIC AND OTHER SANSKRIT SOURCES

Ādi Parvan, Critical Edn., Bhandarkar Oriental Research Institute, Poona, 1933.

Āpastamba Śrautasutra with the comm. of Rudradatta, ed., Richard Garbe, 3 vols., Calcutta, 1882-1902; ed., and trans., W. Caland, 3 vols., Göttingen-Leipzig-Amsterdam, 1921-28.

Agni-Purāṇa, BI, Calcutta, 1882; trans., M.N. Dutt, 2 vols., Calcutta, 1903-4.

Aitareya Brahmaṇa, ed., and trans., Martin Haug, 2 vols., London, 1863.

Āpastamba Dharmasūtra, ed., G. Buhler, Bombay, 1932.

Āraṇyaka Parvan, The Mahābhārata, Text as constituted in its Critical Edition, Vol. I, Bhandarkar Oriental Research Institute, Poona, 1971.

Arthaśāstra of Kauṭilya, ed., and trans., R. P. Kangle, Bombay, 1960-65; ed., R. Shāmaśāstry, 3rd edn., Mysore, 1924; trans., R. Shamasastry, 3rd edn., 3 vols., Trivandrum, 1924-25; ed., J. Jolly and R. Schmidt, Vol. I, Lahore, 1924; trans., R. Shamasastry, 3rd, edn., Mysore, 1929; trans., J. J. Meyer, *Das ultindische Buch vom Welt-und Statsleben,* Leipzig, 1926. In this book Kangle's text has been used.

Āśvalāyana Gṛhyasūtra with the comm. of Haradattacarya, ed., T. Ganapati Sāstri, Trivandrum, 1923.

Āśvāmedhika Parva, trans., K. M. Ganguly, originally published by P. C. Roy as a part of the *Mahābhārata,* Calcutta, 1884–96, 2nd edn., Calcutta, 1955.

Atharva Veda (School of the Śaunakas), ed., C.R. Lanman, trans., W.D. Whitney, HOS, VII and VIII, Harvard University, 1905; ed., R. Roth and W. D. Whitney, Berlin, 1856. With the comm. of Sāyaṇa, ed., S. Pandurang Pandit, 4 vols., Bombay 1895-98. Trans., R.T.H. Griffith, 2 vols., Banaras, 1966-67. Unless otherwise stated, the references are to the Śaunaka recension.

Atharva Veda (of the Paippalādas), ed., Raghu Vira, Lahore, 1936-41.

Baudhāyana Dharmasūtra, ed., E. Hultzsch, Leipzig, 1884.

Baudhāyana Grhyasūtra, ed., R. Shamasastry, Mysore, 1927.

Brhat Saṃhita of Varāhamihira with Hindi trans., Durga Prasad, Lucknow, 1884.

Bṛhat Saṃhita of Varāhamihira with the comm. of Bhattotpala, 2 parts, ed., Sudhakara Dvivedi, Banaras, 1895-97.

(The) Gautama Dharma-Sūtra with the *'Mitākṣarā'* Sanskrit Comm. of Haradatta, ed., with Hindi Comm. and Introduction, U. C. Pandey, Varanasi, 1966.

Gobhila Grhyasūtra, trans., H. Oldenberg, SBE, XXX, Oxford, 1892.

(The) Harivaṃśa, The Khila or Supplement to the *Mahābhārata,* Text as constituted in its Critical Edition, Vol. V, Bhandarkar Oriental Research Institute, Poona, 1976.

(The) Jaya-Saṃhitā, i.e., the *Ur-Mahābhārata,* Vols. I and II, redacted by Keshavram K. Shastree, Gujarat Research Society, Ahmedabad, 1977.

Kapiṣṭhala-Kaṭha Saṃhitā, ed., Raghu Vira, Lahore, 1932.

Kāṭhaka Saṃhitā, ed., Leopold von Schroder, Leipzig, 1900-10.

Khadira Gṛhyasūtra, Mysore, 1913; trans. H. Oldenberg, SBE, XXIX, Oxford,1886.

Mahābhārata, Cal. Edn., ed., N. Siromani *et al.,* BI Calcutta, 1834-39; trans., K. M. Ganguly, Calcutta, 1884-96; Kumbhakonam edn., edited by T. R. Krishnacharya and T. R. Vyasacharya, Bombay, 1905-10; Critical Edn., ed., various hands, Bhandarkar Oriental Research Institute, Poona, 1927-66. The Critical Edn. has been used in the present book.

Maitrāyaṇi Saṃhitā, ed., Leopold von Schröder, Leipzig, 1923.

Manu Smṛti or *Mānava Dharmaśāstra,* ed., V. N. Mandlik, Bombay, 1886, trans., G. Bühler, SBE, XXV, Oxford, 1886.

Nighaṇṭu and Nirukta, ed. and trans., Lakshman Sarup. Text, University of Pubjab, 1927; Eng. trans., and Notes, Oxford, 1921.

Pañcaviṃśa Brāhmaṇa, trans., W. Caland, Calcutta, 1931.

Pāṇini-Sūtra-Pāṭha and Pariśiṣṭas with Word Index, compiled by S. Pathak and S. Chitrao, Poona, 1935.

Pāraskara Grhyasūtra, Bombay, 1917; ed., Dhundiraja Sastri and Martanda Sastri, comm., Ramkrishnasarma, Chowkhamba Sanskrit Series, Banaras, 1935.

Rāmāyaṇa of Vālmiki, ed., Kāśīnāth Pandurang, 2 Parts, Bombay, 1888.

Ṛg Veda Saṃhita with the Comm. of Sāyaṇa, 5 vols., Vaidika Samshodhan Mandal, Poona, 1933-51. Trans. of the first six Maṇḍalas, H. H. Wilson, London, 1850-57; trans., T. H. Ralph Griffith, *The Hymns of the Rigveda,* Vol. II, Banaras, 1897; trans., in German, K. F. Geldner, *Der Rig Veda,* HOS, XXXIII-XXXVI, Cambridge, Massachusetts, 1951-57.

Śānti Parvan (Rajadharma, Part II), Critical Edn., Bhandarkar Oriental Research Institute, Poona, 1950.

Śāṅkhāyana Gṛhyasūtra, ed., A. Hillebrandt, BI, Calcutta, 1888.

Śatapatha Brāhmana (Mādhyandina recension), ed., V. Sharma Gauda and C.D. Sharma, Kasi, Saṃvat 1894-97.

Śhrimadbhagawad Gitā with Bhāwārthadipika, trans, Babu Ramchandra Varma, Varanasi, 1977.

Śuklayajurveda-Saṃhitā (Srimad-Vajasaneyi-Madhyandina) with the Mantra-Bhashya of MMP Śrīmad-Uvaṭāchārya and the Veda-dīpa-Bhashya of Śrīmān-Mahīdhara (With Appendices and Mantra-Kośa), ed., Wasudev Laxman Sāstrī Pānsīkar, 2nd edn., Bombay, 1929.

Taittirīya Samhitā, ed., A. Weber, *Indischen Studien, Band 11 and 12, Leipzig, 1871-72;.trans., A. B. Keith, HOS, XVIII and XIX,* Harvard, 1914.

Translations of the *Dharmasūtras* of Āpastamba, Gautama, Vasiṣṭha and Baudhāyana, George Bühler, Sacred Books of the East, Vols. II and XIV, Oxford, 1879-82.

Ukti-vyakti-prakaraṇa of Damodara Paṇḍita, Bombay, 1953.

Vaikhānasa Gṛhyasūtra, Text and trans., Asiatic Society of Bengal, Calcutta, 1927-29. Also published as *Vaikhānasa Smārtasūtra* in 10 praśnas (7 of Gṛhya and 3 of Dharma), Kumbhakonam, 1914; also as *Vaikhānasa Gṛhya,* Ellore, 1915.

Vṛkṣa Āyurveda of Parāśara, excerpts published by N. N. Sircar, *Journal of Royal Asiatic Society of Bengal,* Letters, Vol. XVI.,No. 1, 1950, pp. 123-39.

PĀLI AND PRĀKRIT SOURCES

Aṅguttara Nikāya, eds., R. Morris and E. Hardy, 5 vols., PTS, London, 1885-1900, trans, I, II and V by F. L. Woodward, and III and IV by E. M. Harc, PTS, London, 1932-36.

(The) Book of Gradual Sayings, PTS, London, 1951.

Dīgha Nikāya, ed., T. W. Rhys Davids and J. E. Carpenter, 3 vols. London, 1890-1911; trans., T. W. Rhys Davids, 3 vols., SBB, London, 1899—1921.

Jātaka with Commentary, ed., V. Fausböll, 7 vols. (Vol. 7, Index by D. Anderson), London, 1877-97, trans., various hands, 6 vols., London, 1895-1907.

Jaina Sūtras, The Ācārāṅga Sutra and *The Kalpa Sūtra,* trans., H. Jacobi, SBE, Vol. XXII, Oxford, Rept, Delhi, 1980; Pt. II, *The Uttarādhyayana Sūtra and the Sūtrakṛtaṅga Sūtra,* trans., H. Jacobi, SBE, Vol. XLV Oxford, 1895, Rept, Delhi, 1980.

Majjhima Nikāya, ed., V. Trenckner and R. Chalmers, PTS, 3 vols., London, 1888-96; trans., Lord Chalmers, 2 vols., SBB., London, 1926-27.

Nāyādhammakahāo, ed., N. V. Vaidya, Poona, 1940.

Samyutta Nikāya, ed., M. Leon Feer, Vols. I-IV, PTS, London, 1884-94; trans., Mrs. C.A.F. Rhys Davids (Vols. I-II) and F. L. Woodward (Vols. III-IV), London, 1917-29.

Suttanipāta, ed., and trans. (in Hindi), Bhikṣu Dharmarakṣita, Varanasi, 1977; ed., V. Fausböll, 2 vols., PTS, London, 1885-94.

Therigāthā, The Elders" Verses II, trans., K. R. Norman, PTS, London, 1971.

Uttarādhyayanasūtra, ed., Jarl Charpentier, Uppsala, 1922.

Vinaya Piṭaka, ed., H. Oldenberg, 5 vols., London, 1879-83. *The Book of Discipline (Vinaya Piṭaka)* IV (*Mahavagga)* trans., I.B. Horner, SBB, XIV, London, 1951.

DICTIONARIES, REFERENCE BOOKS, ETC.

Borooah, Anundoram, *Ancient Geography of India,* Gauhati, 1971.

Brugmann, Karl, *Elements of the Comparative Grammar of the Indo-Germanic Languages,* trans., from German, various hands, 4 vols., New York., 1888-95.

Buck, Carl Darling, *A Dictionary of Selected Synonyms in the Principal Indo-European Languages,* Chicago, 1949.

David, T. W. Rhys and Stede, William, *Pali-English Dictionary,* PTS, London, 1921.

Dey, Nundo Lal, *The Geographical Dictionary of Ancient and Mediaeval India,* 3rd edn., New Delhi, 1971.

Kane, P. V., *History of the Dharmaśāstra,* Vols. I-V, 2nd edn., Poona, 1968-77.

Macdonell, A.A. and Keith, A. B., *Vedic Index of Names and Subjects,* 2 vols., Rept, Delhi, 1958.

Malalasekera, G. P., *Dictionary of Pāli Proper Names,* London, 1960.

Monier-Williams, M., *Sanskṛit-English Dictionary,* Oxford, 1951.

Turner, R. L., *A Comparative Dictionary of the Indo-Aryan Languages,* London, 1966.

MODERN (INCLUDING ARCHAEOLOGICAL AND ANTHROPOLOGICAL) WORKS

Agrawal, D. P., *et al.,* 'Chronology of Indian Prehistory from Mesolithic Period to Iron Age' (cyclostyled copy).

Agrawal, Vasudevasharan, *Pāṇinikālin Bharatvarsh* (in Hindi), Varanasi, 1969.
Allchin, Bridget and Raymond, *The Birth of Indian Civilization*, Harmondsworth, 1968.
Altekar, A. S. and Mishra, Vijayakanta, *Report on Kumrhar Excavations 1951-55*, Patna, 1959.
Banerjee, S. C., *Dharma-Sūtras:A Study in their Origin and Development*, Calcutta, 1962.
Banerji, N. R., *The Iron Age in India*, Delhi, 1965.
Barnett, L. D., *Antiquities of India*, London, 1913.
Basham, A. L., *History and Doctrine of the Ājivikas*, London, 1951.
—, *The Wonder that was India*, London, 1954.
Basu, Jogiraj, *India of the Age of the Brāhmaṇas*, Calcutta, 1969.
Benveniste, Emile, *Indo-European Language and Society*, London, 1973.
Beteille, André, 'On the Concept of Tribe', *International Social Science Journal*, Vol. XXXII, No. 4, 1980, 825-28.
Bhan, Suraj, *Excavation at Sugh (1964 and 1965) Haryana*, Reprinted from Journal of Haryana Studies, Kurukshetra University, Kurukshetra, Vol. IX, Nos. 1-2, 1977.
Bhan, Suraj and Shaffer, Jim G., 'New Discoveries in Northern Haryana', *Man and Environment*, II, 1978, 59-68.
Bhardwaj, H. C., 'Aspects of Early Technology in India', *Radiocarbon and Indian Archaeology*, ed., D. P. Agrawal and A. Ghosh, Bombay, 1973.
—, *Aspects of Ancient Indian Technology*, Delhi, 1979.
Bhattacharya, *Ancient Indian Rituals and Social Content*, Delhi, 1975.
Bose, Atindranath, *Social and Rural Economy of Northern India* (*c.* 600 B. C.—200 A.D.), Vol. I, 3rd edn., Calcutta, 1970, Vol. II, 2nd edn., Calcutta, 1967.
Bose, D. M., *et al.*, *A Concise History of Sciences in India*, New Delhi, 1971.
Bose, Nirmal Kumar, *Peasant Life in India*, 2nd edn., Calcutta, 1967.
Burrow, T. *The Sanskrit Language*, London, 1955.
Cardona, George, *et al.*, *Indo-European and Indo-Europeans*, Philadelphia, 1970.
Carney, T. F., *The Economics of Antiquity*, Lawrence, Kansas, 1973.
Chakladar, H. C., *Aryan Occupation of Eastern India*, Rept. *Indian Studies : Past and Present*, Calcutta, 1962.
Chakrabarti, Dilip, 'The Beginning of Iron in India', *Antiquity*, Vol. L, 1976, 114-23.
—, 'Beginning of Iron and Social Change in India', *Indian Studies : Past and Present*, XIV, No. 4, 1973, 329-38.
Chanana, Dev Raj, *Slavery in Ancient India*, New Delhi, 1960.
—, *The Spread of Agriculture in India*, New Delhi, 1963.
Chandra Sekhar, A., *Economic and Socio-Cultural Dimensions of Regionalisation*, An Indo-USSR Colloborative Study, Census Centenary Monograph, No. 7, Census of India 1971, Delhi, 1972.
Chattopadhyaya, K. C., *Studies in Vedic and Indo-Iranian Religion and Literature*, Vol. II, ed., V. N. Misra, Varanasi, 1978.
Chowdhury, K. A., Sarswat, K. S. and Ruth, G. M., *Ancient Agriculture and Forestry in North India*, Bombay, 1977.
Childe, V., Gordon, *What Happened in History*, Harmondsworth, Middlesex, 1943.
—, *History*, London, 1947.
—, *Man Makes Himself*, London, 1948.

—, *Social Evolution,* London, 1951.
—, *Piecing Together the Past,* London, 1956.
Clark, R. M., 'A Calibrated Curve for Radiocarbon Dates', *Antiquity,* XLIX, 1975, 251-66.
Claseassen, Henri J. M. and Skalnik, Peter, *The Early State,* The Hague, 1978.
Committee on Natural Resources, Planning Commission, *Study on Iron Ore in India,* New Delhi, 1965.
Dange, S. A., *India from Primitive Communism to Salvery,* Bombay, 1949.
Dani, A. H., 'Timargarh and Gandhara Grave Culture' *Ancient Pakistan,* III, 1967.
Deshmukh, P. S., *The Origin and Development of Religion in Vedic Literature,* Oxford, 1933.
Deva, Krishna and Mishra, Vijayakanta, *Vaisali, Excavations: 1950,* Vaisali, 1961.
Diamond Stanley, ed., *Toward a Marxist Anthropology: Problems and Perspectives,* The Hauge, 1979.
Dikshit, M. G., *History of Indian Glass,* Bombay, 1969.
Dutt, Bhupendranath, *Studies in Indian Social Polity,* Calcutta, 1944.
Dutt, Breham, 'Settlements of the Painted Grey Ware in Haryana', Ph. D. thesis, Kurukshetra University, Kurukshetra, 1980.
Faireservis, Jr., W. A.,'The Chronology of the Harappan Civilization and the Aryan Invasions', *Man,* LVI, 1956, No. 173, 136-40.
Fick, Richard, *The Social Organisation in North-East India in Buddha's Time,* Calcutta, 1932.
Finley, M. I., *The Ancient Economy,* California, 1973.
Firth, Raymond, ed., *Themes in Economic Anthropology,* London, 1975.
Gaur, R. C., 'The Painted Grey Ware at Atranjikhera—An Assessment', *Potteries in Ancient India,* ed., B. P. Sinha, Patna, n. d.
Ghirshman, Roman, *The Arts of Ancient Iran,* New York, 1964.
Ghosh, A., *City in Early Historical India,* Simla, 1973.
Gilbert, Felix and Graubard, *Historical Studies Today,* New York, 1972.
Gimbutas, Marija, *Bronze Age Cultures in Central and Eastern Europe,* The Hague, 1965.
Gluckman, Max, *Politics, Law and Ritual in Tribal Society,* Oxford, 1977.
Gode, P. K., *Studies in Indian Cultural History,* I, Hoshiarpur, 1961.
Godelier, Maurice, *Perspectives in Marxist Anthropology,* Cambridge, 1977.
Gonda, Jan, *Vedic Literature (Saṃhitās and Brāhmaṇas),* Vol. I fasc I of *A History of Indian Literature,* ed., Jan Gonda, Wiesbaden, 1975.
—, *The Ritual Sūtras,* Vol. 1 fasc 2 of *A History of Indian Literature,* ed., Jan Gonda, Wiesbaden, 1977.
Goody, Jack, *The Character of Kinship,* Cambridge, 1973.
Gopal, Ram, *India of Vedic Kalpasūtras,* Delhi, 1959.
Hegde, K. T. M., 'The Painted Grey-Ware of India', *Antiquity,* XLIV, 1975, 187-90.
—, 'Scientific Basis and Technology of Ancient Indian Copper and Iron Metallurgy', *Indian Journal of History of Science,* XVI, No. 2, 1981, 189-201.
Heichelheim, Fritz M., *An Ancient Economic History,* I, Leiden, 1958.
Hindess, Barry and Hirst, Paul Q., *Pre-Capitalist Modes of Production,* London, 1975.
Hodges, Henry, *Technology in the Ancient World,* Pelican, 1971.
Hopkins, E. W., 'Numerical Formula in the Vedas', *Journal of the American Oriental*

Society, XVI, 1896.

—, *The Social and Military Position of the Ruling Caste in Ancient India, as Represented by the Sanskrit Epic; With an Appendix on the Status of Woman*, first published *JAOS*, 1889, Second Rept, Varanasi, 1972.

Humphreys, S. C., *Anthropology and the Greeks*, London, 1978.

Indian Archaeology—A Review, 1953-54 to 1978-79, Department of Archaeology, Archaeological Survey of India, New Delhi.

Jain, Bhagchandra, *Bauddha Saṃskṛti Kā Itihās* (Hindi), Nagpur, 1972.

Jaiswal, Suvira, *Caste in the Socio-Economic Framework of Early India*, Presidential Address, Section I, Indian History Congress, Thirty-Eighth Session, Bhubaneshwar, 1977.

—, 'Some Recent Theories of the Origin of Untouchability: A Historiographical Assessment', *Indian History Congress, Proceedings of the Thirty-Ninth Session*, Hyderabad, 1978, pp. 218-29.

Jha, D. N., *Revenue System in Post-Maurya and Gupta Times*, Calcutta, 1967.

Jha, Vivekanand, 'Untouchables in Early Indian History', Ph. D. thesis, Patna University, Patna, 1972.

Joshi, Jagatpati and Madhubala, 'Life during the Period of Overlap of Late Harappa and PGW Cultures', *Journal of the Indian Society of Oriental Art*, New Series, Vol. IX, 1977-78, Dr. Moti Chandra Commemoration Volume, Part II, 20-9.

Joshi, J. P., 'Interlocking of Late Harappa Culture and Painted Grey Ware Culture in the Light of Recent Excavations', *Man and Environment*, II, 1978, 98-101.

—, 'Settlement Patterns in third, second and first Millennia in India—with the special Reference to Recent Discoveries in Punjab', Paper read at a seminar on The Cultural Heritage of the Indian Village held on 13-14 April 1982, Museum of Mankind, London.

Joshi, M. C. and Sinha, A. K., 'Chronology of Mathura—An Assessment', *Purātattva*, no. 10, 1978-79, 39-44.

Keith, A. B., *The Religion and Philosophy of the Veda (and Upaniṣads)*, HOS, XXXI, Hindi trans., by Suryakant, Delhi, 1963.

Kosambi, Dharmananda, *Bhagavān Buddha*, trans., from Marathi into Hindi, Shripad Joshi, Delhi, 1956.

Kosambi, D.D., *An Introduction to the Study of Indian History*, Bombay, 1956.

—, *The Culture and Civilization of Ancient India in Historical Outline*, London, 1965.

Krader, L., *The Ethnological Notebooks of Karl Marx*, Assen, 1972.

—, *The Asiatic Mode of Production*, Assen, 1975.

Lal, B. B., 'Excavation at Hastinapura and other Explorations in the Upper Ganga and Sutlej Basins 1950-52: New Light on the Dark Age between the End of the Harappa Culture and the Early Historic Period', *Ancient India*, Nos. 10-11, 1954-55, 5-151.

—, 'A Picture Emerges: an Assessment of the Carbon-14 Datings of the Protohistoric Cultures of the Indo-Pakistan Sub-continent', *AI*, Nos. 18 and 19, 208-221.

—, 'Did the Painted Grey Ware Continue up to the Maurya times?' *Purātattva*, IX, 1977-78, 68-78.

—, 'The Painted Grey Ware Culture', a cyclostyled paper presented to an Indo-Soviet Seminar on the Copper-Bronze Age and the Aryan Problem, held at Allahabad University in February, 1982.

Law, B. C., *Geography of Early Buddhism*, London, 1932.

Leacock, E. B. ed., *The Origin of the Family, Private Property and the State by F. Eagels,* New York, 1972.
Majumdar, R. C., ed., *History and Culture of the Indian People,* Vol. I, *The Vedic Age,* London, 1951.
Marx and Engels, *Pre-capitalist Socio-Economic Formations, A Collection,* Moscow, 1979.
Mauss, Marcel, *The Gift,* London, 1970.
Madan, T. N. and Sarana, Gopala, eds., *Indian Anthropology:Essays in Memory of D. N. Majumdar,* Bombay, 1962.
McLennan, Gregor, *Marxism and the Methodologies of History,* London, 1981.
Mehta, R. N., *Pre-Buddhist India,* Bombay, 1939.
Misra, Padma, *Evolution of the Brahman Class* (In the Perspective of Vedic Priesthood), Banaras Hindu University, 1968.
Mishra, Rajchhatra, *Atharvaveda Me Sāṃskṛtik Tattva,* Allahabad, 1968.
Mitra Debala, *Excavations at Tilaura-Kot and Kodan and Explorations in the Nepalese Tarai.* Dept. of Archaeology, Nepal, 1972.
Morgan, Lewis H., *Ancient Society,* New York, 1907.
Mughal, M. Rafique, 'A Summary of Excavations and Explorations in Pakistan' (1971 and 1972), *Pakistan Archaeology,* No. 8, 1972, 113-58.
—, 'New Archaeological Evidence from Bahawalpur', *Man and Environment,* V, 1980, 93-98.
Nandi, R. N., 'Aspects of Untouchability in Early South India', *Indian History Congress, Proceedings of the Thirty-Fourth Session* I, Chandigarh, 1973, pp. 120-5.
Narain, A. K. and Pant, P. C., 'A Summary Account of Archaeological Explorations in East U. P. 1962-63', *Bhāratī,* Bulletin of the College of Indology, Banaras Hindu University, No. 8, Part I, 1964-65, 115-35.
Narain, A. K. and Roy, T. N., *Excavations at Rājghat (1957-1958; 1960-1965),* pt. 1, Varanasi, 1976.
The Excavations at Prahlād Pur (March-April, 1963), Varanasi, 1968.
Narayanan, M. G. S., 'A Historian's Approach', *Bangalore Theological Forum,* XIII, Nos. 1 & 2, 1981, 15-25.
Nilakanta Sastri, K. A., ed., *Age of the Nandas and Mauryas,* Delhi, 1967.
Partington, J. R., *A Text-Book of Inorganic Chemistry,* 6th edn., London, 1963.
Piggott, S., *Prehistoric India,* Harmondsworth, 1950 (and repts).
—, ed., *The Dawn of Civilization,* London, 1961.
—, 'Bronze Age Chariot Burials in the Urals,' *Antiquity,* XLIX, 1975, 289-90.
Polanyi, K., Aresberg, C. and Pearson, H. W., eds., *Trade and Market in Early Empires,* Chicago, 1957.
Possehl, Gregory L., ed., *Ancient Cities of the Indus,* New Delhi, 1979.
Prakash, Satya and Singh, Rajendra, *Coinage in Ancient India,* New Delhi, 1968.
Puskás I., 'Ancient India and the Asiatic Mode of Production', *Oikumene,* 2, 1978, 55-67.
Radomir, Pleiner, 'The Problem of the Beginning of Iron Age in India', *Acta Prehistorica et Archaeologica,* 2, 1971.
Rahul, Walpola, *What the Buddha Taught,* New York, 1962.
Raj, Jaimal, *The Rural-Urban Economy and Social Changes in Ancient India* (300 B.C. to 600 A.D.), Delhi, 1974.

Randhawa, M. S., *A History of Agriculture in India,* Vol. I, New Delhi, 1981.
Rapson, E. J., ed., *The Cambridge History of India,* Vol. I, Cambridge, 1922, Rept, Delhi, 1955.
Rau, Wilhelm, *Staat und Gesellschaft im alten Indien,* Wiesbaden, 1957.
—, *Metall und Metallgeräte im vedischen Indien,* Wiesbaden, 1974.
Ray, Niharranjan, 'Technology and Social Change in Early Indian History, a Note Posing a Theoretical Question', *Purātattva,* No. 8, 1975-76, 132-38.
Raychaudhuri, H. C., *Political History of Ancient India,* 7th edn., University of Calcutta, 1972.
Renou, Louis, *Vedic India* (Classical India, Volume Three) trans. from the French by Philip Spratt Calcutta, 1957.
'Report of the Director General for the Years 1974-78', Archaeological Survey of India, 25th Meeting of the Central Advisory Board of Archaeology, New Delhi, 9 December 1978, (cyclostyled copy).
Roth, Gustav, 'The Similes of the Entrusted Five Rice-Grains and their Parallels' *German Scholars on India,* I, Varanasi, 1973.
Ruben, Walter, *Dieökonomische und soziale Entwicklung Indiens,* Berlin, 1959.
—, *Über Die Frage der Objektivitat in der Erforschung des alten Indien,* Akademie-Verlag, Berlin, 1968.
—, *Die gesellschaftliche Entwicklung im alten Indien,* II Die Entwicklung von Staat and Recht, Berlin, 1968.
—, *Kultur Geschichte Indiens,* Berlin, 1978.
Ruth, G. M. and Choudhury, K. A., 'Plant Remains from Atranjikhera Phase III (1200-600 B.C.)', *The Palaeobotanist,* XX, No. 3, 1971.
Sahi, M. D. N., 'New Light on the Life of the Painted Grey Ware People as Revealed from Excavations at Jakhera (Dist. Etah), *Man and Environment,* II, 1978, 101-3.
Sahlins, Marshall D., *Tribesmen,* Englewood Cliffs, N. J. 1968.
Sanders, William T. and Marino, Joseph, *New World Prehistory,* Englewood Cliffs, N. J., 1970.
Sankalia, H. D., *Pre-history and Proto-history of India and Pakistan,* Poona, 1974.
Shanin, Theodore, ed., *Peasants and Peasant Societies,* Harmondsworth, Middlesex, 1976.
Sharma, G. R., Memoirs of the Archaeological Survey of India, No. 74., *Excavations at Kauśāmbi 1949-50,* Delhi, 1960.
—, *The Excavations at Kauśāmbi (1957-59), The Defences and the Śyenaciti of the Puruṣamedha,* University of Allahabad, 1960.
—, *History to Prehistory,* Allahabad, 1980.
Sharma, R. S., *Aspects of Political Ideas and Institutions in Ancient India,* Delhi, 1968.
—, 'Material Milieu of the Birth of Buddhism', paper presented at the 29th International Congress of Orientalists, Paris, July 1973. For a shorter version see R. S. Sharma, 'Material Background of the Origin of Buddhism', *Das Kapital Centenary Volume,* eds., Sen, Mohit and Rao, M. B., New Delhi, 1968, pp. 59-66.
—, 'Iron and Urbanisation in the Ganga Basin', *The Indian Hisrorical Review,* I, No. 1, 1974, 8-103.
—, 'Forms of Property in the Early Portions of the *Rg Veda', Essays in Honour of Professor S. C. Sarkar,* New Delhi, 1976.
—, *Śūdras in Ancient India,* Delhi. 1958. 2nd edn., Delhi, 1980.

Singer, C., Holmyard., E. J. and Hall, A. R., eds., *A History of Technology,* Vol. I., Oxford, 1954.

Singh, Birendra Pratap, 'Some Aspects of Life in Ancient Varanasi as revealed through the Archaeological Sources', Ph. D. Thesis, Banaras Hindu University, 1980.

Singh, R. L., ed, *India : A Regional Geography,* Varanasi, 1971.

Singh, S. D., *Ancient Indian Warfare with Special Reference to the Vedic Period,* Leiden, 1965.

Singh, Shivaji, 'Vedic Literature on Pottery', *Potteries in Ancient India,* ed., B. P. Sinha, Patna, n. d.

Sinha, B. P. and Narain, L. A., *Pāṭaliputra Excavations.* Patana. 1970.

Sinha, B. P. and Roy, S. R., *Vaiśālī Excavations, 1958-62.* Patna. 1969.

Sinha, B. P. and Verma, B. S., *Sonpur Excavations (1956 and 1959-1962),* Patna, 1977.

Sinha, K. K., *Excavations at Śravasti—1959,* Varanasi, 1959.

—, 'Session on NBP', *Purātattva,* No. 5, 1971-72.

Spate, O. H. K. and Learmonth, A. T. A., *India and Pakistan,* 3rd edn., London, 1967.

Srivastava, K. M., *Community Movements in Proto-historiç India,* Delhi, 1980.

—, *Kapilvastu—A Reply to the Challenge to the Identification of Kapilvastu,* Nagpur 1978.

Subbarao, B., *The Personality of India,* Baroda, 1958.

Tandon, O. P., 'Alamgirpur and the Iron Age in India', *Purātattva,* No. 1, 1967-68, 54-60.

Terray, Emmanuel, *Marxism and Primitive Societies,* London, 1972.

Thapar, B. K., 'The Aryans : A Reappraisal of the Problem', *India's Contribution to World Thought and Culture,* ed., Lokesh Chandra, Madras, 1970, Vivekananda Commemoration Volume, pp. 147-64.

—, 'The Archaeological Remains of the Aryans in North-Western India', a paper presented to Indo-Soviet Symposium on Ethnic Problems of the Early History of the Peoples of Central Asia and India in the 2nd Millennium B. C., Dushambe (USSR), October 17-22, 1977.

Thapar, Romila, *Ancient Indian Social History,* Delhi, 1978.

—, *Exile and the Kingdom : some thoughts on the Rāmayaṇa,* Bangalore, 1978.

—, 'The Contribution of D.D. Kosambi to Indology', *Journal of the Asiatic Society of Bombay,* LII-LIII, 1977-78 (New Series), 365-84.

—, 'State Formation in Early India', *International Social Science Journal,* XXXII, No. 4, 1980, 655-69.

Thomson, George, *Aeschylus and Athens,* London, 4th edn., 1973.

Wagle, Narendra, *Society at the Time of the Buddha,* Bombay 1966.

Warder, A. K., *Pali Metre,* PTS, 1967.

—, *Indian Buddhism,* Delhi, 1970.

Welskopf, Elisabeth Charlotte, *Die Produktionverhältnisse in Alten Orient und in der Griechisch-Römischen Antike,* Akademie-Verlag, Berlin, 1957.

Wheeler, Mortimer, Early India and Pakistan, London, 1959.

—, *Chārsada A Metropolis of the North-West Frontier,* Oxford, 1962.

—, *Civilizations of the Indus Valley and Beyond,* Cambridge, 1966.

Winternitz, M., *A History of Indian Literature*, 2 vols., 2nd edn., New Delhi, 1972.

Wojfilla, Cyula, 'A list of Technical Impliments used in the Agriculture in Ancient and Early Mediaeral India,' *Aitorientlisehe Forschungen*, VII, Berlin, 1980, pp. 189-95.

Wolf, Eric R., *Peasants*, Englewood Cliffs, N. J., 1966.

Wooley, Sir Leonard, *The Beginnings of Civilization*, History of Mankind, Cultural and Scientific Development, Vol. I, pt. 2, New York, 1963.

अनुक्रमणिका

—

अनुक्रमणिका—अ